Machine Learning
Design Patterns

머신러닝 디자인 패턴

| 표지 설명 |

머신러닝 디자인 패턴의 표지에 있는 동물은 과테말라에서 브라질에 이르는 아메리카의 열대 지방에서 발견되는 새, 뱀눈새(학명: *Eurypyga helias*)다. 뱀눈새의 비밀스러운 검은색, 회색, 갈색의 무늬는 주변 환경에 맞춰 보호색을 띠게 해준다. 날개의 깃털은 빨간색, 노란색, 검은색이며 완전히 펼치면 무늬가 드러난다. 이는 구애 및 위협을 위한 장치로, 포식자를 놀라게 할 때도 사용된다.

뱀눈새의 암컷과 수컷은 교대로 알을 품고 새끼에게 먹이를 준다. 곤충, 갑각류, 물고기, 양서류를 포함해 다양한 것을 먹는다. 포획된 뱀눈새에게서 관찰한 바로는 가까운 거리에 있는 먹이를 유인하기 위해 미끼로 낚시를 하기도 한다.

오라일리 표지에 등장하는 동물은 대부분 멸종 위기종이다. 이 동물들은 모두 소중한 존재다. 표지 그림은 『Elements of Ornithology』 책에 수록된 흑백 판화를 기초로 했다.

머신러닝 디자인 패턴

효율적인 머신러닝 파이프라인과 MLOps를 구축하는 30가지 디자인 패턴

초판 1쇄 발행 2021년 11월 1일
초판 2쇄 발행 2022년 2월 26일

지은이 발리아파 락슈마난, 세라 로빈슨, 마이클 먼 / **옮긴이** 맹윤호, 임지순 / **펴낸이** 김태헌
펴낸곳 한빛미디어(주) / **주소** 서울시 서대문구 연희로2길 62 한빛미디어(주) IT출판부
전화 02-325-5544 / **팩스** 02-336-7124
등록 1999년 6월 24일 제25100-2017-000058호 / **ISBN** 979-11-6224-484-5 93000

총괄 전정아 / **책임편집** 고지연 / **기획·편집** 이다인 / **진행** 김지은
디자인 표지 윤혜원 내지 박정화 / **전산편집** 이경숙
영업 김형진, 김진불, 조유미 / **마케팅** 박상용, 송경석, 한종진, 이행은, 고광일, 성화정 / **제작** 박성우, 김정우

이 책에 대한 의견이나 오탈자 및 잘못된 내용에 대한 수정 정보는 한빛미디어(주)의 홈페이지나 아래 이메일로 알려주십시오. 잘못된 책은 구입하신 서점에서 교환해드립니다. 책값은 뒤표지에 표시되어 있습니다.
한빛미디어 홈페이지 www.hanbit.co.kr / **이메일** ask@hanbit.co.kr

지금 하지 않으면 할 수 없는 일이 있습니다.
책으로 펴내고 싶은 아이디어나 원고를 메일(**writer@hanbit.co.kr**)로 보내주세요.
한빛미디어(주)는 여러분의 소중한 경험과 지식을 기다리고 있습니다.

Machine Learning
Design Patterns

머신러닝 디자인 패턴

O'REILLY® HB 한빛미디어
Hanbit Media, Inc.

지은이 소개

지은이 **발리아파 락슈마난** Valliappa Lakshmanan

구글 클라우드 플랫폼Google Cloud Platform의 데이터 분석 및 AI 솔루션 글로벌 책임자. 팀원들과 함께 데이터 분석 및 머신러닝 제품을 사용하여 비즈니스 문제에 대한 소프트웨어 솔루션을 개발한다. 발리아파는 구글의 어드밴스드 솔루션 랩Advanced Solutions Lab에서 ML 이머전 프로그램ML Immersion program을 만들었으며, 구글에 합류하기 전에는 Climate Corporation의 데이터 과학 디렉터, NOAA의 연구원으로 재직했다.

지은이 **세라 로빈슨** Sara Robinson

구글 클라우드 플랫폼의 개발자 애드보킷. 머신러닝을 담당하고 있으며 데모, 온라인 콘텐츠, 이벤트를 통해 개발자와 데이터 과학자가 머신러닝을 애플리케이션에 통합하기 위한 지식을 전파한다. 브랜디스 대학교Brandeis University에서 학사 학위를 받았고, 구글에 합류하기 전에는 Firebase에서 개발자 애드보킷으로 재직했다.

지은이 **마이클 먼** Michael Munn

구글의 머신러닝 솔루션 엔지니어. 고객의 머신러닝 모델을 설계, 구현, 배포하는 작업을 지원한다. 또한 어드밴스드 솔루션 랩에서 ML 이머전 프로그램을 가르치고 있다. 마이클은 뉴욕시립대학교City University of New York에서 수학 박사 학위를 받았으며 구글에 합류하기 전에는 연구 교수로 일했다.

옮긴이 소개

옮긴이 **맹윤호** yunhomaeng@yonsei.ac.kr

IBM의 Data&AI 팀 엔지니어 출신으로, NCT Marketing의 최고 데이터 책임자로 근무했다. 연세대학교에서 데이터 분석 전공으로 석사 과정을 졸업하고 박사 과정을 수료했다. SK C&C, KISTI, NRF, DBpia 등에서 프로젝트를 진행했으며 Apache Zeppelin, Qiskit, KoGPT-2 등의 오픈소스 프로젝트에 기여했다. 삼성, 현대, LG, 딜로이트 등의 기업과 연세대학교, 중앙대학교, 상명대학교, 순천대학교에서 강연했다. 참여 도서로는 『머신러닝 디자인 패턴』(한빛미디어, 2021), 『Do it! 강화 학습 입문』(이지스퍼블리싱, 2021), 『코딩 진로』(호모 루덴스, 2021), 『초소형 머신러닝 TinyML』(한빛미디어, 2020), 『하이퍼레저 블록체인 개발』(한빛미디어, 2019), 『블록체인의 정석』(지앤선, 2019) 등이 있다. 기술 블로그(*https://maengdev.tistory.com*)와 유튜브 채널(*https://www.youtube.com/myh0130*)을 운영 중이다.

옮긴이 **임지순** jisoon.lim@gmail.com

낮에는 계약서와 코드를 두드리고 밤에는 신시사이저와 기타를 난도질하는 공학과 미디어의 주변인. 임베디드 프로그래머, 미들웨어 개발자, 프로젝트 매니저, 사업 개발 등 다양한 직군에 종사해왔으며 최근에는 엔터테인먼트 산업에서 다양한 웹 프로젝트를 진행 중이다. 사회적인 덕후로 생존하기 위해 오늘도 코드, 그리고 글과 씨름하고 있다. 참여 도서로는 『머신러닝 디자인 패턴』(한빛미디어, 2021), 『초소형 머신러닝 TinyML』(한빛미디어, 2020), 『라즈베리 파이로 배우는 컴퓨터 아키텍처』(위키북스, 2017) 등이 있다.

딥러닝과 머신러닝이라는
바다를 항해하는 데 꼭 필요한 나침반, '디자인 패턴'

수많은 프로그래머들의 피와 땀이 녹아들어 있는 '디자인 패턴'이라는 말은 묵직한 무게를 가집니다. 프로그래머가 어떤 특정 언어나 기술을 공부할 때 한 손에는 '클린 코드', 한 손에는 '디자인 패턴'을 들고 해당 분야를 배워나가기 때문입니다. '디자인 패턴'은 한 분야를 더 깊게 공부하고자 하는 사람들에게 있어서 '나침반과 같은 존재로 자리매김했습니다.

이처럼 중요한 서적을 작업하는 것이 개인적으로 큰 부담이 되었습니다. 그동안 다양한 서적들을 작업해왔지만, 이번 작업처럼 많은 검토를 한 적은 없었던 것 같습니다. 이 책이 중요한 만큼 기술적으로 엄격한 검증을 요구받을 것이 당연하기 때문입니다. 그런데도 이 서적을 작업한 이유는, '지금' 우리에게 꼭 필요한 서적이고 누군가는 꼭 해내야 했기 때문입니다.

딥러닝과 머신러닝의 초기에는 마치 춘추전국시대처럼 너도나도 새로운 모델들과 아키텍처를 들고 와 가장 뛰어나다고 이야기하곤 했습니다. 그렇게 수많은 글로벌 기업들이 데이터와 AI 분야의 컨설팅 및 구축 프로젝트를 진행했습니다. 그 후로 꽤 오랜 시간이 흘렀습니다. 이제는 기업들이 한 번쯤은 AI 프로젝트를 경험했고, 이를 기업의 내재화된 역량으로 확보해나가고 있습니다. AI의 한계는 무엇이고, 어디에 강점이 있으며, 어떻게 해야 수익으로 연결될 수 있는지를 고민하고 각자에게 맞는 방식으로 활용하고 있습니다.

하지만 아직 우리나라에서는 여전히 춘추전국시대가 계속되고 있는 것으로 보입니다. 프로그래밍의 세계에는 '바퀴를 재발명하지 마라'라는 유명한 말이 있습니다. 한 번 제대로 만들어진 프로그램을 다시 만들지 말고, 진짜 필요한 비즈니스 로직에 중점을 두고 프로그래밍을 하라는 말입니다. 이 말은 딥러닝과 머신러닝 영역에서도 마찬가지로 적용됩니다. 구글의 뛰어난 머신러닝 석학들이 모여서 집필한『머신러닝 디자인 패턴』은 기업에서 발생하는 대부분의 시나리오에 대응할 수 있는 30가지 패턴들을 다루고 있습니다. 검증된 아키텍처와 비즈니스 사용 사례를 통해 바퀴를 재발명하는 데 들어가는 시간을 줄이고, 꼭 필요한 비즈니스에 사용하셨으면 좋겠습니다.

이 책은 단순히 '돌아가는 코드를 수록해놓은 책'이 아니라 다양한 기술 의사결정에 있어서 기준점이 되어줄 책입니다. 이를테면, 가깝게는 데이터 분석 팀을 어떻게 구성할지부터 시작해서 멀게는 아키텍처 구성에 있어서 확신과 안도감을 줄 수 있는 지침서입니다. 팀의 머신러닝 엔지니어와 데이터 과학자, 리서치 엔지니어 간의 차이는 무엇이고 각각 어떤 역할을 해야 하고 어떻게 협업해야 하는지에 대해 오랜 시간 동안 축적된 고민과 그 흔적들을 살펴볼 수 있습니다. 더불어 이 책을 읽는 독자가 편법이라고 생각했던 현업의 기법들이 정석이었음을 알았을 때의 확신과 안도감을 느끼셨으면 합니다. 특정 제약 조건으로 범주형 변수를 처리할 때, 소수에 속하는 범주형 변수를 버킷화하여 하나의 버킷에 담는 방식을 '편법'이라고 생각하는 분들도 꽤 있었습니다. 사실은 편법이 아니라 제한된 리소스에서 수행할 수 있는 '최선'의 기술 의사결정이었음에도 불구하고 확신을 가지지 못한 것이죠. 이 책은 특정 상황에서 내가 내린 기술 의사결정이 올바른 것인지, 제약은 무엇이고 트레이드오프는 무엇인지 올바르게 안내해주는 '나침반'이 되어줄 것입니다.

오늘도 많은 사람이 불안한 마음을 안은 채로 딥러닝과 머신러닝 모델을 만들고 있습니다. 모델을 구현하기는 했는데, 이렇게 하는 것이 맞는 것일까? 단순히 지표만 높게 나온다고 해서 이것으로 충분한 것일까? 다른 더 좋은 방안은 없을까? 내가 간과한 모델의 한계점은 무엇일까? 내 모델의 수명은 앞으로 어떻게 될까? 혹시 틀린 부분은 없을까? 끊임없는 불안감과 함께 모델의 레이어를 쌓고 데이터를 학습시키고 있습니다. 이처럼 '불안한 마음'에도 불구하고 오늘도 딥러닝과 머신러닝 모델을 학습시키고 있는 모든 분에게 이 책을 바칩니다.

2021년 10월

역자 맹윤호 올림

대상 독자

시중의 머신러닝 입문 서적 대부분은 머신러닝이 무엇인지와 어떻게 적용하는지에 중점을 둔다. 그다음 AI 연구 실험실에서 나온 새로운 방법의 수학적 측면을 설명하고 AI 프레임워크를 사용하여 이러한 방법을 구현하는 방법을 가르친다. 반면, 이 책은 경험이 풍부한 머신러닝 실무자가 머신러닝을 실제 문제에 적용할 때 사용하는 팁과 트릭의 근간이 되는 이유, 이를 깨달은 힘겨운 과정에 대한 경험을 제공한다.

이 책은 독자가 머신러닝과 데이터 처리에 대한 사전 지식을 가졌다고 가정한다. 이것은 머신러닝에 대한 기본적인 교과서가 아니다. 대신 이 책은 실용적인 머신러닝에 대한 두 번째 책을 찾고 있는 데이터 과학자, 데이터 엔지니어, 머신러닝 엔지니어에게 적합하다. 기본 개념을 이미 알고 있는 독자들이라면, 이 책이 머신러닝 실무자에게 익숙할 만한 개념을 잘 정리해 소개하고 해당 개념에 명칭을 부여하는 역할을 할 것이다.

업계에서 일하기 위해 컴퓨터 과학을 공부하는 학생이라면, 이 책은 여러분의 지식을 정리하고 전문적인 세계에 대비하도록 도울 것이며, 향후 고품질 머신러닝 시스템을 구축하는 방법을 배우는 데 도움이 될 것이다.

이 책에 없는 것

이 책은 학계나 연구실의 머신러닝 과학자가 아니라 기업의 머신러닝 엔지니어를 위한 책이다.

현재 연구가 활발히 진행 중인 분야는 일부러 다루지 않았다. 예를 들어 머신러닝 모델 아키텍처(양방향 인코더, 어텐션 메커니즘, 단락 계층 등)에 대한 내용은 거의 찾을 수 없을 것이다. 독자 여러분이 직접 이미지 분류 또는 반복 신경망을 작성하기보다는 사전 학습된 모델 아키텍처(ResNet-50 또는 GRUCell 등)를 사용한다고 가정한다.

다음은 대학 과정이나 머신러닝 연구자에게 더 적합하기에 이 책이 의도적으로 멀리한 주제의 몇 가지 구체적인 예시다.

- **머신러닝 알고리즘**

  랜덤 포레스트와 신경망의 차이점은 다루지 않는다. 이것은 머신러닝 입문 교과서에서 다루는 내용이다.

- **머신러닝 구성 요소**

  다양한 경사 하강법 옵티마이저, 활성화 함수 등은 다루지 않는다. 기본적으로 Adam 및 ReLU를 사용하는 것을 추천한다. 경험상 이러한 구성 요소를 바꿔서 성능을 향상할 수 있는 가능성은 미미하다.

- **머신러닝 모델 아키텍처**

  이미지 분류를 한다면, ResNet과 같은 사전 학습된 모델을 사용하거나 이 글을 읽는 시점에서 인기가 있는 기존 모델을 사용하는 것이 좋다. 새로운 이미지 분류 또는 텍스트 분류 모델의 설계는 이 문제를 전문으로 하는 연구자에게 맡기는 것이 낫다.

- **모델 계층**

  이 책에서는 합성곱 신경망이나 순환 신경망을 다루지 않는다. 이들은 구성 요소에 해당하며 사전 학습된 모델을 사용할 수 있기 때문이다.

- **커스텀 학습 루프**

  케라스에서 `model.fit()`을 호출하는 것만으로도 실무자의 필요에 충분히 부합하기에 다루지 않았다.

이 책은 기업의 머신러닝 엔지니어가 일상 업무에 사용할 만한 일반적인 패턴만을 포함하고자 했다.

데이터 아키텍처를 예로 들어보자. 데이터 아키텍처에 대한 대학 과정은 다양한 데이터 구조의 구현을 탐구해야 하고, 데이터 아키텍처 연구원은 수학적 속성을 공식적으로 표현하는 방법을 배워야 한다. 그러나 실무자에게 필요한 것은 더 실용적인 내용이다. 기업의 소프트웨어 개발자는 배열, 링크드 리스트, 맵, 세트, 트리를 효과적으로 사용하는 방법만 알면 된다. 이 책은 머신러닝 실무자를 위한 것이다.

소스 코드 내려받기

우리가 논의 중인 기술이 실제로 어떻게 구현되는지 보여주기 위해 머신러닝(케라스, 텐서플로, 사이킷런, 빅쿼리 ML) 및 데이터 처리(SQL)용 코드를 제공한다. 이 책에서 참조하는 모든 소스 코드는 깃허브에 있는 코드의 일부이며, 깃허브에서 완전하게 작동하는 머신러닝 모델을 찾을 수 있다. 소스 코드를 사용해보기를 권장한다.

- **소스 코드 저장소(영문)** *https://github.com/GoogleCloudPlatform/ml-design-patterns*

이 소스 코드는 책이 다루는 개념과 기술에 이어 두 번째로 중요하다. 우리의 목표는 텐서플로 또는 케라스의 변경에 관계없이 주제와 원칙이 관련성을 유지하게 만드는 것이었고, 책의 텍스트를 변경하지 않고 유지하면서 다른 ML 프레임워크를 포함하도록 깃허브를 업데이트하고자 했다. 따라서 이 책은 기본 머신러닝 프레임워크가 파이토치나 H20.ai 또는 R과 같은 파이썬 외 프레임워크인 경우에도 똑같이 유용할 것이다. 여러분이 좋아하는 머신러닝 프레임워크로 이러한 디자인 패턴들을 구현해서 깃허브에 참여해주기를 바란다.

국문 소스 코드 내려받기

한국 독자들의 편의를 위해 역자가 주요 내용을 국문으로 번역해 제공하고 있다. 소스 코드의 최신 업데이트는 소스 코드 저장소(영문)를 확인하기 바란다.

빅쿼리는 출시 이후 지금까지 꾸준한 업데이트가 이루어지고 있는 제품으로, 클라우드의 업데이트 상황에 따라 책의 실습 진행이 원활하지 않을 수 있다. 이럴 때는 다음 절차로 실습하면 원하는 결과를 얻기에 수월할 것이다.

- [빅쿼리 콘솔] ➡ [Query 편집기] ➡ [더보기] ➡ [쿼리 설정] ➡ [SQL 언어] ➡ [이전 버전] ➡ [처리 위치] ➡ [미국(US)]

추가 설정

SQL 언어 ⓘ
- ● 표준 버전
- ○ 이전 버전

처리 위치 ⓘ
미국(US) ▾

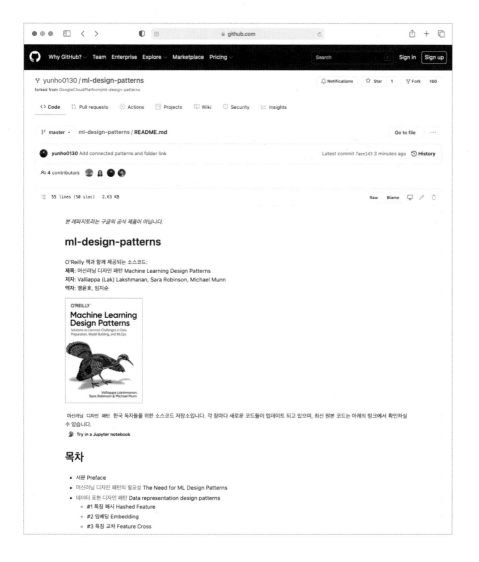

본 레파지토리는 구글의 공식 제품이 아닙니다.

ml-design-patterns

O'Reilly 책과 함께 제공되는 소스코드:
제목: 머신러닝 디자인 패턴 Machine Learning Design Patterns
저자: Valliappa (Lak) Lakshmanan, Sara Robinson, Michael Munn
역자: 맹윤호, 임지순

머신러닝 디자인 패턴 한국 독자들을 위한 소스코드 저장소입니다. 각 장마다 새로운 코드들이 업데이트 되고 있으며, 최신 원본 코드는 아래의 링크에서 확인하실 수 있습니다.

Try in a Jupyter notebook

목차

- 서문 Preface
- 머신러닝 디자인 패턴의 필요성 The Need for ML Design Patterns
- 데이터 표현 디자인 패턴 Data representation design patterns
  - #1 특징 해시 Hashed Feature
  - #2 임베딩 Embedding
  - #3 특징 교차 Feature Cross

- 소스 코드 저장소(국문) *https://github.com/yunho0130/ml-design-patterns*
- 역자 깃허브(단축 URL 미동작 시) *https://github.com/yunho0130*

11

[Try in a Jupyter notebook]을 클릭하여 소스 코드를 웹 브라우저에서 바로 실행해볼 수 있는 딥노트deep note 환경을 제공한다. 폴더 아이콘을 클릭한 다음, 각 장별 주피터 노트북 파일 (*.ipynb*)을 클릭한 뒤, [Run notebook]을 통해 실행해보자.

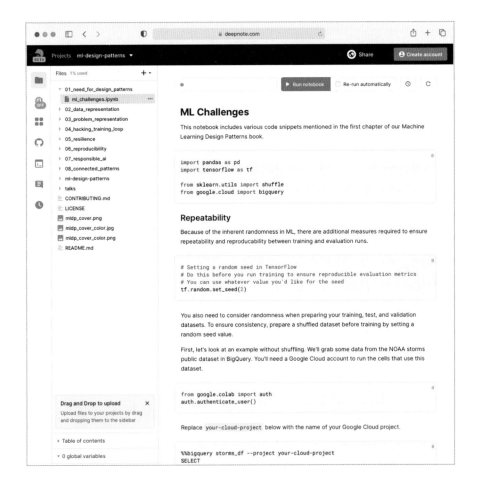

감사의 말

이 책은 수많은 구글 직원, 특히 클라우드 AI, 솔루션 엔지니어링, 전문 서비스, 개발자 애드보킷 팀 동료들의 도움 없이는 나올 수 없었을 것이다. 머신러닝 모델을 학습, 개선, 운영하는 과정에서 직면한 까다로운 문제에 대한 솔루션을 관찰, 분석, 질문할 수 있게 해주어 감사하다. 구글 내에서 개방 정신을 육성하고 이러한 패턴을 분류하고 책으로 출판할 자유를 주신 관리자 Karl Weinmeister, Steve Cellini, Hamidou Dia, Abdul Razack, Chris Hallenbeck, Patrick Cole, Louise Byrne, Rochana Golani에게 감사한다.

Salem Haykal, Benoit Dherin, Khalid Salama는 모든 패턴과 모든 장을 검토했다. Salem은 우리가 놓친 뉘앙스를 지적했고, Benoit는 우리의 주장을 좁혔으며, Khalid는 관련 연구를 공유해주었다. 여러분의 의견이 없었다면 이 책의 품질이 이렇게 좋지 못했을 것이다. 고맙다! Amy Unruh, Rajesh Thallam, Robbie Haertel, Zhitao Li, Anusha Ramesh, Ming Fang, Parker Barnes, Andrew Zaldivar, James Wexler, Andrew Sellergren, David Kanter는 이 책의 전문 분야와 일치하는 부분을 검토하고 수많은 제안을 주었다. Nitin Aggarwal과 Matthew Yeager는 독자의 눈으로 원고를 검토하여 명확성을 높였다. 8장의 마지막 그림 디자인을 프로토타이핑한 Rajesh Thallam에게도 특별히 감사를 전한다. 오류가 남아 있다면, 모든 것은 전적으로 저자들의 책임이다.

오라일리O'Reilly는 기술 서적을 출판하기 위한 최고의 출판사이며, 팀의 전문성이 이를 여실히 보여주었다. Rebecca Novak은 설득력 있는 개요를 작성하여 우리를 이끌었고 Kristen Brown은 전체 콘텐츠 개발을 멋지게 관리했으며 Corbin Collins는 모든 단계에서 도움이 되는 지침을 제공했다. Elizabeth Kelly는 제작 과정에 전체적으로 함께했으며 Charles Roumeliotis는 편집 과정을 날카롭게 검토해주었다. 모든 도움에 감사드린다.

발리아파 락슈마난: 수많은 공항을 누비며 비행기를 기다리는 시간에 틈틈이 작업해야겠다고 다짐하며 이 책의 집필을 시작했지만, 갑자기 터진 코로나 19로 인해 대부분의 작업이 집에서 이루어졌다. 책을 집필하는 동안 인내해준 Abirami, Sidharth, Sarada에게 감사를 전한다. 주말에 더 자주 하이킹을 갈 수 있어 기쁘다!

세라 로빈슨: Jon 덕분에 이 책이 세상에 나올 수 있었다. 이 글을 쓰도록 격려해주고, 항상 나를 웃겨주고, 내가 가진 특이함을 존중해주고, 특히 내가 나를 믿지 못할 때도 나를 믿어주어 고맙다. 태어날 때부터 나의 열렬한 팬이 되어주시고 기술과 글쓰기에 대한 사랑을 격려해주신 제 부모님께도 감사드린다. Ally, Katie, Randi, Sophie에게는 이 불확실한 시대에 끊임없이 빛과 웃음을 주어서 고맙다는 말을 전하고 싶다.

마이클 먼: 항상 저를 믿고 학업과 그 밖의 분야에서 제 관심사를 격려해주신 부모님께 감사드린다. 은근슬쩍 남긴 감사를 눈치챘기를 바라며, Phil에게는 이 책을 작업하는 동안의 일정을 이해해주어 고맙다는 인사를 전한다. 이제 나는 푹 자러 가야겠다.

우리 셋은 이 책의 인세 100%를 미래의 여성 엔지니어들의 대규모 파이프라인을 구축하는 것을 사명으로 삼는 단체, 'Girls Who Code(https://girlswhocode.com/)'에 기부할 예정이다. AI 모델이 인간 사회의 기존 편견을 영속화하지 않도록 하려면 머신러닝의 다양성, 형평성, 포용성이 무엇보다 중요하기 때문이다.

CONTENTS

CHAPTER 1 머신러닝 디자인 패턴의 필요성

CONTENTS

CHAPTER 3 문제 표현 디자인 패턴

CONTENTS

CHAPTER 4 모델 학습 디자인 패턴

CHAPTER **5 탄력성 디자인 패턴**

CONTENTS

CHAPTER 6 재현성 디자인 패턴

CHAPTER 7 책임 있는 AI

CONTENTS

CHAPTER **8 연결 패턴**

머신러닝 디자인 패턴의 필요성

디자인 패턴은 일반적으로 발생하는 문제에 대한 모범 사례와 솔루션을 추려낸 패턴을 가리키는 공학 용어다. 전문가의 지식과 경험을 모든 실무자가 따를 수 있는 조언으로 가공한 것이기도 하다. 이 책은 수백 개의 머신러닝 팀과 함께 작업하는 과정에서 알아낸 머신러닝의 디자인 패턴에 대한 카탈로그와 같다.

1.1 디자인 패턴이란?

패턴의 개념과 입증된 패턴의 카탈로그는 크리스토퍼 알렉산더^{Christopher Alexander}와 5명의 공동 저자가 건축 분야의 명저인 『A Pattern Language(패턴 랭귀지)』(Oxford University Press, 1977)[1]에서 처음 소개한 개념이다. 이 책에서 저자들은 253개의 패턴을 분류하여 다음과 같이 소개한다.

> 각 패턴은 우리 환경에서 반복해서 발생하는 문제와 그 문제에 대한 솔루션의 핵심을 설명한다. 패턴을 활용하면 같은 방식을 두 번 고안하지 않고서도 패턴의 솔루션을 백만 번 사용할 수 있다.
>
> …
>
> 각 솔루션에는 문제를 해결하는 데 필요한 필수 요소와 그 관계가 담겨 있지만, 매우 일반적이고

---

1 국내에는 『패턴 랭귀지』(인사이트, 2013)라는 제목으로 출간되었다.

추상적인 방식으로 서술했기 때문에 같은 솔루션을 쓰더라도 각자의 선호도, 조건과 상황에 따라 문제를 자신만의 방식으로 해결할 수 있다.

예를 들어 집을 지을 때 취향을 많이 타는 두 가지 패턴은 '방의 양면 채광'과 '6피트² 발코니'다. 집에서 가장 좋아하는 방과 가장 싫어하는 방을 떠올려보자. 좋아하는 방의 양면에 2개의 창문이 있는가? 가장 선호하지 않는 방은 어떤 모습인가? 알렉산더는 다음과 같이 이야기한다.

> 양면으로 자연 채광이 들어오는 방에서는 사람과 사물 주변을 볼 때 눈부심이 덜하다. 이것은 우리가 사물을 더 정교하게 볼 수 있게 한다. 가장 중요한 것은 사람들의 얼굴에 스치는 미세한 표정을 자세히 읽을 수 있다는 점이다.

패턴에 이름이 있으면, 건축가가 보고 활용하면 되므로 이러한 원칙을 계속 재발견하지 않아도 된다. 그러나 특정한 지역적 조건에서 2개의 광원을 얻는 위치와 방법은 건축가의 기술에 달려 있다. 그렇다면 발코니를 디자인할 때 얼마나 커야 할까? 알렉산더는 의자 2개와 보조 탁자 1개를 놓을 때는 6×6피트, 햇볕이 비치는 좌석 공간과 좌석 공간을 모두 원한다면 12×12피트를 권장한다.

에리히 감마Erich Gamma, 리처드 헬름Richard Helm, 랄프 존슨Ralph Johnson, 존 블리시데스John Vlissides 는 1994년 그들의 저서 『Design Patterns: Elements of Reusable Object-Oriented Software(디자인 패턴: 재사용 가능한 객체 지향 소프트웨어 요소)』(Addison-Wesley, 1995)³에서 23가지 소프트웨어 객체 지향 디자인 패턴을 분류하여 정리했다. 이 카탈로그에는 프록시Proxy, 싱글톤Singleton, 데커레이터Decorator와 같은 패턴이 포함되어 있으며 객체 지향 프로그래밍 분야에 지속적인 영향을 미쳤다. 2005년 ACMAssociation of Computing Machinery은 프로그래밍 실습 및 프로그래밍 언어 설계에 대한 저자들의 공로를 인정하여 연례 프로그래밍 언어 공로상Programming Languages Achievement Award을 수여했다.

프로덕션용 머신러닝(ML) 모델을 구축하는 것은 연구 환경에서 입증된 ML 방법을 활용하고 이를 비즈니스 문제에 적용하는 엔지니어링 분야로 변모하고 있다. 머신러닝이 주류가 됨에 따라 실무자들은 반복되는 문제를 해결하기 위해 검증된 방법을 활용해야 한다.

----

2 옮긴이_ 1피트는 30.48센티미터와 같다.
3 국내에는 『GoF의 디자인 패턴: 재사용성을 지닌 객체지향 소프트웨어의 핵심 요소』(프로텍미디어, 2015)라는 제목으로 출간되었다.

우리는 구글 클라우드 플랫폼의 고객 대면 파트에서 일한 덕분에 전 세계의 다양한 머신러닝 및 데이터 과학 팀, 개별 개발자와 소통할 수 있었다. 동시에 우리 각자는 최첨단 머신러닝 문제를 해결하는 구글 내부 팀과 긴밀히 협력하고 있다. 게다가 머신러닝 연구 및 인프라의 민주화democratization를 주도하는 텐서플로TensorFlow, 케라스Keras, 빅쿼리 MLBigQuery ML, TPU, 클라우드 AI 플랫폼Cloud AI Platform 팀과 협력할 수 있다는 점은 큰 행운이다. 우리에게 이러한 기회가 주어진 덕택에, 여러 머신러닝 팀이 수행한 작업의 모범 사례를 분류할 수 있는 독특한 관점을 얻을 수 있었다.

이 책은 ML 엔지니어링에서 일반적으로 발생하는 문제에 대한 디자인 패턴, 또는 반복 가능한 솔루션의 카탈로그다. 예를 들어 6장의 트랜스폼 디자인 패턴은 입력input, 특징feature, 변환transformation을 분리하고 이러한 변환을 지속적으로 만들어 ML 모델을 프로덕션으로 이동하는 작업을 단순화한다. 마찬가지로 5장의 키 기반 예측 디자인 패턴은 추천 모델과 같은 배치 예측을 대규모로 배포할 수 있게 하는 패턴이다.

이 책은 각 패턴이 일반적으로 해결하고자 하는 문제를 설명하고 문제에 대한 다양한 솔루션, 솔루션의 장단점, 그리고 솔루션을 선택하기 위한 권장 사항을 살펴본다. 이러한 솔루션에 쓰인 코드들은 SQL(스파크 SQLSpark SQL, 빅쿼리BigQuery 등에서 전처리 및 기타 ETL을 수행할 때 유용하다), 사이킷런scikit-learn, 텐서플로 백엔드를 사용하는 케라스로 구현된 버전을 보여줄 것이다.

1.2 이 책의 사용법

이 책은 실제로 여러 ML 팀에서 관찰한 디자인 패턴의 카탈로그다. 기본 개념이 수년 동안 알려져 온 경우도 있다. 우리가 이러한 패턴을 발명하거나 발견했다고 주장할 생각은 없다. 대신 ML 실무자를 위한 공통 참조 프레임과 도구 세트를 제공하고자 한다. 여러분이 ML 프로젝트에서 직관적으로 통합한 개념에 대해 이야기할 때 이 책의 어휘vocabulary를 사용할 수 있다면, 우리의 의도는 성공한 것이다.

이 책을 순서대로 읽을 필요는 없다(물론 그렇게 해도 상관없다!). 이 책을 전반적으로 훑어보고, 필요한 특정 부분을 더 깊게 읽고, 동료들과 대화할 때 이 책의 개념을 인용하고, 이 책에서 나온 문제에 직면했을 때 책을 다시 참조하기만 해도 이 책을 훌륭하게 활용하는 것이다. 이 책을 순서대로 읽을 생각이 없다면, 개별 패턴에 대해 읽기 전에 1장과 8장을 먼저 읽길 추천한다.

각 패턴에는 문제에 대한 간단한 설명, 표준 솔루션, 솔루션이 작동하는 이유에 대한 설명, 트레이드오프와 대안에 대한 토론이 있다. 비교 및 대조를 위해 정식 솔루션을 염두에 두고 토론 절을 읽는 것이 좋다. 패턴 설명에는 표준 솔루션 구현에서 가져온 코드 일부가 포함되어 있다. 전체 코드는 책의 깃허브(*https://github.com/GoogleCloudPlatform/ml-design-patterns*)에서 찾을 수 있다. 패턴에 대한 설명과 함께 코드를 살펴보길 권장한다.

1.3 머신러닝 용어

오늘날의 머신러닝 실무는 소프트웨어 엔지니어링, 데이터 분석, 데브옵스[DevOps], 통계와 같은 여러 전문 분야로 나뉜다. 따라서 분야에 따라 실무자가 특정 용어를 사용하는 방식에 미묘한 차이가 있을 수 있다. 이번 절에서는 책 전체에서 사용하는 용어를 간략히 정의한다.

1.3.1 모델과 프레임워크

머신러닝은 데이터에서 학습하는 모델을 구축하는 프로세스다. 이는 프로그램의 동작 방식을 알려주는 명시적인 규칙을 작성하는 기존의 프로그래밍과는 대조적이다. 머신러닝 모델은 데이터에서 패턴을 학습하는 알고리즘이다. 스스로를 이사 전문 업체라고 가정하고 고객의 이사 비용을 추정해야 하는 상황을 생각해보자. 기존의 프로그래밍에서는 if 문으로 이 상황을 해결할 수 있다.

```
if num_bedrooms == 2 and num_bathrooms == 2:
  estimate = 1500
elif num_bedrooms == 3 and sq_ft > 2000:
  estimate = 2500
```

더 많은 변수(대형 가구의 수, 옷의 개수, 깨지기 쉬운 품목 등)를 추가하고 예외적인 케이스를 하나씩 처리하다 보면 코드는 순식간에 복잡해질 것이다. 요컨대, 고객에게 이 모든 정보를 미리 요청한다면 고객은 비용 추정을 포기할지도 모른다. 이러한 방식 대신, 이사 전문 업체가 겪었던 다른 가구에 대한 과거 데이터를 기반으로 이사 비용을 추정하는 머신러닝 모델을 학습할 수 있다.

이 책의 예제에서는 주로 순방향 신경망feed-forward neural network 모델을 사용하지만, 선형 회귀linear regression 모델, 결정 트리decision tree, 클러스터링clustering 모델 등도 참조할 것이다. 일반적으로 '신경망'이라 불리는 순방향 신경망은 머신러닝 알고리즘의 종류 중 하나로 수많은 뉴런을 포함한 여러 계층이 각각 정보를 분석하고 처리한 다음, 처리한 정보를 다음 계층으로 보낸다. 이러한 방식으로 최종 계층, 즉 출력층에 도달한 정보를 통해 예측을 생성한다. 신경망은 실제 생물의 뇌와는 다르지만, 신경망에 있는 노드 간의 연결성과 데이터로부터 새로운 예측을 일반화하고 형성할 수 있는 방식이 실제 사람 뇌의 뉴런과 유사해 자주 비교되곤 한다. 2개 이상의 은닉층hidden layer(입력층이나 출력층이 아닌 계층)이 있는 신경망은 딥러닝deep learning으로 분류된다(그림 1-1).

머신러닝 모델은 근본적으로 수학적 함수이므로 수치 소프트웨어 패키지를 사용하면 밑바닥부터 구현할 수 있다. 그러나 업계의 ML 엔지니어는 보통 모델 구축을 위한 직관적인 API를 제공하는 여러 오픈소스 프레임워크 중 하나를 사용하는 편이다. 이 책에서 제공하는 대부분의 예제는 딥러닝 모델에 중점을 두고 구글에서 만든 오픈소스 머신러닝 프레임워크인 텐서플로를 사용한다. 또한 텐서플로 라이브러리 내에서 Tensorflow.keras를 통해 임포트import할 수 있는 케라스 API도 예제에 사용한다. 케라스는 신경망 구축을 위한 상위 수준 API로 다양한 백엔드를 지원하지만, 여기에서는 텐서플로 백엔드를 사용할 것이다. 다른 예에서는 선형 모델, 심층 모델을 빌드하기 위한 API와 함께 데이터 준비 기능을 제공하는 인기 오픈소스 프레임워크인 사이킷런, XG부스트XGBoost, 파이토치PyTorch를 사용한다. 머신러닝의 접근성은 점점 좋아지고 있으며, 심지어 최근에는 SQL로도 표현할 수 있게 되었다. 데이터 전처리data preprocessing와 모델 생성을 결합하는 상황에서 빅쿼리 ML을 사용하는 방법을 예로 들 수 있다.

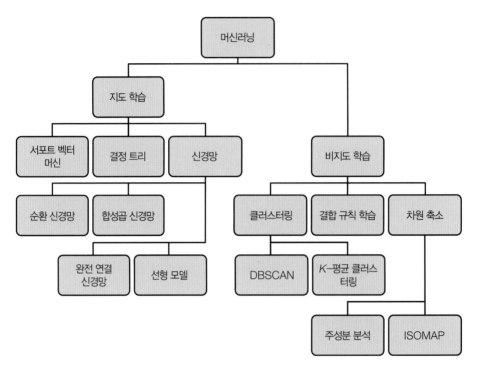

그림 1-1 다양한 종류의 머신러닝에 대한 분석과 몇 가지 예. 이 다이어그램에는 포함되지 않았지만 오토인코더와 같은 신경망은 비지도 학습에도 사용할 수 있다.

반면 입력층과 출력층만 있는 신경망은 선형 모델linear model로 불리는 머신러닝의 일종이다. 선형 모델은 선형 함수를 사용하여 데이터에서 학습한 패턴을 나타낸다. **결정 트리**는 데이터를 사용하여 다양한 분기를 가진 경로의 집합을 만드는 머신러닝 모델이다. 이러한 분기는 주어진 데이터로부터 결과를 근사적으로 이끌어낸다. 마지막으로 **클러스터링** 모델은 데이터 내의 부분 집합 간의 유사성을 찾고 식별된 패턴을 사용하여 클러스터로 데이터를 그룹화한다.

머신러닝 문제(그림 1-1)는 지도 학습, 비지도 학습의 두 가지 유형으로 나눌 수 있다. 지도 학습supervised learning은 데이터에 대한 실측 검증 라벨ground truth label을 미리 알고 있는 문제에 적용할 수 있다. 예를 들어 이미지에 '고양이'라는 라벨을 달거나, 신생아 출생 후 몸무게를 재고 '2.3kg'이라는 라벨을 달 수 있다. 이러한 라벨이 달린 데이터를 모델에 제공하고 새로운 데이터가 들어왔을 때 자동으로 라벨을 달 수 있도록 충분히 학습시키는 것이 지도 학습의 목적이다. 비지도 학습unsupervised learning은 데이터에 라벨이 없을 때 적용한다. 비지도 학습의 목표는 데이터를 자연스럽게 그룹화(클러스터링)하거나, 정보를 압축(차원 축소)하거나, 연관 규칙을 찾을 수 있는 모델을 구축하는 것이다. 실제 프로덕션에 사용되는 대부분의 머신러닝 모델은 지도 학습에 해당하며 이 책에서도 지도 학습을 주로 다룬다.

지도 학습의 문제는 일반적으로 분류 또는 회귀로 정의할 수 있다. 분류 모델classification model은 사전에 입력 데이터에 정의된 카테고리의 라벨을 할당한다. 분류 문제의 예로는 반려동물 이미지를 보고 품종을 맞추거나, 문서에 태그를 지정하거나, 금융 거래의 사기 여부를 판정하는 작업 등이 있다. 회귀 모델regression model은 입력 데이터에 연속적인 숫잣값을 할당한다. 회귀 모델의 예로는 자전거 여행 기간 예측, 회사 미래 수익 예측, 제품 가격 예측 등이 있다.

1.3.2 데이터와 특징 가공

데이터는 모든 머신러닝 문제의 핵심이다. 데이터셋dataset이란 머신러닝 모델의 학습, 검증, 테스트에 사용되는 데이터를 의미한다. 대부분의 데이터는 학습 데이터training data로 학습 프로세스 중에 모델에 제공되는 데이터다. 검증 데이터validation data는 학습 데이터셋에 포함되지 않는 데이터로서 각 학습 에폭epoch(학습 데이터셋에 대한 각 반복을 에폭이라고 한다)이 완료된 후 모델의 성능을 평가하는 데 사용되는 데이터다. 검증 데이터에 대한 모델의 성능을 바탕으로 학습을 중지할 시기를 결정하고, 하이퍼파라미터hyperparameter(랜덤 포레스트 모델의 트리 수 등)를 선택한다. 테스트 데이터test data는 학습 과정에서 전혀 사용되지 않는 데이터로 학습이 끝난 모델의 성능을 평가하는 데 사용된다. 머신러닝 모델의 성능 보고서는 학습 또는 검증 테스트가 아닌 독립적인 테스트 데이터를 통해 산출해야 한다. 세 가지 데이터셋(학습, 검증, 테스트)이 모두 통계적으로 유사한 속성을 갖도록 데이터를 분할하는 것도 중요하다.

모델 학습에 사용하는 데이터는 모델의 종류에 따라 다양한 형태를 취할 수 있다. 구조화된 데이터structured data는 수치 데이터와 범주 데이터로 이루어진다. 수치 데이터는 정수나 부동 소수점으로 이루어져 있으며 범주 데이터는 자동차의 종류나 개인의 교육 수준과 같이 유한한 그룹 집합으로 나눌 수 있는 데이터로 이루어진다. 구조화된 데이터란 일반적으로 스프레드시트로 다룰 수 있는 데이터라고 생각하면 이해하기 쉽다. 이 책에서는 테이블 데이터tabular라는 용어를 구조화된 데이터와 같은 의미로 사용할 것이다. 반면 구조화되지 않은 데이터unstructured data는 깔끔하게 표현할 수 없는 데이터이며 이러한 데이터의 예로 자유 형식 텍스트, 이미지, 비디오, 오디오 등이 있다.

수치 데이터는 보통 머신러닝 모델의 입력으로 직접 투입할 수 있지만, 다른 데이터는 모델로 입력하기 위해 다양한 데이터 전처리가 필요하다. 전처리 단계에서는 보통 수칫값을 조정하거나, 수치가 아닌 데이터를 모델에서 이해할 수 있는 수치 형식으로 변환하는 작업을 하게 된다. 전처리를 특징 가공feature engineering이라고도 부르며, 이 책에서도 전처리와 특징 가공을 같은 의미로 사용한다.

특징 가공 과정 내의 데이터를 설명하는 데에는 다양한 용어가 사용된다. 입력은 전처리 이전 상태인 데이터셋의 하나의 열을 가리키며 특징은 전처리를 마친 데이터셋의 하나의 열을 가리킨다. 예를 들어 입력이 타임스탬프라면 이를 전처리해서 추출한 특징은 요일이 될 수 있다. 타임스탬프를 요일로 변환하려면 몇 가지 데이터 전처리를 수행해야 하는데, 이러한 전처리 단계를 데이터 변환이라고 한다.

인스턴스instance는 예측을 위해 모델로 보내는 데이터 항목이다. 테스트 데이터셋의 행(라벨 열 없음), 분류하려는 이미지, 감정 분석 모델로 보낼 텍스트 문서 등이 인스턴스에 해당된다. 인스턴스에 대한 특징이 주어지면 모델은 예측값을 계산한다. 이를 위해 모델은 인스턴스와 라벨을 갖춘 학습 예제training example로 학습을 진행한다. 학습 예제는 모델에 공급될 데이터셋 중 하나의 데이터 인스턴스(행)를 나타낸다. 타임스탬프의 예시로 돌아가보자. 전체 학습 예제에는 '요일', '도시', '자동차 종류' 등이 포함될 수 있다. 라벨은 데이터셋의 출력 열로, 모델이 예측하고자 하는 대상이다. 라벨은 데이터셋의 대상 열(실측 검증 라벨이라고도 한다)과 모델에서 제공한 출력(예측이라고도 한다)을 모두 가리킨다. 타임스탬프 예시의 라벨은 이를테면 '여행 기간'이 될 수 있으며 분을 나타내는 부동 소수점값이 이에 적절할 것이다.

데이터셋을 조립하고 모델의 특징을 결정한 후에는 데이터 검증data validation을 진행한다. 데이터 검증은 데이터에 대한 통계를 계산하고, 스키마를 이해하고, 데이터셋을 평가하여 데이터에 내재된 문제(드리프트, 학습 제공 편향 등)를 식별하는 과정이다. 데이터에 대한 다양한 통계를 평가하면 데이터셋에 각 특징의 균형 잡힌 표현이 포함되었는지 알 수 있다. 더 많은 데이터를 수집할 수 없을 때 데이터 균형을 이해하면 이를 고려하여 모델을 설계하는 데 도움이 된다. 스키마를 이해하려면, 각 특징에 대한 데이터 유형을 정의하고 특정값이 잘못되거나 누락될 수 있는 학습 예제를 식별해야 한다. 마지막으로, 데이터 검증을 통해 학습 데이터셋과 테스트셋의 품질에 영향을 미칠 수 있는 불일치를 식별할 수 있다. 예를 들어 학습 데이터셋에는 대부분 주중 데이터가 포함되어 있고 테스트셋에는 주말 데이터가 포함되어 있다면 이는 불일치에 해당한다.

1.3.3 머신러닝의 과정

일반적인 머신러닝 워크플로의 첫 번째 단계는 학습training이다. 더 자세히 말하자면, 학습 데이터를 모델에 전달하여 패턴을 식별하는 방법을 학습시키는 과정이다. 학습의 다음 단계는 학습 데이터셋에 속하지 않는 데이터로 모델의 성능을 확인하는 것이다. 이를 모델 평가evaluation라고 한다. 학습과 평가를 여러 번 실행하여 특징 가공을 추가로 수행하고 모델의 아키텍처를 조정할 수 있다. 평가를 통해 모델의 성능에 만족했다면, 다른 사용자가 모델에 접근하여 예측값을 받을 수 있도록 모델을 제공할 수 있다. 이를 위해서는 들어오는 접근 요청을 수락하고 모델을 마이크로서비스 형태로 배포하여 예측값을 전송하는 시스템을 구축해야 하는데 이를 가리키는 용어가 서빙serving이다. 서빙의 인프라는 클라우드, 온프레미스on-premise, 온디바이스on-device 등의 형태가 될 수 있다.

모델에 새 데이터를 전송하고 출력을 사용하는 프로세스를 예측prediction이라고 한다. 예측은 아직 배포되지 않은 로컬 모델에서 예측값을 생성하는 것은 물론, 배포된 모델에서 예측값을 가져오는 것 모두를 의미한다. 배포된 모델의 예측에는 온라인 예측과 배치 예측의 두 가지가 있다. 온라인 예측online prediction은 거의 실시간으로 적은 수의 예측값을 얻고자 할 때 사용되며 지연 시간이 짧을수록 좋다. 반면 배치 예측batch prediction은 오프라인에서 대규모 데이터 집합에 대한 예측을 생성하는 것을 의미한다. 배치 예측 작업은 온라인 예측보다 오래 걸리며, 예측을 사전에 계산(예: 추천 시스템)하고 대규모 새 데이터 샘플에서 모델의 예측을 분석할 때 유용하다.

예측이라는 단어는 자전거를 타는 주기나 장바구니가 버려질지의 여부를 예측할 때처럼 미래 가치를 추정하는 경우에 적합한 말이다. 이미지 및 텍스트 분류 모델에 예측이라는 말을 사용하기는 조금 어색하다. 이를테면 ML 모델이 텍스트 리뷰를 보고 감정이 긍정적이라고 출력하는 경우, 미래 결과가 없기 때문에 이는 사실상 '예측'이 아니기 때문이다. 따라서 이런 경우에는 예측을 대체하는 용어로 흔히 추론inference을 사용한다. 통계 용어인 추론과 정확하게 의미가 일치하지는 않지만 ML 업계에서는 이미 일반적으로 통용되는 용어다.

학습 데이터 수집, 특징 가공, 학습, 모델 평가 프로세스는 프로덕션 파이프라인과 별도로 처리하는 경우가 많다. 이렇게 별도로 처리할 때에는 모델의 새 버전을 학습시키기에 충분한 추가 데이터가 있다고 결정할 때마다 모델을 다시 평가한다. 반면, 이와 같은 과정을 프로덕션 파이프라인 내에서 소화하는 경우에는 새로운 데이터를 지속적으로 수집할 수 있어야 하며 학습 또는 예측을 위해 모델로 보내기 전에 이 데이터를 즉시 전처리해야 한다. 이를 스트리밍^{streaming}
이라고 한다. 스트리밍 데이터를 처리하려면 특징 가공, 학습, 평가, 예측을 수행하기 위해 여
러 단계에 걸친 시스템이 필요하다. 이러한 시스템을 머신러닝 파이프라인^{machine learning pipeline}이
라고 부른다.

1.3.4 데이터와 모델 도구

구글 클라우드는 데이터 및 머신러닝 문제를 해결하기 위한 다양한 도구를 제공한다. 이 책에
서도 이러한 도구를 선보일 것이다. 물론 이러한 도구는 이 책에서 소개하는 디자인 패턴을 구
현하기 위한 옵션 중 하나일 뿐이다. 이 책에서 소개하는 도구는 모두 서버리스이므로, 그 뒤에
있는 인프라에 신경 쓰는 대신 머신러닝 디자인 패턴을 구현하는 데 더 집중할 수 있다.

빅쿼리(`https://oreil.ly/7PnVj`)는 SQL로 대규모 데이터셋을 빠르게 분석하도록 설계된 엔
터프라이즈 데이터 웨어하우스다. 데이터 수집, 특징 가공을 위한 예제에서 주로 빅쿼리를 사
용할 것이다. 빅쿼리의 데이터는 데이터셋으로 이루어져 있으며 각각의 데이터셋은 여러 테이
블을 가질 수 있다. 대부분의 예제에서는 빅쿼리가 제공하는 무료 공개 데이터셋인 구글 클라
우드 공개 데이터셋^{Google Cloud Public Dataset}(`https://oreil.ly/AbTaJ`)의 데이터를 사용한다. 구
글 클라우드 공개 데이터셋은 1929년 이후의 NOAA 날씨 데이터, 스택 오버플로^{stack overflow}의
질문과 답변, 깃허브의 오픈소스 코드, 출생률 데이터 등을 포함한 수백 개의 데이터셋으로 이
루어져 있다. 예제의 모델 중 일부는 빅쿼리 ML(`https://oreil.ly/_VjVz`)로 빌드할 것이다.
빅쿼리 ML은 빅쿼리에 저장된 데이터로 모델을 빌드하기 위한 도구로, 빅쿼리 ML을 사용하면
SQL을 사용하여 모델을 학습, 평가하고 모델로부터 예측을 생성할 수 있다. 비지도 클러스터
링 모델, 분류 모델, 회귀 모델을 지원하며, 예측을 위해 학습이 끝난 텐서플로 모델을 빅쿼리
ML로 임포트할 수도 있다.

클라우드 AI 플랫폼^{Cloud AI Platform}(`https://oreil.ly/90KLs`)에는 구글 클라우드에서 커스텀
머신러닝 모델을 학습하고 서빙하기 위한 다양한 제품이 포함되어 있다. 이 책의 예에서는 AI
Platform Training과 AI Platform Prediction을 사용한다. AI Platform Training은 구글
클라우드에서 머신러닝 모델을 학습하기 위한 인프라를 제공한다. AI Platform Prediction
을 사용하면 학습된 모델을 배포하고 API를 사용하여 모델의 예측을 생성할 수 있다. 두 서비

스 모두 텐서플로, 사이킷런, XG부스트를 포함해서 다양한 프레임워크로 빌드한 모델을 위한 커스텀 컨테이너를 지원한다. 또한 AI 플랫폼에 배포된 모델의 예측 결과를 해석하는 도구인 Explainable AI(*https://oreil.ly/lDocn*)도 소개할 예정이다.

1.3.5 머신러닝의 직군

기업의 조직에는 데이터, 머신러닝과 관련된 다양한 직군이 있다. 이번 절에서는 책 전체에서 자주 참조하는 몇 가지 일반적인 직군을 정의할 것이다. 이 책은 주로 데이터 과학자, 데이터 엔지니어, ML 엔지니어를 대상으로 한다. 먼저 해당 직군에 대해 알아보자.

데이터 과학자data scientist는 데이터셋 수집, 해석, 처리를 수행하는 직군이다. 데이터 과학자는 데이터에 대한 통계적, 탐색적 분석을 수행한다. 머신러닝과 관련해서는 데이터 수집, 특징 가공, 모델 구축 등의 작업을 할 수 있다. 데이터 과학자는 보통 파이썬 또는 R로 작업하며 일반적으로 조직의 머신러닝 모델을 가장 먼저 구축한다.

데이터 엔지니어data engineer는 조직의 데이터를 위한 인프라와 워크플로를 관리한다. 이들은 회사가 데이터를 수집하고, 데이터 파이프라인을 구축하고, 데이터를 저장하고 전송하는 방법을 관리하는 데 도움을 준다. 데이터 엔지니어는 데이터를 중심으로 인프라와 파이프라인을 구현한다.

머신러닝 엔지니어machine learning engineer는 ML 모델에 대해 데이터 엔지니어와 유사한 작업을 수행한다. 이들은 데이터 과학자가 개발한 모델을 가져와서 해당 모델의 학습, 배포와 관련된 인프라와 운영을 관리한다. ML 엔지니어는 모델을 업데이트하고, 모델 버전을 관리하고, 최종 사용자에게 예측 서빙을 처리하는 프로덕션 시스템을 구축한다.

회사의 데이터 과학 팀이 작고 팀의 민첩성이 높을수록, 같은 사람이 여러 역할을 수행할 가능성이 높다. 그러한 상황에 있는 독자라면, 위의 세 가지 직군 모두에서 자신의 업무를 부분적으로 발견했을 수도 있다. 보통은 데이터 엔지니어로서 머신러닝 프로젝트를 시작하고 데이터 수집을 위한 데이터 파이프라인을 구축한다. 그런 다음 데이터 과학자 역할로 전환해 ML 모델을 구축한다. 최종적으로는 ML 엔지니어로서 모델을 프로덕션으로 옮긴다. 대규모 조직에서도 머신러닝 프로젝트는 동일한 단계를 거치지만, 각 단계에 서로 다른 팀이 참여하게 된다.

연구 과학자, 데이터 분석가, 개발자도 AI 모델을 구축하고 사용할 수 있지만 이 책에서 상세히 다루지는 않을 것이다. 각 직군의 역할을 간략하게만 살펴보자.

연구 과학자research scientist는 주로 ML 분야를 발전시키기 위해 새로운 알고리즘을 찾고 개발하는 역할을 한다. 그 연구 분야에는 모델 아키텍처, 자연어 처리, 컴퓨터 비전, 하이퍼파라미터 튜닝, 모델 해석과 같은 머신러닝 내의 다양한 하위 분야가 포함된다. 연구 과학자는 다른 직군과는 달리 프로덕션 ML 시스템을 구축하는 대신, ML에 대한 새로운 접근 방식을 프로토타이핑하고 평가하는 데 대부분의 시간을 보낸다.

데이터 분석가data analyst는 데이터를 분석하고 통찰한 내용을 뽑아낸 다음, 조직 내의 다른 팀에 이를 공유한다. SQL, 스프레드시트에서 작업하고 비즈니스 인텔리전스 도구를 사용하여 데이터를 시각화하여 결과를 공유한다. 제품 팀과 긴밀히 협력하며, 통찰력이 어떻게 비즈니스 문제를 해결하고 가치를 창출하는 데 도움을 주는지 잘 알고 있다. 보통 기존 데이터의 추세를 식별하고 그로부터 통찰한 결과를 만들어내는 데 집중하지만, 해당 데이터를 사용하여 향후 예측을 만들고 통찰 결과 생성을 자동화하거나 확장하는 데에도 관심을 갖는다. 머신러닝이 대중화됨에 따라, 데이터 분석가가 자신의 역량을 기른다면 데이터 과학자로 성장할 수 있다.

개발자developer는 최종 사용자가 ML 모델에 접근할 수 있는 프로덕션 시스템 구축을 담당한다. 또한 웹 또는 앱을 통해 사용자 친화적인 형식으로 모델에 쿼리를 날리고 예측을 반환받기 위한 API를 설계한다. 이러한 API가 쿼리, 예측을 주고받는 모델은 클라우드에서 호스팅되는 모델일 수도 있고 온디바이스로 내장된 모델일 수도 있다. 개발자는 ML 엔지니어가 구현한 모델 서빙 인프라를 활용하여 모델 사용자에게 예측을 표시하기 위한 애플리케이션과 사용자 인터페이스를 구축한다.

[그림 1-2]는 조직의 머신러닝 모델 개발 프로세스에서 이러한 다양한 직군이 어떻게 함께 협업하는지를 보여준다.

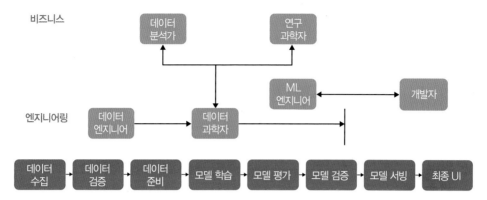

그림 1-2 데이터 및 머신러닝과 관련된 다양한 직군과 역할이 있으며, 각 직군은 데이터 수집부터 모델 제공 및 최종 사용자 인터페이스에 이르기까지 ML 워크플로에서 협업한다. 예를 들어 데이터 엔지니어는 데이터 수집 및 데이터 검증 작업을 하고 데이터 과학자와 긴밀하게 협력한다.

1.4 머신러닝의 문제

머신러닝 디자인 패턴에 대한 책이 필요한 이유는 무엇일까? ML 시스템을 구축하는 프로세스 내에는 ML 설계에 영향을 미치는 다양한 문제가 존재한다. 이러한 문제를 이해한다면 ML 실무자로서 이 책이 소개하는 솔루션을 적용하는 사고 프레임을 형성할 수 있을 것이다.

1.4.1 데이터의 품질

머신러닝 모델은 학습에 사용되는 데이터만큼만 신뢰할 수 있다. 불완전한 데이터셋, 특징이 부실한 데이터, 모델을 사용하는 모집단을 제대로 표현하지 못하는 데이터로 머신러닝 모델을 학습하면 모델의 예측에 이러한 데이터가 직접 반영된다. 그래서 머신러닝 모델 세계에서는 '쓰레기가 들어가면 쓰레기가 나온다garbage in, garbage out'라는 관용구가 자주 쓰인다. 이번 절에서는 데이터 품질의 정확도, 완전성, 일관성, 적시성이라는 네 가지의 중요한 구성 요소를 살펴볼 것이다.

데이터 정확도accuracy는 학습 데이터 특징의 정확도와 해당 특징에 해당하는 실측 라벨의 정확도를 모두 가리킨다. 데이터의 출처와 데이터 수집 과정에 존재할 수 있는 오류에 대해 이해하면 특징의 정확성을 보장할 수 있다. 데이터를 수집한 후에는 철저한 분석을 통해 오타, 중복 항목, 테이블 데이터의 단위 불일치, 누락된 특징, 기타 데이터 품질에 영향을 줄 수 있는 오류를 걸러내는 것이 중요하다. 예를 들어 학습 데이터셋이 중복되면 모델은 이러한 중복된 데이터에 더 많은 가중치를 할당하게 된다.

데이터 라벨의 정확도는 특징의 정확도만큼 중요하다. 모델은 가중치를 업데이트하고 손실 함수를 최소화할 때 학습 데이터의 실측 라벨에 의존한다. 결과적으로, 라벨이 잘못 지정된 학습 데이터는 모델의 정확도를 떨어뜨린다. 감정 분석 모델을 만들 때 '긍정' 라벨이 달려야 하는 샘플의 25%에 '부정' 라벨이 잘못 달렸다고 가정해보자. 모델은 실제로 긍정에 해당하는 데이터를 부정으로 간주하는 잘못된 패턴을 학습하게 되고 이는 예측에 직접적인 영향을 준다.

데이터 완전성^{completeness}은 다음 예를 통해 쉽게 이해할 수 있다. 고양이 품종을 식별하는 모델을 학습시킨다고 생각해보자. 광범위한 고양이 이미지 데이터셋에서 모델을 학습하면 모델은 99%의 정확도로 10개의 품종('벵갈', '샴' 등) 중 하나로 이미지를 분류할 수 있다. 그런데, 모델을 프로덕션에 배포하고 나니 많은 사용자가 고양이 사진을 분류하려고 업로드할 뿐 아니라 개 사진을 업로드하고 모델의 결과에 실망한다는 것을 알게 되었다. 이 모델은 서로 다른 10가지 고양이 품종을 식별하도록 학습되었을 뿐이다. 이 10가지 품종은 본질적으로 모델의 전체 '세계관'과 같다. 모델을 무엇을 입력받든 상관없이 이 10가지 품종 중 하나로 분류할 것이다. 전혀 고양이처럼 보이지 않는 이미지에 대해서도 높은 확신을 가지고 10가지 중 하나의 품종으로 분류한다는 뜻이다. 또한 '고양이 아님'에 해당하는 데이터와 라벨이 학습 데이터셋에 포함되지 않으면, 모델은 '고양이 아님'이라는 결과를 출력할 방법이 없다.

데이터 완전성을 높이려면 학습 데이터에 각 라벨의 다양한 표현이 포함되도록 해야 한다. 고양이 품종의 예에서, 모든 이미지가 고양이 얼굴의 정면 클로즈업 샷이라면 모델은 고양이의 측면 얼굴이나 전신사진을 제대로 식별할 수 없다. 테이블 데이터의 경우에도 마찬가지다. 특정 도시의 부동산 가격을 예측하는 모델을 만들 때 2,000제곱피트가 넘는 주택의 학습 데이터만 사용해 모델을 학습시킨다면, 작은 집에 대한 모델의 예측 성능은 떨어질 것이다.

세 번째 데이터 품질은 데이터 일관성^{consistency}이다. 대규모 데이터셋을 만들 때는 데이터 수집과 라벨 지정 작업을 여러 팀이 나눠서 수행하는 것이 일반적이다. 데이터셋 전체의 일관성을 유지하려면 이러한 작업 절차에 대한 표준을 마련해야 한다. 데이터셋을 준비하는 작업에는 필연적으로 작업자의 편견이 들어가기 때문이다. 데이터 일관성의 부족은 데이터의 특징과 라벨

양쪽에서 발생할 수 있다. 온도 센서에서 대기 데이터를 수집한다고 가정해보자. 각 센서가 서로 다른 표준으로 보정되었다면 모델은 부정확하고 신뢰할 수 없는 예측을 만들어낸다. 데이터의 형식 자체에도 일관성이 부족할 수 있다. 위치 데이터를 수집할 때, 데이터셋을 준비하는 사람 중 일부는 전체 주소를 'Main Street'로 작성하고 다른 사용자는 'Main St'로 축약하는 것이 한 예다. 마일, 킬로미터와 같은 측정 단위를 혼재하는 것도 이에 해당된다.

라벨링의 일관성에 대해서는 텍스트 감정 분류를 예로 들어보자. 학습 데이터에 라벨을 지정할 때 각 텍스트가 긍정적인지 혹은 부정적인지에 대해 모두가 동일하게 생각하지는 않을 것이다. 이 문제를 해결하기 위해서는 여러 사람이 데이터셋의 각 항목에 라벨을 지정한 다음, 각 항목에 가장 일반적으로 적용되는 라벨을 사용하는 것이 좋다. 누가 하느냐에 따라 라벨링의 편향이 존재할 수 있다는 점을 인식하고 이를 감안한 시스템을 구현한다면 데이터셋 전체에서 라벨링의 일관성이 보장될 것이다. 편향의 개념에 대해서는 7.3절에서 더 자세히 살펴본다.

데이터 적시성^{timeliness}은 데이터의 사건이 발생한 시점과 데이터베이스에 추가된 시점 사이의 지연 시간을 말한다. 예를 들어 애플리케이션 로그에서 데이터를 수집할 때에는 오류 로그가 로그 데이터베이스에 표시되기까지 몇 시간이 걸릴 수 있다. 신용 카드 거래를 기록하는 데이터셋이라면, 거래가 발생한 후 시스템에 보고되기까지 하루가 걸릴 수 있다. 적시성을 처리하려면 특정 데이터에 대해 가능한 한 많은 정보를 기록하고 데이터를 머신러닝 모델의 특징으로 변환할 때 정보가 반영되는지 확인하는 것이 좋다. 보다 구체적으로는, 이벤트가 발생한 시점과 데이터셋에 추가된 시점의 타임스탬프를 추적한 후 특징 가공을 할 때 이러한 차이점을 반영하면 된다.

1.4.2 재현성

일반적인 프로그래밍에서 프로그램의 출력은 재현 가능하다. 예를 들어 문자열을 뒤집는 파이썬 프로그램을 만들었다면 'banana'라는 단어를 입력했을 때 그 출력은 항상 'ananab'가 된다. 마찬가지로 프로그램에 숫자가 포함된 문자열을 잘못 반전시키는 버그가 있다면, 프로그램을 동료에게 보내 동일한 입력으로 동일한 오류를 재현시킬 수 있다(물론 버그가 부동 소수점 정밀도나 스레딩과 얽혀 있다면 이야기가 그리 단순하지는 않다).

반면 머신러닝 모델에는 근본적으로 무작위성이 내재되어 있다. ML 모델을 처음 학습시킬 때 가중치는 임의의 값으로 초기화된다. 모델이 학습을 반복하다 보면 이러한 가중치는 특정한 값으로 수렴된다. 이로 인해, 동일한 학습 데이터를 동일한 모델의 코드에 입력했다고 해도 두 모델은 학습이 끝나고 나면 약간 다른 결과를 생성한다. 이것은 재현성의 문제를 야기한다. 모델을 98.1%의 정확도로 학습했다면 반복적인 학습이 동일한 결과에 도달한다고 보장할 수 없으며 여러 실험에서 비교를 실행하기가 어려워진다.

이 재현성 문제를 해결하는 일반적인 방법은 학습을 실행할 때마다 동일한 무작위성이 적용되도록 모델에서 사용하는 시드값을 설정하는 것이다. 텐서플로에서는 프로그램 시작 부분에서 `tf.random.set_seed(value)`를 실행하여 시드값을 설정할 수 있다.

또한 사이킷런에서는 데이터 셔플을 위한 함수를 사용하여 임의의 시드값을 설정할 수도 있다.

```
from sklearn.utils import shuffle
data = shuffle(data, random_state=value)
```

여러 실험에서 반복 가능하고 재현 가능한 결과를 보장하려면 모델을 학습시킬 때 동일한 데이터와 동일한 랜덤 시드를 사용해야 한다.

ML 모델 학습에는 재현성을 보장하기 위해 수정해야 하는 몇 가지 요소가 있다. 학습 데이터, 학습 및 검증을 위한 데이터셋 생성에 사용되는 분할 메커니즘, 데이터 준비와 모델 하이퍼파라미터, 배치 크기와 학습률 등의 변수가 여기에 해당한다.

재현성은 머신러닝 프레임워크의 종속성에도 영향을 받는다. 랜덤 시드를 수동으로 설정하는 것 외에도 프레임워크에는 모델을 학습시키기 위해 함수를 호출할 때 실행되는 무작위 요소가 내부적으로 구현되어 있다. 이 기본 구현이 서로 다른 프레임워크 버전 간에 변경되면 재현성이 보장되지 않는다. 구체적인 예를 들어보자. 프레임워크의 `train()` 메서드의 특정 버전이 `rand()`를 13번 호출하고, 동일한 프레임워크의 최신 버전이 `rand()`를 14번 호출한다면, 동일한 데이터와 모델 코드를 가진 실험 역시 버전에 따라 약간 다른 결과를 만들게 된다. 재현성을 보장하고 싶으면 컨테이너에서 ML 워크로드를 실행하고 라이브러리 버전을 표준화하는 것이 좋다. 6장에서는 ML 프로세스를 재현하기 위한 일련의 패턴을 소개할 것이다.

마지막으로, 재현성은 모델 학습 환경의 영향도 받는다. 큰 데이터셋과 복잡성을 가진 모델은 학습하는 데 상당한 시간이 걸린다. 이는 데이터 또는 모델의 병렬 처리와 같은 배포 전략을 통해 가속화할 수 있다(5장 참조). 그러나 이러한 가속화로 인해 분산 학습을 사용하는 코드를 다시 실행할 때에도 재현성 문제가 생길 수 있다.

1.4.3 데이터 드리프트

머신러닝 모델은 일반적으로 입력과 출력 간의 정적인 관계를 나타내지만, 데이터는 시간의 흐름에 따라 크게 바뀔 수 있다. 머신러닝 모델이 입력과 출력 간의 관계를 유지할 수 있는지와 모델 예측이 사용 중인 환경을 정확하게 반영하는지에 대한 문제를 표현하는 용어가 바로 데이터 드리프트data drift다.

뉴스 기사 헤드라인을 '정치', '비즈니스', '기술'과 같은 카테고리로 분류하는 모델을 학습한다고 가정해보자. 20세기의 뉴스 기사에 대한 모델을 학습하고 평가했다면 21세기의 데이터 기준으로는 성능이 좋지 않을 수 있다. 오늘날 우리는 헤드라인에 '스마트폰'이라는 단어가 포함된 기사가 주로 기술에 관한 것임을 알지만, 과거의 데이터를 학습한 모델은 스마트폰이라는 단어에 대한 지식이 없다. 데이터 드리프트 문제를 해결하려면 학습 데이터셋을 지속적으로 업데이트하고, 모델을 재학습하고, 모델이 특정 입력 데이터 그룹에 할당하는 가중치를 수정해야 한다.

드리프트의 예로 빅쿼리에 있는 대규모 폭풍에 대한 NOAA 데이터셋(*https://oreil.ly/obzvn*)을 들 수 있다. 특정 지역에서 폭풍이 발생할 가능성을 예측하는 모델을 학습하는 경우, 날씨 보고가 시간에 따라 변화하는 방식을 고려해야 한다.[4] [그림 1-3]을 보면, 대규모 폭풍의 수가 1950년 이후 꾸준히 증가하고 있음을 알 수 있다.

---

4 자세한 내용은 다음을 참고. *https://github.com/GoogleCloudPlatform/ml-design-patterns/blob/master/01_need_for_design_patterns/ml_challenges.ipynb*

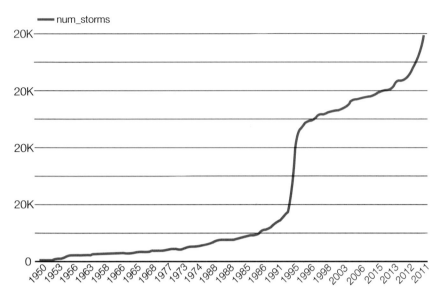

그림 1-3 1950년부터 2011년까지 NOAA에서 기록한, 1년 동안 발생한 대규모 폭풍의 수

이러한 추세를 바탕으로 2000년 이전 데이터에 대한 모델을 학습하여 오늘날 폭풍에 대한 예측을 생성한다면, 예측은 부정확해진다. 보고된 폭풍의 총수가 증가하는 것 외에도 [그림 1-3]의 데이터에 영향을 미칠 수 있는 다른 요인을 고려하는 것이 중요하기 때문이다. 예를 들어 폭풍을 관찰하는 기술은 시간이 지남에 따라 향상되었으며 1990년대에 기상 레이더가 도입되면서 가장 극적으로 향상되었다. 이는 최신 데이터에 각 폭풍에 대한 더 많은 정보가 포함되어 있으며, 오늘날의 데이터에서 사용 가능한 특징이 1950년에는 측정이 불가능했을 수 있음을 의미한다. 탐색적 데이터 분석을 통해 이러한 유형의 드리프트를 식별할 수 있으며 학습에 사용할 수 있는 데이터가 어디에 있는지 알 수 있다. 6.3절에서 시간이 지남에 따라 쓸 만한 특징이 늘어나는 데이터셋을 처리하는 방법에 대해 자세히 알아볼 것이다.

1.4.4 확장

확장 문제는 일반적인 머신러닝 워크플로의 여러 단계에 걸쳐 있다. 데이터 수집과 전처리, 학습과 서빙 모두에서 확장 문제가 발생할 수 있다. 머신러닝 모델을 위한 데이터를 수집하고 준비할 때는 데이터셋의 크기에 따라 필요한 도구가 결정된다. 데이터 엔지니어의 경우, 수백만 개의 행이 있는 데이터셋을 처리하도록 확장할 수 있는 데이터 파이프라인을 구축할 일이 많다.

모델을 학습시킬 때에는 ML 엔지니어가 특정 학습 작업에 필요한 인프라를 결정해야 한다. 데이터셋의 유형과 크기에 따라 모델 학습에 많은 시간과 계산 비용이 들 수 있으며 ML 워크로드를 위해 특별히 설계된 인프라(예: 그래픽 처리 장치$^{graphic\ processing\ unit}$(GPU))가 필요할 수 있다. 예를 들어 이미지 모델은 일반적으로 테이블 데이터에 비해 훨씬 더 많은 학습 인프라를 필요로 한다.

모델을 서빙할 때는 상황이 완전히 달라진다. 데이터 과학자들을 위해 모델 프로토타입에서 예측을 가져오는 인프라와 매시간 수백만 건의 예측 요청을 받는 프로덕션 모델을 위한 인프라는 완전히 다르다. 일반적으로 모델 배포, 예측 서빙과 관련된 확장성 문제를 해결하는 것은 개발자와 ML 엔지니어의 몫이다.

이 책에 있는 대부분의 ML 패턴은 조직의 성숙도와 관계없이 유용하다. 그러나 6장과 7장에 있는 몇 가지 패턴은 탄력성, 재현성 문제를 다양한 방식으로 다루며 이들 중 어떤 패턴을 선택할지는 조직의 복잡도와 비즈니스 용례에 달려 있다.

1.4.5 다양한 목표

머신러닝 모델 구축을 담당하는 팀은 조직 내에 하나일 수도 있지만, 조직 전체의 수많은 팀이 어떤 방식으로든 모델을 사용할 수도 있다. 팀이 다르면 성공적인 모델을 정의하는 방식도 다를 수밖에 없다.

이미지를 입력으로 받아 결함이 있는 제품을 식별하는 모델을 만든다고 가정해보자. 데이터 과학자의 목표는 모델의 교차 엔트로피 손실을 최소화하는 것이다. 제품 관리자라면 잘못 분류되어 고객에게 발송되는 결함 제품의 수를 줄이는 것이 목표다. 마지막으로 경영진의 목표는 매출을 30% 늘리는 것이다. 이렇게 각 팀의 최적화 대상에 따라 목표는 달라지며 조직 내에서 이러한 서로 다른 요구 사항의 균형을 맞추는 데에는 어려움이 따른다.

데이터 과학자는 거짓 음성$^{false\ negative}$이 거짓 양성$^{false\ positive}$보다 5배 더 큰 비용을 유발한다는 사실을 인용함으로써 제품 팀의 요구 사항을 모델의 맥락으로 변환할 수 있다. 따라서 모델을 설계할 때 이를 충족하려면 정밀도^{precision}보다 재현율^{recall}을 최적화해야 한다. 그러면 제품 팀의 정밀도 최적화 목표와 모델 손실 최소화 목표 사이의 균형을 찾을 수 있다.

모델의 목표를 정의할 때에는 조직 내 각 팀의 요구 사항이 모델과 어떻게 관련되는지 고려하는 것이 중요하다. 솔루션을 구축하기 전에 각 팀이 무엇을 최적화하고 있는지 분석하여 이러한 여러 목표의 균형을 최적화하는 타협 영역을 찾아야 한다.

1.5 마치며

디자인 패턴은 전문가의 지식과 경험을 모든 실무자가 따를 수 있는 조언으로 코드화하는 방법이다. 이 책에서는 각 디자인 패턴에서 머신러닝 시스템을 설계, 구축, 배포할 때 일반적으로 발생하는 문제에 대한 모범 사례와 솔루션을 정리하였다. 머신러닝의 일반적인 과제는 데이터 품질, 재현성, 데이터 드리프트, 확장, 다양한 목표의 충족과 관련되어 있다.

ML 수명 주기의 여러 단계에서 서로 다른 머신러닝 디자인 패턴을 필요로 하게 될 것이다. 문제 프레임의 정의와 실행 가능성 평가에 유용한 패턴도 따로 있다. 대부분의 패턴은 개발 또는 배포를 다루며 상당수의 패턴은 이러한 단계 간의 상호작용을 해결한다.

## CHAPTER 2

데이터 표현 디자인 패턴

모든 머신러닝 모델의 핵심은 특정 유형의 데이터로만 작동하도록 정의된 수학적 함수다. 동시에, 실제 머신러닝 모델은 수학적 함수에 직접 연결할 수 없는 데이터로도 작동할 수 있어야 한다. 예를 들어 결정 트리의 수학적 핵심은 불리언^{boolean} 변수에서 작동한다. 결정 트리의 머신러닝 소프트웨어에는 일반적으로 데이터에서 최적의 트리를 학습하는 함수와 다양한 유형의 숫자 및 카테고리 데이터를 읽고 처리하는 방법이 포함된다. 그러나 결정 트리를 뒷받침하는 실제 수학적 함수(그림 2-1)는 불리언 변수에 대해서만 작동하며 AND([그림 2-1]의 &&), OR([그림 2-1]의 +)과 같은 연산을 사용한다.

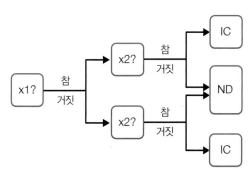

$$f(x1, x1) = ((x1 \,\&\&\, x2) \;+\; (!x1 \,\&\&\, !x2))*IC$$
$$+ ((x1 \,\&\&\, !x2) \;+\; (!x1 \,\&\&\, x2))*ND$$

그림 2-1 아기에게 응급 치료가 필요한지 여부를 예측하는 결정 트리 머신러닝 모델의 핵심은 불리언 변수에서 작동하는 수학적 함수다.

아기에게 응급 치료([그림 2-1]의 IC)가 필요한지, 또는 정상 퇴원([그림 2-1]의 ND)이 가능한지를 예측하는 결정 트리가 있고, 결정 트리가 두 변수 x1과 x2를 입력으로 취한다고 가정해보자. 학습된 모델은 [그림 2-1]과 같은 형태를 가지게 된다.

f(x1, x2)가 작동하려면 x1과 x2는 반드시 불리언 변수여야 한다. 이 모델이 입력받는 두 가지 정보가 아기가 태어난 병원과 아기의 체중이라고 가정해보자. 아기가 태어난 병원을 결정 트리의 입력으로 사용할 수 있을까? 아닐 것이다. 병원은 True값도 False값도 사용하지 않기에 &&(AND) 연산자의 입력이 될 수 없기 때문이다. 수학적으로 호환되지 않는다. 물론 다음과 같은 작업을 통해 병원값을 불리언값으로 '만들' 수 있다.

```
x1 = (hospital IN France)
```

이 작업은 x1에 해당하는 병원이 프랑스에 있으면 True이고 그렇지 않으면 False로 만든다. 마찬가지로 아기의 체중도 모델에 직접 공급할 수 없지만, 다음과 같은 작업을 통해 불리언값으로 만들 수 있다.

```
x1 = (babyweight < 3kg)
```

이제 병원과 아기의 체중을 모델의 입력으로 사용할 수 있다. 이것은 입력 데이터(복잡한 객체인 병원, 부동 소수점값인 아기의 체중)를 모델에서 예상하는 형식(불리언 변수)으로 표현하는 방법의 한 예다. 이것이 데이터 표현data representation의 의미다.

이 책에서는 입력이라는 용어를 모델에 제공되는 실제 데이터(예: 아기 체중)를 나타내는 데 사용하고, 특징이라는 용어를 모델이 실제로 계산하는 변환된 데이터(예: 아기 체중은 3kg 미만)를 나타내는 데 사용한다. 입력 데이터를 표현하는 특징을 생성하는 과정을 특징 가공이라고 하며, 특징 가공은 데이터 표현을 선택하는 방법으로도 볼 수 있다.

물론 3kg이라는 임곗값과 같은 파라미터를 하드 코딩하기보다는, 입력 변수와 임곗값을 선택하면 각 노드를 만드는 방법을 학습하는 머신러닝 모델이 더 바람직하다. 결정 트리는 데이터 표현을 학습할 수 있는 머신러닝 모델의 예다. 이 장에서 살펴보는 대부분의 패턴은 이와 비슷한 학습 가능한learnable 데이터 표현을 담고 있다.

임베딩embedding 디자인 패턴은 심층 신경망이 스스로 학습할 수 있는 데이터 표현의 정형화된 예다. 임베딩에서 학습된 표현은 입력보다 밀도가 높고 차원이 낮다. 학습 알고리즘은 입력에서 가장 두드러진 정보를 추출하여 보다 간결하게 특징으로 표현해야 한다. 입력 데이터를 표현하기 위해 특징을 학습하는 과정을 특징 추출feature extraction이라고 하며, 학습 가능한 데이터 표현(임베딩 등)을 자동으로 추출된 특징으로 볼 수 있다.

데이터 표현이 반드시 하나의 입력 변수일 필요는 없다. 예를 들어 비스듬한oblique 결정 트리는 2개 이상의 입력 변수의 선형 조합을 임곗값으로 설정하여 불리언 특징을 만든다. 각 노드가 하나의 입력 변수만 나타낼 수 있는 결정 트리는 단계적 선형 함수로 표현 가능한 반면, 각 노드가 입력 변수의 선형 조합을 나타낼 수 있는 비스듬한 결정 트리는 부분적 선형 함수로 표현 가능하다(그림 2-2). 선을 적절하게 표현하기 위해 몇 단계를 학습해야 하는지 고려하면 부분적 선형 함수를 더 간단하고 빠르게 학습할 수 있다. 이 아이디어를 확장한 것이 **특징 교차** feature cross 디자인 패턴으로, 여러 값을 가지는 카테고리형 변수 간의 AND 관계 학습을 단순화한다.

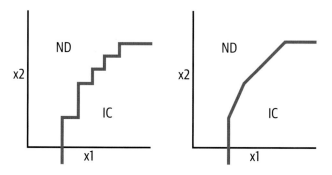

그림 2-2 각 노드가 하나의 입력값(x1 또는 x2)만 임곗값으로 지정할 수 있는 결정 트리 분류기는 단계적 선형 경계 함수로 표현 가능한 반면, 노드가 입력 변수의 선형 조합을 임곗값으로 지정할 수 있는 비스듬한 결정 트리 분류기는 부분적 선형 경계 함수로 표현 가능하다. 부분적 선형 함수는 더 적은 노드를 필요로 하며 더 높은 정확도를 얻을 수 있다.

데이터 표현은 반드시 학습되어야 하거나 반드시 고정되어야 하는 것이 아니다. 두 방법을 조합하는 것도 가능하다. **특징 해시**hashed feature 디자인 패턴은 결정론적이지만, 특정 입력이 취할 수 있는 모든 잠재적인 값을 알기 위해 모델을 필요로 하지는 않는다.

지금까지 살펴본 데이터 표현은 모두 일대일로 대응된다. 서로 다른 유형의 입력 데이터가 있을 때는 각각의 입력 데이터를 개별적으로 데이터 표현으로 만들거나 각 데이터를 하나의 특징으로 나타낼 수도 있지만, **멀티모달 입력**multimodal input을 사용하는 편이 더 유리할 수도 있다. 멀티모달 입력에 대해서는 이번 장에서 네 번째 디자인 패턴으로 살펴본다.

2.1 간단한 데이터 표현

학습 가능한 데이터 표현, 특징 교차 등을 살펴보기 전에 더 간단한 데이터 표현을 먼저 살펴보자. 이러한 단순한 데이터 표현은 머신러닝의 일반적인 관용구idiom라고 할 수 있다. 패턴은 아니지만, 일반적으로 사용되는 솔루션이다.

2.1.1 수치 입력

대부분의 최신 대규모 머신러닝 모델(랜덤 포레스트, 서포트 벡터 머신, 신경망)은 수치 기반으로 작동하므로 입력값이 수치로 되어 있다면 이를 변경하지 않고 모델에 전달할 수 있다.

스케일링이 필요한 이유

상당수의 ML 프레임워크는 [-1, 1] 범위 내의 수치에서 잘 작동하도록 조정된 옵티마이저optimizer를 사용하기 때문에 입력값이 이 범위에 속하도록 수치를 스케일링scaling하는 것이 도움이 될 수 있다.

수치를 [-1, 1] 범위로 스케일링하는 이유는?

경사 하강법gradient descent 옵티마이저는 손실 함수loss function의 곡률이 증가함에 따라 수렴하는 데 더 많은 단계를 필요로 한다. 특징의 상대적인 크기가 더 크다면 미분도 큰 경향이 있어, 손실 함수의 곡률이 크면 비정상적인 가중치 업데이트로 이어지기 때문이다. 비정상적으로 큰 가중치 업데이트는 수렴하는 데 더 많은 단계가 필요하므로 계산 부하가 증가한다.

데이터를 [-1, 1] 범위에서 '중앙에 배치'하면 오류 함수가 더 완만해진다. 따라서 이 범위로 스케일링된 데이터로 학습시킨 모델은 더 빨리 수렴하는 경향이 있으므로, 학습 속도가 빨라지거나 비용이 저렴해진다. 또한 [-1, 1] 범위에서 가장 높은 부동 소수점 정밀도를 얻을 수 있다.

사이킷런의 내장 데이터셋 중 하나를 사용한 빠른 테스트로 그 요점을 증명할 수 있다.[1]

```python
from sklearn import datasets, linear_model
diabetes_X, diabetes_y = datasets.load_diabetes(return_X_y=True)
raw = diabetes_X[:, None, 2]
max_raw = max(raw)
min_raw = min(raw)
scaled = (2*raw - max_raw - min_raw)/(max_raw - min_raw)

def train_raw():
    linear_model.LinearRegression().fit(raw, diabetes_y)

def train_scaled():
    linear_model.LinearRegression().fit(scaled, diabetes_y)

raw_time = timeit.timeit(train_raw, number=1000)
scaled_time = timeit.timeit(train_scaled, number=1000)
```

이를 실행하면 하나의 입력 특징만 사용하는 이 모델에서도 스케일링한 쪽의 속도가 9%에 가깝게 향상된 것을 볼 수 있다. 일반적인 머신러닝 모델의 특징 수를 고려한다면 시간 절감 효과는 더 커질 것이다.

스케일링이 중요한 또 다른 이유는 일부 머신러닝 알고리즘 및 기술이 서로 다른 특징의 상대적인 크기에 매우 민감하기 때문이다. 예를 들어 근접도 기준으로 유클리드 거리Euclidean distance를 사용하는 k–평균 클러스터링 알고리즘은 크기가 더 큰 특징에 크게 의존하게 된다. 특징에 대한 가중치의 크기는 해당 특징의 값 크기에 따라 달라지기 때문에 스케일링이 없으면 L1 또는 L2 정규화의 효율성에 영향을 미치며, 다른 특징도 정규화에 따라 다르게 영향을 받는다. 모든 특징을 [−1, 1] 사이에 있도록 스케일링하면 서로 다른 특징의 상대적 크기에 큰 차이가 없도록 만들 수 있다.

선형 스케일링

스케일링의 일반적인 방법에는 네 가지가 있다.

---

[1] 전체 코드는 다음을 참고. *https://github.com/GoogleCloudPlatform/ml-design-patterns/blob/master/02_data_representation/simple_data_representation.ipynb*

최소-최대 스케일링

입력이 취할 수 있는 최솟값은 −1로 변환하고 최댓값은 1로 변환하는 선형 변환이다.

```
x1_scaled = (2*x1 - max_x1 - min_x1)/(max_x1 - min_x1)
```

최소-최대 스케일링의 문제는 최댓값(max_x1)과 최솟값(min_x1)을 학습 데이터셋 내에서 추정해야 하며, 이러한 값이 아웃라이어outlier값일 가능성이 높다는 것이다. 아웃라이어를 최댓값 또는 최솟값으로 잡으면 실제 데이터가 [−1, 1] 범위 내에서 매우 좁은 범위로 축소될 수도 있다.

클리핑(최소-최대 스케일링과 함께 사용)

학습 데이터셋에서 최솟값과 최댓값을 추정하는 대신 '합리적인' 값을 사용하면 아웃라이어 문제를 해결하는 데 도움이 된다. 두 합리적인 최솟값과 최댓값 사이에서 데이터 수치를 선형으로 스케일링하면 [−1, 1] 범위에 모두 들어온다. 이 방법은 아웃라이어값을 −1 또는 1로 처리하는 효과가 있다.

Z 점수 정규화

학습 데이터셋에 대해 추정한 평균과 표준편차를 사용하여 입력을 선형적으로 스케일링하면, 합리적인 범위가 어느 정도인지에 대한 사전 지식 없이도 아웃라이어 문제를 해결할 수 있다.

```
x1_scaled = (x1 - mean_x1)/stddev_x1
```

이 방법을 사용하면 학습 데이터가 표준편차로 정규화되어 스케일링한 값의 평균은 0이 되고 분산은 1이 된다. 스케일링된 값의 범위에는 제한이 없지만 대부분의 경우 [−1, 1] 사이에 있다(기본 분포가 정규분포라면 67%가 [−1, 1]에 들어온다). 다만 이 범위를 벗어나는 값은 여전히 존재하며 절댓값이 클수록 존재할 확률이 적다.

윈저라이징

학습 데이터셋의 경험적 분포를 사용하여 데이터값의 10번째 및 90번째 백분위수(또는 5번째 및 95번째 백분위수 등)에 해당하는 경계로 데이터셋을 클리핑한다. 이후 최소-최대 스케일링을 적용하면 윈저라이징winsorizing을 적용한 값이 된다.

지금까지 논의한 모든 방법은 데이터를 선형으로 스케일링한다(클리핑, 윈저라이징의 경우에
도 일반적인 범위 내에서는 선형이다). 최소–최대 스케일링 및 클리핑은 균일하게 분산된 데
이터에서 가장 잘 작동하는 경향이 있고, Z 점수는 정규분포를 따르는 데이터에서 가장 잘 작
동하는 경향이 있다. [그림 2–3]의 아기 체중 예측 예시에서 `mother_age` 열에 대한 다양한 스
케일링 함수의 영향을 확인할 수 있다.[2]

'아웃라이어'를 버리지 말 것

앞에서 클리핑은 −1보다 작게 스케일링된 값을 −1로 취급하고, 1보다 크게 스케일링된 값은 1
로 취급하는 방식으로 정의했다. 하지만 이런 아웃라이어값을 그냥 버려서는 안 된다. 머신러닝
모델이 프로덕션 환경에서 이러한 이상값을 만나지 않으리라는 법이 없기 때문이다. 예를 들어
50세 산모에게서 태어난 아기를 생각해보자. 데이터셋에 나이가 많은 엄마에 대한 데이터가 충
분하지 않기 때문에, 클리핑을 적용하면 결국 45세 이상의 모든 엄마를 45세로 간주한다. 동일
한 처리가 프로덕션에 적용될 것이므로 모델은 나이가 많은 엄마의 입력을 어떻게든 처리하겠지
만, 50세 이상의 산모에게서 태어난 아기의 모든 학습 예제를 일괄적으로 버린다면 모델은 이러
한 값을 반영하는 방법을 영영 배우지 못할 것이다!

표현을 조금 달리 하자면, 무효한 입력invalid input을 버리는 것은 허용되지만 유효한 데이터valid data
를 버리는 것은 허용되지 않는다. `mother_age`가 음수인 행은 데이터 입력 오류일 수 있으므로
버리는 것이 타당하다. 프로덕션 서비스에서 입력 양식의 유효성을 검사하면 산모의 나이를 다
시 입력할 것이다. 그러나 50은 완벽하게 유효한 입력이므로 `mother_age`가 50인 행을 버리
는 것은 타당하지 않다. 프로덕션에 배포된 모델이 50세 산모를 만날 가능성이 존재하기 때문
이다.

[그림 2–3]에서 `minmax_scaled`는 x값을 [−1, 1]의 범위로 변환하지만, 대부분의 값이 전체
분포의 한쪽에 몰려 있다. 클리핑은 아웃라이어값을 잘라내지만 클리핑의 임곗값을 정확하게
맞추어야만 한다. 여기서 40세 이상의 산모에 해당하는 아기 수는 산모 나이가 증가함에 따라
천천히 감소하기 때문에 임곗값을 명확히 설정하는 데 문제가 있다. 윈저라이징 역시 클리핑과

---

2 전체 코드는 다음을 참고. *https://github.com/GoogleCloudPlatform/ml-design-patterns/blob/master/02_data_representation/
simple_data_representation.ipynb*

마찬가지로 백분위수 임곗값을 정확하게 맞추어야 한다. Z 점수 정규화는 범위를 개선하고 아웃라이어값을 더 멀리 밀어내지만, 값을 [−1, 1] 사이로 제한하지는 못한다. 사실 이 경우에는 원래 데이터셋이 어느 정도 정규분포를 가지기 때문에 Z 점수 정규화가 가장 적합하다. 다른 문제의 경우 최소−최대 스케일링, 클리핑 또는 윈저라이징이 더 좋을 수 있다.

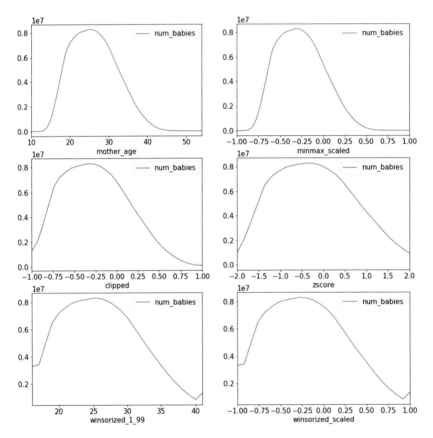

그림 2-3 왼쪽 상단이 아기 체중 예측 예제 데이터셋의 mother_age 히스토그램이고, 나머지는 서로 다른 스케일링을 적용한 후의 특징값이다.

비선형 변환

데이터가 치우쳐 균등하게 분포되지 않았거나, 종형 곡선처럼 분포되지 않는다면 어떻게 해야 할까? 이 경우 스케일링 전, 입력에 비선형 변환nonlinear transform을 적용하는 것이 좋다. 한 가지 일반적인 기법은 스케일링 전에 입력값의 로그를 취하는 것이다. 다른 일반적인 변환 기법으로는 시그모이드sigmoid 함수 또는 다항식 전개(제곱, 제곱근, 세제곱, 세제곱근 등)가 있다. 제대로 된 변환 함수를 적용했다면 변환된 값의 분포가 균일하거나 정규분포를 따르게 된다.

예를 들어 논픽션 서적의 판매량을 예측하는 모델을 만들고 있다고 생각해보자. 모델의 입력 중 하나는 주제에 해당하는 위키피디아Wikipedia 페이지의 인기도다. 그러나 위키피디아의 페이지 조회수는 매우 치우쳐 있고 동적 범위가 굉장히 넓다([그림 2-4]의 가장 왼쪽 차트와 같이, 조회수가 거의 없는 페이지들이 대부분의 분포를 차지하며 인기 페이지는 수천만 번 조회된다). 이때, 조회수의 로그값을 취한 다음 로그값의 네제곱근을 취하고, 그 결과를 선형적으로 스케일링하면 원하는 범위 내에서 종 모양의 데이터를 얻을 수 있다. 위키피디아 데이터를 쿼리하고, 이러한 변환을 적용하고, 이 플롯을 생성하는 코드를 자세히 보고 싶다면 이 책의 깃허브를 참조하자.[3]

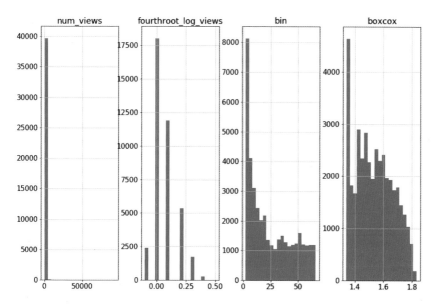

그림 2-4 첫 번째 차트는 위키피디아 페이지의 조회수 분포가 매우 왜곡되어 있으며 동적 범위가 매우 넓다. 두 번째 차트는 로그, 거듭제곱 함수, 선형 스케일링을 연속 사용하여 조회수를 변환해 문제를 해결할 수 있음을 보여준다. 세 번째 차트는 히스토그램 이퀄라이제이션의 효과를 보여주고, 네 번째 차트는 박스–콕스 변환의 효과를 보여준다.

---

3   자세한 내용은 다음을 참고. *https://github.com/GoogleCloudPlatform/ml-design-patterns/blob/master/02_data_repre sentation/simple_data_representation.ipynb*

분포를 종 곡선처럼 보이게 하는 선형화 함수를 고안하는 것은 어렵다. 더 쉬운 접근 방식은 조회수를 버킷화하여 원하는 출력 분포에 맞는 버킷 경계를 선택하는 것이다. 이러한 버킷을 선택하기 위한 원칙적 접근 방식이 히스토그램 평준화histogram equalization다. 여기서 히스토그램의 빈(bin)은 원데이터 분포의 분위수를 기반으로 선택한다([그림 2-4]의 세 번째 차트). 이상적인 상황에서 히스토그램 평준화는 균일한 분포를 생성한다(이 경우에는 분위수의 반복된 값으로 인해 균일해지지 않는다).

빅쿼리에서는 다음과 같은 명령으로 히스토그램 평준화를 수행할 수 있다.

```
ML.BUCKETIZE(num_views, bins) AS bin
```

빈은 다음과 같은 명령으로 얻을 수 있다.[4]

```
APPROX_QUANTILES(num_views, 100) AS bins
```

치우친 분포를 처리하는 또 다른 방법은 박스-콕스 변환Box-Cox transform과 같은 모수 변환 기술을 사용하는 것이다. 박스-콕스 변환은 하나의 파라미터, 람다lambda를 사용하여 분산이 더 이상 크기에 의존하지 않도록 '이분산성heteroscedasticity'을 제어한다. 여기에서 거의 노출되지 않는 위키피디아 페이지 조회수의 분산은 자주 노출되는 페이지 조회수의 분산보다 훨씬 작을 것이며, 박스-콕스 변환의 목적은 모든 조회수 범위에서 분산을 동일하게 만드는 것이다. 이 작업은 파이썬의 싸이파이SciPy 패키지를 써서 수행할 수 있다.

```
traindf['boxcox'], est_lambda = (
    scipy.stats.boxcox(traindf['num_views']))
```

이와 같이 학습 데이터셋에 대해 추정한 파라미터(est_lambda)를 구하고, 이를 사용하여 다른 값을 변환한다.

```
evaldf['boxcox'] = scipy.stats.boxcox(evaldf['num_views'], est_lambda)
```

....

4 자세한 내용은 다음을 참고. *https://github.com/GoogleCloudPlatform/ml-design-patterns/blob/master/02_data_represent ation/simple_data_representation.ipynb*

수의 배열

입력 데이터가 수의 배열일 때도 있다. 배열이 고정된 길이를 가진다면 데이터 표현은 비교적 간단하다. 배열을 평활화하고 각 인덱스의 값을 별도의 특징으로 취급하면 된다. 하지만 배열의 길이가 가변적일 때도 많다. 예를 들어 논픽션 책의 판매를 예측하기 위해 모델에 입력하는 값들 중에 모든 주제에 대한 책의 판매량이 있을 수도 있다. 입력이 다음 예제와 같다고 생각해보자.

```
[2100, 15200, 230000, 1200, 300, 532100]
```

분명히 이 배열의 길이는 행마다 다를 것이다. 다양한 주제로 출간된 책의 수가 서로 다르기 때문이다.

수의 배열을 처리하는 일반적인 관용구는 다음과 같다.

- 입력 배열은 전체적인 통계를 활용해서 표현한다. 예를 들어 길이(즉, 주제에 대한 책의 수), 평균, 중앙값, 최솟값, 최댓값 등을 사용할 수 있다.
- 경험적 분포(예: 10분위, 20분위, 백분위수 등)로 입력 배열을 표현한다.
- 배열이 특정한 방식(예: 시간 순서 또는 크기 순서)으로 정렬된 경우, 입력 배열을 마지막 3개 또는 다른 고정된 수의 항목으로 표현한다. 길이가 3보다 작은 배열의 경우에는 누락된 특징도 채워서 3을 채워야 한다.

이러한 방법을 통해 가변적인 길이를 가지는 데이터 배열을 고정된 길이의 특징으로 표현할 수 있다. 또한 이 문제를 시계열 예측 문제로 바꿀 수도 있는데, 이는 해당 주제에 대한 이전 책의 시간별 판매 이력을 기반으로 다음 책의 판매를 예측하는 문제다. 이전 책의 판매 이력을 배열 입력으로 취급하게 되면, 다음 책 판매를 예측하는 데 가장 중요한 원소는 판매의 일시적인 연속성이 아니라 책 자체의 특징(예: 저자, 출판사, 리뷰 등)이 된다.

2.1.2 카테고리 입력

대부분의 최신 대규모 머신러닝 모델(랜덤 포레스트, 서포트 벡터 머신, 신경망)은 수칫값으로 작동하므로 카테고리 입력도 수치로 표현되어야 한다.

가능한 값을 열거하고 순섯값으로 매핑하는 것만으로는 제대로 작동하지 않는다. 논픽션 책의 판매를 예측하는 모델에 대한 입력 중 하나가 책이 쓰인 언어라고 가정해보자. 다음과 같은 단순한 매핑 테이블을 쓸 수는 없다.

카테고리 입력	수치 특징
영어	1.0
중국어	2.0
독일어	3.0

이렇게 하면, 머신러닝 모델이 영어책과 독일어책 판매량의 중간값을 취해서 중국어책의 판매량을 얻을 수 있다! 언어 간에 서수 관계가 없기 때문에 모델이 이러한 언어로 작성된 책의 시장을 독립적으로 학습할 수 있도록 하려면 카테고리-수치 매핑을 사용해야 한다.

원-핫 인코딩

변수의 독립성을 유지하면서 카테고리형 변수를 매핑하는 가장 간단한 방법은 원-핫 인코딩one-hot encoding이다. 다음의 예를 보면 매핑을 사용하여 카테고리형 입력 변수를 3개 원소를 가진 특징 벡터로 변환하는 것을 볼 수 있다.

카테고리 입력	수치 특징
영어	[1.0, 0.0, 0.0]
중국어	[0.0, 1.0, 0.0]
독일어	[0.0, 0.0, 1.0]

원-핫 인코딩을 사용하려면 사전에 카테고리형 입력의 어휘를 알아야 한다. 여기서 어휘는 3개의 토큰(영어, 중국어, 독일어)으로 이루어지며, 결과로 만들어지는 특징의 길이는 이 어휘의 크기다.

경우에 따라 수치 입력을 카테고리형으로 처리하고, 이를 원-핫 인코딩한 열에 매핑하는 것이 도움이 될 수 있다.

수치 입력이 인덱스인 경우

교통량을 예측하기 위한 입력 중 하나가 요일인 경우를 생각해보자. 요일을 숫자(1, 2, 3, …, 7)로 처리할 수도 있지만, 여기서 요일은 연속적인 값이 아니고 실제로는 인덱스에 불과하다는 점을 기억해야 한다. 인덱스로서 숫자는 임의적이므로 카테고리(일요일, 월요일, …, 토요일)로 처리하는 것이 좋다. 일주일의 시작은 미국처럼 일요일이 될 수도, 프랑스처럼 월요일이 될 수도, 이집트처럼 토요일이 될 수도 있다.

입력과 라벨의 관계가 연속적이지 않을 때

요일을 카테고리 특징으로 취급하는 것이 더 나은 이유는, 금요일의 교통량이 목요일과 토요일의 교통량으로부터 영향을 받지 않기 때문이다.

수치 변수를 버킷화하는 것이 유리할 때

대부분의 도시에서 교통량은 주말인지 주중인지에 따라 다르며, 주말이 어떤 요일인지도 국가에 따라 다르다(대부분의 국가는 토요일과 일요일, 일부 이슬람 국가의 경우 목요일과 금요일이 주말이다). 그런 다음, 요일을 불리언 특징(주말 또는 주중)으로 처리하는 것이 좋다. 고유한 입력의 수(여기서는 7)가 고유한 특징값의 수(여기서는 2)보다 큰 매핑을 버키팅^{bucketing}이라고 한다. 일반적으로 버키팅은 범위 통제를 위해 쓰인다. 예를 들어 mother_age를 20, 25, 30 등으로 구분하는 범위로 버키팅하고 이러한 각 bin을 카테고리형으로 취급할 수도 있는데, 이렇게 하면 mother_age의 순서 특징이 손실된다는 점을 알고 있어야 한다.

라벨에 미치는 영향과 관련하여 수치 입력의 다른 값을 독립적으로 취급하려는 경우

예를 들어 아기의 몸무게는 쌍둥이 출산 여부와 관련이 있다. 쌍둥이나 세쌍둥이는 일반적인 아기보다 몸무게가 덜 나가는 경향이 있기 때문이다. 따라서 체중이 적은 아기가 세쌍둥이 중 하나라면 같은 체중의 쌍둥이 아기보다 더 건강하다고 볼 수 있다. 이 경우, 쌍둥이 여부를 카테고리형 변수에 매핑할 수 있다. 카테고리형 변수를 쓰면 모델이 쌍둥이 여부에 관련된 서로 다른 값에 대해 독립적인 조정 가능한 파라미터를 학습할 수 있기 때문이다. 물론, 이 이야기는 데이터셋에 쌍둥이와 세쌍둥이의 예가 충분히 있어야 가능하다.

카테고리 변수의 배열

입력 데이터가 카테고리의 배열일 수도 있다. 배열의 길이가 고정된 경우, 각 배열의 위치를 별도의 특징으로 취급할 수 있다. 그러나 배열의 길이가 가변적인 경우도 많다. 예를 들어 출산율 모델에 대한 입력 중 하나로 산모의 기존 출산 유형이 쓰일 수 있다.

```
[Induced, Induced, Natural, Cesarean]
```

분명히 이 배열의 길이는 행마다 다를 것이다. 산모마다 기존 출산 횟수가 다를 것이기 때문이다.

카테고리형 변수의 배열을 처리하는 일반적인 원칙은 다음과 같다.

- 각 어휘 항목의 발생 횟수를 카운팅^{counting}한다. 따라서 어휘가 순서대로 Induced, Natural, Cesarean 이라고 가정하면 위 데이터 예제의 표현은 [2, 1, 1]이 된다. 이렇게 하면 평활화된 고정된 길이의 수치 배열이 되고, 위치 순서대로 사용된다. 항목이 한 번만 나타날 수 있는 배열(예: 특정인이 사용하는 언어의 목록)이거나, 특징이 존재를 나타내지만 개수는 표시하지 않는 경우(예: 산모가 제왕절개 수술을 받은 적이 있는지 여부), 각 위치에 들어갈 수 있는 카운트의 값은 0 또는 1이며 이를 멀티-핫 인코딩^{multi-hot encoding}이라고 한다.
- 큰 수를 피하기 위해 카운트 대신 상대 빈도^{relative frequency}를 사용할 수 있다. 상대 빈도를 쓰면 위 예제의 표현은 [2, 1, 1]이 아닌 [0.5, 0.25, 0.25]이 된다. 빈 배열(형제가 없는 맏아들)은 [0, 0, 0]으로 표시된다. 자연어 처리에서는 모든 단어의 상대 빈도가 단어가 포함된 문서 내의 상대 빈도로 정규화되어 단어 빈도-역문서 빈도^{term frequency-inverse document frequency}(TF-IDF)[5]를 생성한다. TF-IDF는 문서 내에서 단어가 얼마나 고유한지를 반영한다.
- 배열이 특정한 방식(예: 시간 순서)으로 정렬되었다면 마지막 3개의 항목으로 입력 배열을 표현한다. 3개보다 짧은 배열은 결측값으로 3개를 맞춰 채운다.
- 전체적인 통계(예: 배열의 길이, 최빈값, 중앙값, 10분위/20분위/… 백분위수 등)로 배열을 표현할 수도 있다.

이 중 가장 일반적으로 쓰이는 것은 카운팅과 상대 빈도다. 이 두 가지 모두 원-핫 인코딩을 일반화한 것이라고 볼 수 있다. 아기에게 형제가 없으면 그 표현은 [0, 0, 0]이 되고, 아기에게 자연분만으로 태어난 형이나 누나가 한 명 있으면 표현은 [0, 1, 0]이 된다.

간단한 데이터 표현을 살펴보았으니, 다음으로 데이터 표현에 도움이 되는 디자인 패턴에 대해 살펴보자.

2.2 디자인 패턴 1: 특징 해시

특징 해시^{hashed feature} 디자인 패턴은 카테고리 특징과 관련해 발생 가능한 세 가지 문제인 불완전한 어휘, 카디널리티^{cardinality}로 인한 모델 크기, 콜드 스타트^{cold start}를 해결한다. 이 디자인 패턴은 카테고리형 특징을 그룹화하고 데이터 표현의 충돌이 가지는 트레이드오프를 인정하는 데서 출발한다.

---

5 자세한 내용은 다음을 참고. *https://oreil.ly/kNYHr*

2.2.1 문제

카테고리형 입력 변수를 원-핫 인코딩하려면 사전에 어휘를 알아야 한다. 입력 변수가 책에 쓰여진 언어나, 교통량이 예측되는 요일과 같은 경우에는 문제가 되지 않는다.

그런데 카테고리형 변수가 아기가 태어난 병원의 일련번호인 `hospital_id`, 또는 출산을 담당한 의사에 해당하는 `doctor_id`와 같은 경우에는 어떻게 해야 할까? 이러한 카테고리형 변수에는 몇 가지 문제가 있다.

- 어휘를 알기 위해서는 학습 데이터에서 추출해야 한다. 무작위 샘플링으로 인해 학습 데이터에는 존재하는 모든 병원과 의사가 포함되지는 않을 것이다. 즉, **어휘가 불완전해진다.**
- 카테고리형 변수는 **카디널리티가 크다.** 언어 3개, 요일 7개 같은 특징 벡터를 사용하는 게 아니라 길이가 수천에서 수백만에 이르는 특징 벡터가 있다. 이렇게 특징 벡터의 길이가 길면 몇 가지 문제가 발생한다. 우선, 가중치가 너무 많아서 학습 데이터가 부족해진다. 모델을 학습시킬 수는 있더라도 서빙할 때는 전체 어휘가 필요하기 때문에 학습된 모델을 저장하기 위한 상당히 큰 공간이 필요하다. 그러면 작은 장치에는 모델을 배포하지 못할 수 있다.
- 모델이 프로덕션에 배포된 후에도 새로운 병원이 건설되고 새로운 의사가 고용될 수 있다. 모델은 이에 대해 예측할 수 없으므로, 이러한 **콜드 스타트** 문제를 처리하려면 별도의 서빙 인프라가 필요하다.

TIP 원-핫 인코딩과 같은 단순한 표현을 사용하더라도 콜드 스타트 문제를 대비하기 위해서는 모든 0을 명시적으로 준비해 어휘를 벗어난 입력을 위한 자리를 마련하는 것이 좋다.

구체적인 예로 비행기의 도착 지연을 예측하는 문제를 살펴보자. 모델의 입력 중 하나로 출발 공항이 있다. 데이터셋 수집 당시 미국에는 347개의 공항이 있었다.

```
SELECT
    DISTINCT(departure_airport)
FROM `bigquery-samples.airline_ontime_data.flights`
```

일부 공항은 전체 기간 동안 1~3편의 비행을 했기 때문에 학습 데이터 어휘가 불완전할 것으로 예상된다. 347은 특징 벡터로서는 굉장히 크고, 새로운 공항이 언제든지 건설될 수 있다는 문제도 있다. 출발 공항을 원-핫 인코딩하면 세 가지 문제(불완전한 어휘, 큰 카디널리티, 콜드 스타트)가 모두 존재하게 된다.

출산율 데이터셋과 항공사 데이터셋은 이 책의 다른 데이터셋과 마찬가지로 빅쿼리의 공개 데이터셋(*https://oreil.ly/lgcKA*)이므로 직접 접속해서 쿼리해볼 수 있다. 이 책을 쓰는 현재 시점 기준으로 무료로 월 1TB의 쿼리를 쓸 수 있고, 신용카드 정보 입력 없이 월 1TB까지 빅쿼리를 사용할 수 있는 샌드박스도 있다.[6]

2.2.2 솔루션

특징 해시 디자인 패턴은 다음과 같은 방식으로 카테고리형 입력 변수를 표현한다.

- 카테고리 입력을 고유한 문자열로 변환한다. 출발 공항의 경우 공항의 3자리 IATA 코드(*https://oreil. ly/B8nLw*)를 사용할 수 있다.
- 문자열에 대해 결정론적(무작위 시드나 솔트 없음) 및 이식 가능한(동일한 알고리즘을 학습 및 서빙 모두에 사용할 수 있음) 해시 알고리즘을 호출한다.
- 해시 결과를 원하는 버킷 수로 나누고 나머지를 취한다. 일반적으로 해시 알고리즘은 음수를 포함한 정수를 반환하며 음수를 나눈 나머지는 음수이기 때문에, 결과에 절댓값을 취한다.

빅쿼리 SQL에서는 다음 코드로 이를 구현할 수 있다.

```
ABS(MOD(FARM_FINGERPRINT(airport), numbuckets))
```

팜 핑거프린트farm fingerprint 함수 FARM_FINGERPRINT()는 해시 알고리즘의 일종인 FarmHash를 사용하는데, 이 알고리즘은 결정론적이고 잘 분산되어 있으며 여러 프로그래밍 언어로 구현할 수 있다.

텐서플로에서는 다음과 같이 feature_column 함수로 구현할 수 있다.

```
tf.feature_column.categorical_column_with_hash_bucket(
    airport, num_buckets, dtype=tf.dtypes.string)
```

예를 들어 [표 2-1]은 3, 10, 1,000개의 버킷으로 해시한 일부 IATA 공항 코드의 FarmHash 결과를 보여준다.

---

[6] 이 책의 깃허브를 즐겨찾기하고, 전체 코드가 담긴 링크를 참고하자. 링크는 다음을 참고. *https://github.com/GoogleCloudPlatform/ ml-design-patterns/blob/master/02_data_representation/hashed_feature.ipynb*

표 2-1 FarmHash 알고리즘을 통한 IATA 공항 코드의 다양한 해시 결괏값

Row	departure_airport	hash3	hash10	hash1000
1	DTW	1	3	543
2	LBB	2	9	709
3	SNA	2	7	587
4	MSO	2	7	737
5	ANC	0	8	508
6	PIT	1	7	267
7	PWM	1	9	309
8	BNA	1	4	744
9	SAF	1	2	892
10	IPL	2	1	591

2.2.3 작동 원리

10개의 버킷([표 2-1]의 hash10)을 사용하여 공항 코드를 해시하도록 선택했다고 가정해보자. 이것이 앞에서 본 문제를 어떻게 해결하는 것일까?

어휘 외 입력

학습 데이터셋에 항공편의 수가 적은 공항이 들어 있지 않아도 해시된 특징값은 [0 - 9] 범위 내에 들어온다. 덕분에 서빙 중에 어휘 외 입력으로 인한 문제가 발생하지 않는다. 알 수 없는 공항은 해시 버킷의 다른 공항에 해당하는 예측을 가져오게 되고, 덕분에 모델에서 오류가 발생하지 않게 된다.

공항이 347개 있으면, 10개의 버킷으로 해시했을 때 평균 35개의 공항이 동일한 해시 버킷 코드를 받게 된다. 학습 데이터셋에서 누락된 공항은 해시 버킷에 있는 다른 약 35개 공항의 특징을 '차용'한다. 물론 누락된 공항에 대한 예측은 정확하지 않지만(알 수 없는 입력에 대해 정확한 예측을 기대하는 것은 부당하다!) 올바른 범위에 있을 것이다.

그렇다면 해시 버킷의 수를 선택하는 기준은 무엇일까? 어휘를 벗어난 입력을 합리적으로 처리해야 하는 필요성과, 모델이 카테고리 입력을 정확하게 반영해야 하는 필요성 사이의 균형을 맞춰야 한다. 10개의 해시 버킷을 사용하면 약 35개의 공항이 혼합된다. 경험상 각 버킷이 약

5개의 항목을 혼합하는 정도로 해시 버킷의 수를 선택하는 것이 좋다. 즉, 이 공항 예시의 경우 70개의 해시 버킷이 좋은 타협이 될 것이다.

큰 카디널리티

충분한 수의 해시 버킷을 선택하면 카디널리티 문제도 해결된다는 것을 쉽게 알 수 있다. 수백만의 공항, 병원, 의사가 있더라도 이를 수백 개의 버킷으로 해시하면 시스템의 메모리와 모델 크기의 요구 사항을 실용적으로 유지할 수 있다.

변환 코드는 실제 데이터값과 무관하고, 모델은 전체 어휘가 아닌 num_buckets 입력만 처리하므로 전체 어휘를 저장할 필요가 없다.

해시를 쓰면 손실이 발생하는 것이 사실이다. 공항의 수가 347개이므로 10개의 버킷으로 해시하면 평균 35개의 공항이 동일한 해시 버킷 코드를 받게 된다. 너무 많은 변수 때문에 이를 줄여야만 한다면, 손실이 존재하는 인코딩으로 절충해야 한다.

콜드 스타트

콜드 스타트 상황은 어휘가 부족한 상황과 유사하다. 새 공항이 시스템에 추가되면 처음에는 해시 버킷의 다른 공항에 해당하는 예측을 가져온다. 공항이 인기를 끌면 해당 공항에서 더 많은 항공편이 출발할 것이다. 주기적으로 모델을 재학습시키면, 모델의 예측은 새로운 공항에서의 도착 지연도 반영하기 시작할 것이다. 이 내용은 5.3절에서 자세히 설명한다.

각 버킷이 약 5개의 항목을 혼합하도록 해시 버킷의 수를 선택하면 모든 버킷에서 합리적인 초기 결과를 얻을 수 있다.

2.2.4 트레이드오프와 대안

대부분의 디자인 패턴에는 일종의 트레이드오프가 포함되며, 특징 해시 디자인 패턴도 예외는 아니다. 여기서 중요한 절충점은 모델 정확도의 손실이다.

버킷 충돌

특징 해시 구현의 나누기 부분은 손실 연산이다. 해시 버킷 크기를 100으로 선택하면 3~4개의 공항이 버킷을 공유하게 되며 이를 버킷 충돌[bucket collision]이라 한다. 이 방법은 어휘 외 입력, 카디널리티, 모델 크기 제약, 콜드 스타트 문제를 처리하기 위해 데이터를 정확하게 표현하는 능력(고정 어휘 및 원-핫 인코딩 사용)을 명시적으로 손상시키고 있다. 세상에 공짜는 없다. 사전에 가능한 모든 어휘를 알고 있거나, 어휘 크기가 상대적으로 작거나(수백만 개의 예제가 있는 데이터셋에서 수천 개 정도의 어휘는 문제가 되지 않는다), 콜드 스타트가 문제되지 않는다면 특징 해시를 쓰지 않는 것이 좋다.

버킷 충돌을 완전히 피하기 위해 버킷 수를 굉장히 크게 늘릴 수는 없다. 공항이 347개뿐인데 버킷 수를 100,000개로 늘린다 해도, 최소한 2개의 공항이 동일한 해시 버킷을 공유할 확률은 45%로 용납할 수 없을 만큼 높다(표 2-2). 따라서 동일한 해시 버킷값을 공유하는 여러 카테고리 입력을 허용하는 경우에만 특징 해시를 사용해야 한다.

표 2-2 해시 버킷의 수에 따라 버킷당 예상되는 항목 수, 그리고 IATA 공항 코드 중 하나 이상이 충돌할 가능성

해시 버킷의 수	버킷당 항목 수	충돌 가능성
3	115.666667	1.000000
10	34.700000	1.000000
100	3.470000	1.000000
1000	0.347000	1.000000
10000	0.034700	0.997697
100000	0.003470	0.451739

왜도

카테고리형 입력의 분포가 많이 치우쳐 있으면, 즉 왜도[skew]가 높으면 정확도 손실이 심각해진다. 세계에서 제일 바쁜 공항 중 하나인 시카고의 오헤어 국제공항(ORD)을 포함하는 해시 버킷의 경우를 생각해보자. 다음을 사용하여 ORD와 함께 해시 버킷에 묶인 공항의 정보를 찾을 수 있다.

```
CREATE TEMPORARY FUNCTION hashed(airport STRING, numbuckets INT64) AS (
    ABS(MOD(FARM_FINGERPRINT(airport), numbuckets))
);

WITH airports AS (
SELECT
    departure_airport, COUNT(1) AS num_flights
FROM `bigquery-samples.airline_ontime_data.flights`
GROUP BY departure_airport
)

SELECT
    departure_airport, num_flights
FROM airports
WHERE hashed(departure_airport, 100) = hashed('ORD', 100)
```

ORD에는 약 360만 개의 항공편이 있지만, 버몬트주의 벌링턴 공항(BTV)에는 약 6만 7천 개의 항공편만이 있음을 알 수 있다.

출발 공항	항공편 수
ORD	3610491
BTV	66555
MCI	597761

이렇게 특징 해시를 적용하면, 모델은 시카고가 경험하는 긴 택시 시간과 날씨 지연을 버몬트주 벌링턴에 있는 작은 공항에도 귀속시킬 것이다! 시카고에서 출발하는 항공편이 너무 많기 때문에 BTV와 캔자스시티 공항(MCI)에 대한 모델 정확도는 매우 낮아진다.

특징 집계

카테고리형 변수의 분포가 치우쳐 있거나 버킷 수가 너무 적어서 버킷 충돌이 자주 발생하는 경우, 모델에 대한 입력으로 특징 집계aggregate를 추가하는 것이 도움이 될 수 있다. 예를 들어 모든 공항의 경우 학습 데이터셋에서 정시 비행 확률을 찾아내 모델에 특징으로 추가할 수 있다. 이를 통해 공항 코드를 해시할 때 개별 공항과 관련된 정보가 손실되는 것을 방지할 수 있다. 때에 따라서는 공항 이름을 특징으로 사용하는 것을 완전히 피할 수도 있다. 정시 항공편의 상대적 빈도가 충분한 특징이 될 수도 있기 때문이다.

하이퍼파라미터 튜닝

버킷 충돌 빈도와의 상충 관계 때문에 최적의 버킷 수를 선택하는 일은 어렵다. 문제 자체와 연관되어 있을 가능성도 높다. 따라서 버킷 수 역시 하이퍼파라미터로 취급해서 조율하는 방법을 권장한다.

```
- parameterName: nbuckets
      type: INTEGER
      minValue: 10
      maxValue: 20
      scaleType: UNIT_LINEAR_SCALE
```

버킷 수를 적용했을 때, 해시된 카테고리형 변수의 카디널리티가 합리적인 범위 내에 있는지도 확인해야 한다.

암호화 해시

특징 해시에서 데이터가 손실되는 부분은 구현상의 나머지 연산 부분이다. 그런데 나머지 연산을 완전히 피할 수 있다면 어떨까? 팜 핑거프린트 알고리즘은 고정된 길이(INT64는 64비트)를 반환하므로 64개의 특징값을 표현할 수 있으며 각각의 특징값은 0 또는 1이다. 이를 이진 인코딩binary encoding이라고 한다.

그러나 이진 인코딩은 어휘를 벗어난 입력 또는 콜드 스타트 문제를 해결하지 못한다(큰 카디널리티 문제만 해결한다). 사실, 비트 코딩은 일종의 미끼와 같다. 나머지 연산을 수행하지 않으면 IATA 코드를 구성하는 세 문자를 인코딩하여 고유한 표현을 얻을 수 있다(3×26=78개의 특징 사용). 이렇게 만들어진 표현은 명백한 문제를 가지게 된다. 이름이 문자 'O'로 시작하는 공항은 비행 지연 특징과 관련하여 공통점이 없는데, 이러한 인코딩은 동일한 문자로 시작하는 공항 사이에서 가짜 상관관계spurious correlation를 생성한다. 이렇게 만들어진 가짜 상관관계는 이진 공간에서도 유지되며 이 때문에 팜 핑거프린트값의 이진 인코딩을 권장하지 않는 것이다.

MD5 해시의 이진 인코딩은 MD5 해시의 출력이 균일하게 분산되어 결과 비트가 균일하게 분산되기 때문에 이러한 가짜 상관관계 문제가 발생하지 않는다. 그러나 팜 핑거프린트 알고리즘과 달리 MD5 해시는 결정론적이지 않고, 결괏값이 고유하지도 않다. MD5는 단방향 해시이며 결괏값 간에도 예기치 않은 충돌이 자주 발생한다.

특징 해시 디자인 패턴에서는 암호화 해시 알고리즘이 아닌 핑거프린트 해시 알고리즘을 사용해야 한다. 이는 핑거프린트 함수의 목표가 결정론적이고 고유한 값을 생성하는 것이기 때문이다. 생각해보면 이는 머신러닝에서 전처리 함수가 가져야 하는 핵심 요구 사항이다. 모델을 서빙하는 동안, 동일한 함수를 적용하면 동일한 해시값을 얻을 수 있어야 하기 때문이다. 핑거프린트 해시가 만드는 특징은 균일하게 분포된 출력을 생성하지 않는다. MD5 또는 SHA1과 같은 암호화 알고리즘은 균일하게 분산된 출력을 생성하지만, 결정론적이지 않으며 의도적으로 계산 비용이 많이 들도록 만들어졌다. 따라서 예측 중에 주어진 입력으로 계산한 해시값이 학습 중에 계산된 해시와 동일해야 하고, 해시 함수가 머신러닝 모델을 느리게 해서는 안 되는 특징 가공에는 암호화 해시를 사용할 수 없다.

> NOTE_ MD5가 결정론적이지 않은 이유는 일반적으로 해시할 문자열에 '솔트salt'가 추가되기 때문이다. 솔트는 두 사용자가 동일한 암호를 사용하더라도 데이터베이스의 해시값이 달라지도록 각 암호에 추가되는 임의의 문자열이다(https://oreil.ly/cv7PS). 솔트가 필요한 이유는 '레인보우 테이블rainbow table' 기반 공격을 차단하기 위함인데, 이 공격은 일반적으로 많이 쓰이는 암호의 사전을 바탕으로 암호의 해시를 데이터베이스의 해시와 비교하는 공격 방식이다. 계산 능력이 향상됨에 따라 가능한 모든 솔트에 대해 무차별 대입 공격을 수행할 수 있으므로 최신 암호화 구현은 계산 비용을 증가시키기 위해 해시를 반복적으로 수행한다. 물론, 솔트 없이 반복 횟수를 1로 줄이더라도 MD5 해시는 단방향 해시이므로 고유한 값을 만들 수 없다.

결론적으로, 특징 해시에서는 핑거프린트 해싱 알고리즘을 사용해야 하고 결과 해시에 나머지 연산을 수행해야 한다.

연산의 순서

먼저 나머지 연산을 수행한 다음 절댓값 연산을 수행한다.

```
CREATE TEMPORARY FUNCTION hashed(airport STRING, numbuckets INT64) AS (
    ABS(MOD(FARM_FINGERPRINT(airport), numbuckets))
);
```

INT64의 범위는 대칭적이지 않기 때문에 위 코드에서 ABS, MOD, FARM_FINGERPRINT의 순서를 잘 지켜야 한다. INT64의 범위는 -9, 223, 372, 036, 854, 775, 808 이상, 9, 223, 372,

036, 854, 775, 807 이하에 해당한다. 만약 다음과 같은 순서로 연산을 수행하면 아래와 같은 결과가 뜬다.

```
ABS(FARM_FINGERPRINT(airport))
```

FARM_FINGERPRINT 연산이 -9, 223, 372, 036, 854, 775, 808을 반환하는 경우 그 절댓값을 INT64형이 나타낼 수 없기 때문에, 재현하기 어려운 오버플로 오류가 발생한다.

빈 해시 버킷

가능성은 낮지만, 347개의 공항을 나타내는 10개의 해시 버킷을 선택하더라도 해시 버킷 중 하나가 비어 있을 수 있다. 따라서 해시된 특징 열을 사용할 때는 빈 버킷과 관련된 가중치가 거의 0에 가까워지도록 L2 정규화를 사용하는 것이 좋다. 이렇게 하면 어휘를 벗어난 공항이 빈 버킷에 들어가더라도 모델이 수치적으로 불안정해지지 않는다.

2.3 디자인 패턴 2: 임베딩

임베딩embedding은 학습 문제와 관련된 정보가 보존되는 방식으로 높은 카디널리티 데이터를 저차원 공간에 매핑하는, 학습 가능한 데이터 표현의 일종이다. 임베딩은 현대 머신러닝의 핵심이며 현장 전반에 걸쳐 다양한 형태로 구현되어 있다.

2.3.1 문제

머신러닝 모델은 입력 데이터의 특징과 출력 데이터의 라벨을 대응시키는 데이터에서 체계적으로 패턴을 찾는다. 그 결과 입력 특징의 데이터 표현은 최종 모델의 품질에 직접적인 영향을 미친다. 구조화된 숫자 입력의 처리는 매우 간단하지만, 머신러닝 모델의 학습 데이터는 카테고리형 특징, 텍스트, 이미지, 오디오, 시계열 등과 같은 다양한 형태를 가질 수 있다. 이러한 데이터를 표현할 때는 머신러닝 모델에 제공할 수치로 된 특징값이 필요하며 이러한 특징은 일반적인 학습 패러다임에 맞아야 한다. 임베딩은 항목 간의 유사성을 유지하는 방식으로 이러한 이질적인 데이터 유형 일부를 처리할 수 있으며 패턴을 학습하는 모델의 능력을 향상시킨다.

원-핫 인코딩은 카테고리형 입력 변수를 나타내는 일반적인 방법이다. 일례로, 앞에서도 나왔던 출산율 데이터셋의 쌍둥이 여부에 대한 입력을 생각해보자.[7] 이는 6개의 가능한 값이 있는 카테고리형 입력이다. 단독 출생, 둘 이상, 쌍둥이, 세쌍둥이, 네쌍둥이, 다섯쌍둥이로 구성되며 ['Single(1)', 'Multiple(2+)', 'Twins(2)', 'Triplets(3)', 'Quadruplets(4)', 'Quintuplets(5)']와 같이 표현할 수 있다. [표 2-3]에 표시된 것처럼 각 잠재적 입력 문자열 값을 R6의 단위 벡터에 매핑하는 원-핫 인코딩을 사용하여 이러한 카테고리형 입력을 처리할 수 있다.

표 2-3 출산율 데이터셋의 카테고리 입력에 대한 원-핫 인코딩의 예

쌍둥이 여부	원-핫 인코딩
단독 출생(1)	[1,0,0,0,0,0]
둘 이상(2+)	[0,1,0,0,0,0]
쌍둥이(2)	[0,0,1,0,0,0]
세쌍둥이(3)	[0,0,0,1,0,0]
네쌍둥이(4)	[0,0,0,0,1,0]
다섯쌍둥이(5)	[0,0,0,0,0,1]

이런 방식으로 인코딩하기 위해서는 각기 다른 카테고리를 나타내는 6개의 차원이 필요하다. 6차원 정도면 나쁘지 않지만, 고려해야 할 카테고리가 더 많다면 어떨까?

예를 들어 데이터셋이 고객의 비디오 데이터베이스 조회 기록으로 구성되어 있고 고객의 이전 비디오 시청 기록을 고려하여 추천 비디오 목록을 제안하는 과제가 주어졌다고 가정해보자. 이 시나리오에서 고객의 ID에 해당하는 customer_id 필드에는 수백만 개의 고유 항목이 있을 것이다. 마찬가지로 고객이 이전에 시청한 비디오의 ID에 해당하는 video_id에도 수천 개의 항목이 포함될 수 있다. 머신러닝 모델에 대한 입력으로 video_ids 또는 customer_ids와 같이 큰 카디널리티를 가지는 카테고리 특징을 원-핫 인코딩하면 밀도가 낮은, 즉 머신러닝 알고리즘에 적합하지 않은 행렬이 생성된다.

원-핫 인코딩의 또 다른 문제는 카테고리형 변수를 독립적으로 취급한다는 점이다. 그러나 쌍둥이의 데이터 표현은 세쌍둥이의 데이터 표현에 가까워야 하고 다섯쌍둥이의 데이터 표현과

---

7 빅쿼리에서 사용이 가능한 bigquery-public-data.samples.natality 데이터셋

는 상당히 떨어져 있어야 한다. 둘 이상은 쌍둥이일 가능성이 높지만 세쌍둥이일 수도 있다. 예를 들어 [표 2-4]는 낮은 차원에서 이러한 밀착도^{closeness}를 표현할 수 있는 쌍둥이 열의 대체 표현을 보여준다.

표 2-4 저차원 임베딩을 통한 출생률 데이터셋의 쌍둥이 항목 표현

쌍둥이 여부	인코딩 후보
단독 출생(1)	[1.0,0.0]
둘 이상(2+)	[0.0,0.6]
쌍둥이(2)	[0.0,0.5]
세쌍둥이(3)	[0.0,0.7]
네쌍둥이(4)	[0.0,0.8]
다섯쌍둥이(5)	[0.0,0.9]

물론 여기에서의 수치는 임의적이다. 그러나 출산율 문제와 관련해 2차원만 사용하여 쌍둥이 여부에 대한 최상의 표현을 만들어내는 것이 가능할까? 이 문제를 해결하기 위한 것이 바로 임베딩 디자인 패턴이다.

이미지와 텍스트에서도 큰 카디널리티와 종속적인 데이터라는 동일한 문제가 발생한다. 이미지는 서로 독립적이지 않은 수천 개의 픽셀로 구성된다. 자연어 텍스트는 수만 단어의 어휘에서 추출되며 'walk'라는 단어는 'book'보다 'run'에 더 가깝다.

2.3.2 솔루션

임베딩 디자인 패턴은 학습 가능한 가중치가 있는 임베딩 계층을 통해 입력 데이터를 전달하여 낮은 차원에서 큰 카디널리티를 가진 데이터를 밀집시켜 표현하는 문제를 해결한다. 임베딩은 고차원의 카테고리형 입력 변수를 저차원 공간의 실수 벡터로 매핑한다. 밀집된 표현을 만드는 가중치는 모델 최적화의 일부로 학습된다(그림 2-5). 즉, 임베딩은 입력 데이터의 밀착도를 찾아낸다.

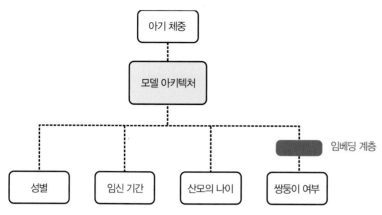

그림 2-5 임베딩 계층의 가중치는 훈련 중에 파라미터로 학습된다.

> **TIP** 임베딩은 입력 데이터의 밀착도 관계를 낮은 차원에서 표현하기 때문에 클러스터링 기술(예: 고객 세분화)이나 주성분 분석principal components analysis(PCA)과 같은 차원 감소 방법을 임베딩 계층으로 대체하는 것이 가능하다. 임베딩의 가중치는 기본 모델의 학습 루프에서 결정되므로, 미리 클러스터링하거나 PCA를 수행할 필요가 없다.

임베딩 계층의 가중치는 출산율 모델을 학습할 때 경사 하강법 과정에서 학습된다.

학습이 끝난 후, 임베딩 계층의 가중치는 [표 2-5]에 표시된 카테고리형 변수의 인코딩과 같을 수 있다.

표 2-5 출산율 데이터셋의 쌍둥이 여부 열에 대한 원-핫 인코딩과 학습된 인코딩

쌍둥이 여부	원-핫 인코딩	학습된 인코딩
단독 출생(1)	[1,0,0,0,0,0]	[0.4, 0.6]
둘 이상(2+)	[0,1,0,0,0,0]	[0.1, 0.5]
쌍둥이(2)	[0,0,1,0,0,0]	[-0.1, 0.3]
세쌍둥이(3)	[0,0,0,1,0,0]	[-0.2, 0.5]
네쌍둥이(4)	[0,0,0,0,1,0]	[-0.4, 0.3]
다섯쌍둥이(5)	[0,0,0,0,0,1]	[-0.6, 0.5]

임베딩은 원-핫 인코딩된 저밀도 벡터를 R2의 고밀도 벡터로 매핑한다.

텐서플로에서 이를 구현하려면, 먼저 특징에 대한 카테고리형 특징 열을 생성한 다음 이를 임베딩 특징 열로 래핑한다. 예를 들어 쌍둥이 여부 특징은 다음과 같이 구현한다.

```
plurality = tf.feature_column.categorical_column_with_vocabulary_list(
            'plurality', ['Single(1)', 'Multiple(2+)', 'Twins(2)',
'Triplets(3)', 'Quadruplets(4)', 'Quintuplets(5)'])
plurality_embed = tf.feature_column.embedding_column(plurality, dimension=2)
```

그 결과 만들어진 특징 열(plurality_embed)이 원-핫 인코딩된 특징 열(plurality) 대신 신경망 노드의 입력으로 사용된다.

텍스트 임베딩

텍스트의 속성은 임베딩 계층을 사용하기에 상당히 유리하다. 어휘의 카디널리티(수만 단어 이상)를 고려할 때 각 단어를 원-핫 인코딩하는 것은 실용적이지 않다. 이렇게 하면 엄청나게 크고 밀도가 낮은 행렬을 학습용으로 써야 하기 때문이다. 임베딩 계층을 사용하면, 유사한 단어는 임베딩 공간에서 가까이에 위치하고 관련 없는 단어는 멀리 떨어져 있게 된다. 따라서 이산적인 텍스트 입력을 모델에 전달하기 전 벡터화하기 위해 고밀도 단어 임베딩을 사용해야 한다.

케라스에서 텍스트 임베딩을 구현하려면 먼저 [그림 2-6]과 같이 어휘의 각 단어에 대한 토큰화^{tokenization}를 만든다. 그다음 이 토큰화를 사용하여 임베딩 계층에 매핑한다. 이는 앞에서 쌍둥이 열에 대해 수행한 방법과 유사하다.

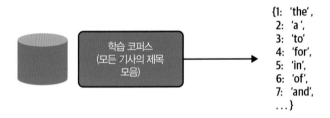

그림 2-6 토큰화는 각 단어를 인덱스에 매핑하는 조회 테이블을 만든다.

토큰화는 어휘의 각 단어를 색인에 매핑하는 조회 테이블이다. 토큰화된 인덱스는 원-핫 인코딩에서 값이 1인 위치에 해당하는 각 단어의 원-핫 인코딩으로 생각할 수 있다. 조회 테이블을 생성하려면 전체 데이터셋(모든 기사의 제목 모음이라고 간주한다)에 대해 접근할 수 있어야

하며 케라스에서 구현할 수 있다.[8]

```
from tensorflow.keras.preprocessing.text import Tokenizer

tokenizer = Tokenizer()
tokenizer.fit_on_texts(titles_df.title)
```

여기에서 keras.preprocessing.text 라이브러리의 Tokenizer 클래스를 사용할 수 있다. fit_on_texts를 호출하면 제목에서 찾은 각 단어를 인덱스에 매핑하는 조회 테이블이 생성된다. tokenizer.index_word를 호출하여 이 조회 테이블의 내용을 직접 확인할 수 있다.

```
tokenizer.index_word
{1: 'the',
2: 'a',
3: 'to',
4: 'for',
5: 'in',
6: 'of',
7: 'and',
8: 's',
9: 'on',
10: 'with',
11: 'show',
...
```

그런 다음 토큰화의 texts_to_sequences 메서드를 사용하면 이 매핑을 호출할 수 있다. 이는 표현되는 텍스트 입력의 단어 시퀀스(모든 기사의 제목)를 [그림 2-7]에서와 같이 각 단어에 해당하는 토큰 시퀀스로 매핑한다.

```
integerized_titles = tokenizer.texts_to_sequences(titles_df.title)
```

----

8 전체 코드는 다음을 참고. https://github.com/GoogleCloudPlatform/ml-design-patterns/blob/master/02_data_representation/ embeddings.ipynb

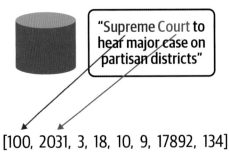

[100, 2031, 3, 18, 10, 9, 17892, 134]

그림 2-7 토큰화를 사용하여 각 제목을 정수 인덱스값의 시퀀스에 매핑한다.

토큰화에는 나중에 임베딩 계층을 만드는 데 사용할 기타 정보가 포함되어 있다. 특히 VOCAB_ SIZE는 인덱스 조회 테이블의 원소 수를 담고 있으며, MAX_LEN은 데이터셋에 있는 텍스트 문 자열의 최대 길이를 담고 있다.

```
VOCAB_SIZE = len(tokenizer.index_word)
MAX_LEN = max(len(sequence) for sequence in integerized_titles)
```

모델을 만들기 전에 데이터셋의 제목을 전처리해야 한다. 모델에 피드하려면 제목을 문장 최대 길이로 패딩해야 한다. 케라스에는 토큰화 메서드 위에 이를 위한 도우미 함수 pad_sequence 가 있다. create_sequences 함수는 제목과 최대 문장 길이를 입력으로 취하고, 문장 최대 길 이에 패딩된 토큰에 해당하는 정수 목록을 반환한다.

```
from tensorflow.keras.preprocessing.sequence import pad_sequences

def create_sequences(texts, max_len=MAX_LEN):
    sequences = tokenizer.texts_to_sequences(texts)
    padded_sequences = pad_sequences(sequences,
                                     max_len,
                                     padding='post')
    return padded_sequences
```

다음으로 케라스에서 단순한 임베딩 계층을 구현하여 단어 정수를 고밀도 벡터로 변환하는 심 층 신경망deep neural network(DNN) 모델을 만들 것이다. 케라스의 Embedding 계층은 특정 단 어의 정수 인덱스에서 고밀도 벡터(임베딩)로의 매핑이라고 할 수 있다. 임베딩의 차원은

`output_dim`에 의해 결정된다. `input_dim` 인수는 어휘의 크기를 나타내고, `input_shape`는 입력 시퀀스의 길이를 나타낸다. 여기에서는 모델로 전달하기 전에 제목을 최대 길이로 패딩했으므로 `input_shape = [MAX_LEN]`을 설정한다.

```
model = models.Sequential([layers.Embedding(input_dim=VOCAB_SIZE + 1,
                                            output_dim=embed_dim,
                                            input_shape=[MAX_LEN]),
                          layers.Lambda(lambda x: tf.reduce_mean(x,axis=1)),
                          layers.Dense(N_CLASSES, activation='softmax')])
```

임베딩 계층이 반환하는 단어 벡터의 평균을 내려면, 임베딩 계층과 완전 연결Dense 소프트맥스softmax 계층 사이에 커스텀 케라스 **Lambda** 계층을 넣어야 한다. 이것이 완전 연결 소프트맥스 계층에 공급할 평균이다. 이로서 단순하면서도 어순에 대한 정보를 잃어버리는, 문장을 '단어 주머니bag of words (BOW)'로 보는 모델을 만들 수 있다.

이미지 임베딩

텍스트는 매우 저밀도의 입력을 처리하지만, 이미지나 오디오와 같은 다른 데이터 유형은 일반적으로 원시 픽셀 또는 주파수 정보를 포함하는 여러 채널을 가진 고밀도의 고차원 벡터로 구성된다. 이런 데이터에 대한 임베딩은 낮은 차원 공간에서 입력과 관련된 표현을 형성한다.

이미지 임베딩을 먼저 이야기해보자. Inception, ResNet과 같은 복잡한 합성곱 신경망convolutional neural network (CNN)은 수백만 개의 이미지와 수천 개의 분류 라벨이 포함된 ImageNet과 같은 대형 이미지 데이터셋에서 먼저 학습된다. 그런 다음 마지막 소프트맥스 계층을 모델에서 제거한다. 최종 소프트맥스 분류기 계층이 없으면 모델을 사용하여 주어진 입력에 대한 특징 벡터를 추출할 수 있다. 이 특징 벡터는 이미지의 모든 관련 정보를 포함하므로, 입력 이미지의 저차원 임베딩에 해당한다.

마찬가지로 이미지 캡션 작업, 즉 [그림 2-8]과 같이 표시된 주어진 이미지의 텍스트 캡션을 생성하는 작업을 생각해보자.

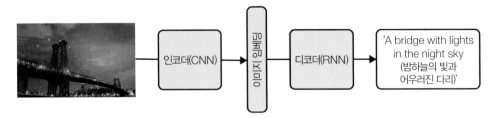

그림 2-8 인코더는 이미지 캡션 작업을 위해 이미지의 저차원 임베딩 표현을 생성한다.

이미지/캡션 쌍의 방대한 데이터셋에서 모델 아키텍처를 학습함으로써 인코더는 이미지에 대한 효율적인 벡터 표현을 학습한다. 디코더는 이 벡터를 텍스트 캡션으로 변환하는 방법을 학습한다. 즉, 인코더는 Image2Vec 임베딩 머신이 된다.

2.3.3 작동 원리

임베딩 계층은 신경망의 또 다른 숨겨진 계층이다. 가중치는 카디널리티가 큰 차원 각각에 연결되고, 나머지 네트워크를 통해 출력으로 이어진다. 따라서 임베딩을 생성하는 가중치는 신경망의 다른 가중치와 마찬가지로 경사 하강법 프로세스를 통해 학습된다. 즉, 벡터 임베딩은 학습 데이터 입력 특징값의 가장 효율적인 저차원 표현을 나타낸다.

이렇게 만들어진 임베딩의 목적은 궁극적으로 모델을 지원하는 것이지만, 임베딩 자체에도 고유한 가치가 있어 데이터셋에 대한 추가적인 통찰력을 얻을 수 있다.

고객 비디오 데이터셋의 예로 돌아가보자. 원-핫 인코딩만 사용하면 개별 사용자 user_i와 user_j는 동일한 유사도를 갖게 된다. 마찬가지로 출생률 예에서 쌍둥이와 세쌍둥이 역시 6차원 원-핫 인코딩 공간에서는 그 내적이나 코사인 유사도가 0이 된다. 이것은 원-핫 인코딩이 모델에게 2개의 다른 특징 벡터를 무관한 것으로 취급하도록 지시하기 때문이다. 고객 비디오 데이터셋의 경우 고객 간, 또는 비디오 간의 유사성에 대한 개념도 사라진다. 그러나 이것은 옳은 방향이 아니다. 서로 다른 두 고객 또는 두 비디오는 어떤 식으로든 유사도를 가지고 있을 가능성이 높다. 출생률 예의 쌍둥이 여부도 마찬가지다. 통계적으로 네쌍둥이와 다섯쌍둥이의 출산 체중 유사도가 높고, 단독 출생과의 유사도는 낮을 것이다(그림 2-9).

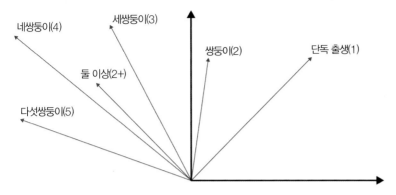

그림 2-9 카테고리형 변수를 더 낮은 차원의 임베딩 공간으로 강제함으로써 다른 카테고리 간의 관계를 학습할 수 있다.

여러 카테고리의 유사성을 원-핫 인코딩된 벡터로 계산하면 각 카테고리가 별개의 특징으로 취급되기 때문에, [표 2-6]과 같은 단위 행렬을 얻게 된다.

표 2-6 특징을 원-핫 인코딩하면 유사도 행렬은 단위 행렬이 된다.

	단독 출생(1)	둘 이상(2+)	쌍둥이(2)	세쌍둥이(3)	네쌍둥이(4)	다섯쌍둥이(5)
단독 출생(1)	1	0	0	0	0	0
둘 이상(2+)	–	1	0	0	0	0
쌍둥이(2)	–	–	1	0	0	0
세쌍둥이(3)	–	–	–	1	0	0
네쌍둥이(4)	–	–	–	–	1	0
다섯쌍둥이(5)	–	–	–	–	–	1

그러나 일단 쌍둥이 여부를 2차원으로 임베딩하면 의미 있는 유사도가 생겨나고, 서로 다른 카테고리 간의 중요한 관계가 드러난다(표 2-7).

표 2-7 특징을 2차원으로 임베딩하면 유사도 행렬에 더 많은 정보가 드러난다.

	단독 출생(1)	둘 이상(2+)	쌍둥이(2)	세쌍둥이(3)	네쌍둥이(4)	다섯쌍둥이(5)
단독 출생(1)	1	0.92	0.61	0.57	0.06	0.1
둘 이상(2+)	–	1	0.86	0.83	0.43	0.48
쌍둥이(2)	–		1	0.99	0.82	0.85
세쌍둥이(3)	–			1	0.85	0.88
네쌍둥이(4)	–				1	0.99
다섯쌍둥이(5)	–	–		–	–	1

따라서 학습된 임베딩을 사용하면 2개의 개별 카테고리 사이의 고유한 유사성을 추출할 수 있으며, 수치 벡터 표현이 있다면 두 카테고리형 특징 간의 유사성을 정확하게 정량화할 수 있다.

출산율 데이터셋으로는 이를 시각화하기 쉽지만, 20차원 공간으로 임베딩한 `customer_ids`를 다룰 때도 동일한 원칙을 적용할 수 있다. 고객 데이터셋에 임베딩을 적용하면 [그림 2-10]과 같이 유사성을 기반으로 특정 `customer_id`와 유사한 고객을 검색하고 추천 비디오를 제안할 수 있다. 또한 이러한 사용자 및 항목 임베딩은 별도의 머신러닝 모델을 학습할 때 다른 특징과 결합될 수도 있다. 머신러닝 모델에서 사전 학습된 임베딩을 사용하는 방식을 전이 학습transfer learning이라고 한다.

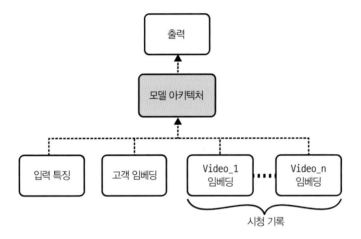

그림 2-10 임베딩 기반 모델은 각각의 고객, 비디오에 대한 저차원의 고밀도 임베딩 벡터를 학습함으로써 수동으로 특징 가공을 수행하는 부담을 줄이면서 특징을 잘 일반화할 수 있다.

2.3.4 트레이드오프와 대안

임베딩 사용의 단점은 데이터 표현이 손상된다는 점이다. 카디널리티가 큰 표현을 저차원 표현으로 이동시키는 과정에서 정보 손실이 발생하지만, 그 대가로 항목 간의 밀착도와 콘텍스트에 대한 정보를 얻을 수 있다.

임베딩 차원의 선택

임베딩 공간의 정확한 차원은 실무자의 선택에 달려 있다. 그렇다면 큰 임베딩 차원을 선택해야 할까, 작은 임베딩 차원을 선택해야 할까? 물론 대부분의 머신러닝과 마찬가지로 여기에도 트레이드오프가 있다. 표현의 손실 여부는 임베딩 계층의 크기에 따라 달라진다. 임베딩 계층의 출력 차원이 너무 작으면 많은 정보가 작은 벡터 공간에 강제로 들어가 콘텍스트 정보가 손실될 수 있다. 반면에 임베딩 차원이 너무 크면 임베딩의 특징 각각의 중요성을 잃게 된다. 원-핫 인코딩은 임베딩 차원이 극단적으로 큰 예시라고 할 수 있으니, 원-핫 인코딩의 문제를 생각해보면 이해가 쉬울 것이다. 최적의 임베딩 차원은 딥러닝 계층의 뉴런의 수를 선택할 때와 마찬가지로 실험을 통해 찾아내야 한다.

그럼에도 불구하고 시간을 아끼고 싶다면, 경험으로부터 나온 몇 가지 규칙을 쓸 수 있다. 첫째, 고유한 카테고리형 원소 총수의 네제곱근을 사용한다(`https://oreil.ly/ywFco`). 둘째, 임베딩 차원이 고유한 카테고리형 원소 총수 제곱근의 약 1.6배여야 한다(`https://oreil.ly/github-fastai-2-blob-fastai-2-tabular-model-py`). 예를 들어 임베딩 계층을 사용하여 625개의 고유한 값이 있는 특징을 인코딩한다고 가정해보자. 첫 번째 경험 법칙을 사용하면 임베딩 차원이 5가 되고, 두 번째 경험 법칙을 사용하면 40이 된다. 하이퍼파라미터 튜닝을 통해 임베딩 차원을 찾는다면 이 범위 내에서 찾아보는 것이 의미가 있을 것이다.

오토인코더

지도 학습 방식으로 임베딩을 학습시키는 것은 라벨이 지정된 대량의 데이터가 필요하기 때문에 쉽지 않은 작업이다. Inception과 같은 이미지 분류 모델은 이미지 임베딩을 생성하기 위해 1,400만 개의 라벨이 지정된 이미지가 있는 ImageNet에서 학습을 수행했다. 오토인코더autoencoder는 라벨이 지정된 대규모 데이터셋을 우회하는 한 가지 방법이다.

[그림 2-11]에 표시된 일반적인 오토인코더 아키텍처는 기본적으로 임베딩 계층인 병목 계층bottleneck layer으로 이루어져 있다. 병목 계층 전의 네트워크 부분(인코더)은 고차원 입력을 저차원 임베딩 계층으로 매핑하는 반면, 병목 계층 뒤의 네트워크(디코더)는 해당 표현을 고차원(일반적으로 입력과 동일한 차원)으로 다시 매핑한다. 모델은 일반적으로 재구성 오류reconstruction error의 일부 변형에 대해 학습되어 모델의 출력이 입력과 최대한 유사해지게 만든다.

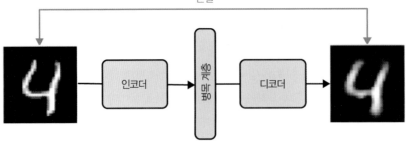

그림 2-11 오토인코더를 학습할 때 특징과 라벨은 동일하며 그 손실은 재구성 오류다. 이를 통해 오토인코더는 비선형 차원 감소를 수행할 수 있다.

입력이 출력과 동일하기 때문에 추가 라벨이 필요하지 않다. 인코더는 최적의 비선형 차원 감소를 학습한다. PCA가 선형으로 차원 감소를 수행하는 방법과 유사하게, 오토인코더의 병목 계층은 임베딩을 통해 비선형 차원 감소를 수행한다.

이를 통해 어려운 머신러닝 문제를 두 부분으로 쪼갤 수 있다. 먼저, 오토인코더를 보조 학습 작업auxiliary learning task으로 사용하여 라벨이 지정되지 않은 데이터의 카디널리티를 감소시킨다. 다음으로, 보조 오토인코더가 생성한 임베딩을 사용하여 일반적으로 라벨이 훨씬 적은 실제 이미지 데이터의 분류 문제를 해결한다. 이렇게 하면 모델은 낮은 차원에 대한 가중치만 학습하면 되므로(즉, 더 적은 가중치를 학습하면 되므로) 모델의 성능을 높일 수 있다.

이미지 오토인코더 외에도 구조화된 데이터에 딥러닝 기술을 적용한 연구 사례도 있다 (*https://oreil.ly/ywFco*). TabNet은 테이블 형식 데이터에서 학습하도록 특별히 설계된 심층 신경망으로 비지도 학습 방식을 활용해 학습시킬 수 있다. 인코더-디코더 구조를 갖도록 모델을 수정함으로써 TabNet은 테이블 형식 데이터에 대한 오토인코더 역할을 하게 되고, 이 모델은 특징 변환기를 통해 구조화된 데이터로부터 임베딩을 학습할 수 있다.

콘텍스트 언어 모델

텍스트에 적용되는 보조 학습 작업이 있을까? Word2Vec과 같은 콘텍스트 언어 모델, BERT Bidirectional Encoding Representations from Transformer와 같은 마스킹된 언어 모델은 라벨이 부족하지 않도록 학습 작업을 문제로 변경한다.

Word2Vec은 얕은 신경망을 사용하고 CBOW Continuous Bag of Words와 skip-gram 모델을 결합

하여 임베딩을 구성하는 방식으로 널리 알려져 있으며 위키피디아와 같은 대규모 텍스트 코퍼스에 적용된 바 있다. 두 모델의 공통된 목표는 중간 임베딩 계층을 사용하여 입력 단어를 대상 단어에 매핑하고 단어의 콘텍스트를 학습하는 것이지만, 보조적인 목표로 단어의 콘텍스트를 가장 잘 포착하는 저차원 임베딩을 학습하는 효과도 얻을 수 있다. Word2Vec을 통해 학습된 결과, 단어 임베딩은 단어 간의 의미 관계를 담게 되고 임베딩 공간에서의 벡터 표현이 가지는 거리와 방향성은 의미를 가지게 된다(그림 2-12).

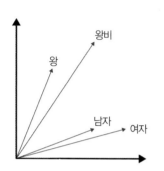 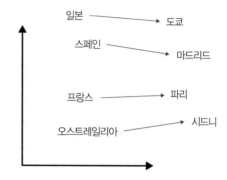

그림 2-12 단어 임베딩은 의미 관계를 포착한다.

BERT는 마스킹된 언어 모델masked language model과 다음 문장 예측next sentence prediction을 사용하여 학습된다. 마스킹된 언어 모델은 텍스트 내의 단어가 무작위로 마스킹된 상태에서 누락된 단어가 무엇인지 추측한다. 다음 문장 예측은 모델이 원본 텍스트에서 두 문장 사이의 전후 관계가 있는지 여부를 예측하는 분류 작업이다. 따라서 어떤 종류의 텍스트 코퍼스는 라벨이 지정된 데이터셋으로 적합하다. BERT는 처음에 모든 영문 위키피디아와 북스코퍼스BooksCorpus로 학습했다. 이러한 보조 작업으로 학습했음에도 불구하고 BERT 또는 Word2Vec에서 학습된 임베딩은 다른 다운스트림downstream 학습 작업에 사용될 때 매우 강력한 효과를 가지는 것이 입증되었다. Word2Vec에서 학습한 단어 임베딩은 단어가 나타나는 문장과 관계없이 동일하다. 반면 BERT 단어 임베딩은 상황에 따라 다르므로, 임베딩 벡터는 단어가 사용되는 상황에 따라 달라진다.

Word2Vec, NNLM, GLoVE, BERT와 같은 사전 학습된 텍스트 임베딩을 머신러닝 모델에 추가하면 구조화된 입력, 고객-비디오 데이터셋 등의 여타 학습된 임베딩과 함께 텍스트 특징을 처리할 수 있다(그림 2-13).

궁극적으로 임베딩은 규정된 학습 작업과 관련된 정보를 보존하는 방법을 배운다. 이미지 캡션에서는 이미지 원소의 콘텍스트가 텍스트와 어떻게 관련되는지 학습한다. 오토인코더 아키텍처에서 라벨은 특징과 동일하므로 병목 계층의 차원 감소는 중요성에 대한 특정한 콘텍스트 없이 모든 것을 학습하게 된다.

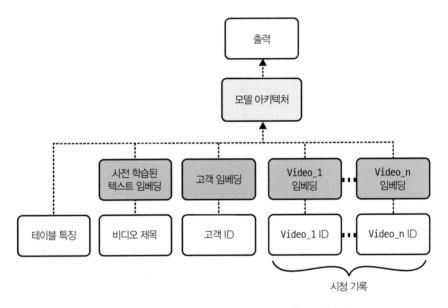

그림 2-13 사전 학습된 텍스트 임베딩을 모델에 추가하여 텍스트 특징을 처리할 수 있다.

데이터 웨어하우스에서의 임베딩

구조화된 데이터에 대한 머신러닝은 데이터 웨어하우스^{data warehouse}의 SQL에서 직접 수행하는 것이 가장 좋다. 이렇게 하면 웨어하우스에서 데이터를 내보낼 필요가 없으며, 데이터 개인 정보 보호 및 보안 문제도 완화할 수 있다.

그러나 많은 문제는 구조화된 데이터와 자연어 텍스트, 또는 이미지 데이터를 혼합해야 한다. 데이터 웨어하우스에서 리뷰 등의 자연어 텍스트는 열로 직접 저장되고, 이미지는 일반적으로 클라우드 스토리지 버킷의 파일에 대한 URL로 저장된다. 이럴 때 텍스트 열 또는 이미지의 임베딩을 배열 형식의 열로 추가로 저장해두면 나중에 머신러닝 문제를 단순화할 수 있고, 구조화되지 않은 데이터를 머신러닝 모델에 쉽게 통합할 수 있다.

텍스트 임베딩을 만들기 위해 텐서플로 허브TensorFlow Hub에서 빅쿼리로 스위블Swivel과 같은 사전 학습된 모델을 로드할 수 있다.[9]

```
CREATE OR REPLACE MODEL advdata.swivel_text_embed
OPTIONS(model_type='tensorflow', model_path='gs://BUCKET/swivel/*')
```

그런 다음 모델을 사용하여 자연어 텍스트 열을 임베딩 배열로 변환하고 임베딩 조회 테이블을 새 테이블로 저장한다.

```
CREATE OR REPLACE TABLE advdata.comments_embedding AS
SELECT
  output_0 as comments_embedding,
  comments
FROM ML.PREDICT(MODEL advdata.swivel_text_embed,(
  SELECT comments, LOWER(comments) AS sentences
  FROM `bigquery-public-data.noaa_preliminary_severe_storms.wind_reports`
))
```

이제 이 테이블에 대해 조인하여 모든 주석에 대한 텍스트 임베딩을 가져올 수 있다. 이미지 임베딩의 경우 이미지 URL을 임베딩으로 유사하게 변환하고 데이터 웨어하우스에 로드할 수 있다.

이러한 방식으로 특징을 미리 계산하는 예는 6.6절에서 자세히 다룬다.

2.4 디자인 패턴 3: 특징 교차

특징 교차feature cross 디자인 패턴은 입력값의 각 조합을 별도의 특징으로 명시적으로 만들어, 모델이 입력 간의 관계를 더 빨리 학습하도록 도와준다.

----

9 전체 코드는 다음을 참고. *https://github.com/GoogleCloudPlatform/ml-design-patterns/blob/master/02_data_representa tion/%E2%81%A0text_%E2%80%8Bembeddings.ipynb*

2.4.1 문제

[그림 2-14]의 데이터셋에서 +, − 라벨을 구분하는 이진 분류기를 만들어야 한다고 생각해보자.

x_1, x_2 좌표만 사용하면 +, − 클래스를 구분하는 선형 경계를 찾을 수 없다.

즉, 이 문제를 해결하려면 더 많은 계층을 추가하여 모델을 더 복잡하게 만들어야 한다. 과연 정말 그럴까? 사실은 더 간단한 솔루션이 있다.

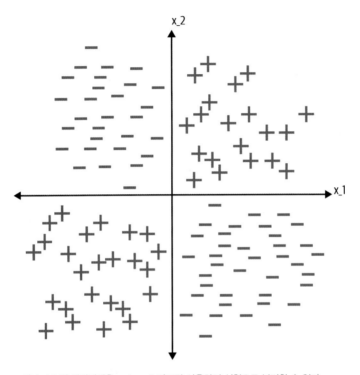

그림 2-14 이 데이터셋은 x_1, x_2 좌표만 사용하여 선형으로 분리할 수 없다.

2.4.2 솔루션

특징 가공은 도메인 지식을 사용하여 모델의 예측력을 높이고 머신러닝을 지원하는 새로운 특징을 만드는 과정이다. 특징 교차를 생성하는 것은 일반적으로 사용되는 특징 가공 기술 중 하나다.

특징 교차는 둘 이상의 카테고리 특징을 연결하여 이들 간의 상호작용을 반영하도록 합성된 특징이다. 두 특징을 결합하면 비선형성을 모델 안에 인코딩할 수 있으며, 이를 통해 각 특징이 개별적으로 제공할 수 있었던 것 이상의 예측 능력을 가지게 된다. 특징 교차를 활용하면 ML 모델이 특징 간의 관계를 더 빠르게 학습할 수 있다. 신경망이나 트리와 같이 더 복잡한 모델은 자체적으로 특징 교차를 학습할 수 있지만, 특징 교차를 명시적으로 사용하면 선형 모델만 학습할 수 있다. 결과적으로 특징 교차는 모델 학습 속도를 높여 비용을 절감하고, 모델 복잡성을 줄여 필요한 학습 데이터를 줄일 수 있다.

위의 데이터셋에 대한 특징 열을 생성하기 위해 부호에 따라 x_1, x_2를 각각 2개의 버킷으로 버킷화할 수 있다. 이것은 x_1과 x_2를 카테고리형 특징으로 변환한다. A는 x_1 >= 0인 버킷, B는 x_1 < 0인 버킷을 나타낸다. C는 x_2 >= 0인 버킷, D는 x_2 < 0인 버킷을 나타낸다(그림 2-15).

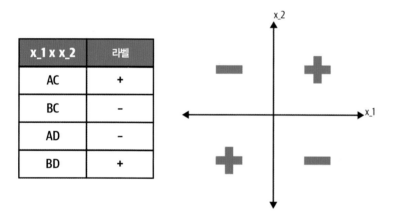

그림 2-15 특징 교차는 네 가지의 새로운 불리언 특징을 만들어낸다.

이렇게 버킷화된 특징 교차는 모델에 네 가지의 새로운 불리언 특징을 만들어낸다.

- AC: x_1 >= 0이고 x_2 >= 0
- BC: x_1 < 0이고 x_2 >= 0
- AD: x_1 >= 0이고 x_2 < 0
- BD: x_1 < 0이고 x_2 < 0

네 가지 불리언 특징(AC, BC, AD, BD) 각각은 모델을 학습할 때 자체 가중치를 갖게 된다.

즉, 각 사분면을 고유한 특징으로 취급할 수 있다. 원래의 데이터셋은 새로 만든 버킷으로 완벽하게 분할되었으므로, A와 B의 특징 교차는 데이터셋을 선형으로 분리할 수 있다.

그러나 이것은 단지 예시일 뿐이다. 실제 데이터에서는 어떻게 될까? 실제 데이터셋의 예로 뉴욕시의 택시 탑승 이력에 대한 공개 데이터셋을 살펴보자(표 2-8).[10]

표 2-8 빅쿼리에 있는 뉴욕시 택시 데이터의 일부

pickup_datetime	pickuplon	pickuplat	dropofflon	dropofflat	passengers	fare_amount
2014-05-17 15:15:00 UTC	-73.99955	40.7606	-73.99965	40.72522	1	31
2013-12-09 15:03:00 UTC	-73.99095	40.749772	-73.870807	40.77407	1	34.33
2013-04-18 08:48:00 UTC	-73.973102	40.785075	-74.011462	40.708307	1	29
2009-11-05 06:47:00 UTC	-73.980313	40.744282	-74.015285	40.711458	1	14.9
2009-05-21 09:47:06 UTC	-73.901887	40.764021	-73.901795	40.763612	1	12.8

이 데이터셋에는 탑승 시간(pickup_datetime), 탑승(pickup) 및 하차(dropoff)의 위도(lat)와 경도(lon), 승객 수(passengers)와 같은 특징을 포함한 뉴욕시 택시의 탑승 이력 정보가 포함되어 있다. 여기의 라벨은 택시 승차료인 fare_amount이다. 이 데이터셋과 관련지을 수 있는 특징 교차는 무엇일까?

적어도 한2개는 아닐 것이다. pickup_datetime을 예로 들어보자. 이 특징에서 탑승 시간과 요일에 대한 정보를 얻을 수 있다. 이들 각각은 카테고리형 변수이며 두 정보 모두 승차 가격에 대한 어느 정도의 예측이 가능하다. 이 데이터셋의 경우 월요일 오후 5시에 택시를 타는 가격과 금요일 오후 5시에 택시를 타는 가격을 다르게 취급해야 한다고 가정하는 것이 합리적이므로, 요일에 해당하는 day_of_week 및 시간에 해당하는 hour_of_day의 특징 교차를 고려하는 것이 좋다(표 2-9).

---

10 이 책의 리포지터리에 있는 *feature_cross.ipynb* 노트북을 사용하면 토론을 더 잘 이해할 수 있다.

표 2-9 특징 교차(요일, 시간 열)를 통해 생성할 데이터의 예

day_of_week	hour_of_day
Sunday	00
Sunday	01
…	…
Saturday	23

이 두 특징의 특징 교차는 '월요일 오후 5시'와 같은 원소를 가지며, 예를 사용하여 '24시간×7일=168차원'을 가지는 원-핫 인코딩 벡터다. 월요일 오후 5시라면 day_of_week는 월요일, hour_of_day는 17에 해당한다.

두 특징은 그 자체로 중요하지만, hour_of_day와 day_of_week의 특징 교차를 허용하면 주말의 러시아워가 택시 승차 시간과 그에 따른 택시 요금에 영향을 미친다는 것을 택시 요금 예측 모델이 쉽게 인식하도록 할 수 있다.

빅쿼리 ML의 특징 교차

빅쿼리에서 특징 교차를 생성하려면 ML.FEATURE_CROSS 함수를 사용하고 day_of_week, hour_of_day 특징의 STRUCT를 전달하면 된다.

```
ML.FEATURE_CROSS(STRUCT(day_of_week,hour_of_week)) AS day_X_hour
```

STRUCT 절은 두 특징의 정렬된 쌍을 생성한다. 소프트웨어 프레임워크가 특징 교차 특징을 지원하지 않는다면 문자열 연결string concatenation을 사용하여 동일한 효과를 얻을 수 있다.

```
CONCAT(CAST(day_of_week AS STRING),
       CAST(hour_of_week AS STRING)) AS day_X_hour
```

출산율 문제에 대한 전체 학습 예제는 다음과 같다. is_male과 쌍둥이 열의 특징 교차를 통해 생성한 특징을 사용한다.[11]

---

11 전체 코드는 다음을 참고. *https://github.com/GoogleCloudPlatform/ml-design-patterns/blob/master/02_data_representation/feature_cross.ipynb*

```
CREATE OR REPLACE MODEL babyweight.natality_model_feat_eng
TRANSFORM(weight_pounds,
    is_male,
    plurality,
    gestation_weeks,
    mother_age,
    CAST(mother_race AS string) AS mother_race,
    ML.FEATURE_CROSS(
            STRUCT(
                is_male,
                plurality)
        ) AS gender_X_plurality)
OPTIONS
  (MODEL_TYPE='linear_reg',
   INPUT_LABEL_COLS=['weight_pounds'],
   DATA_SPLIT_METHOD="NO_SPLIT") AS
SELECT
  *
FROM
    babyweight.babyweight_data_train
```

> **TIP** 출산율 모델의 특징을 가공할 때 TrThe 트랜스폼 패턴(6장 참조)이 사용된다. 이를 통해 모델은 예측 중에 입력 데이터 필드의 특징 교차를 수행하는 것을 '기억'할 수 있다.

데이터가 충분하면 특징 교차 패턴을 통해 모델이 더 단순해질 수 있다. 출산율 데이터셋에서 특징 교차 패턴이 있는 선형 모델에 대한 평가셋의 RMSE는 1.056이다. 반면, 특징 교차가 없는 동일한 데이터셋의 빅쿼리 ML에서 심층 신경망을 학습하면 그 RMSE는 1.074가 된다. 훨씬 더 단순한 선형 모델을 사용함에도 불구하고 성능 차이가 거의 없으며 학습 시간도 심층 신경망에 비해 대폭 단축된다.

텐서플로에서의 특징 교차

텐서플로에서 is_male 및 plurality 특징을 사용하여 특징 교차를 구현할 때는 tf.feature_column.crossed_column을 사용한다. crossed_column 메서드는 교차할 특징 키 목록, 해시 버킷 크기의 두 가지 인수를 사용한다. 교차 특징은 hash_bucket_size에 따라 해시되므로 충돌 가능성을 충분히 줄일 수 있을 만큼 커야 한다. is_male 입력은 3개의 값(True, False, Unknown)을 가질 수 있고, plurality 입력은 6개의 값(Single(1), Twins(2),

Triplets(3), Quadruplets(4), Quintuplets(5), Multiple(2+))을 가질 수 있으므로 교차 특징은 18개의 가능한 (is_male, plurality) 쌍을 가진다. hash_bucket_size를 1,000으로 설정하면 85%의 확률로 충돌을 피할 수 있다.

마지막으로 DNN 모델에서 교차 열을 사용하려면 원-핫 인코딩을 할지, 아니면 더 낮은 차원으로 표현할지에 따라 indicator_column 또는 embedding_column으로 래핑해야 한다(2.3절 참조). embedding_column으로 래핑한 예는 다음과 같다.

```
gender_x_plurality = fc.crossed_column(["is_male", "plurality"],
                                       hash_bucket_size=1000)
crossed_feature = fc.embedding_column(gender_x_plurality, dimension=2)
```

indicator_column으로 래핑한 예는 다음과 같다.

```
gender_x_plurality = fc.crossed_column(["is_male", "plurality"],
                                       hash_bucket_size=1000)
crossed_feature = fc.indicator_column(gender_x_plurality)
```

2.4.3 작동 원리

특징 교차는 특징 가공의 중요한 수단으로 단순한 모델에 더 많은 복잡성, 더 많은 표현력, 더 많은 용량을 제공한다. 출산율 데이터셋에서 is_male과 plurality의 교차 특징을 다시 예로 들자면, 이 특징 교차 패턴을 통해 모델은 쌍둥이 남아를 쌍둥이 여아, 세쌍둥이 남아, 단독 출생 여아와 다른 특징으로 처리할 수 있다. indicator_column을 사용하면 모델이 교차 특징 각각을 독립 변수로 처리할 수 있게 되어 18개의 추가 이진 카테고리 특징을 모델에 추가할 수 있다(그림 2-16).

특징 교차는 방대한 데이터에도 잘 맞는다. 심층 신경망에 계층을 추가하면 특징 쌍(is_male, multiple)과 결과가 이루는 패턴을 학습하기에 충분한 비선형성을 익힐 수는 있지만, 그로 인해 학습 시간이 크게 증가한다. 출산율 데이터셋에서 특징 교차를 생성한 후 빅쿼리 ML로 선형 모델을 학습시키면 특징 교차 없이 학습한 DNN과 비슷한 성능을 보이는 것을 볼 수 있는데, 선형 모델은 훨씬 빠르게 학습한다.

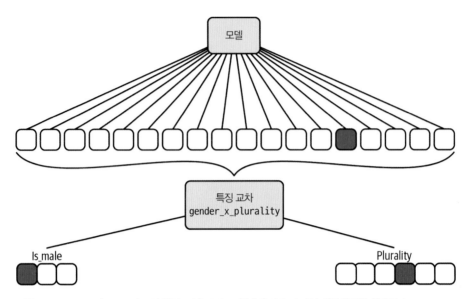

그림 2-16 is_male과 plurality의 특징 교차는 ML 모델에 추가로 18개의 이진 특징을 생성한다.

[표 2-10]은 (is_male, multiple)의 특징 교차를 가진 선형 모델과 특징 교차가 없는 심층 신경망 모두에 대해 빅쿼리 ML의 학습 시간과 평가 손실을 비교한 자료다.

표 2-10 특징 교차의 유무에 따른 빅쿼리 ML 모델의 학습 지표

모델 유형	특징 교차	학습 시간(분)	평가 손실(RMSE)
선형	있음	0.42	1.05
DNN	없음	48	1.07

평가셋에서 단순 선형 회귀는 DNN과 오차율이 비슷하지만 학습 속도는 100배 더 빠르다. 이처럼, 특징 교차를 방대한 데이터와 결합하는 것은 학습 데이터 내의 복잡한 관계를 학습하기 위한 하나의 전략이다.

2.4.4 트레이드오프와 대안

지금까지 카테고리형 변수를 처리하는 방법으로서 특징 교차를 알아보았지만, 약간의 전처리를 통해서도 수치 특징에 특징 교차를 적용할 수 있다. 특징 교차는 모델의 특징의 밀도를 낮추기 때문에 낮은 밀도를 해소하는 기술과 함께 쓸 수 있다.

수치 특징 다루기

연속적인 입력으로 특징 교차를 만들고 싶은 사람은 없을 것이다. 하나의 입력이 m개의 값을 가질 수 있고 다른 입력이 n개의 값을 가질 수 있다면 두 가지의 특징 교차는 $m \times n$개의 원소를 가지게 된다. 그런데 수치 입력은 밀도가 높고 연속된 값을 사용한다. 연속 입력 데이터의 특징 교차를 생성하고 가능한 모든 값을 열거하는 것은 불가능하다.

대신, 연속적인 데이터에 특징 교차를 바로 적용하지 않고 그 전에 데이터를 버킷화하여 카테고리화할 수 있다. 예를 들어 위도와 경도는 연속적인 입력이며 위도와 경도의 순서 쌍에 의해 위치가 결정되기 때문에 두 입력을 사용하여 특징 교차를 만드는 것이 상식적이다. 위도와 경도를 그대로 사용하여 특징 교차를 만드는 대신, 각각의 연속적인 값을 비닝해서 `binned_latitude`, `binned_longitude`를 만든 후 이를 가지고 특징 교차를 만들 수 있다.

```python
import tensorflow.feature_column as fc

# 위도에 대한 버킷 특징 열 만들기
latitude_as_numeric = fc.numeric_column("latitude")
lat_bucketized = fc.bucketized_column(latitude_as_numeric,
                                      lat_boundaries)
# 경도에 대한 버킷 특징 열 만들기
longitude_as_numeric = fc.numeric_column("longitude")
lon_bucketized = fc.bucketized_column(longitude_as_numeric,
                                      lon_boundaries)

# 위도와 경도의 특징 교차 만들기
lat_x_lon = fc.crossed_column([lat_bucketized, lon_bucketized],
                              hash_bucket_size=nbuckets**4)

crossed_feature = fc.indicator_column(lat_x_lon)
```

큰 카디널리티 다루기

특징 교차를 수행하면 카테고리의 카디널리티가 입력 특징의 카디널리티에 비해 몇 배로 증가하기 때문에 특징 교차는 모델 입력의 밀도를 낮춘다. `day_of_week`, `hour_of_day` 특징 교차를 사용한 결과 만들어지는 특징은 168차원의 저밀도 벡터가 된다(그림 2-17). 이 문제를 해결하려면 [그림 2-18]과 같이 특징 교차 결과를 임베딩 계층(2.3절 참조)으로 보내서 저차원 표현을 만드는 방법이 효과적이다.

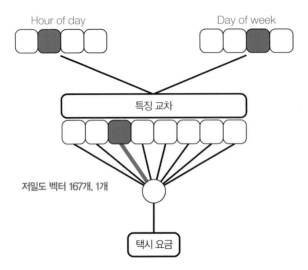

그림 2-17 day_of_week 및 hour_of_day의 특징 교차는 차원 168의 희소 벡터를 생성한다.

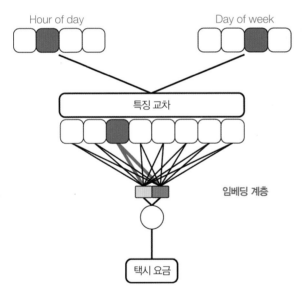

그림 2-18 임베딩 계층은 특징 교차가 만드는 저밀도 벡터를 해결하는 유용한 방법이다.

임베딩 디자인 패턴을 사용하면 밀착도를 모델링할 수 있으므로, 특징 교차를 임베딩 계층에 전달하면 모델이 시간/요일 쌍이 모델의 출력에 미치는 영향을 일반화할 수 있다. 위의 위도/경도의 예에서 썼던 indicator_column 대신 embedding_column을 사용하는 것이다.

```
crossed_feature = fc.embedding_column(lat_x_lon, dimension=2)
```

정규화의 필요성

카디널리티가 큰 두 카테고리형 특징을 교차시키면 그 카디널리티는 원래 두 특징의 수의 곱이 된다. 당연하게도, 개별 특징에 대해 더 많은 카테고리가 주어지면 특징 교차의 카테고리 수가 크게 증가한다. 그리고 개별 버킷 항목이 너무 적으면 모델의 일반화 특징이 저하된다. 위도와 경도의 예를 생각해보자. 위도와 경도에 대해 매우 미세한 버킷을 사용한다면 특징 교차가 매우 정확하여 모델이 지도의 모든 지점을 기억할 수 있다. 반면 큰 버킷을 사용하면 몇 개의 지점만 기억할 수 있고, 이는 자연스럽게 과대적합overfit으로 이어질 것이다.

탑승, 하차 위치와 픽업 시간을 고려하여 뉴욕의 택시 요금을 예측하는 예를 들어보자.

```
CREATE OR REPLACE MODEL mlpatterns.taxi_l2reg
TRANSFORM(
  fare_amount
 , ML.FEATURE_CROSS(STRUCT(CAST(EXTRACT(DAYOFWEEK FROM pickup_datetime)
                   AS STRING) AS dayofweek,
                          CAST(EXTRACT(HOUR FROM pickup_datetime)
                   AS STRING) AS hourofday), 2) AS day_hr
 , CONCAT(
    ML.BUCKETIZE(pickuplon, GENERATE_ARRAY(-78, -70, 0.01)),
    ML.BUCKETIZE(pickuplat, GENERATE_ARRAY(37, 45, 0.01)),
    ML.BUCKETIZE(dropofflon, GENERATE_ARRAY(-78, -70, 0.01)),
    ML.BUCKETIZE(dropofflat, GENERATE_ARRAY(37, 45, 0.01))
  ) AS pickup_and_dropoff
)
OPTIONS(input_label_cols=['fare_amount'],
        model_type='linear_reg', l2_reg=0.1)
AS
SELECT * FROM mlpatterns.taxi_data
```

여기에는 두 가지 특징 교차가 있다. 하나는 시간(요일, 시간)의 쌍이고 다른 하나는 공간(탑승, 하차 위치)의 쌍이다. 특히 공간에 대한 교차 특징은 카디널리티가 매우 크고, 이러한 이유로 일부 버킷에는 예제가 거의 없을 가능성이 있다.

이러한 이유로 특징 교차를 수행한 후 특징의 밀도를 높이는 L1 정규화 또는 과대적합을 제한하는 L2 정규화와 함께 쓰는 것이 좋다. 모델은 정규화로 합성 특징에 의해 생성된 많은 외부 노이즈를 무시하고 과대적합을 방지할 수 있다. 실제로 이 데이터셋에 정규화를 쓰면 RMSE가 0.3%까지 향상된다.

이와 관련해 특징 교차를 위해 결합할 특징을 선택할 때 상관관계가 높은 두 특징을 교차하는 것은 권하지 않는다. 특징 교차는 두 특징을 결합하여 정렬된 쌍을 만드는 것이며, 실제로 특징 교차의 '교차cross'라는 용어는 '카티전 곱cartesian product'을 뜻한다. 두 특징의 상관관계가 높으면 특징 교차의 결과물이 모델에 새로운 정보를 가져오지 않는다. 극단적인 예로, x_1과 x_2의 두 가지 특징이 있고 x_2 = 5 * x_1이라고 가정해보자. x_1, x_2의 값을 부호별로 버키팅하고 특징 교차를 생성하면 여전히 4개의 새로운 불리언 특징이 생성된다. 그러나 x_1, x_2의 종속성으로 인해 이 네 가지 특징 중 2개는 실제로 비어 있고, 다른 2개는 정확히 x_1에 대해 생성된 2개의 버킷이 된다.

2.5 디자인 패턴 4: 멀티모달 입력

멀티모달 입력multimodal Input 디자인 패턴은 사용 가능한 모든 데이터 표현을 연결하여, 복잡한 방식으로 표현할 수 있는 데이터 또는 다양한 유형의 데이터를 표현하는 문제를 해결한다.

2.5.1 문제

일반적으로 모델에 대한 입력은 숫자 또는 카테고리, 이미지 또는 자유 형식 텍스트로 표현할 수 있다. 많은 모델이 특정한 입력 유형에 대해서만 정의되어 있다. 예를 들어 Resnet-50과 같은 표준 이미지 분류 모델은 이미지 이외의 입력을 처리할 수 없다.

멀티모달 입력의 필요성을 이해하기 위해, 교통 법규 위반을 식별하기 위해 교차로에서 영상을 촬영하는 카메라가 있다고 가정해보자. 모델은 이미지 데이터(카메라 화면)와 이미지 포착 시점(시간, 요일, 날씨 등)에 대한 일부 메타데이터를 모두 처리해야 한다(그림 2-19).

이러한 문제는 입력 중 하나가 자유 형식 텍스트인 구조화된 데이터 모델을 학습할 때도 발생한다. 수치 데이터와 달리 이미지나 텍스트는 모델에 직접 공급할 수 없다. 그래서 모델이 이해할 수 있는 방식으로 이미지 및 텍스트 입력을 표현한 다음(보통 임베딩 디자인 패턴 사용) 이러한 입력을 다른 테이블 형식 특징과 결합해야 한다. 예를 들어 리뷰 텍스트를 지불한 금액이나 점심 또는 저녁 식사 여부와 같은 기타 속성과 결합해서 레스토랑의 평점을 예측할 수 있다(그림 2-20).

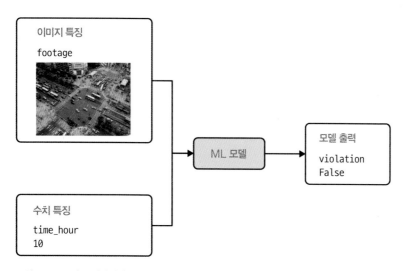

그림 2-19 교차로 이미지에서 교통 법규 위반을 식별하기 위해 이미지와 수치 특징을 결합한 모델

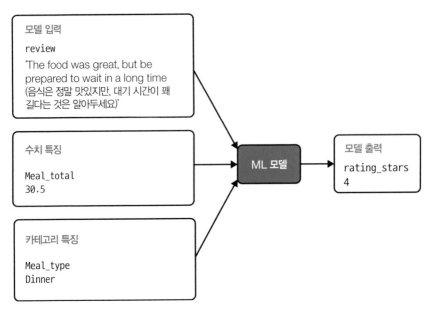

그림 2-20 자유 형식 텍스트 입력과 테이블 형식 데이터를 결합하여 레스토랑 리뷰의 등급을 예측하는 모델

2.5.2 솔루션

앞에서 든 예, 즉 테이블 형식의 메타데이터와 결합된 레스토랑 리뷰의 텍스트를 다시 살펴보자. 먼저 수치와 카테고리 특징을 결합한다. meal_type은 세 가지 카테고리(아침, 점심, 저녁)를 가질 수 있으므로 이를 원-핫 인코딩으로 변환해서 저녁 식사를 [0, 0, 1]과 같이 나타낼 것이다. 이 카테고리형 특징을 배열로 표시하면, 이제 식사 가격 meal_total을 배열의 네 번째 원소로 추가하여 [0, 0, 1, 30.5]와 같이 결합할 수 있다.

임베딩 디자인 패턴은 머신러닝 모델의 텍스트 인코딩을 위한 일반적인 접근 방식이다. 모델에 텍스트만 있으면 다음 tf.keras 코드를 사용하여 임베딩 계층으로 표현할 수 있다.

```
from tensorflow.keras import Sequential
from tensorflow.keras.layers import Embedding

model = Sequential()
model.add(Embedding(batch_size, 64, input_length=30))
```

이를 meal_type 및 meal_total과 연결하기 위해 임베딩을 평활화해야 한다.

```
model.add(Flatten())
```

그런 다음 일련의 완전 연결 계층을 사용하여 매우 큰 배열을 더 작은 배열로 변환하고, 다음과 같이 3개의 숫자 배열로 끝나는 출력을 만들 수 있다.

```
model.add(Dense(3, activation="relu"))
```

이제 리뷰의 문장 임베딩을 형성하는 세 숫자를 이전의 입력에 연결해서 새로운 벡터([0, 0, 1, 30.5, 0.75, -0.82, 0.45])를 생성한다. 이를 위해 케라스 함수 API를 사용하고 동일한 단계를 적용한다. 함수 API로 만든 계층은 호출 가능하므로 Input layer부터 함께 연결할 수 있다. 이를 활용하기 위해 먼저 임베딩 및 테이블 형식 계층을 모두 정의한다.

```
embedding_input = Input(shape=(30,))
embedding_layer = Embedding(batch_size, 64)(embedding_input)
embedding_layer = Flatten()(embedding_layer)
embedding_layer = Dense(3, activation='relu')(embedding_layer)

tabular_input = Input(shape=(4,))
tabular_layer = Dense(32, activation='relu')(tabular_input)
```

이 두 계층의 Input을 별도의 변수로 정의한 것을 볼 수 있다. 함수 API로 Model을 빌드할 때 Input 계층을 전달해야 하기 때문이다. 다음으로 연결 계층을 만들고 출력 계층에 전달한 다음, 마지막으로 위에서 정의한 원래 입력 계층을 전달하여 모델을 만든다.

```
merged_input = keras.layers.concatenate([embedding_layer, tabular_layer])
merged_dense = Dense(16)(merged_input)
output = Dense(1)(merged_dense)

model = Model(inputs=[embedding_input, tabular_input], outputs=output)
merged_dense = Dense(16, activation='relu')(merged_input)
output = Dense(1)(merged_dense)

model = Model(inputs=[embedding_input, tabular_input], outputs=output)
```

이렇게 해서 멀티모달 입력을 허용하는 단일 모델이 만들어졌다.

2.5.3 트레이드오프와 대안

방금 본 것처럼 멀티모달 입력 디자인 패턴은 동일한 모델에서 **서로 다른 입력 형식**을 표현하는 방법을 찾아낸다. 서로 다른 **유형**의 데이터를 혼합하는 것 외에도, 모델이 패턴을 더 쉽게 식별할 수 있도록 **동일한 데이터를 다른 방식으로** 표현할 수도 있다. 예를 들어 별 1개에서 별 5개까지의 평점 필드가 있다면 이 필드는 수치로도, 카테고리로도 취급할 수 있다. 여기서 멀티모달 입력은 다음의 두 가지를 모두 의미한다.

- 이미지와 메타데이터같이 서로 다른 유형의 데이터를 결합
- 복잡한 데이터를 여러 방법으로 표현

먼저 테이블 형식 데이터를 다양한 방식으로 표현하는 방법부터 살펴본 다음 텍스트와 이미지 데이터를 살펴보자.

테이블 데이터를 다양한 방식으로 표현하기

동일한 모델에서 테이블 형식 데이터를 서로 다른 방식으로 표현하는 방법을 알아보기 위해 레스토랑 리뷰 예제로 돌아가보자. 평점을 모델의 **입력**으로 넣어 리뷰의 유용성(리뷰를 좋아하는 사람 수)을 예측하는 것이 목적이다. 입력 평점은 1에서 5까지의 정숫값과 카테고리 특징으로 표현할 수 있다. 평점을 버킷화하면 카테고리로 표현할 수 있다. 데이터를 버킷화하는 방법은 각자에게 달려 있으며 데이터셋과 용례에 따라 다르다. 간단하게 하기 위해 '좋음'과 '나쁨'이라는 2개의 버킷을 만든다고 가정해보자. '좋음'에는 평점 4, 5가 들어가고 '나쁨'에는 평점 3 이하가 들어간다. 그런 다음 불리언값을 생성하여 평점 버킷을 인코딩하고 정수와 불리언을 모두 하나의 배열로 연결할 수 있다.[12]

다음은 데이터 포인트가 3개만 있는 작은 데이터셋의 경우다.

---

12 전체 코드는 다음을 참고. *https://github.com/GoogleCloudPlatform/ml-design-patterns/blob/master/02_data_representation/mixed_representation.ipynb*

```
rating_data = [2, 3, 5]

def good_or_bad(rating):
  if rating > 3:
    return 1
  else:
    return 0

rating_processed = []

for i in rating_data:
  rating_processed.append([i, good_or_bad(i)])
```

여기서 만들어지는 특징은 정수로 된 평점과 그 불리언 표현으로 구성된, 2개의 원소를 가지는 배열이다.

```
[[2, 0], [3, 0], [5, 1]]
```

대신 3개 이상의 버킷을 생성하기로 결정했다면 각 입력을 원-핫 인코딩한 후에 원-핫 배열을 정수 표현에 추가한다.

등급을 두 가지 방식으로 표시하는 것이 유용한 이유는 별 1~5개로 측정되는 평점값이 반드시 선형적으로 증가하지는 않기 때문이다. 4점과 5점은 매우 유사하며 1점에서 3점은 보통 평가자의 불만족을 나타낸다. 평가자가 맘에 들지 않는 레스토랑에 1~3점 중 어떤 점수를 주었는지는 레스토랑 자체보다는 평가자의 리뷰 경향과 관련이 있다. 그럼에도 불구하고 평점에 세분화된 정보를 유지하는 것은 여전히 유용하므로 두 가지 방법을 모두 써서 인코딩한다.

또한, 범위가 1~5보다 큰 특징도 고려해보자. 이를테면 리뷰 작성자의 집과 레스토랑 사이의 거리와 같은 특징이 좋을 것이다. 2시간을 운전해서 레스토랑에 찾아온 사람의 리뷰는 레스토랑의 바로 건너편에 사는 사람의 리뷰보다 더 중요할 수 있다. 이때 아웃라이어값이 있을 수 있으므로 수치 거리 표현의 임곗값을 임의로(50km 정도가 적당할 것이다) 지정하고 거리에 대한 별도의 카테고리 표현을 포함하는 것이 합리적이다. 카테고리 특징은 '같은 도시', '같은 국가', '다른 국가' 정도로 분류할 수 있을 것이다.

텍스트의 멀티모달 표현

텍스트와 이미지는 모두 구조화되어 있지 않으며, 테이블 데이터보다 더 많은 변환이 필요하다. 다양한 형식으로 표현하면 모델이 더 많은 패턴을 추출하는 데 도움이 된다. 앞 절에서 살펴본 텍스트 모델에 대한 논의를 바탕으로 텍스트 데이터를 표현하는 다양한 접근 방식을 살펴보자. 그런 다음 이미지 데이터 표현에 대해 알아보고 ML 모델에서 이미지 데이터를 표현하는 몇 가지 방식을 살펴보자.

텍스트 데이터를 다양한 방식으로 표현하기

텍스트 데이터의 복잡한 특징을 감안하면, 그로부터 의미를 추출하는 방법은 여러 가지가 있다. 임베딩 디자인 패턴을 사용하면 모델에서 유사한 단어를 함께 그룹화하고, 단어 간의 관계를 식별하고, 텍스트의 문법적 원소를 이해할 수 있다. 단어 임베딩을 통해 텍스트를 표현하는 것은 인간이 본질적으로 언어를 이해하는 방식과 가장 가깝지만, 사실 주어진 예측 작업을 수행하는 모델의 능력을 극대화할 수 있는 텍스트 표현이 더 있다. 이번 절에서는 텍스트에서 테이블 형식의 특징을 추출하는 방법과 함께 텍스트를 표현하는 BOW 방식에 대해 살펴보자.

텍스트 데이터 표현의 구현 예시를 위해, 스택 오버플로의 수백만 개의 질문과 답변 텍스트, 각 게시물의 메타데이터가 포함된 데이터셋을 사용할 것이다. 예를 들어 다음 쿼리를 통해 태그가 'keras', 'matplotlib' 또는 'pandas'인 질문의 하위 집합과 각 질문이 받은 답변 수를 얻을 수 있다.

```
SELECT
  title,
  answer_count,
  REPLACE(tags, "¦", ",") as tags
FROM
  `bigquery-public-data.stackoverflow.posts_questions`
WHERE
  REGEXP_CONTAINS( tags, r"(?:keras¦matplotlib¦pandas)")
```

쿼리 결과는 다음과 같다.

Row	title	answer_count	tags
1	Building a new column in a pandas dataframe by matching string values in a list	6	python,python-2.7,pandas,replace,nested-loops
2	Extracting specific selected columns to new DataFrame as a copy	6	python,pandas,chained-assignment
3	Where do I call the BatchNormalization function in Keras?	7	python,keras,neural-network,data-science,batch-normalization
4	Using Excel like solver in Python or SQL	8	python,sql,numpy,pandas,solver

BOW 방식을 사용하여 텍스트를 표현할 때는, 모델에 입력된 텍스트를 글자가 아닌 단어들을 담고 있는 주머니처럼 간주하게 된다. BOW는 텍스트의 순서를 유지하지는 않지만 모델에 보내는 각 텍스트 조각에서 특정 단어의 존재 여부를 감지한다. 그래서 이 방식을 쓰면 각 텍스트 입력이 1과 0의 배열로 변환되는 멀티-핫 인코딩 유형이 된다. 이 BOW 배열의 각 인덱스는 고유한 각 단어에 해당한다.

BOW의 작동 원리

BOW 인코딩의 첫 번째 단계는 텍스트 코퍼스에서 가장 자주 발생하는 상위 N개의 단어를 포함하는 어휘 크기vocabulary size를 선택하는 것이다. 이론적으로 어휘 크기는 전체 데이터셋의 고유한 단어 수와 같다. 그러나 낮은 빈도로 출현하는 단어가 굉장히 많기 때문에 전체 데이터셋의 고유한 단어 수대로 어휘 크기를 정하면 대부분의 원소가 0으로 구성된 매우 큰 입력 배열이 만들어진다. 대신, 예측 작업에 대한 의미를 전달하는 핵심적이고 반복적인 단어만 포함하도록 어휘 크기를 작게 정하는 것이 좋다. 물론, 어휘 크기를 너무 작게 정하면 'the', 'is', 'and'와 같이 거의 대부분의 질문에 등장하는 단어들만이 포함될 것이다.

모델의 입력은 어휘 크기만큼의 배열이 된다. 따라서 BOW 표현은 어휘에 포함되지 않은 단어를 완전히 무시한다. 어휘 크기를 정하는 방식에는 왕도가 없다. 몇 가지를 시도해보고 어떤 것이 자신의 모델에 가장 잘 맞는지를 확인하도록 하자.

BOW 인코딩을 이해하기 위해 먼저 간단한 예를 살펴보자. 이 예에서는 'pandas', 'keras', 'matplotlib' 세 가지 태그를 가진 스택 오버플로 질문 목록과 태그를 예측한다고 가정한다.

간단한 예를 들기 위해, 어휘가 아래 나열된 10개의 단어로만 구성되어 있다고 가정해보자.

```
dataframe
layer
series
graph
column
plot
color
axes
read_csv
activation
```

이 목록은 단어 인덱스word index라 불리며, 모델의 모든 입력은 각 인덱스가 위 단어 중 하나에 해당하는 원소 10개짜리 배열이다. 예를 들어 입력 배열의 첫 번째 인덱스값이 1이라면 특정 질문에 **dataframe**이라는 단어가 포함되어 있음을 의미한다. 모델의 관점에서 BOW 인코딩을 이해하기 위해 우리가 새로운 언어를 배우고 있고 위의 10개 단어가 우리가 아는 단어의 전부라고 상상해보자. 우리가 하는 모든 '예측'은 이 10개 단어의 유무만을 기반으로 하며 이 목록에 없는 단어는 무시할 것이다.

자, 그럼 'How to plot dataframe bar graph'이라는 제목의 질문이 주어졌을 때 이를 어떻게 BOW 표현으로 변환할 것인가? 먼저, 이 문장의 단어 중 어휘에 존재하는 **plot**, **dataframe**, **graph**를 기록한다. BOW 방식에서 이 문장의 다른 단어는 무시한다. 위의 단어 인덱스를 사용하면 이 문장은 다음과 같이 표현할 수 있다.

```
[ 1 0 0 1 0 1 0 0 0 0 ]
```

이 배열의 1은 각각 **dataframe**, **graph**, **plot**의 인덱스와 일치한다. [그림 2-21]은 어휘를 기반으로 원텍스트 입력을 BOW 인코딩 배열로 변환하는 방법을 보여준다.

케라스에는 텍스트를 BOW로 인코딩하는 몇 가지 메서드가 있으므로 텍스트 코퍼스에서 상위 단어를 식별하고 원텍스트를 처음부터 멀티-핫 배열로 인코딩하는 코드를 따로 작성할 필요가 없다.

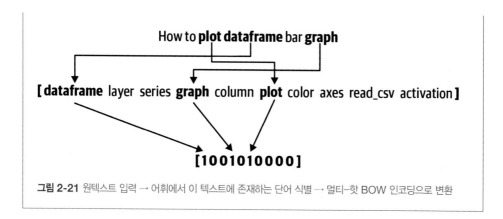

그림 2-21 원텍스트 입력 → 어휘에서 이 텍스트에 존재하는 단어 식별 → 멀티-핫 BOW 인코딩으로 변환

텍스트를 표현하는 두 가지 접근 방식(임베딩, BOW) 중 주어진 작업에 대해 어떤 방식을 선택해야 할까? 다른 머신러닝 작업과 마찬가지로 이는 데이터셋, 예측 작업의 특징, 사용하려는 모델 유형에 따라 다르다.

임베딩은 모델에 계층을 추가하고 BOW 인코딩에서 사용할 수 없는 단어 의미에 대한 정보를 제공한다. 그러나 임베딩은 학습을 필요로 한다(사전 학습된 임베딩을 사용할 수 있는 경우에는 제외). 딥러닝 모델로 더 높은 정확도를 달성할 수는 있지만, 사이킷런 또는 XG부스트와 같은 프레임워크를 사용하여 선형 회귀 또는 결정 트리 모델에서 BOW 인코딩을 사용할 수도 있다. 더 간단한 모델에서 BOW 인코딩을 사용하면 선택한 예측 작업이 데이터셋에서 작동하는지 확인하거나 빠르게 프로토타입을 만드는 데 유용하다. 다만, 임베딩과 달리 BOW는 텍스트 문서에서 단어의 순서나 의미를 고려하지 않기 때문에 이러한 요소가 예측 작업에 중요하다면 임베딩이 최선의 방법이다.

또한, 데이터에서 더 많은 패턴을 추출하기 위해 단어 주머니와 텍스트 임베딩 표현을 결합하는 딥러닝 모델을 만들 수도 있다. 이를 위해 임베딩과 BOW 표현을 연결할 수도 있지만[13] 그 대신 멀티모달 입력 방식을 사용할 수 있다. 이때 입력 계층의 형태는 BOW 표현의 어휘 크기가 된다. 여러 가지 방법으로 텍스트를 표현하면 다음과 같은 이점이 생긴다.

- BOW 인코딩은 어휘에 있는 가장 중요한 단어에 대해 강력한 신호를 제공하는 반면, 임베딩은 훨씬 더 큰 어휘 내에서 단어 간의 관계를 식별할 수 있다.

---

13 자세한 내용은 다음을 참고. *https://github.com/GoogleCloudPlatform/ml-design-patterns/blob/master/02_data_represen tation/mixed_representation.ipynb*

- 서로 다른 언어가 포함된 텍스트 데이터의 경우 각 언어에 대한 임베딩(또는 BOW 인코딩)을 만들고 연결할 수 있다.
- 임베딩은 텍스트의 단어 빈도를 인코딩할 수 있다. 여기서 BOW는 각 단어의 존재를 불리언값으로 처리한다. 두 표현 모두 의미가 있다.
- BOW 인코딩은 모두 'amazing(놀라운)'이라는 단어가 포함된 리뷰 내의 패턴을 식별할 수 있는 반면, 임베딩은 'not amazing(놀랍지 않은)'이라는 문구를 평균 이하의 리뷰와 연관시키는 방법을 학습할 수 있다. 다시 말하지만, 이러한 표현은 모두 의미가 있다.

텍스트에서 테이블 특징 추출하기

원텍스트 데이터를 인코딩하는 것 외에도, 테이블 특징으로 표현 가능한 특징이 텍스트에 있는 경우도 있다. 스택 오버플로의 질문이 답변을 받을지 여부를 예측하는 모델을 만든다고 가정해 보자. 텍스트에는 다양한 측면이 있는데, 단어 자체와는 관련이 없음에도 불구하고 모델이 예측하고자 하는 결과와 관련이 있는 부분도 있다. 예를 들어 질문의 길이와 물음표의 존재 여부도 답변 가능성에 영향을 미칠 수 있다. 그러나 임베딩을 만들 때는 일반적으로 단어를 특정 길이로 자르게 되고 질문의 길이와 같은 요소는 해당 데이터 표현에서 손실된다. 마찬가지로 구두점도 보통 이러한 표현에서 제거된다. 멀티모달 입력 디자인 패턴을 사용하면 이렇게 손실된 정보를 모델로 되돌릴 수 있다.

다음 쿼리에서는 스택 오버플로 데이터셋의 **title** 필드에서 몇 가지 테이블 형식 특징을 추출하여 질문의 답변을 받을지 여부를 예측한다.

```
SELECT
  LENGTH(title) AS title_len,
  ARRAY_LENGTH(SPLIT(title, " ")) AS word_count,
  ENDS_WITH(title, "?") AS ends_with_q_mark,
IF
  (answer_count > 0,
    1,
    0) AS is_answered,
FROM
  `bigquery-public-data.stackoverflow.posts_questions`
```

그 결과는 다음과 같다.

Row	title_len	word_count	ends_with_q_mark	is_answered
1	84	14	true	0
2	104	16	false	0
3	85	19	true	1
4	88	14	false	1
5	17	3	false	1

질문의 제목에서 직접 추출한 이러한 특징 외에도, 질문에 대한 메타데이터를 특징으로 표현할 수도 있다. 예를 들어 질문에 포함된 태그 수와 게시된 요일을 나타내는 특징을 추가할 수 있다. 그런 다음 이러한 테이블 형식 특징을 인코딩된 텍스트와 결합하고 케라스의 Concatenate 계층을 사용하여 두 표현을 모델에 공급함으로써 BOW 인코딩 텍스트 배열을 텍스트에 관한 테이블 형식 메타데이터와 결합할 수 있다.

이미지의 멀티모달 표현

텍스트를 위해 임베딩, BOW 인코딩 표현이 있는 것과 마찬가지로, ML 모델을 준비할 때 이미지 데이터를 표현하는 방법에도 여러 가지가 있다. 텍스트와 마찬가지로 이미지는 모델에 직접 공급할 수 없기에 이미지를 모델이 이해할 수 있는 수치 형식으로 변환해야 한다. 먼저 픽셀값, 타일셋, 윈도 시퀀스셋 등 이미지 데이터를 표현하는 몇 가지 일반적인 접근 방식에 대해 알아본 후, 멀티모달 입력 디자인 패턴을 통해 모델에서 이미지의 여러 표현을 사용하는 방법을 알아볼 것이다.

이미지는 곧 픽셀값

컴퓨터의 이미지는 결국 픽셀값의 배열이다. 예를 들어 흑백 이미지에는 0에서 255까지의 픽셀값이 포함되어 있다. 따라서 모델에서 28×28픽셀의 흑백 이미지는 0에서 255까지의 정숫값이 담긴 28×28 배열로 표현할 수 있다. 이번 절에서는 다양한 필체의 손글씨 숫자를 모은 유명한 ML 데이터셋인 MNIST 데이터셋을 사용할 것이다.

Sequential API를 사용하면 이미지를 784(28×28)개 원소를 가진 1차원 배열로 병합하는 Flatten 계층을 사용하여 MNIST 이미지를 나타낼 수 있다.

```
layers.Flatten(input_shape=(28, 28))
```

컬러 이미지의 경우 더 복잡해진다. RGB 색상 이미지의 각 픽셀에는 빨간색, 초록색, 파란색에 대한 총 3개의 값이 있다. 위 예의 이미지가 컬러 이미지라면 모델의 input_shape에 다음과 같은 세 번째 차원을 추가한다.

```
layers.Flatten(input_shape=(28, 28, 3))
```

이미지를 픽셀값의 배열로 표현하는 방식은 MNIST 데이터셋의 흑백 이미지와 같은 단순한 이미지에 대해서는 잘 작동하지만, 전체적으로 더 많은 가장자리와 모양이 있는 이미지에 대해서는 잘 작동하지 않는다. 네트워크에 이미지의 모든 픽셀을 한 번에 공급하면 중요한 정보가 포함된 작은 픽셀 영역에 초점을 맞추기가 어려워진다.

이미지를 타일 구조로 표현하기

현실의 이미지는 보다 복잡하기 때문에, 모델이 의미 있는 정보를 추출하고 패턴을 이해할 수 있도록 이미지를 표현하는 방법이 필요하다. 한 번에 이미지의 작은 조각만 네트워크에 공급할 수 있다면, 인접한 픽셀에 존재하는 공간 기울기 및 가장자리 등을 식별할 가능성을 높일 수 있다. 이를 위한 모델 아키텍처가 바로 CNN이다.

CNN의 층

[그림 2-22]를 살펴보자. 4×4 격자의 각 사각형은 이미지의 픽셀값을 나타낸다. 여기에 맥스 풀링max pooling을 사용하면 각 그리드의 가장 큰 값을 가져와 더 작은 행렬을 생성하게 된다.

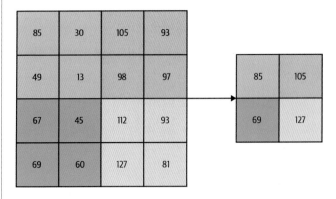

그림 2-22 단일 4×4 이미지 데이터 조각에 대한 맥스 풀링

이렇게 이미지를 타일 격자로 나누면 모델은 이미지의 각 영역을 다양한 깊이로 조망하며 통찰력을 추출할 수 있다.

[그림 2-22]는 (2, 2)의 커널 크기kernel size를 사용한다. 커널 크기는 이미지의 각 덩어리 크기를 나타낸다. 다음 덩어리를 만들기 전에 필터가 이동하는 공간의 수를 스트라이드stride라고 부르며, 이 예에서는 스트라이드가 2다. [그림 2-22]의 예에서 스트라이드가 커널 크기와 같기 때문에, 생성된 덩어리는 **서로 겹치지 않는다**.

이 타일 방법은 이미지를 픽셀값의 배열로 표현하는 것보다 더 자세한 정보를 보존하지만, 각 풀링 단계 후에 상당한 정보가 손실된다. 위의 다이어그램에서 4×4 행렬에 단 두 단계의 풀링만 적용하면 하나의 스칼라값, 127만 남게 된다. 이런 구조에서 현실 세계의 이미지를 쓰면 큰 픽셀값 위주로 모델이 편향되고 그 주변의 중요한 디테일에 대한 정보는 손실될 것이다.

이미지의 중요한 디테일에 대한 정보를 유지하면서도 이미지를 작은 덩어리로 분할하려면 어떻게 해야 할까? 풀링의 결과가 되는 이미지 덩어리를 **겹치게** 하면 된다. [그림 2-22]의 예에서 스트라이드 2 대신 1을 사용했다면 출력은 3×3 행렬이 된다(그림 2-23).

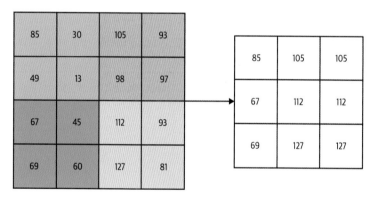

그림 2-23 4×4 픽셀 그리드에서 맥스 풀링을 위해 겹치는 창을 사용한 경우

그런 다음 같은 스트라이드로 맥스 풀링을 사용하면 2×2 격자를 얻을 수 있다(그림 2-24).

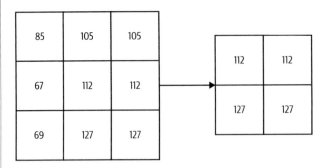

그림 2-24 슬라이딩 윈도와 맥스 풀링을 사용하여 3×3 격자를 2×2로 변환한다.

최종 스칼라값은 127로 끝난다. 마지막 값은 동일하지만, 중간 단계에서 원래의 스트라이드를 쓸 때보다 더 많은 디테일 정보를 유지하는 것을 볼 수 있다.

케라스는 이미지를 더 작은 덩어리로 분할하는 모델을 위해 합성곱 계층을 제공한다. 28×28 컬러 이미지를 '개' 또는 '고양이'로 분류하는 모델을 만든다고 가정해보자. 컬러 이미지이므로 각 픽셀에는 3개의 색상 채널이 있고 각 이미지는 28×28×3차원 배열로 표시된다. 다음은 합성곱 계층과 Sequential API를 사용하여 이 모델에 대한 입력을 정의하는 방법이다.

```
Conv2D(filters=16, kernel_size=3, activation='relu', input_shape=(28,28,3))
```

이 예에서는 맥스 풀링 계층을 통과하기 전에 입력 이미지를 3×3 덩어리로 분할한다. 슬라이딩 윈도를 사용해 이미지를 덩어리로 분할하는 모델 아키텍처를 구축하면, 모델이 가장자리 및 모양이 같은 이미지에서 보다 세부적인 정보를 인식할 수 있다.

서로 다른 이미지 표현의 결합

텍스트에서의 BOW 및 임베딩과 마찬가지로, 동일한 이미지 데이터를 여러 방법으로 표현하면 좋은 효과를 얻을 수 있다. 이번에도 케라스의 함수 API를 사용하여 이를 수행할 수 있다.

케라스의 Concatenate 계층을 사용하여 픽셀값을 슬라이딩 윈도 표현과 결합하는 방법은 다음과 같다.

```
# 이미지 입력 계층 정의 (픽셀 및 타일 표현 모두 동일한 모양)
image_input = Input(shape=(28,28,3))

# 픽셀 표현 정의
pixel_layer = Flatten()(image_input)

# 타일 표현 정의
tiled_layer = Conv2D(filters=16, kernel_size=3,
                     activation='relu')(image_input)
tiled_layer = MaxPooling2D()(tiled_layer)
tiled_layer = tf.keras.layers.Flatten()(tiled_layer)

# 단일 계층으로 연결
merged_image_layers = keras.layers.concatenate([pixel_layer, tiled_layer])
```

멀티모달 입력 표현을 허용하는 모델을 정의하기 위해, 결합된 계층을 출력 계층으로 연결해야
한다.

```
merged_dense = Dense(16, activation='relu')(merged_image_layers)
merged_output = Dense(1)(merged_dense)

model = Model(inputs=image_input, outputs=merged_output)
```

어떤 이미지 표현을 사용할지, 멀티모달 표현을 사용할지 여부를 선택하는 것은 보통 이미지
데이터의 유형에 달려 있다. 일반적으로 이미지가 더 자세할수록 이미지를 타일 또는 슬라이딩
윈도우로 표현하는 것이 좋다. MNIST 데이터셋의 경우 이미지를 픽셀값으로 표현하는 것만으
로도 충분하다. 반면 복잡한 의료 이미지의 경우 여러 이미지 표현을 결합해야 정확도가 높아
질 것이다. 여러 이미지 표현을 결합하는 이유는 무엇일까? 이미지를 픽셀값으로 표현하면 모
델은 대비가 크고 지배적인 개체와 같은 고수준의 초점 포인트를 잘 식별할 수 있다. 반면 타일
표현은 모델이 보다 대비가 낮은 모서리와 형상을 잘 식별하게 만들기 때문이다.

이미지와 메타데이터를 함께 사용하기

앞에서 텍스트와 관련된 다양한 유형의 메타데이터와, 이 메타데이터를 모델의 테이블 형식 특
징으로 추출하고 표현하는 방법에 대해 논의했다. 이 개념을 이미지에도 적용할 수 있다. 이를

위해 [그림 2-19]의 예, 즉 교차로 장면에서 교통 위반 여부를 예측하는 모델의 예로 돌아가보자. 모델은 자체적으로 도로 이미지에서 많은 패턴을 추출할 수 있지만 모델의 정확성을 개선할 수 있는 다른 데이터도 있을 것이다. 예를 들어 러시아워에는 특정 행동(예: 빨간불 우회전)이 허용되지 않지만 다른 시간대에는 문제가 되지 않는다. 또는 운전자가 악천후 시 교통법을 위반할 가능성이 더 높다는 점도 고려할 만하다. 여러 교차로에서 이미지 데이터를 수집하는 경우에는 이미지의 위치를 아는 것이 모델에 도움이 될 것이다.

그럼, 이 예의 이미지 모델을 향상시킬 수 있는 추가적인 테이블 데이터 세 가지를 정리해보자.

- 시간
- 날씨
- 장소

다음으로 각 특징을 어떻게 표현할지 생각해보자. 시간^{time}은 하루 중의 시간^{hour}을 나타내는 정수로 나타낼 수 있다. 이는 러시아워와 같이 교통량이 많은 시간과 관련된 패턴을 식별하는 데 도움이 될 수 있다. 이 모델의 콘텍스트에서는 이미지를 촬영했을 때 날이 어두웠는지 여부를 아는 것도 유용할 것이다. 이러한 경우에는 시간을 불리언 특징으로 나타낼 수 있다.

날씨는 수치, 카테고리 등 다양한 방식으로 표현할 수 있다. 온도 역시나 특징으로 포함시킬 수 있지만, 이 경우에는 가시성이 더 유용할 것이다. 날씨를 표현하는 또 다른 방법은 비 또는 눈의 존재를 나타내는 카테고리형 변수를 사용하는 것이다.

여러 위치에서 데이터를 수집하는 경우 이를 특징으로 인코딩하는 것이 좋다. 이는 카테고리 특징으로서 가장 의미가 있으며, 영상을 수집하는 위치의 수에 따라 여러 특징(도시, 국가, 주 등)이 될 수도 있다.

이 예에서는 다음과 같은 테이블형 특징을 사용한다고 가정한다.

- 시간(정수)
- 가시성(부동 소수점)
- 날씨(카테고리형: 눈, 비, 해당 없음)
- 위치 ID(카테고리형: 5가지 위치)

세 가지 샘플을 가진 예시 데이터셋은 다음과 같은 형태를 가진다.

```
data = {
    'time': [9,10,2],
    'visibility': [0.2, 0.5, 0.1],
    'inclement_weather': [[0,0,1], [0,0,1], [1,0,0]],
    'location': [[0,1,0,0,0], [0,0,0,1,0], [1,0,0,0,0]]
}
```

이러한 테이블형 특징을 각 예제에 대해 단일 배열로 결합하여 모델의 입력 모양이 10이 되도록 할 수 있다. 첫 번째 예제의 입력 배열은 다음과 같다.

```
[9, 0.2, 0, 0, 1, 0, 1, 0, 0, 0]
```

이 입력을 완전 연결 계층에 공급할 수 있으며, 모델의 출력은 트래픽 위반이 포함되어 있는지 여부를 나타내는 0과 1 사이의 단일값이 된다. 이것을 이미지 데이터와 결합하기 위해 텍스트 모델에서 살펴본 것과 유사한 방식을 사용할 것이다. 먼저 이미지 데이터를 처리할 합성곱 계층을 정의한 다음, 테이블형 데이터를 처리할 완전 연결 계층을 정의하고 마지막으로 둘을 하나의 출력으로 연결한다. 이 방식은 [그림 2-25]에 요약되어 있다.

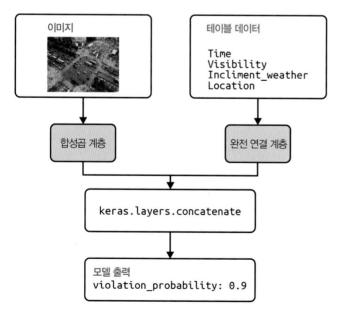

그림 2-25 이미지 및 테이블 형식 메타데이터 특징을 처리하기 위해 계층을 연결한다.

멀티모달 특징 표현과 모델의 해석 가능성

딥러닝 모델은 본질적으로 설명하기 어렵다. 99%의 정확도를 달성하는 모델을 만들었더라도, 모델을 만든 사람조차 모델이 **어떻게** 예측하는지 정확히 알지 못하며 결과적으로 예측 방법이 올바른지도 알 수가 없다. 예를 들어 실험실에서 촬영한 배양 접시 이미지에 대한 모델을 학습시키고 높은 정확도 점수를 획득했다고 가정해보자. 이 이미지에는 사진을 찍은 과학자의 주석도 포함되어 있다. 모델이 배양 접시의 내용이 아닌 과학자의 주석을 사용하여 예측을 하고 있더라도, 우리는 이를 확인할 수 없다.

모델의 예측과 관련된 픽셀을 강조할 수 있는 몇 가지 이미지 모델 설명 기법이 있다. 그러나 단일 모델에서 여러 데이터 표현을 결합하면 이러한 특징이 서로 종속된다. 결과적으로 모델이 예측을 수행하는 방법을 설명하기는 더 어려워질 수 있다. 모델의 설명 가능성에 대해서는 7장에서 자세히 다룬다.

2.6 마치며

이번 장에서는 모델의 데이터를 표현하는 다양한 접근 방식에 대해 배웠다. 먼저 수치 입력을 처리하는 방법과, 이러한 입력을 확장하여 모델 학습 시간을 단축하고 정확도를 개선하는 방법을 살펴보았다. 그런 다음 카테고리형 입력, 특히 원-핫 인코딩과 카테고리형값 배열을 사용하여 특징 가공을 수행하는 방법을 알아보았다.

이어서 데이터를 표현하기 위한 네 가지 디자인 패턴에 대해 논의했다. 첫 번째는 카테고리 입력을 고유한 문자열로 인코딩하는 **특징 해시** 디자인 패턴이다. 빅쿼리의 공항 데이터셋을 사용하여 몇 가지 해시 방식을 알아보았다. 이 장에서 살펴본 두 번째 디자인 패턴은 **임베딩**으로, 많은 카테고리 또는 텍스트 데이터가 있는 입력과 같이 카디널리티가 큰 데이터를 표현하는 기술이다. 임베딩은 데이터와 예측 작업에 따라 차원의 수가 달라지는 다차원 공간의 데이터를 표현한다. 다음으로 **특징 교차** 디자인 패턴을 살펴보았다. 이는 두 특징을 결합하여 특징을 자체적으로 인코딩하고, 이를 통해 쉽게 포착할 수 없는 관계를 추출하는 접근 방식이다. 마지막으로, 서로 다른 유형의 입력을 동일한 모델에 결합하는 방법과 하나의 특징이 여러 방식으로 표현될 수 있는 방법에 대한 문제를 해결하는 **멀티모달 입력** 디자인 패턴을 살펴보았다.

이 장에서는 모델의 **입력** 데이터를 준비하는 방식을 주로 다루었다. 다음 장에서는 예측 작업을 표현하는 다양한 접근 방식을 살펴봄으로써 모델의 **출력**에 중점을 둘 것이다.

문제 표현 디자인 패턴

2장에서는 머신러닝 모델에 대한 입력을 표현하는 수많은 방법을 분류하기 위한 디자인 패턴을 살펴보았다. 앞으로 3장에서는 다양한 유형의 머신러닝 문제를 살펴보고 문제에 따라 모델 아키텍처가 어떻게 달라지는지 분석한다.

입력과 출력의 유형은 모델 아키텍처에 영향을 미치는 핵심 요소다. 예를 들어 지도 학습 문제의 출력은 분류 문제인지 회귀 문제인지에 따라 달라질 수 있다. 특정 유형의 입력 데이터에 최적화된 특별한 신경망 계층도 있다. 합성곱 계층은 이미지, 음성, 텍스트 등 시공간 상관관계를 가지는 데이터에 잘 맞고, 순환 신경망은 시계열 데이터에 잘 맞는다. 이러한 신경망 계층과 여기에 따르는 맥스 풀링, 어텐션attention 등과 같은 기법에 관한 획기적인 논문이 쏟아지고 있으며, 행렬 분해와 같은 추천 알고리즘이나 ARIMA와 같은 시계열 예측처럼 흔히 발생하는 문제에 대한 특별한 해결 방안이 고안되고 있다. 또한, 단순한 모델을 통상적인 기법과 함께 사용해서 보다 복잡한 문제를 해결하는 경우도 생겨났는데, 이를테면 빔 검색beam search 알고리즘을 사용하여 출력을 후처리하는 분류 모델을 텍스트 생성 모델에 응용할 수도 있다.

책의 내용이 산으로 가거나 최신 연구 영역만을 다루는 것을 피하기 위해, 이번 장에서는 특수한 머신러닝 영역과 관련된 패턴과 기법은 제외하고 회귀, 분류라는 두 가지 ML 모델을 중심으로 문제 표현의 형태를 알아볼 것이다.

리프레이밍reframing 디자인 패턴은 회귀 문제를 분류 문제로 전환하거나, 반대로 분류 문제를 회귀 문제로 전환시킬 수 있다. **멀티라벨**multilabel 디자인 패턴은 학습 예제가 둘 이상의 클래스에 속하는 경우에 대처할 수 있으며, **캐스케이드**cascade 디자인 패턴은 머신러닝 문제가 여러 단계의 연쇄적인 ML 문제로 나눠지는 상황을 위한 해결법이다. **앙상블**^{ensemble} 디자인 패턴은 다수의 모델을 학습시키고 그 응답을 집계하는 방식으로 문제를 해결하며, **중립 클래스**^{neutral class} 디자인 패턴은 전문가가 서로 동의하지 않는 상황을 취급한다. **리밸런싱**^{rebalancing} 디자인 패턴은 왜도가 큰 데이터나 불균형한 데이터를 처리하기 위한 접근 방식을 제시한다.

3.1 디자인 패턴 5: 리프레이밍

리프레이밍^{reframing} 디자인 패턴은 머신러닝 문제의 출력 표현을 바꾸는 방식이다. 이를테면 회귀 문제로 보이는 문제를 분류 문제로 간주하거나, 분류 문제를 회귀 문제로 간주할 수 있다.

3.1.1 문제

머신러닝 솔루션을 만드는 첫 번째 단계는 문제에 대한 프레임을 세우는 일이다. 지도 학습 문제인가, 아니면 비지도 학습 문제인가? 문제의 특징은 무엇인가? 지도 학습 문제라면 라벨은 무엇인가? 허용 오차는 어느 정도인가? 물론 그 답은 학습 데이터, 당면한 과제, 성공 지표와 관련되어 있다.

한 예로, 어느 지역의 미래의 강우량을 예측하는 머신러닝 모델을 만든다고 가정해보자. 이것은 포괄적으로 회귀 문제에 해당하는가 아니면 분류 문제에 해당하는가? 일단, 과거부터 현재까지의 기후와 날씨 패턴이 주어진 상태에서 해당 지역의 15분 이후의 예상 강우량(예: 0.3cm)을 예측하는 문제이므로 시계열 기상 문제로 취급하는 것이 이치에 맞다. 그런데 달리 생각해보면, 강우량이라는 라벨은 수치에 해당하므로 회귀 모델로 만들 수도 있다. 날씨 예측 모델을 개발하다 보면 자연스럽게 날씨 예측이라는 것이 생각보다 어렵다는 것을 깨닫게 된다. 동일한 특징이 주어져도 어떤 때는 0.3cm의 강우량이, 또 다른 때는 0.5cm의 강우량이 발생하기 때문에 예측 결과가 정확해지기 어렵다. 예측 결과를 향상시키려면 네트워크에 더 많은 계층을 추가해야 할까? 아니면 특징을 더 추가해야 할까? 더 많은 데이터가 도움이 될까? 손실 함수를 바꿔야 할까? 이러한 모든 조정 방안들은 어떻게든 모델을 향상시킬 것이다. 그런데 잠깐. 정말로 회귀가 유일한 방법일까? 머신러닝의 목표를 리프레이밍하면 작업 성과가 향상되지 않을까?

3.1.2 솔루션

여기서 핵심은 강우량이 확률적이라는 것이다. 동일한 특징에 대하여 어떤 때는 0.3cm의 강우량이, 또 다른 때는 0.5cm의 강우량이 발생한다. 그런데 회귀 모델은 두 가지 강우량이 가능하다고 할지라도 한 가지 수치만으로 강우량을 예측해야 한다.

회귀 작업으로 강우량을 예측하는 대신 목표를 분류 문제로 리프레이밍할 수 있으며 이를 수행할 수 있는 방안은 여러 가지가 있다. 그 중 한 가지 방식은 [그림 3-1]에 표시된 것처럼 이산 확률 분포를 모델링하는 것이다. 즉, 강우량을 하나의 수치로 예측하지 않고 이후 15분 동안의 강우량이 특정 범위 내에 있을 확률을 제공하는 멀티클래스 분류multiclass classification로 예측 강우량을 모델링한다.

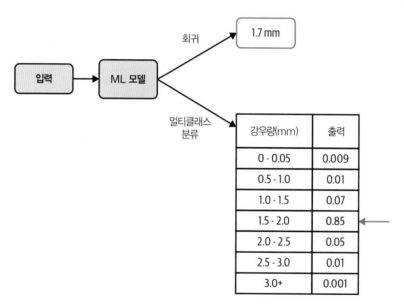

그림 3-1 회귀 출력으로 강우량을 예측하는 대신 멀티클래스 분류를 사용하여 이산 확률 분포를 모델링할 수 있다.

회귀 문제의 접근법과 분류 문제로 리프레이밍된 접근법 두 가지 모두가 향후 15분 동안의 강우량을 예측한다. 그러나 분류 문제로 접근하면 분포의 평균값을 선택하는 대신, 서로 다른 양의 강우량 확률 분포 모델을 허용한다. 이러한 방식으로 분포를 모델링하면 강우량이 일반적인 종 모양 정규분포 곡선이 아닌 0에서 큰 값을 가질 수 있는 트위디 분포Tweedie distrobution(*https://oreil.ly/C8JfK*)를 따르므로 유리하며, 실제로 이는 특정 지역의 강수율을 512-way 카테고리 분포로 예측하는 구글 리서치^{Google Research} 논문(*https://oreil.ly/PGAEw*)에서 취한 접근 방식이다. 분포가 바이모달^{bimodal}이거나, 큰 분산을 가지는 정규분포를 따를 때도 분포를 모델링하는 것이 유리하다. 단백질 접힘 구조 예측에 있어 모든 척도를 압도한 최근 한 논문(*https://oreil.ly/-Hi3k*)에서는 64-way 분류 문제로 아미노산 사이의 거리를 예측하는데, 이 거리들은 64개의 빈으로 버킷화되어 있다.

또한, 다른 종류의 모델이 더 좋은 목표를 가질 때에도 리프레이밍이 도움이 된다. 예를 들어 동영상 추천 시스템을 구축한다고 가정해보자. 이 문제에 접근하는 자연스러운 프레임은 사용자가 특정 비디오를 볼 가능성을 예측하는 분류 문제. 하지만 이런 프레임은 클릭을 유도하는 미끼를 우선시하는 추천 시스템이 될 수 있기 때문에 차라리 시청할 비디오의 비율을 예측하는 회귀 문제로 리프레이밍하는 것이 더 나을 수도 있다.

3.1.3 작동 원리

콘텍스트를 바꾸고 과제를 리프레이밍하는 것은 머신러닝 솔루션 구축에 도움이 될 수 있다. 예측 대상을 하나의 수치가 아닌 이산 확률 분포로 만들면, 버킷화로 인해 정밀도는 약간 떨어지더라도 완전한 확률 밀도 함수^{probability density function}(PDF)라는 유연성을 얻게 된다. 분류 모델에서 제공하는 이산화된 예측은 유연성이 부족한 회귀 모델에 비해 복잡한 대상을 학습하는 데 더 적합하다.

이러한 분류 프레임의 또 다른 이점은 예측값에 대해 보다 세부적인 정보를 제공하는 사후 확률 분포^{posterior probability distribution}를 얻을 수 있다는 점이다. 한 예로, 학습한 분포가 바이모달 분포라고 가정하고 불연속 확률 분포로 분류 모델을 만들면 [그림 3-2]과 같이 바이모달 예측 분포를 얻을 수 있다. 반면에 단일 수칫값만 예측한다면 이러한 정보는 소멸된다. 용례에 따라서 학습을 더욱 쉽고 유용하게 만들 수 있다.

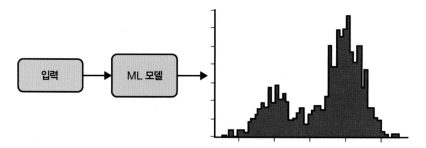

그림 3-2 확률 분포를 모델링하기 위해 분류 작업을 리프레이밍하면 예측을 통해 바이모달 분포 결과를 얻을 수 있다. 예측은 회귀처럼 단일 수칫값만으로 제한되지 않는다.

불확실성을 포착하기

출생률 데이터셋과 신생아 체중 예측 과제의 예로 다시 돌아가보자. 신생아 체중은 양의 실수이므로 직관적으로 회귀 문제에 해당한다. 한편 주어진 입력 세트셋의 라벨(`weight_pounds`)은 다양한 값을 가질 수 있는데, 25세 산모에게서 38주만에 태어난 남아의 체중이라는 특정 입력치의 분포는 [그림 3-3]의 그래프와 같이 약 7.5lbs를 중심으로 하는 정규분포를 따른다.[1]

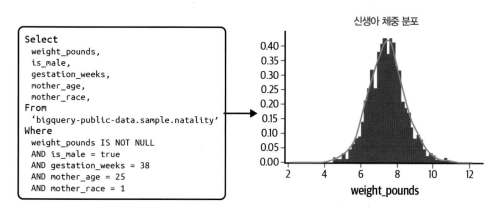

그림 3-3 특정 입력치(예: 25세 산모에게서 38주만에 태어난 남아의 체중)가 주어지면 `weight_pounds` 변수는 대략 7.5lbs를 중심으로 하는 정규분포를 따르는 다양한 값을 취한다.

---

1 [그림 3-3]의 그래프를 생성하는 코드는 다음을 참고. *https://github.com/GoogleCloudPlatform/ml-design-patterns/03_ problem_representation/reframing.ipynb*

물론 분포의 범위를 확인해보면 7.5lbs에서 최고치에 달하는 분포도일지라도 신생아가 6.5lbs 미만, 또는 8.5lbs 이상으로 태어날 가능성은 흔하며 이 비율은 실제로 33%에 달한다. 이 분포에서의 너비는 신생아 체중 예측 문제에 내재된 오차를 나타낸다. 실제로 이러한 문제를 회귀 문제의 프레임으로 바라보면, 여기서 얻을 수 있는 가장 좋은 RMS 오차는 [그림 3-3]에서 볼 수 있는 분포의 표준편차다.

회귀 문제로 접근하면 예측 결과를 7.5 +/- 1.0(표준편차)로 명시해야 한다. 그러나 분포의 너비는 입력의 조합에 따라서 달라지므로 너비를 학습하는 것은 그 자체로 또 다른 머신러닝 문제다. 예를 들면 같은 나이의 산모에게서 36주만에 태어난 아이의 표준편차는 1.16lbs이다. 나중에 다룰 분위수 회귀quantiles regression는 이러한 문제를 비모수적인 방식으로 접근해서 정확성을 높이려 한다.

> **TIP** 멀티모달(다중 피크 포함) 분포를 가지는 문제라면 분류 문제로 리프레이밍하는 것이 훨씬 효과적이다. 그러나 가능한 모든 관련 입력을 사용하면 큰 수의 법칙law of large number으로 인해 전체 데이터셋이 종 모양의 정규분포 곡선을 얻을 가능성이 높다. 정규분포 곡선이 넓고 입력값에 따른 변화폭이 심할수록 불확실성을 포착하는 것과 회귀 문제를 분류 문제로 리프레이밍하는 것이 중요해진다.

주어진 문제를 리프레이밍하면 이산 확률 분포를 학습하는 멀티클래스 분류 모델을 학습시킬 수 있다. 이러한 이산화된 예측은 불확실성을 더 유연하게 포착하는 동시에, 회귀 모델에 비해 복잡한 목표를 더 잘 근사한다. 추론 시간 동안에 모델은 이러한 잠재적 출력에 상응하는 확률 모음을 예측한다. 즉, 특정 가중치의 상대적 가능성을 제공하는 개별 PDF를 얻게 된다. 여기서 주의를 기울여야 할 점은, 분류 모델의 경우 모델의 신뢰 수준이 너무 크거나 잘못되는 등 보정이 크게 틀어질 수 있다는 점이다.

목표 변경

분류 작업을 회귀로 리프레이밍하는 것이 도움이 되는 시나리오가 몇 가지 있다. 예를 들어 사용자가 영화를 보고 1~5등급 내에서 평가를 남긴 대규모 영화 데이터베이스가 있고 이를 바탕으로 사용자에게 추천 순위를 제공하는 데 사용할 머신러닝 모델을 만든다고 가정해보자.

이를 분류 과제로 접근하면, 입력 데이터로 사용자가 이전에 시청한 동영상 및 평가와 함께 user_id를 받아서 다음에 추천할 데이터베이스 상의 영화를 예측하는 모델을 만들 수 있다. 그런데 이 과제를 회귀 작업으로 리프레이밍할 수도 있다. 데이터베이스에 있는 영화에 상응하는 카테고리형 출력 모델 대신, 회귀 모델로 접근하면 주어진 영화를 볼 가능성이 있는 사용자들의 수입이나 고객 세그먼트 등의 여러 주요 특성을 학습하는 멀티태스크multitask 학습을 수행할 수 있다.

회귀 작업으로 리프레이밍한 모델은 이제 주어진 영화에 대한 사용자 공간 표현을 예측한 후, 추천을 제공하기 위해 사용자의 알려진 특성에 가장 가까운 영화 세트를 선택한다. 즉, 사용자의 특정 영화에 대한 선호/비선호에 대한 확률을 계산하는 분류 과제에서 유사한 사용자들이 선호하는 영화의 클러스터를 회귀 작업을 통해 얻어내는 것이다.

영화 추천의 분류 문제를 사용자 특성의 회귀로 리프레이밍하면, 매번 별도의 분류 모델을 만들지 않아도 트렌디한 동영상, 고전 영화, 다큐멘터리를 추천하는 추천 모델을 쉽게 조정할 수 있게 된다.

이러한 모델 접근 방식은 수치 표현을 통해 직관적인 해석을 할 때도 유용하다. 이를테면, 도시 지역을 예측하는 대신 위도/경도 쌍을 사용할 수 있다. 바이러스 확산이 일어날 다음 도시 또는 부동산 가격이 급등할 뉴욕 지역을 예측하고 싶은 경우, 해당되는 도시나 이웃 자체를 예측하는 것보다는 위도와 경도를 예측하여 해당 위치에 가장 가까운 도시나 이웃을 선택하는 것이 더 쉬울 수 있다.

3.1.4 트레이드오프와 대안

문제에 맞는 프레임이 단 한 가지인 경우는 거의 없기에, 주어진 구현의 트레이드오프와 대안을 인식해야 한다. 예를 들면 회귀의 출력값을 버킷화하는 것은 분류 작업으로 리프레이밍하는 접근 방식이다. 또한, 다중 예측 헤드multiple prediction head를 사용하여 분류 및 회귀 두 작업을 단일 모델로 결합하는 멀티태스크 학습이 있다. 리프레이밍 기법을 사용하는 경우 데이터의 한계 또는 라벨의 편향에 따른 위험이 존재한다는 점을 인식해야 한다.

버킷화된 출력

회귀 작업을 분류 작업으로 리프레이밍하는 대표적인 방식은 출력값을 버킷화하는 것이다. 그 예로, 신생아 출산 시 중환자 관리가 필요한 시기를 나타내기 위한 모델은 [표 3-1]의 카테고리로도 충분히 구현할 수 있다.

표 3-1 버킷화된 신생아 체중

카테고리	설명
과체중 신생아	8.8lbs 이상
평균체중 신생아	5.5lbs 이상 8.8lbs 미만
저체중 신생아	3.31lbs 이상 5.5lbs 미만
극저체중 신생아	3.31lbs 미만

이제 회귀 모델이 멀티클래스 분류가 되었다. '과체중', '평균체중', '저체중', '극저체중'이라는 4개의 개별적인 카테고리보다는 **'미만'**이라는 척도로 0과 1중 하나를 예측하는 것이 쉬운 것처럼, 4가지로 분류 가능한 카테고리에서 하나를 예측하는 것이 실수의 연속체에서 하나의 값을 예측하는 것보다 쉽다. 카테고리형 출력을 사용하면 출력 라벨을 단일 실수 대신 범위값으로 근본적으로 변경하므로 실제 출력값을 아주 정확히 예측하기보다는 적당한 오차를 허용하게 된다.

이번 절에서 제공하는 노트북[2]을 통해 회귀와 멀티클래스 분류 모델을 학습한다. 회귀 모델은 검증셋에서 1.3의 RMSE를 달성했고, 분류 모델의 정확도는 67%다. 평가기준이 RMSE과 정확성으로 서로 다른 까닭에 이 두 모델을 비교하는 것은 어려우므로, 결국 디자인의 결정은 용례에 따라 결정된다. 의학적인 결정을 버킷화된 값 기반으로 한다면 해당 버킷을 사용한 분류 모델이 되어야 한다. 반면, 신생아 체중에 대한 보다 정확한 예측이 필요하다면 회귀 모델을 사용하는 것이 좋다.

불확실성을 포착하는 다른 방법

회귀에서 불확실성을 포착하는 다른 방법도 있다. 간단한 접근 방식은 분위수 회귀를 수행하는 것이다. 예를 들면, 평균만을 예측하는 대신 예측 대상 항목의 조건부 10분위수, 20분위수, 30분위수, … , 90분위수 등을 추정하는 방법을 선형 회귀의 연장선으로 볼 수 있다. 하지만 리프 레이밍은 더 복잡한 머신러닝 모델에서도 작동한다.

회귀를 수행하는 보다 정교한 접근 방식으로 텐서플로 확률TensorFlow Probability (*https://oreil.ly/AEtLG*)과 같은 프레임워크를 사용할 수도 있는데, 이를 사용할 때는 출력 분포를 명시적으로 모델링해야 한다. 예를 들어 출력이 평균을 중심으로 정규분포를 이룰 것으로 예상되고 평

---

2   자세한 내용은 다음을 참고. *https://github.com/GoogleCloudPlatform/ml-design-patterns/blob/master/03_problem_repre sentation/reframing.ipynb*

균은 입력에 의존한다면, 모델의 출력 계층은 다음과 같다.

```
tfp.layers.DistributionLambda(lambda t: tfd.Normal(loc=t, scale=1))
```

또 다른 방법으로, 평균에 따라 분산이 증가한다는 것을 안다면 람다 함수를 사용하여 모델링할 수도 있다. 반면 리프레이밍을 쓴다면 사후 분포를 모델링할 필요가 없다.

> **TIP** 머신러닝 모델 학습의 핵심은 데이터다. 데이터의 관계가 복잡할수록 파악이 어려운 패턴을 찾기 위하여 더 많은 학습 데이터가 필요하다. 이런 관점에서, 회귀 또는 분류 모델에 대한 데이터 요구 사항을 어떻게 비교할 것인지에 대해 고려해야 한다. 분류 작업에 대한 일반적인 경험 법칙은 각 라벨 카테고리에 대해 모델 특징 개수의 10배의 데이터를 가져야 한다는 것이다. 회귀 모델의 경우에는 모델 특징 수의 50배다. 물론 이러한 수치는 대략적인 시행착오에 의한 부정확한 추정치이지만, 보편적으로 회귀 작업이 더 많은 학습 데이터를 필요로 한다는 것은 명백한 사실이다. 게다가 대규모 데이터에 대한 수요는 작업의 복잡도에 따라 증가한다. 따라서 사용할 모델의 유형에 따라 필요한 데이터의 양은 달라지며 분류 작업의 경우 라벨 카테고리의 수를 감안해야 한다.

예측의 정밀도

회귀 모델을 멀티클래스 분류로 리프레이밍하는 경우, 출력 라벨에 대한 전체 빈의 너비가 분류 모델의 정밀도를 좌우하게 된다. 신생아 체중 예제의 경우, 이산 확률 밀도 함수로부터 더욱 정확한 정보가 필요하다면 카테고리형 모델의 빈 갯수를 늘려야 한다. [그림 3-4]는 이산 확률 분포가 4-way 또는 10-way 분류로 표시되는 방식을 보여준다.

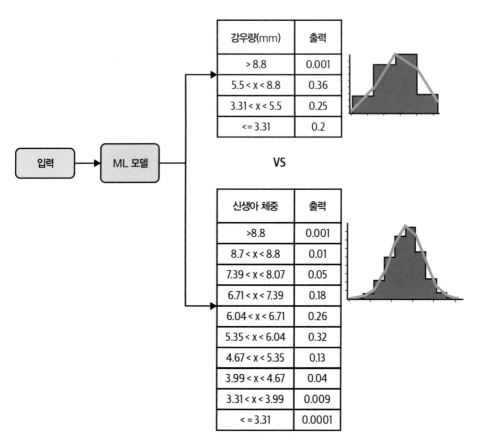

강우량(mm)	출력
> 8.8	0.001
5.5 < x < 8.8	0.36
3.31 < x < 5.5	0.25
<= 3.31	0.2

VS

신생아 체중	출력
>8.8	0.001
8.7 < x < 8.8	0.01
7.39 < x < 8.07	0.05
6.71 < x < 7.39	0.18
6.04 < x < 6.71	0.26
5.35 < x < 6.04	0.32
4.67 < x < 5.35	0.13
3.99 < x < 4.67	0.04
3.31 < x < 3.99	0.009
<= 3.31	0.0001

그림 3-4 다중 클래스 분류의 정밀도는 라벨의 빈 너비가 좌우한다.

PDF의 뾰족한 정도는 회귀 작업의 정밀도를 나타낸다. PDF가 뾰족하면 출력 분포의 표준편차가 작은 것이고, PDF가 뭉툭하면 표준편차가 큰 것, 즉 분산이 큰 것이다. 그러므로 매우 뾰족한 PDF를 가진 데이터에는 회귀 모델을 사용하는 것이 좋다(그림 3-5).

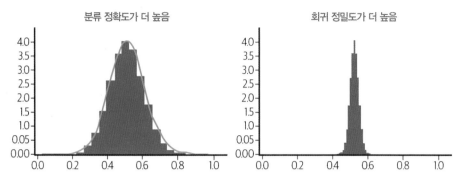

그림 3-5 회귀의 정밀도는 고정된 입력 데이터셋에 대한 PDF의 뾰족한 정도로 표시된다.

예측 범위 제한하기

예측 출력의 범위를 제한해야 하는 경우에도 문제를 리프레이밍하는 것이 도움이 된다. 예를 들어 회귀 문제에 대한 실제 출력값이 [3, 20] 범위에 있다고 가정해보자. 출력 계층이 선형 활성화 함수인 회귀 모델을 학습하면 모델 예측이 이 범위를 벗어날 가능성이 항상 존재한다. 출력 범위를 제한하는 한 가지 방법은 문제를 리프레이밍하는 것이다.

활성화 함수 계층을 범위가 [0,1]인 시그모이드 함수(일반적으로 분류 문제에서 많이 사용)로 만들어 마지막 계층의 스케일을 원하는 범위의 값으로 지정하자.

```
MIN_Y = 3
MAX_Y = 20
input_size = 10
inputs = keras.layers.Input(shape=(input_size,))
h1 = keras.layers.Dense(20, 'relu')(inputs)
h2 = keras.layers.Dense(1, 'sigmoid')(h1)  # 0-1 범위
output = keras.layers.Lambda(
          lambda y : (y*(MAX_Y-MIN_Y) + MIN_Y))(h2) # 스케일된
model = keras.Model(inputs, output)
```

이제 이 모델이 [3, 20] 범위의 숫자를 출력하는지 여부를 확인할 수 있다.[3] 시그모이드 함수의 출력이므로, 모델은 실제로 범위의 최솟값이나 최댓값에 도달할 수 없으며 그에 근접하는 것만

---

3 전체 코드 링크는 다음을 참고. *https://github.com/GoogleCloudPlatform/ml-design-patterns/blob/master/03_problem_repre sentation/reframing.ipynb*

가능하다. 임의의 데이터에 대해 위의 모델을 학습했을 때 [3.03, 19.99] 범위의 값을 얻을 수 있다.

라벨 편향

행렬 분해와 같은 추천 시스템은 회귀로도 분류로도 리프레이밍할 수 있다. 리프레이밍의 한 가지 장점은 회귀 또는 분류 모델로 구성된 신경망이 행렬 분해에서 학습한 사용자와 항목의 임베딩 외에도 더 많은 추가적인 특징을 통합할 수 있다는 점이다. 매력적인 대안이 될 수 있다.

그러나 문제를 리프레이밍할 때는 대상 라벨의 특징을 고려하는 것이 중요하다. 한 예로, 사용자가 특정한 동영상 미리보기 이미지를 클릭할 가능성을 예측하는 분류 작업으로 추천 모델을 리프레이밍했다고 가정해보자. 사용자가 선택하고 시청할 콘텐츠를 제공하는 것이 목표이므로 합리적인 리프레이밍인 것 같지만, 이러한 라벨 변경은 사실 우리의 예측 작업을 벗어나게 된다. 사용자 클릭을 최적화하면 실제로 사용자에게 쓸 만한 콘텐츠를 권장하지 않고 미끼를 만들어 사용자가 실수로 클릭하도록 유도하게 될 수도 있다.

더 좋은 라벨은 비디오 시청 시간이다. 이를 사용해서 회귀 문제로 리프레이밍하는 것이 좋다. 아니면 사용자가 비디오 클립의 절반 이상을 볼 가능성을 예측하기 위하여 분류 문제의 목표를 수정할 수도 있다. 보통 하나 이상의 접근 방식이 있으므로 솔루션을 구성할 때 문제를 전체적으로 고려하는 것이 중요하다.

> **WARNING_** 라벨을 변경하거나 머신러닝 모델을 학습할 때에는 실수로 솔루션에 라벨 편향을 도입하지 않도록 유의하라. 3.1.3절의 내용을 다시 확인하기 바란다.

멀티태스크 학습

멀티태스크 학습은 리프레이밍의 대안이라고도 볼 수 있다. 회귀 또는 분류 중 하나를 선택하는 대신 둘 다 선택하자는 것이다. 일반적으로 멀티태스크 학습은 둘 이상의 손실 함수가 최적화된 모든 머신러닝 모델을 지칭한다. 여러 가지 방법이 있지만 신경망에서 가장 일반적인 두 가지 형태의 멀티태스크 학습은 하드 파라미터hard parameter 공유와 소프트 파라미터soft parameter 공유다.

파라미터 공유는 회귀, 분류와 같이 서로 다른 출력 작업에서 신경망의 파라미터를 공유하는 것을 말한다. 하드 파라미터 공유는 모든 출력 작업이 모델의 숨겨진 계층을 공유하는 것을 가리킨다. 소프트 파라미터 공유는 각 라벨이 자체 신경망과 파라미터를 가지고 있으며, 서로 다른 여러 모델의 파라미터가 일정 형태의 정규화 과정을 통하여 유사하게 유도되는 구조를 말한다. 하드 파라미터 공유와 소프트 파라미터 공유에 대한 일반적인 아키텍처는 [그림 3-6]에서 볼 수 있다.

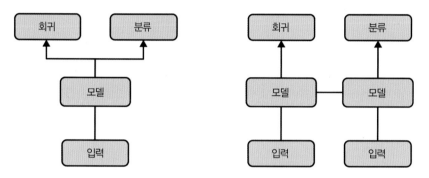

그림 3-6 멀티태스크 학습을 구현하는 방식으로 하드 파라미터 공유(왼쪽)와 소프트 파라미터 공유(오른쪽)가 있다.

즉, 하나의 멀티태스크 학습 구조 내에 회귀 출력의 예측과 분류 출력의 예측이라는 2개의 출력을 가질 수 있다. 예를 들면, 2015년에 출간된 한 논문(*https://oreil.ly/sIjsF*)은 경계 상자를 예측하기 위해 회귀 출력과 소프트맥스 확률의 분류 출력을 사용하여 컴퓨터 비전 모델을 학습시켰고, 이러한 접근 방식이 분류 작업과 로컬라이제이션[localization] 작업을 분리하여 네트워크를 학습시키는 방식보다 성능이 우수함을 알 수 있었다. 요컨대 파라미터 공유를 통해 여러 작업을 동시에 학습시키면 두 손실 함수의 기울기에서 업데이트된 출력과 결과를 모두 알 수 있고, 이는 보다 일반화된 모델로 쓰일 수 있다.

3.2 디자인 패턴 6: 멀티라벨

멀티라벨[multilabel] 디자인 패턴이란 주어진 학습 데이터에 **둘 이상의** 라벨을 할당할 수 있는 문제를 말한다. 신경망의 경우, 멀티라벨 디자인 패턴 설계는 모델의 최종 출력 계층에 사용되는 활성화 함수를 변경하고 애플리케이션이 모델 출력을 어떻게 파싱할지 선택해야 한다. 이는 멀티 클래스 분류 문제와는 다르다. 멀티클래스 분류에서는 둘 이상의 클래스 중 정확하게 하나의 라벨만 데이터에 할당하기 때문이다. 둘 이상의 클래스 중 2개 이상의 라벨을 선택해야 하기 때문에 멀티라벨 디자인 패턴을 멀티라벨이나 멀티클래스 분류라고 부르기도 한다. 이 패턴을 논의할 때는 신경망에 중점을 둘 것이다.

3.2.1 문제

보통 모델의 예측 작업에는 주어진 학습 예제를 하나의 클래스로 분류하는 작업이 많다. 이 예 측은 개수가 1보다 많은, 즉 가능한 N개의 클래스 중에서 결정되며 이때 사용하는 출력 계층의 활성화 함수는 소프트맥스가 일반적이다. 소프트맥스 계층의 출력, 즉 모델의 출력은 모든 값 의 합이 1이 되는 크기가 N인 배열이다. 각 값은 특정 학습 예제가 해당 인덱스의 클래스와 연 관될 확률을 나타낸다.

예를 들어 주어진 이미지를 고양이, 개, 토끼 중 하나로 분류하는 모델이 있다면 해당 이미지에 대한 소프트맥스 출력은 [.89, .02, .09]와 같을 것이다. 이는 이 모델이 해당 이미지가 고양이 일 확률을 89%, 개일 확률을 2%, 토끼일 확률을 9%로 예측했다는 뜻이다. 이 시나리오에서는 각 이미지에 **가능한 라벨은 하나뿐**이므로 최댓값 변수(argmax)를 사용하여 모델이 예측한 클 래스를 결정할 수 있다. 하지만 이번 절에서 다루는 것은 일반적이지 않은 시나리오다. 바로 각 학습 예제에 **2개 이상의 라벨**을 할당할 수 있는 경우다.

멀티라벨 디자인 패턴은 모든 종류의 데이터 모델에 적용할 수 있다. 앞에서의 고양이, 개, 토 끼 예와 같은 이미지 분류에 있어서 여러 동물을 포함한 학습 이미지를 사용할 수 있고 이러한 이미지는 여러 라벨을 가질 수 있게 된다. 텍스트 모델의 경우, 텍스트에 여러 태그로 라벨을 지정할 수 있는 몇 가지 시나리오를 상상할 수 있다. 이를테면, 빅쿼리의 스택 오버플로 질문 데이터셋으로 특정 질문과 관련된 태그를 예측하는 모델을 구축하는 예에서 'How do I plot a pandas DataFrame?'라는 질문에는 'Python', 'pandas', 'visualization' 태그를 지정할 수 있다. 또 다른 멀티라벨 텍스트 분류의 예는 악성 댓글을 식별하는 모델이다. 악성 댓글의 라벨 을 '증오'와 '외설'로 분류하는 등 여러 가지 플래그를 지정할 수 있다.

이 디자인 패턴은 테이블 형식 데이터셋에도 적용할 수 있다. 키, 몸무게, 나이, 혈압 등 개별 환자에 대한 다양한 신체적 특성을 가진 의료 데이터셋을 상상해보자. 이런 데이터는 여러 조건의 존재를 예측하는 데 사용할 수 있다. 예를 들면 어떤 환자는 심장병과 당뇨병의 위험을 모두 가질 수 있다.

3.2.2 솔루션

주어진 학습 예제에 둘 이상의 라벨을 할당할 수 있는 모델을 구축하기 위해서는 최종 출력 계층에 시그모이드 활성화 함수를 사용하면 된다. 모든 값의 합이 1인 배열을 생성하는 소프트맥스의 경우와 달리, 시그모이드 배열의 각 개별값은 0과 1 사이의 범위를 가지는 부동 소수점값이다. 즉, 멀티라벨 디자인 패턴을 구현하려면 라벨은 멀티-핫 인코딩이 되어야 한다. 멀티-핫 배열의 길이는 모델의 클래스 수에 해당되며 이 라벨 배열의 각 출력은 시그모이드값이 된다.

위에서 다룬 이미지 예에서 학습 데이터셋에 두 마리 이상의 동물이 있는 이미지가 포함되어 있다고 가정해보자. 고양이와 개는 포함하지만 토끼는 포함하지 않는 이미지의 소프트맥스 출력은 [.92, .85, .11]과 같다. 이 결과는 모델이 이미지에 고양이가 포함되어 있다고 92%, 개가 포함되어 있다고 85%, 토끼가 포함되어 있다고 11% 확신하는 것을 의미한다.

케라스의 Sequential API를 사용하여 만든, 28×28 픽셀 이미지를 입력 데이터로 받고 시그모이드 계층으로 출력하는 모델은 다음과 같다.

```
model = keras.Sequential([
    keras.layers.Flatten(input_shape=(28, 28)),
    keras.layers.Dense(128, activation='relu'),
    keras.layers.Dense(3, activation='sigmoid')
])
```

여기에 있는 시그모이드 모델과 앞에서 나온 소프트맥스 예제 간 출력의 가장 큰 차이는, 소프트맥스 배열에는 합계가 1인 3개의 값이 포함되는 반면에 시그모이드 출력에는 0과 1 사이의 범위를 가지는 가진 3개의 값이 포함되며 그 합이 1이 된다는 보장이 없다는 점이다.

시그모이드 함수 대 소프트맥스 함수

시그모이드는 ML 모델의 이전 계층에 있는 각 뉴런의 출력을 가져와 그것들을 0과 1 사이로 납작하게 늘린 형태의 비선형, 연속, 미분 가능한 활성화 함수다. [그림 3-7]과 같은 형태를 가지고 있다.

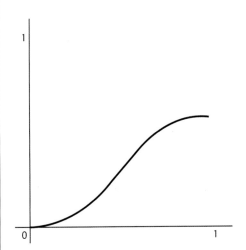

그림 3-7 시그모이드 함수

시그모이드는 하나의 값을 받고 하나의 값을 출력하는 반면, 소프트맥스는 값의 배열을 입력으로 받고 확률 배열을 출력하며 출력 배열의 모든 원소의 합은 1이 된다. **일련의** 시그모이드 출력을 소프트함수에 대한 입력으로 전달하는 것도 가능하다.

각 샘플마다 하나의 라벨만 가질 수 있는 멀티클래스 분류 문제는 확률 분포를 얻기 위하여 소프트맥스를 마지막 계층으로 사용한다. 반면 멀티라벨 패턴에서는 각 개별 라벨의 확률을 평가하기 때문에 출력 배열의 합이 1이 아니어도 된다.

다음은 시그모이드와 소프트맥스의 출력 배열의 예시다.

```
sigmoid = [.8, .9, .2, .5]
softmax = [.7, .1, .15, .05]
```

3.2.3 트레이드오프와 대안

멀티라벨 디자인 패턴에서 시그모이드 출력을 사용할 때 특별히 유의해야 할 몇 가지 내용이 있다. 이제부터 2개의 가능한 라벨 클래스가 있는 모델을 구성하는 방법과 시그모이드 결과를 이해하는 방법, 그리고 멀티라벨 모델에 대해 고려해야 할 중요한 사항을 알아보자.

두 클래스에 걸친 모델의 시그모이드 출력

출력이 두 클래스에 속할 수 있는 모델에는 두 가지 유형이 있다.

- 모든 학습 예제는 **단 하나의 클래스**에 속한다. 이는 멀티클래스 분류 문제의 특수한 유형으로 이진 분류라고도 한다.
- 어떤 예제는 **두 클래스**에 속할 수 있다. 이것은 멀티라벨 분류 문제의 한 유형이다.

[그림 3-8]은 이러한 분류 간의 차이를 보여준다.

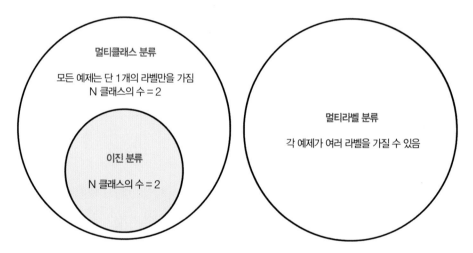

그림 3-8 멀티클래스, 멀티라벨, 이진 분류 문제의 차이점

첫 번째 경우(이진 분류)는 활성화 함수로 시그모이드를 사용하는 단일 라벨 분류 문제에 대한 유일한 형태라는 점에서 독특하다. 거의 모든 멀티클래스 분류 문제(예: 텍스트를 5개의 가능한 카테고리 중 하나로 분류)가 소프트맥스를 사용하는 반면, 2개의 클래스만 있는 경우에는 소프트맥스까지 필요하지 않다. 이를테면, 특정 거래가 사기인지 여부를 예측하는 모델에 소프트맥스 출력을 사용했다면 다음과 같은 모델 예측이 나타난다.

```
[.02, .98]
```

이 예에서 첫 번째 인덱스는 '사기 아님'에, 두 번째 인덱스는 '사기'에 해당한다. 이 정도는 단일 스칼라값으로 나타낼 수 있으므로 소프트맥스가 군이 필요하지 않다. 따라서 시그모이드 출력을 사용한다. 이 예측은 단순하게 .98로 표현할 수 있다. 개개의 입력은 하나의 클래스에만 배분될 수 있으므로, 출력이 .98이면 모델이 98%의 확률로 '사기', 2%의 확률로 '사기 아님'을 예측한 것을 알 수 있다.

그러므로 이진 분류 모델에 있어 최적의 방안은 시그모이드 활성화 함수와 함께 형태가 1인 출력 형태를 사용하는 것이다. 출력 노드가 하나인 모델은 학습할 파라미터가 더 적고 더 빠른 학습이 가능하므로 훨씬 효율적이다. 이진 분류 모델의 출력 계층은 다음과 같다.

```
keras.layers.Dense(1, activation='sigmoid')
```

학습 예제가 **두 클래스 모두**에 속할 수 있고 멀티라벨 디자인 패턴에 해당하는 두 번째 경우에는 형태가 2인 출력으로 시그모이드를 사용하면 된다.

```
keras.layers.Dense(2, activation='sigmoid')
```

어떤 손실 함수를 사용할까?

이제 모델에서 언제 시그모이드를 활성화 함수로 사용해야 하는지 알았다. 그러면 사용할 손실 함수는 어떻게 선택해야 할까? 모델이 하나의 원소만 출력하는 이진 분류의 경우 이진 크로스 엔트로피 손실binary cross-entropy loss이 좋다. 케라스에서는 모델을 컴파일할 때 손실 함수를 제공한다.

```
model.compile(loss='binary_crossentropy', optimizer='adam',
    metrics=['accuracy'])
```

시그모이드 출력이 있는 멀티라벨 모델에서도 이진 크로스 엔트로피 손실을 쓸 수 있다. [그림 3-9]에서 볼 수 있듯이, 3개의 클래스가 있는 멀티라벨 문제는 본질적으로 3개의 작은 이진 분류 문제이기 때문이다.

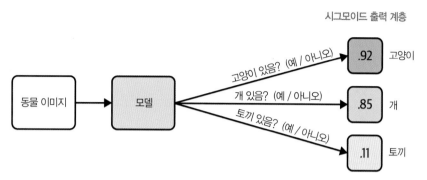

시그모이드 출력 계층

고양이 있음? (예 / 아니오) .92 고양이

개 있음? (예 / 아니오) .85 개

토끼 있음? (예 / 아니오) .11 토끼

동물 이미지 → 모델

그림 3-9 문제를 더 작은 이진 분류 작업으로 분할하면 멀티라벨 패턴을 이해하기 쉽다.

시그모이드 결과 파싱하기

소프트맥스 출력 모델에서 예측 라벨을 추출하려면 예측을 얻기 위한 출력 배열의 최댓값 변수를 취하면 된다. 시그모이드 출력을 분석하는 것은 조금 더 복잡하다. 예측 확률이 가장 높은 클래스를 선택하는 대신, 출력 계층에서 각 클래스의 확률을 평가하고 상황에 대한 확률 임곗값threshold을 고려해야 한다. 이 두 가지 선택은 주로 모델의 최종 애플리케이션에 따라 달라진다.

> NOTE_ 여기에서의 임곗값이란 어떤 입력이 특정 클래스에 속하는지를 확신할 수 있는 확률이다. 예를 들어 이미지를 보고 다양한 동물을 분류하는 모델을 만드는 경우, 모델이 이미지에 고양이가 포함된다고 80%만 확신하더라도 이미지에 고양이가 포함된다고 확신할 수 있다. 그러나 의료 예측을 수행하는 모델을 구축하는 경우라면 모델이 99%에 가까운 신뢰도를 나타내야만 특정 의학적 상태가 포함되는지 여부를 확신할 수 있을 것이다. 임곗값은 모든 종류의 분류 모델에 대해 검토해야 할 사항이지만, 각 클래스의 서로 다른 임곗값을 결정해야 하기 때문에 멀티라벨 디자인 패턴과 특히 관련이 있다.

구체적인 예로, 빅쿼리에서 스택 오버플로 데이터셋을 가져와서 질문의 제목이 주어지면 관련된 태그를 예측하는 모델을 만들어보자. 예시의 단순성을 위해 5개의 태그(keras, tensorflow, matplotlib, pandas, scikit-learn)가 포함된 질문으로만 데이터셋을 제한한다.

```
SELECT
  title,
  REPLACE(tags, "¦", ",") as tags
FROM
  `bigquery-public-data.stackoverflow.posts_questions`
WHERE
  REGEXP_CONTAINS(tags,
r"(?:keras¦tensorflow¦matplotlib¦pandas¦scikit-learn)")
```

모델의 출력 계층은 다음과 같다.[4]

```
keras.layers.Dense(5, activation='sigmoid')
```

"What is the definition of a non-trainable parameter?"라는 스택 오버플로의 질문을 입력 예제로 정하자. 출력 인덱스가 쿼리의 태그 순서와 일치한다고 가정하면 해당 질문에 대한 출력은 다음과 같다.

```
[.95, .83, .02, .08, .65]
```

우리 모델은 이 질문에 'Keras'를 태그해야 한다고 95% 확신하고 'TensorFlow'를 태그해야 한다고 83% 확신한다. 모델 예측을 평가할 때는 출력 배열의 모든 원소를 임곗값과 비교하고 그 결과를 최종 사용자에게 표시할 방법을 결정해야 한다. 모든 태그에 대한 임곗값이 80%라면 질문과 관련된 태그로 'Keras' **그리고** 'TensorFlow'를 함께 표시한다. 다른 방법으로는 사용자에게 가능한 한 많은 태그를 추가하도록 권장하고 예측 신뢰도가 50%를 넘는 모든 태그를 표시하게 할 수도 있다.

정확한 태그를 얻기보다는 관련된 태그를 여러 개 제시하는 것이 우선인 이런 용례에서는 각 클래스의 임곗값으로 n_specific_tag/n_total_examples를 사용하는 것이 경험에 빗대어 볼 때 잘 맞는 규칙이다. 여기서 n_specific_tag는 데이터셋 중 하나의 태그만 가진 예제의 수(예: pandas)이고 n_total_examples는 데이터셋의 모든 예제의 수다. 이렇게 하면 학습 데이터셋에서의 발생을 기반으로 특정 라벨을 추측하는 것보다 모델이 더 잘 작동하는지 확인

---

[4] 전체 코드는 다음을 참고. *https://github.com/GoogleCloudPlatform/ml-design-patterns/blob/master/03_problem_representation/multilabel.ipynb*

할 수 있다.

지금까지 살펴본 것처럼 멀티라벨 모델은 더욱 유연한 예측 분석 방법을 제공하며, 이를 적용할 때는 각 클래스의 출력을 심사숙고해야 한다.

데이터셋 고려 사항

단일 라벨 분류 작업에서는, 각 클래스에 대한 학습 예제의 수가 대체적으로 동일해야 데이터셋의 균형을 유지할 수 있다. 멀티라벨 디자인 패턴에 있어서 균형 잡힌 데이터셋을 구축하는 것은 더욱 섬세한 문제다.

스택 오버플로 데이터셋 예를 살펴보면 'TensorFlow'와 'Keras'로 태그가 지정된 질문이 많은 반면, 'TensorFlow'와는 관련 없는 'Keras'에 대한 질문도 있을 것이다. 마찬가지로 'matplotlib' 및 'pandas' 태그가 지정된 데이터 플로팅에 대한 질문과 'pandas' 및 'scikit-learn' 태그가 지정된 데이터 전처리에 대한 질문을 볼 수 있다. 모델이 각 태그의 고유한 요소를 학습하려면 학습 데이터셋이 각 태그의 다양한 조합으로 구성되도록 해야 한다. 데이터셋에 있는 대부분의 질문이 'matplotlib' 태그를 가지고 있고 일부 데이터에만 'pandas' 태그가 지정되어 있다면, 모델은 자체적으로 'matplotlib'를 분류하는 방법을 학습하지 못한다. 이런 문제를 해결하려면 모델에 있는 라벨 간의 서로 다른 관계를 고려하고, 중첩되는 각 라벨 조합에 속하는 학습 예제의 수를 계산해야 한다.

데이터셋에서 라벨 간의 관계를 확인해보면 계층적 라벨hierarchical label이 있을 수도 있다. 인기 있는 이미지 분류 데이터셋인 ImageNet(https://oreil.ly/0VXtc)에는 수천 개의 라벨 이미지가 포함되어 있으며, ImageNet은 이미지 모델에 대한 전이 학습의 출발점으로 자주 쓰인다. ImageNet에서 사용되는 모든 라벨은 계층적이다. 다시 말하면, 모든 이미지에는 하나 이상의 라벨이 있고 많은 이미지는 계층 구조 하위에 있는 보다 구체적인 라벨을 가지고 있다. 다음은 ImageNet의 라벨 계층 구조의 한 예다.

- 동물 → 무척추동물 → 절지 동물 → 거미류 → 거미

데이터셋의 크기와 특성에 따라 계층적 라벨을 처리하는 일반적인 접근 방식으로는 두 가지가 있다.

- 단순 접근 방식flat approach을 사용하여 계층 구조에 관계없이 동일한 출력 배열에 모든 라벨을 배치하여 각 '리프 노드leaf node'라벨에 대한 예제가 충분하게 한다.
- 캐스케이드 디자인 패턴을 사용한다. 더 높은 수준의 라벨을 식별하기 위해 하나의 모델을 구축한다. 더 높은 수준의 분류를 기반으로 보다 구체적인 분류 작업을 위해 예제를 별도의 모델로 보낸다. 예를 들어 'Plant', 'Animal' 또는 'Person'이라는 라벨을 이미지에 지정하는 초기 모델이 있다면, 초기 모델이 분류한 라벨에 따라 이미지를 다른 모델로 보내 'succulent(다육)' 또는 'barbary lion(바버리 사자)'와 같은 보다 세분화된 라벨을 적용하게 한다.

단순 접근 방식은 하나의 모델만 필요로 하기 때문에 캐스케이드 디자인 패턴의 모델보다 더욱 간단하다. 하지만 데이터셋에는 더 높은 수준의 라벨이 포함된 학습 예제가 당연히 더 많기 때문에, 라벨 클래스에 대한 보다 자세한 정보는 손실될 수 있다.

라벨이 겹치는 입력

멀티라벨 디자인 패턴은 입력 데이터에 간혹 겹치는 라벨이 있을 때도 유용하다. 카탈로그의 의류 품목을 분류하는 이미지 모델을 예로 들어보자. 학습 데이터셋의 각 이미지에 라벨을 지정하는 사람이 여럿인 경우, 한 라벨 지정자가 'maxi skirt'라는 라벨을 지정한 스커트 이미지를 다른 라벨 지정자는 'pleated skirt'로 지정했을 수도 있다. 두 사람 모두 맞게 라벨을 지정했지만, 동일한 이미지에 서로 다른 다수의 라벨이 지정된 이러한 데이터에 대해 멀티클래스 분류 모델을 구축하면 모델이 서로 비슷한 이미지에 대해서도 서로 다른 라벨을 예측하는 상황이 발생할 수 있다. 원칙적으로는 이러한 이미지를 보고 두 라벨 중 하나만 예측하는 모델보다는 [그림 3-10]과 같이 해당 이미지를 보고 두 라벨을 모두 예측하는('maxi skirt'와 'pleated skirt'처럼) 모델이 바람직하다.

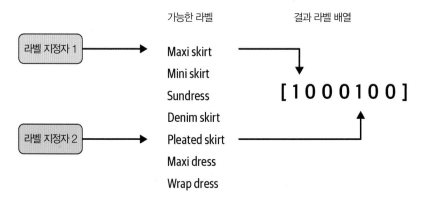

가능한 라벨   결과 라벨 배열

라벨 지정자 1 → Maxi skirt
Mini skirt
Sundress
Denim skirt
라벨 지정자 2 → Pleated skirt
Maxi dress
Wrap dress

[1 0 0 0 1 0 0]

그림 3-10 각 학습 데이터 항목에 대해 복수의 라벨이 맞게 지정되었다면 여러 사람이 지정한 라벨을 사용하여 겹치는 라벨을 만든다.

멀티라벨 디자인 패턴은 서로 다른 두 라벨을 하나의 이미지에 연관시켜 이 문제를 해결한다. 여러 라벨 지정자가 학습 데이터셋의 각 이미지를 평가한 결과 라벨이 여럿인 경우에는 라벨 지정자에게 한 이미지에 할당할 수 있는 최대의 라벨 수를 명시하고 이미지에 '가장 많이 선택된 태그'를 학습 과정에서 채택할 수 있다. '가장 많이 선택된 태그'의 임곗값은 예측 작업과 라벨 지정자의 수에 따라 달라진다. 예를 들어 5명의 라벨 지정자가 20종의 이미지 태그를 가지고 라벨을 매길 때 라벨 지정자에게 각 이미지에 3개의 태그를 부여할 수 있다고 가정해보자. 이미지당 최대 15개의 라벨이 달릴 수 있으며, 그 중 라벨 지정자들이 가장 많이 선택한 2~3개를 선택할 수 있다. 이 모델을 평가할 때는 모델이 각 라벨에 대해 반환하는 평균 예측 신뢰도를 기록하고 이것을 사용하여 데이터셋과 라벨의 품질을 개선해야 한다.

OVR

멀티라벨 분류를 처리하는 또 다른 기술은 하나의 멀티라벨 모델 대신 여러 이진 분류기를 학습하는 것이다. 이 접근 방식을 OVR[one versus rest]이라고 한다. 이를테면, 스택 오버플로 질문의 예시에서 질문들에 'TensorFlow', 'Python', 'pandas'로 태그를 지정할 때, 'Python'이냐 아니냐, 'TensorFlow'냐 아니냐 등 세 가지 개별 태그에 대해 개별 분류기를 학습시킬 수 있다. 그런 다음 신뢰도 임곗값을 선택하고 각 이진 분류기의 결과 중 특정 임곗값을 초과하는 태그를 질문의 태그로 선정할 수 있다.

OVR의 이점은 서포트 벡터 머신[support vector machine](SVM)과 같이 이진 분류만 수행할 수 있는 모델 아키텍처와 함께 쓸 수 있다는 점이다. 모델이 각 입력에 대해 한 번에 하나의 분류 작업만 수행하기 때문에 희귀한 카테고리에도 도움이 될 수 있으며 리밸런싱 디자인 패턴을 적용할 수도 있다. 이 방식의 단점은 하나의 모델만 사용하는 것이 아니라 각각의 모델에서 예측을 생성하는 방식으로 애플리케이션을 구축하면서 여러 분류기에 대한 학습이라는 복잡성이 더해진다는 점이다.

요약하면 데이터가 다음 분류 시나리오 중 하나에 해당하는 경우 멀티라벨 디자인 패턴을 사용한다.

- 하나의 학습 예제가 서로 배타적인 복수의 라벨과 연결될 수 있다.
- 하나의 학습 예제에 여러 계층적 라벨이 있을 수 있다.
- 라벨 지정자들이 같은 항목의 라벨을 서로 다르게 지정하는 데 이러한 라벨이 모두 알맞다.

멀티라벨 모델을 구현할 때는 겹치는 라벨의 조합이 데이터셋에서 잘 표현되는지를 확인하자. 또한 모델의 가능한 각 라벨에 대해 허용할 임곗값을 잘 결정해야 한다. 시그모이드 출력 계층을 사용하는 것은 멀티라벨 분류를 처리하는 모델을 만들기 위한 가장 일반적인 방법이다. 또한 시그모이드 출력은 가능한 두 라벨 중 하나만 정할 수 있는 학습 예제의 이진 분류 작업에도 적용할 수 있다.

3.3 디자인 패턴 7: 앙상블

앙상블ensemble 디자인 패턴은 여러 머신러닝 모델을 결합하고 그 결과를 집계하여 예측하는 머신러닝의 기술을 나타낸다. 앙상블은 성능을 개선하고 단일 모델보다 더 나은 예측을 만들기 위한 효과적인 수단이 될 수 있다.

3.3.1 문제

신생아 체중 예측 모델을 학습하고, 특징을 가공하고, 신경망에 계층을 추가하여 학습 데이터셋의 오류가 거의 0에 가깝게 되었다고 가정해보자. 훌륭하다! 그러나 병원의 프로덕션 환경에서 모델을 사용하거나 평가 테스트셋에서 성능을 평가할 때 모델의 예측은 모두 잘못되었다.

어떻게 된 것일까? 그리고 무엇보다, 이를 어떻게 고칠 수 있을까?

완벽한 머신러닝 모델은 없다. 모델이 어디에서 어떻게 잘못되었는지 더 잘 이해하기 위해 ML 모델의 오류를 세 가지로 나눌 수 있다. 각각 줄일 수 없는 오류, 편향으로 인한 오류, 분산으로 인한 오류다. **줄일 수 없는 오류**irreducible error는 데이터셋의 노이즈나 문제의 프레임 같은 모델의 내재적 오류, 또는 측정 오류나 혼재 요인confounding factor과 같은 잘못된 학습 예제로 인해 발생한다. 이름에서 알 수 있듯이 줄일 수 없는 오류에 대해서는 조치할 수 있는 부분이 거의 없다.

나머지 두 가지, 편향과 분산은 **줄일 수 있는 오류**reducible error라고 하며 여기에서 모델의 성능을 개선할 수 있다. 편향은 모델이 특징과 라벨 간의 관계에 대해 충분히 학습할 수 없게 만드는 요소고, 분산은 보이지 않는 새로운 예에 대해 일반화할 수 없게 만드는 요소다. 편향이 높은 모델은 관계를 과도하게 단순화했기에 과소적합underfit이라고 한다. 분산이 높은 모델은 학습 데이터에 대해 너무 많이 학습했기에 과대적합이라고 한다. 물론 ML 모델의 목표는 낮은 편향과 낮은 분산을 갖는 것이지만, 실제로 두 가지 모두를 달성하기는 어렵다. 이러한 성질을 편향–분산 트레이드오프라고 한다. 두 마리 토끼를 다 잡을 수는 없는 법이다. 예를 들어 모델 복잡성을 늘리면 편향이 감소하지만 분산이 증가하는 반면에 모델 복잡성을 줄이면 분산이 감소하지만 편향이 증가한다.

최근 연구(*https://oreil.ly/PxUvs*)에 따르면 대규모의 신경망과 같은 최신 머신러닝 기술을 사용할 때 이 특징은 어떠한 지점까지만 유효하다. 실험에 따르면, 아주 큰 모델의 규모에서는 보이지 않는 데이터에 대한 오류를 줄이는 동시에 학습 오류를 0으로 만들 수 있는 '보간 임곗값interpolation threshold'이 존재한다. 물론 이렇게 큰 모델에서 과대적합을 방지하려면 훨씬 더 큰 데이터셋이 필요하다.

중소 규모의 문제에서 편향–분산 트레이드오프를 줄이는 방법은 없을까?

3.3.2 솔루션

앙상블 방법ensemble method은 편향과 분산을 줄이고 모델 성능을 개선하기 위한 기술로, 여러 머신러닝 모델을 결합하는 메타 알고리즘이다. 개념만 요약하자면, 여러 모델을 결합해서 머신러닝 결과를 개선하는 것이 앙상블 방법이다. 서로 다른 편향을 가진 여러 모델을 만들고 그 출력을 집계해서 더 나은 성능을 가진 모델을 얻는 여러 방법이 포함된다. 이번 절에서는 배깅, 부스팅, 스태킹 등 일반적으로 사용되는 앙상블 방법에 대해 다룬다.

배깅

배깅bagging (부트스트랩 집계bootstrap aggregating의 약자)은 일종의 병렬 앙상블 방법으로, 머신러닝 모델의 높은 분산을 해결하는 데 사용된다. 배깅의 부트스트랩 부분은 앙상블 멤버 학습에 사용되는 데이터셋을 나타낸다. 구체적으로는 k개의 하위 모델이 있다면, 앙상블의 각 하위 모델을 학습하는 데 사용되는 k개의 개별 데이터셋이 있는 것이다. 각 데이터셋은 원래 학습 데이터셋을 무작위로 샘플링하는 방법으로 만들어진다. 즉, k개의 데이터셋 각각에는 일부 학습 예제가 누락되어 있을 가능성이 높고, 동시에 같은 데이터셋에 같은 학습 예제가 중복되어 있을 가능성도 높다. 여러 앙상블 모델이 출력을 내면 이를 집계하는 과정이 이어진다. 회귀 작업의 경우 보통 모델 출력의 평균을, 분류 작업의 경우 과반수 클래스를 집계한다.

배깅 앙상블 방법의 좋은 예는 랜덤 포레스트다. [그림 3-11]과 같이 전체 학습 데이터셋을 무작위로 샘플링한 하위 집합에서 여러 결정 트리를 학습시킨 다음, 트리 예측을 집계하여 예측을 생성한다.

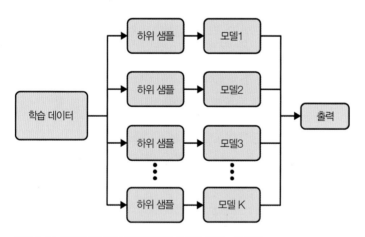

그림 3-11 배깅은 머신러닝 모델 출력의 분산을 줄이는 데 좋다.

인기 있는 머신러닝 라이브러리에는 배깅 방법이 구현되어 있다. 예를 들어 출생률 데이터셋에서 신생아 체중을 예측하기 위한 랜덤 포레스트 회귀를 다음과 같이 사이킷런으로 구현할 수 있다.

```
from sklearn.ensemble import RandomForestRegressor

# 50개의 트리로 모델 생성
RF_model = RandomForestRegressor(n_estimators=50,
                                 max_features='sqrt',
                                 n_jobs=-1, verbose = 1)

# 학습 데이터로부터 학습 시작
RF_model.fit(X_train, Y_train)
```

배깅에서 볼 수 있는 모델 평균화는 모델 분산을 줄이기 위해 신뢰할 수 있는 강력한 방법이다. 앞으로 살펴보겠지만 서로 다른 앙상블 방법은 서로 다른 방식으로 여러 하위 모델을 결합하며 때로는 서로 다른 모델, 서로 다른 알고리즘, 심지어는 서로 다른 목적 함수를 사용한다. 배깅을 사용할 때는 모델과 알고리즘이 동일하다. 예를 들어 랜덤 포레스트의 경우 하위 모델은 모두 단기 결정 트리다.

부스팅

부스팅boosting도 앙상블 기술의 일종이다. 그러나 배깅과 달리 부스팅은 궁극적으로 개별 구성원 모델보다 **더 많은** 용량을 가진 앙상블 모델을 구성한다. 그래서 부스팅은 분산보다 편향을 줄이는 데 효과적이다. 부스팅의 기본적인 아이디어는 이전의 모델이 잘못 학습한 학습 데이터를 후속 모델이 제대로 학습할 수 있도록 일련의 모델 앙상블을 반복적으로 구축하는 것이다. 요컨대, 부스팅은 강한 학습기strong learner를 만들기 위해 가중 평균을 사용하는 일련의 약한 학습기weak learner를 반복적으로 개선한다.

부스팅 절차를 시작할 때는 간단한 기본 모델 f_0를 선택한다. 회귀 작업이라면 기본 모델은 평균 목푯값 f_0 = np.mean(Y_train)이 된다. 첫 번째 반복 단계에서 별도의 모델을 통해 잔차residual delta_1을 측정하고 근사한다. 이 잔차 모델은 무엇이든 될 수 있지만, 보통 그다지 정교하지 않다. 결정 트리처럼 약한 학습기를 자주 사용한다. 그런 다음 잔차 모델에서 제공하는 근삿값을 현재 예측에 추가한 후 프로세스를 계속 진행한다.

반복 횟수가 많아질수록 잔차가 0에 가까워지며, 원래 학습 데이터셋에 대한 예측은 점점 더 좋아진다. [그림 3-12]에서 데이터셋의 각 요소에 대한 잔차는 반복 횟수에 따라 감소한다.

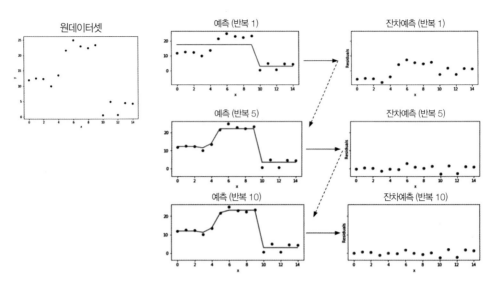

그림 3-12 부스팅은 모델 예측을 반복적으로 개선하여 약한 학습기를 강한 학습기로 탈바꿈한다.

널리 알려진 부스팅 알고리즘으로는 에이다부스트^{AdaBoost}, 그레이디언트 부스팅 머신^{Gradient} ^{Boosting Machine}, XG부스트 등이 있으며, 사이킷런과 텐서플로 등 인기 있는 머신러닝 프레임워크에는 사용하기 쉬운 구현이 포함되어 있다.

사이킷런 구현의 예를 살펴보자.

```python
from sklearn.ensemble import GradientBoostingRegressor

# C 그레이디언트 부스팅 회귀 분석기 생성
GB_model = GradientBoostingRegressor(n_estimators=1,
                                     max_depth=1,
                                     learning_rate=1,
                                     criterion='mse')

# 학습 데이터로부터 학습 시작
GB_model.fit(X_train, Y_train)
```

스태킹

스태킹^{stacking}은 예측을 위해 여러 모델의 출력을 결합하는 앙상블 방법이다. 일반적으로 모델 유형이 다른 초기 모델은 전체 학습 데이터셋을 학습한다. 그런 다음 초기 모델의 출력을 특징으로 사용하여 2차 메타 모델을 학습시킨다. 이 2차 메타 모델은 초기 모델의 결과를 가장 잘 결합하여 학습 오류를 줄이는 방법을 학습하며, 모든 유형의 머신러닝 모델이 여기에 쓰일 수 있다.

스태킹 앙상블을 구현하려면 먼저 학습 데이터셋에서 앙상블의 모든 멤버를 학습시킨다. 그다음 모델, 학습 데이터셋 입력 X_train, 라벨 Y_train을 인수로 받는 함수 fit_model을 호출한다. 여기에서 members는 앙상블에서 학습된 모든 모델을 포함하는 목록이다. 이 예제의 전체 코드는 이 책의 깃허브에서 찾을 수 있다.[5]

```python
members = [model_1, model_2, model_3]

# 학습 및 모델 저장
n_members = len(members)

for i in range(n_members):
    # 모델 학습
    model = fit_model(members[i])
    # 모델 저장
    filename = 'models/model_' + str(i + 1) + '.h5'
    model.save(filename, save_format='tf')
    print('Saved {}\n'.format(filename))
```

이러한 하위 모델은 개별 입력으로서 더 큰 스태킹 앙상블 모델에 통합된다. 이러한 입력 모델은 2차 앙상블 모델과 함께 학습되므로 이러한 입력 모델의 가중치를 고정해야 한다. 고정하려면 앙상블 멤버 모델에 대해 layer.trainable을 False로 설정하면 된다.

```python
for i in range(n_members):
    model = members[i]
    for layer in model.layers:
        # 훈련이 불가능하게 설정
        layer.trainable = False
        # '고유한 계층 이름' 문제를 피하기 위한 이름 변경
        layer._name = 'ensemble_' + str(i+1) + '_' + layer.name
```

---

5 자세한 내용은 다음을 참고. *https://github.com/GoogleCloudPlatform/ml-design-patterns/blob/master/03_problem_representation/ensemble_methods.ipynb*

이제 다음과 같이 케라스의 함수 API를 사용하여 구성 요소를 연결하는 앙상블 모델을 만든다.

```
member_inputs = [model.input for model in members]

# 각 모델의 출력 병합 및 연결
member_outputs = [model.output for model in members]
merge = layers.concatenate(member_outputs)
hidden = layers.Dense(10, activation='relu')(merge)
ensemble_output = layers.Dense(1, activation='relu')(hidden)
ensemble_model = Model(inputs=member_inputs, outputs=ensemble_output)

# 앙상블 플롯 그래프
tf.keras.utils.plot_model(ensemble_model, show_shapes=True,
                          to_file='ensemble_graph.png')

# 컴파일
ensemble_model.compile(loss='mse', optimizer='adam', metrics=['mse'])
```

이 예에서 2차 모델은 2개의 완전 연결 은닉층으로 이루어진 신경망이다. 이 네트워크는 학습을 통해 앙상블 멤버의 결과를 가장 잘 결합하고 예측하는 방법을 학습한다.

3.3.3 작동 원리

배깅과 같은 모델 평균화 방법은 일반적으로 앙상블 모델을 구성하는 개별 모델이 모두 테스트 셋에서 서로 다른 오류를 가지기 때문에 작동한다. 이상적인 상황에서는 각 개별 모델이 임의의 양만큼의 오류를 가지므로 그 결과를 평균화하면 임의의 오류가 상쇄되고 예측이 정답에 더 가까워진다. 요컨대, 군중의 지혜인 셈이다.

부스팅은 각 반복 단계에서 잔차에 따라 모델에 패널티를 가하는 방식으로 작동한다. 반복할 때마다 앙상블 모델은 예측하기 어려운 예제를 더 잘 예측할 수 있도록 개선된다. 스태킹은 배깅과 부스팅의 장점을 모두 결합한 것으로 스태킹의 2차 모델은 모델 평균화보다 정교한 버전으로 볼 수 있다.

배깅

k개의 신경망 회귀 모델을 학습하고 결과의 평균으로 앙상블 모델을 만들었다고 가정해보자. 각 모델에 오류 error_i가 있으면(여기서 error_i는 분산 var, 공분산 cov가 있는 평균이 0인 다변량 정규분포에서 추출됨) 앙상블 예측기에 오류가 발생한다.

```
ensemble_error = 1./k * np.sum([error_1, error_2,...,error_k])
```

오류 error_i가 완벽한 상관관계를 가져 cov = var이면 앙상블 모델의 평균 제곱 오차가 var로 감소한다. 이 경우 모델 평균화는 전혀 도움이 되지 않는다. 반면, error_i 오류가 완전히 상관관계가 없는 경우에는 cov = 0이고 앙상블 모델의 평균 제곱 오차는 var/k이다. 따라서 예상 제곱 오차는 앙상블의 모델 수 k에 따라 선형적으로 감소한다. 요약하면, 평균적으로 앙상블은 적어도 앙상블의 개별 모델 이상의 성능을 발휘한다. 또한 앙상블의 모델이 독립적인 오류(예: cov = 0)를 가지면 앙상블의 성능은 개별 모델을 크게 상회한다. 궁극적으로 배깅 성공의 열쇠는 모델의 다양성이다.

이것은 또한 학습 데이터셋의 크기가 부트스트랩을 통해 줄어들기 때문에 k-최근접 이웃 알고리즘$^{k-nearest neighbor algorithm}$ (kNN), 나이브 베이즈$^{Naive Bayes}$, 선형 모델, SVM과 같은 보다 안정적인 학습기에 있어 배깅이 일반적으로 덜 효과적인 이유를 설명해준다. 동일한 학습 데이터셋을 사용하더라도 신경망은 무작위 가중치 초기화, 무작위 미니 배치 선택 또는 서로 다른 하이퍼파라미터로 인해 다양한 솔루션에 도달하게 되고, 부분적으로 독립적인 오류를 가지는 모델을 생성할 수 있다. 따라서 모델 평균화는 동일한 데이터셋에서 학습된 신경망에도 도움이 될 수 있다. 실제로 신경망의 높은 분산을 수정하기 위해 권장하는 한 가지 솔루션은 여러 모델을 학습하고 예측을 집계하는 것이다.

부스팅

부스팅 알고리즘은 모델을 반복적으로 개선하여 예측 오류를 줄인다. 각각의 새로운 약한 학습기는 각 단계의 잔차 delta_i를 모델링하여 이전 예측의 실수를 수정한다. 최종 예측은 [그림 3-13]에 표시된 대로 기본 학습기와 연속된 약한 학습기의 출력의 합계다.

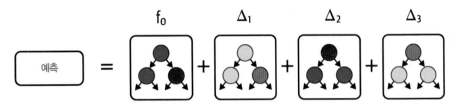

그림 3-13 부스팅을 반복하면 이전 반복의 잔여 오류를 모델링하는 일련의 약한 학습기로부터 강한 학습기가 만들어진다.

따라서 결과적으로 생성되는 앙상블 모델은 점점 더 복잡해지고, 그 구성원 중 어느 하나보다 더 많은 용량을 갖게 된다. 바로 이것이 부스팅이 큰 편향을 해결하는 데 특히 좋은 이유다. 편향은 모델의 과소적합 경향과 관련이 있는데, 부스팅은 예측하기 어려운 예제에 반복적으로 초점을 맞춤으로써 모델의 편향을 효과적으로 감소시킨다.

스태킹

스태킹은 학습 데이터셋에서 k개의 모델을 학습시킨 다음 결과를 평균하여 예측을 결정하는 단순 모델 평균화의 확장으로 볼 수 있다. 단순 모델 평균화는 배깅과 유사하지만, 배깅에서는 앙상블의 개별 모델이 모두 동일한 반면, 단순 모델 평균화에서는 서로 다른 유형일 수 있다. 더 일반적으로는 가중 평균을 취하도록 평균화 단계를 수정할 수 있다. 예를 들어 [그림 3-14]에 표시된 것처럼 앙상블의 한 모델에 더 많은 가중치를 부여할 수 있다.

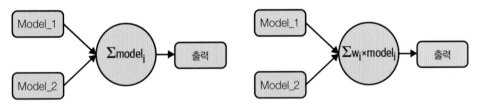

그림 3-14 가장 간단한 형태의 모델 평균화는 2개 이상의 서로 다른 머신러닝 모델의 출력을 평균한다. 또는 가중치가 모델의 상대적 정확도를 기반으로 할 수 있는 가중치 평균으로 평균을 대체할 수 있다.

스태킹은 모델 평균화의 고급 버전으로 볼 수 있다. 평균 또는 가중 평균을 취하는 대신, 두 번째 머신러닝 모델을 학습시켜 앙상블의 각 모델 결과를 가장 잘 결합하는 방법을 학습하게 하고 이를 통해 [그림 3-15]와 같은 예측을 생성한다. 이는 배깅 기술과 마찬가지로 분산 감소의 모든 이점을 취할 뿐 아니라 높은 편향을 제어한다.

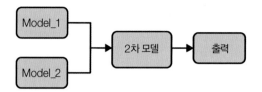

그림 3-15 스태킹은 여러 ML 모델의 출력을 예측을 수행하는 2차 ML 모델의 입력으로 전달하는 앙상블 학습 기술이다.

3.3.4 트레이드오프와 대안

앙상블 방법은 현대 머신러닝에서 상당한 인기를 얻고 있으며, 넷플릭스 챌린지(*https://oreil.ly/ybZ28*) 수상 팀에 의해서도 검증되었다. 또한 성공을 뒷받침하는 많은 이론적 증거가 실제 제품에서 입증되었다.

늘어난 학습 시간과 설계 시간

앙상블 학습의 한 가지 단점은 학습 및 설계 시간이 늘어난다는 점이다. 예를 들어 스태킹 앙상블 모델의 경우 앙상블 멤버 모델을 선택하려면 높은 수준의 전문 지식이 필요할 수 있으며 몇 가지 의사결정 사항도 따라온다. 동일한 아키텍처를 재사용하거나 다양성을 장려하는 것이 최선인가? 서로 다른 아키텍처를 사용하는 경우에는 어떤 아키텍처를 사용해야 하며 얼마나 사용해야 하는가? 하나의 ML 모델만 만드는 것도 쉽지 않은 작업인데, 이제 k 모델까지 개발해야 한다. 앙상블 모델이 프로덕션에 투입되면 유지 관리, 추론의 복잡성, 리소스 사용량이 늘어나는 것은 말할 것도 없고 모델을 개발하는 비용과 시간 역시나 늘어난다. 이는 앙상블의 모델 수가 증가함에 따라 빠르게 증가하므로, 어느 시점에서는 비실용적일 수 있다.

사이킷런, 텐서플로와 같은 인기 있는 머신러닝 라이브러리는 랜덤 포레스트, 에이다부스트, 그레이디언트 부스팅, XG부스트와 같은 많은 배깅 및 부스팅 방법을 사용하기 쉽게 구현해두었다. 그러나 앙상블 방법을 채택하면서 증가한 비용과 시간을 잘 따져보고 그만한 가치가 있는지를 신중하게 고려해야 한다. 정확성과 리소스 사용량을 선형 또는 DNN 모델과 비교해보자. 신경망 앙상블을 증류distilling(4.2절 참조)해서 복잡성을 줄이고 성능을 향상시킬 수도 있다.

드롭아웃을 통한 배깅

드롭아웃dropout과 같은 기술은 강력하고 효과적인 대안을 제공한다. 드롭아웃은 흔히 딥러닝 정규화 기술로 알려져 있지만, 배깅의 대체제로도 간주할 수 있다. 드롭아웃은 신경망에서 학습의 각 미니 배치mini-batch에 대해 네트워크의 뉴런을 무작위로(미리 규정된 확률로) '끄는turns off' 방법으로서, 이를 통해 기하급수적으로 많은 신경망의 배깅 앙상블을 평가할 수 있다. 다만, 드롭아웃으로 신경망을 학습시키는 것이 배깅과 정확히 같지는 않다. 두 가지의 주요한 차이점이 있다. 첫째, 배깅의 모델은 독립적인 반면 드롭아웃으로 학습할 때는 모델이 파라미터를 공유한다. 둘째, 배깅의 모델은 각각의 학습 데이터셋에서 수렴할 때까지 학습하는 반면 드롭아웃으로 학습할 때는 한 번의 학습 단계만 거친다. 앙상블 멤버 모델의 경우, 학습 루프의 각 반복에서 서로 다른 노드가 드롭아웃되기 때문이다.

모델 해석 가능성의 감소

또 다른 문제점은 모델 해석 가능성이다. 딥러닝에서 모델이 예측을 수행하는 이유를 효과적으로 설명하는 것은 어려운 문제다. 그런데 앙상블 모델에서는 안 그래도 어려운 문제가 더 복잡해진다. 결정 트리와 랜덤 포레스트를 예로 들어보자. 결정 트리는 궁극적으로 하나의 인스턴스를 모델의 최종 예측으로 안내하기 위해 각 특징의 경곗값을 학습한다. 따라서 결정 트리가 예측을 수행하는 이유를 쉽게 설명할 수 있다. 그런데 많은 결정 트리의 앙상블인 랜덤 포레스트는 이 정도의 해석 가능성을 가질 수 없다.

문제에 맞는 도구 선택하기

편향–분산 트레이드오프도 염두에 두어야 하는 중요한 요소다. 일부 앙상블 기법은 다른 기법보다 편향이나 분산을 더 잘 처리한다(표 3-2). 특히 부스팅은 높은 편향을 잘 처리하고 배깅은 높은 분산을 수정하는 데 유용하다. 그런데 3.3.2절에서 보았듯 상관관계가 높은 오류가 있는 두 모델을 결합하는 것은 분산을 낮추는 데 도움이 되지 않는다. 요컨대, 앙상블 방법을 사용한다고 해서 반드시 성능이 향상되는 것은 아니라는 뜻이다. 잘못 사용하면 시간과 비용이 불필요하게 늘어날 뿐이다.

표 3-2 편향과 분산의 트레이드오프 요약

문제	앙상블 기법
높은 편향(과소적합)	부스팅
높은 분산(과대적합)	배깅

기타 앙상블 방법

지금까지 머신러닝의 일반적인 앙상블 기법에 대해 다뤘다. 여기서 다룬 기법이 결코 전부는 아니며 이외에도 다양한 알고리즘이 있다. 베이지안 접근 방식을 통합하거나 구글의 에이다넷^AdaNet 또는 AutoML 기술과 같이 신경망 아키텍처 검색과 강화학습을 결합하는 많은 기술도 있다. 요약하자면, 앙상블 디자인 패턴은 여러 머신러닝 모델을 결합하여 전체 모델 성능을 향상시키는 기술을 전체적으로 일컫는 용어이며 높은 편향 또는 높은 분산과 같은 일반적인 학습 문제를 해결할 때 특히 유용하다.

3.4 디자인 패턴 8: 캐스케이드

캐스케이드^cascade 디자인 패턴은 머신러닝 문제를 일련의 ML 문제로 나누어 유리한 상황에 사용할 수 있음을 보여준다. 캐스케이드 디자인 패턴을 사용할 때는 ML 실험을 신중히 설계해야 한다.

3.4.1 문제

일상적인 활동과 비정상적인 활동 모두에서 값을 예측해야 한다면 어떻게 해야 할까? 비정상적인 활동은 그 수가 적기 때문에 모델은 이를 무시하는 법을 학습할 것이다. 특히 비정상적인 활동이 비정상적인 값으로 이어진다면 학습 가능성은 더 낮아진다.

예를 들어보자. 고객이 구매한 항목을 반품받을 가능성을 예측하기 위해 모델을 학습시켜야 하는 상황이다. 하나의 모델을 학습시키면 수백만 명의 구매자(및 거래)와 고작 수천 명의 재판매자가 있기 때문에 재판매자의 반품 데이터는 손실된다. 실제로 구매가 이루어지는 시점에서는 구매자가 구매자인지, 아니면 재판매자인지 알 수 없다. 하지만 다른 마켓플레이스를 모니터링하여 당사로부터 구입한 품목이 나중에 재판매되는 시기를 식별한다면, 학습 데이터셋에 재판매자가 구매한 항목을 식별하는 라벨을 달 수 있다.

이 문제를 해결하는 한 가지 방법은 모델을 학습할 때 재판매자의 인스턴스에 비중을 두는 것이다. 이는 사실 차선책에 해당한다. 보다 일반적인 구매자 데이터를 가능한 한 정확하게 모델링해야 하기 때문이다. 재판매자 데이터의 정확도를 높이기 위해 일반 구매자 데이터의 정확도를 낮출 수는 없다. 그러나 일반 구매자와 재판매자는 매우 다르게 행동한다. 예를 들어 일반 구매자는 일주일 이내에 상품을 반품하지만 재판매자는 상품을 판매할 수 없는 경우에만 반품하므로 몇 개월 후에도 반품이 발생할 수 있다. 즉, 일반 구매자와 재판매자는 재고에 대한 비즈니스 결정이 다르며 그 덕분에 반품 가능성도 다르다. 따라서 두 가지 유형의 반품 데이터를 최대한 정확하게 확보해야 한다. 단순히 재판매자 인스턴스의 가중치를 과도하게 늘리는 것은 답이 될 수 없다.

이 문제를 해결하는 직관적인 방법이 바로 캐스케이드 디자인 패턴을 사용하는 것이다. 우선 문제를 네 부분으로 나눈다.

- 특정 거래가 재판매자에 의한 것인지 예측
- 일반 구매자의 구매 데이터에 대한 하나의 모델을 학습
- 재판매자의 구매 데이터로 두 번째 모델을 학습
- 프로덕션에서 세 가지 개별 모델의 출력을 결합하여 판매된 모든 항목에 대한 반품 가능성과 재판매자가 반품할 가능성을 예측

이를 통해 구매자의 유형에 따라 반품될 가능성이 있는 항목에 대해 서로 다른 결정을 내릴 수 있으며, 2단계와 3단계의 모델이 서로 다른 학습 데이터를 가능한 한 정확히 나누어 사용하도록 보장할 수 있다. 이러한 각 모델은 상대적으로 학습하기 쉽다. 첫 번째는 단순한 분류기이며 비정상적인 활동이 극히 드문 경우 리밸런싱 패턴을 사용하여 이를 해결할 수 있다. 다음의 두 모델은 기본적으로 학습 데이터를 둘로 나누어서 각각을 학습한 분류 모델이다. 활동이 재판매자에 속하는지 여부에 따라 실행할 모델을 선택하므로 그 조합은 결정론적이다.

문제는 예측 중에 발생한다. 예측 시에는 실제 라벨이 아니라 첫 번째 분류 모델의 출력만 있다. 첫 번째 모델의 출력을 기반으로 두 가지 판매 모델 중 하나를 결정해야 한다. 문제는, 학습은 라벨에 대해 이루어졌지만 실제로 추론할 때는 예측을 기반으로 결정을 내려야 한다는 점이다. 그리고 예측에는 오류가 있다. 따라서 두 번째, 세 번째 모델은 학습 중에 본 적이 없는 데

이터에 대한 예측을 수행해야 한다.

극단적인 예로, 재판매자의 주소는 항상 도시의 산업 지역에 있는 반면 일반 구매자의 주소는 매우 다양하게 분포한다고 가정해보자. 첫 번째 분류 모델이 실수로 일반 구매자를 재판매자로 잘못 식별했다면, 호출되는 반품 예측 모델은 고객 주변에 거주하는 이웃이 없다고 인식할 것이다.

한 모델의 출력이 다음 모델에 대한 입력이 되거나 다음 모델의 선택을 결정하는 캐스케이드 모델을 어떻게 학습시켜야 할까?

3.4.2 솔루션

캐스케이드는 한 모델의 출력이 다음 모델에 대한 입력이 되거나 후속 모델의 선택을 결정하는 모든 머신러닝 문제를 일컫는다. 캐스케이드 ML 모델을 학습할 때는 특별한 주의가 필요하다.

예를 들어 가끔 비정상적인 상황을 수반하는 머신러닝 문제는 다음과 같이 이어지는 네 가지의 머신러닝 문제로 해결할 수 있다.

- 상황을 식별하는 분류 모델
- 비정상적인 상황에서 학습된 하나의 모델
- 일반적인 상황에서 학습된 별도의 모델
- 최종 출력은 두 출력의 확률적 조합이기 때문에, 2개의 개별 모델의 출력을 결합하는 모델

언뜻 보기에는 앙상블 디자인 패턴의 특이한 경우로 보이지만, 캐스케이드에만 필요한 특수한 실험 디자인이 있으므로 별도로 취급해야 한다.

예를 들어 역의 자전거 비축 비용을 추정하기 위해 샌프란시스코의 자전거 대여소와 반납소 사이의 거리를 예측하려고 한다고 가정해보자. 즉, 이 모델의 목표는 자전거 대여가 시작되는 시간, 대여 장소, 대여하는 사용자가 회원인지의 여부 등의 특징을 고려하여 자전거를 반납소로 다시 운반하는 데 필요한 거리를 예측하는 것이다. 문제는 4시간보다 길게 대여하는 사용자의 행동과 짧게 대여하는 사용자의 행동이 매우 다르고, 재고 알고리즘은 두 가지 출력(대여가 4시간 이상일 확률과 자전거를 운반할 거리의 추정치)을 모두 요구한다는 것이다. 그러나 이러한 비정상적인 대여 기간은 대여 중 극히 일부분에 해당한다.

이 문제를 해결하는 한 가지 방법은 여행이 일반 여행인지 혹은 장거리인지에 따라 여행을 먼저 분류하도록 분류 모델을 학습시키는 것이다.[6]

```
CREATE OR REPLACE MODEL mlpatterns.classify_trips
TRANSFORM(
  trip_type,
  EXTRACT (HOUR FROM start_date) AS start_hour,
  EXTRACT (DAYOFWEEK FROM start_date) AS day_of_week,
  start_station_name,
  subscriber_type,
  ...
)
OPTIONS(model_type='logistic_reg',
        auto_class_weights=True,
        input_label_cols=['trip_type']) AS

SELECT
  start_date, start_station_name, subscriber_type, ...
  IF(duration_sec > 3600*4, 'Long', 'Typical') AS trip_type
FROM `bigquery-public-data.san_francisco_bikeshare.bikeshare_trips`
```

실제 대여 기간을 기준으로 학습 데이터셋을 두 부분으로 나누고 두 모델을 만든다. 그 후 하나는 장기 대여에 대해, 다른 하나는 일반 대여에 대해 학습시키는 접근 방법을 쉽게 떠올릴 수 있다. 문제는 방금 논의한 분류 모델에 오류가 있다는 것이다. 실제로 샌프란시스코 자전거 데이터 중 테스트 데이터셋으로 모델을 평가하면 모델의 정확도가 약 75%에 불과하다는 것을 알 수 있다(그림 3-16). 이 정도 정확도를 가지고 데이터를 완전히 분할해서 두 모델을 학습한다면 나중에 큰 후회를 하게 될지도 모른다.

6 전체 코드는 다음을 참고. *https://github.com/GoogleCloudPlatform/ml-design-patterns/blob/master/03_problem_represe ntation/cascade.ipynb*

예측한 라벨

		일반	장기
실제 라벨	일반	73.42%	26.58%
	장기	18.67%	81.33%

그림 3-16 일반, 장기 대여를 예측하는 분류 모델의 정확도는 100%가 아닐 것이다.

대신, 분류 모델을 학습한 후 이 모델의 예측을 사용하여 다음 모델셋에 대한 학습 데이터셋을 만들어야 한다. 다음을 사용하여 일반 대여 거리를 예측하는 모델에 대한 학습 데이터셋을 만들 수 있다.

```
CREATE OR REPLACE TABLE mlpatterns.Typical_trips AS
SELECT
  * EXCEPT(predicted_trip_type_probs, predicted_trip_type)
FROM
ML.PREDICT(MODEL mlpatterns.classify_trips,
  (SELECT
  start_date, start_station_name, subscriber_type, ...,
  ST_Distance(start_station_geom, end_station_geom) AS distance
  FROM `bigquery-public-data.san_francisco_bikeshare.bikeshare_trips`)
)
WHERE predicted_trip_type = 'Typical' AND distance IS NOT NULL
```

그런 다음, 이 데이터셋을 사용하여 거리를 예측하도록 모델을 학습시켜야 한다.

```
CREATE OR REPLACE MODEL mlpatterns.predict_distance_Typical
TRANSFORM(
  distance,
  EXTRACT (HOUR FROM start_date) AS start_hour,
  EXTRACT (DAYOFWEEK FROM start_date) AS day_of_week,
  start_station_name,
  subscriber_type,
  ...
)
OPTIONS(model_type='linear_reg', input_label_cols=['distance']) AS
```

```
SELECT
  *
FROM
  mlpatterns.Typical_trips
```

마지막으로 평가, 예측 등은 하나가 아닌 3개의 학습된 모델을 사용해야 한다는 점을 알아두어야 한다. 이것이 바로 캐스케이드 디자인 패턴이다.

캐스케이드 워크플로를 제대로 유지하는 것은 어려운 일이다. 모델을 개별적으로 학습하는 것보다는, [그림 3-17]에 표시된 것처럼 워크플로 파이프라인 패턴(6.5절 참조)을 사용하여 전체 워크플로를 자동화하는 것이 좋다. 핵심은 업스트림^{upstream} 모델의 예측을 기반으로 실험이 실행될 때마다 2개의 다운스트림 모델에 대한 학습 데이터셋이 생성되도록 하는 것이다.

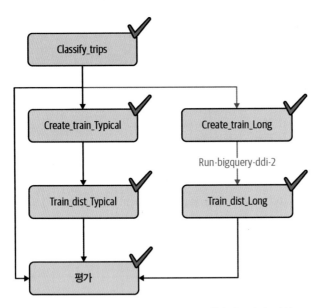

그림 3-17 모델의 캐스케이드를 하나의 작업으로 학습하는 파이프라인

일상적인 활동과 비정상적인 활동 모두에서 값을 예측하는 방법으로 캐스케이드 패턴을 도입했지만, 캐스케이드 패턴은 보다 일반적인 상황을 처리할 수도 있다. 파이프라인 프레임워크를 사용하면 머신러닝 문제를 일련의 여러 ML 문제로 나누어 유리한 모든 상황을 처리할 수 있다. 머신러닝 모델의 출력이 다른 모델의 입력으로 제공되어야 할 때마다 두 번째 모델은 첫 번째

모델의 예측에 대해 학습되어야 한다. 이러한 모든 상황에서 잘 정리된 파이프라인 실험 프레임워크가 도움이 될 것이다.

쿠브플로Kubeflow 파이프라인은 이러한 프레임워크를 제공한다. 컨테이너와 함께 작동하기 때문에 기본 머신러닝 모델과 그 주변의 코드를 거의 모든 프로그래밍 언어 또는 스크립팅 언어로 작성할 수 있다. 여기에서는 빅쿼리 클라이언트 라이브러리를 사용하여 위의 빅쿼리 SQL 모델을 파이썬 함수로 래핑한다. 텐서플로, 사이킷런 또는 R을 사용하여 개별 구성 요소를 구현할 수 있다.

쿠브플로 파이프라인을 사용하는 파이프라인 코드는 다음과 같이 간단하게 표현할 수 있다.[7]

```python
@dsl.pipeline(
    name='Cascade pipeline on SF bikeshare',
    description='Cascade pipeline on SF bikeshare'
)
def cascade_pipeline(
    project_id = PROJECT_ID
):
    ddlop = comp.func_to_container_op(run_bigquery_ddl,
                packages_to_install=['google-cloud-bigquery'])

    c1 = train_classification_model(ddlop, PROJECT_ID)
    c1_model_name = c1.outputs['created_table']

    c2a_input = create_training_data(ddlop,
                PROJECT_ID, c1_model_name, 'Typical')
    c2b_input = create_training_data(ddlop,
                PROJECT_ID, c1_model_name, 'Long')

    c3a_model = train_distance_model(ddlop,
                PROJECT_ID, c2a_input.outputs['created_table'], 'Typical')
    c3b_model = train_distance_model(ddlop,
                PROJECT_ID, c2b_input.outputs['created_table'], 'Long')

    ...
```

---

7   전체 코드는 다음을 참고. *https://github.com/GoogleCloudPlatform/ml-design-patterns/blob/master/03_problem_represe ntation/cascade.ipynb*

전체 파이프라인으로 실험을 실행할 수 있으며, 파이프라인 프레임워크를 사용하여 실험의 여러 실행을 추적할 수 있다.

> **TIP** TFX를 파이프라인 프레임워크로 사용한다면(쿠브플로 파이프라인에서 TFX를 실행할 수 있다) 다운스트림 모델에서 출력 예측을 사용하기 위해 업스트림 모델을 배포할 필요가 없다. 그 대신 텐서플로 트랜스폼TensorFlow Transform에서 `tft.apply_saved_model` 메서드를 전처리 작업의 일부로 사용할 수 있다. 트랜스폼 디자인 패턴은 6장에서 자세히 다룬다.

일련의 ML 모델이 연결되어 있을 때는 파이프라인 실험 프레임워크를 사용하는 것을 강력히 권장한다. 이러한 프레임워크는 업스트림 모델이 수정될 때마다 다운스트림 모델을 재학습시키고 이전의 학습 실행 기록이 완전한지 확인한다.

3.4.3 트레이드오프와 대안

바라건대, 캐스케이드 디자인 패턴에 너무 깊게 빠져들지 말기를 바란다. 캐스케이드가 항상 정답은 아니다. 캐스케이드는 머신러닝 워크플로를 복잡하게 만들고, 이로 인해 실제 성능이 저하될 수 있다. 때문에 가능한 한 하나의 파이프라인(수집, 전처리, 데이터 유효성 검사, 변환, 학습, 평가, 배포)에는 하나의 머신러닝 문제를 할당하자. 캐스케이드 패턴과 같이 동일한 파이프라인에 여러 머신러닝 모델을 사용하지 않는 것을 권장한다.

결정론적 입력

ML 모델의 목적은 여러 요인을 조합하는 것이기 때문에 일반적으로 ML 문제를 여러 단계로 분할하는 것은 좋은 생각이 아니다. 예를 들어보자.

- 입력에서 조건을 결정론적으로 알 수 있는 경우(주말 쇼핑 대 평일 쇼핑), 그냥 모델에 대한 입력으로 조건을 추가하는 것이 낫다.
- 조건이 단 하나의 입력에 극값을 포함하는 경우(쇼핑 고객의 거주지까지의 거리를 데이터에서 학습해야 하는 근거리/원거리로 해석), 다중 입력을 사용하여 처리할 수 있다.

캐스케이드 디자인 패턴은 카테고리형 입력이 없으면서 여러 입력에서 극값을 학습해야 하는 비정상적인 시나리오를 다룬다.

단일 모델

단일 모델로 충분한 일반적인 시나리오에는 캐스케이드 디자인 패턴을 사용하면 안 된다. 예를 들어 고객의 구매 성향을 알아보려고 한다고 가정해보자. 비교 쇼핑을 한 사람들과 그렇지 않은 사람들을 위해 서로 다른 모델을 학습시켜야 한다고 생각할 수 있다. 누가 비교 쇼핑을 했는지는 알 수 없지만 페이지 방문 횟수, 상품이 장바구니에 담긴 시간 등의 정보를 바탕으로 추측할 수는 있다. 이 문제는 머신러닝 모델이 학습 과정에서 암시적으로 학습할 수 있을 만큼 충분히 일반적이기 때문에(대부분의 고객이 비교 쇼핑을 할 것이므로) 캐스케이드 디자인 패턴이 필요하지 않다. 일반적인 시나리오라면 단일 모델을 학습시키는 것을 권장한다.

내부 일관성

캐스케이드는 여러 모델의 예측 간에 내부 일관성을 유지해야 할 때 필요하다. 여기에서는 비정상적인 활동을 예측하는 것 이상을 시도한다. 구매 활동 중 재판매자의 활동도 있을 것이라는 점을 고려하여 반품을 예측하려고 하는데, 만일 여기서 목적이 재판매자에 의한 구입인지 아닌지의 여부만 예측하는 것이라면 리밸런싱 패턴을 사용하는 것이 맞다. 캐스케이드를 사용하는 이유는 불균형한 라벨 출력이 후속 모델에 대한 입력으로 필요하고, 그 자체로도 유용하기 때문이다.

비슷한 예로, 고객의 구매 성향을 예측하기 위해 모델을 학습하는 이유가 할인 제안을 하기 위함이라고 가정해보자. 할인 제공 여부와 할인 금액은 이 고객이 비교 쇼핑을 하는지 여부에 따라 매우 달라진다. 이를 감안할 때, 두 모델(비교 쇼핑 예측용 모델과 구매 성향 모델) 간에 내부 일관성이 필요하다. 이럴 때는 캐스케이드 디자인 패턴이 필요하다.

사전 학습된 모델

사전 학습된 모델의 출력을 다른 모델의 입력으로 재사용하려는 경우에도 캐스케이드가 필요하다. 예를 들어 자동으로 게이트를 열 수 있도록 승인된 건물 출입자를 감지하는 모델을 구축한다고 가정해보자. 이 모델에 대한 입력 중 하나는 차량의 번호판이다. 모델에서 직접 보안 사진을 사용하는 대신, 광학 문자 인식^{optical character recognition}(OCR) 모델의 출력을 사용하는 것이 더 간단하다. 그런데 이 경우 OCR 시스템에 오류가 있음을 인식하는 것이 중요하므로, 완벽한 번호판 정보로 모델을 학습해서는 안 된다. 대신 OCR 시스템의 실제 출력을 가지고 모델을 학습시켜야 한다. 실제로 서로 다른 OCR 모델은 다르게 작동하며 서로 다른 오류를 가지기 때문에 OCR 시스템의 공급 업체를 변경하면 모델을 재학습시켜야 한다.

TIP 파이프라인의 첫 번째 단계로 사전 학습된 모델을 사용하는 일반적인 시나리오는, 객체 감지 모델과 세분화된 이미지 분류 모델을 사용하는 것이다. 예를 들어 객체 감지 모델은 이미지에서 모든 핸드백을 찾고, 중간 단계에서는 감지된 객체의 경계 상자에 맞춰서 이미지를 자르고, 후속 모델은 핸드백의 유형을 식별한다. 객체 감지 모델이 업데이트될 때마다 전체 파이프라인을 재학습하려면 캐스케이드를 사용하는 것이 좋다(API의 새 버전을 사용하듯이).

캐스케이드를 리프레이밍으로 대체

앞의 예제는 항목이 반환될 가능성을 예측하려고 했기 때문에 분류 문제였다. 이번에는 시간별 판매 금액을 예측한다고 가정해보자. 대부분의 경우 일반 구매자가 구입을 하지만 가끔씩(1년에 4~5회) 도매 구매자도 구입을 할 것이다.

이는 도매 구매자가 일반 구매자와 섞인 상태에서 일일 판매량을 예측하는 회귀 문제다. 자연스럽게, 회귀 문제를 서로 다른 판매량의 분류 문제로 리프레이밍하는 전략이 유효해진다. 이렇게 하면 각 판매량 버킷에 대한 분류 모델을 학습하는 것이 포함되지만, 소매/도매 분류를 따로 둘 필요가 없어진다.

희귀한 상황에서의 회귀

캐스케이드 디자인 패턴은 일부 값이 다른 값보다 훨씬 더 일반적인 데이터를 바탕으로 회귀를 수행할 때 유용하다. 위성 이미지에서 강우량을 예측하는 예를 들어보자. 99%의 픽셀에서는 비가 내리지 않는다. 이러한 경우, 회귀 모델에 이어 누적 분류 모델을 만드는 것이 좋은 방법이 된다.

1 먼저 비가 올지 여부를 예측한다.

2 모델이 비가 올 가능성이 없다고 예측하는 픽셀의 경우, 강우량을 0으로 예측한다.

3 회귀 모델을 학습시키고, 모델이 비가 올 것으로 예측하는 픽셀에서 강우량을 예측한다.

분류 모델이 완벽하지 않다는 점을 인식하는 것이 중요하므로, 분류 모델이 비가 올 가능성이 있다고 예측하는 픽셀(라벨이 지정된 데이터셋뿐만 아니라)에 대해 회귀 모델을 학습시켜야 한다. 이 문제에 대한 보완적 솔루션을 확인하려면 3.6절을 참조하자.

3.5 디자인 패턴 9: 중립 클래스

중립 클래스neutral class 디자인 패턴은 많은 분류 과제에서 도움을 준다. 예를 들어 이벤트 확률을 출력하는 이진 분류기를 학습하는 대신 '예', '아니오', 그리고 '아마도'라는 세 가지의 배반 확률disjoint probability을 출력하는 3개의 클래스 분류기를 학습시킬 수 있다. 여기서 배반 확률이란 클래스가 겹치지 않음을 의미한다. 학습 패턴은 하나의 클래스에만 속할 수 있으므로, '예'와 '아마도'는 겹치지 않는다. 이 경우 '아마도'가 중립 클래스에 해당된다.

3.5.1 문제

진통제 사용에 대한 지침을 제공하는 모델을 만든다고 가정해보자. 이부프로펜ibuprofen과 아세트아미노펜acetaminophen이라는 두 가지 선택지가 있다. 과거 데이터셋을 보면 아세트아미노펜은 위장 문제가 있는 환자에게 우선적으로 처방되는 경향이 있고, 이부프로펜은 간 손상 위험이 있는 환자에게 우선적으로 처방되는 경향이 있다. 그 외의 경향은 매우 무작위적이다. 일부 의사는 아세트아미노펜을 기본으로 처방하고, 다른 의사는 이부프로펜을 기본으로 처방한다.

이러한 데이터셋으로 이진 분류기를 학습하면 정확도가 떨어진다. 모델은 임의의 경우까지 둘 중 하나의 클래스로 정확히 분류해야 하기 때문이다.

3.5.2 솔루션

다른 시나리오를 상상해보자. 의사의 처방전을 기록한 전자 기록 애플리케이션이 대체 진통제를 사용할 수 있는지 여부를 의사에게 묻는다고 가정해보자. 의사가 아세트아미노펜을 처방하는 경우 애플리케이션은 환자가 이미 가지고 있는 이부프로펜을 사용할 수 있는지 의사에게 묻게 된다.

두 번째 질문에 대한 답을 바탕으로 중립적인 클래스를 만들 수 있다. 처방전은 여전히 '아세트아미노펜'으로 쓰여지지만, 기록은 의사가 이 환자에게 중립적이라는 점을 포착한다. 이를 위해서는 근본적으로 데이터 수집을 적절하게 설계해야 한다. 이미 데이터 수집 설계가 올바르지 않다면 중립 클래스를 만들 수 없다. 머신러닝 문제를 올바르게 설계해야 하며, 이때 올바른 설계는 처음에 문제를 제기하는 방식에서 시작된다.

과거 데이터셋만을 가지고 있는 상태라면 라벨링 서비스(*https://oreil.ly/OSZsi*)를 포함시켜야 한다. 라벨링 담당자에게 의사의 원래 선택을 확인하고, 대체 진통제가 허용되는지 여부를 묻는 것이다.

3.5.3 작동 원리

합성 데이터셋과 관련된 메커니즘을 시뮬레이션해 중립 클래스 패턴이 작동하는 방식을 알아보자. 그다음, 이와 유사한 실제 사례도 살펴보자.

합성 데이터셋

길이 N의 합성 데이터셋을 만들어보자. 데이터의 10%가 황달 병력이 있는 환자를 나타낸다. 이러한 환자는 간 손상의 위험이 있으므로 이부프로펜이 올바른 처방이다.[8]

```
jaundice[0:N//10] = True
prescription[0:N//10] = 'ibuprofen'
```

데이터의 또 다른 10%는 위궤양 병력이 있는 환자를 나타낸다. 이러한 환자는 위 손상의 위험이 있으므로 아세트아미노펜이 올바른 처방이다.

```
ulcers[(9*N)//10:] = True
prescription[(9*N)//10:] = 'acetaminophen'
```

나머지 환자는 두 약물 중 하나에 임의로 배정된다. 당연히, 이러한 무작위 할당은 단 2개의 클래스에서만 학습된 모델의 전체 정확도를 낮춘다. 사실 정확도의 상한선을 계산하는 방법이 있다. 학습 예제의 80%는 임의의 라벨을 가지고 있기 때문에, 모델이 할 수 있는 최선의 방법은 그 절반을 정확하게 추측하는 것이다. 따라서 학습 예제의 해당 하위 집합에 대한 정확도는 40%가 된다. 나머지 20%의 학습 예제에는 체계적인 라벨이 있으며, 이상적인 모델은 이를 학습하므로 전체 정확도는 최대 60%가 될 수 있다.

---

8   전체 코드는 다음을 참고. *https://github.com/GoogleCloudPlatform/ml-design-patterns/blob/master/03_problem_representation/neutral.ipynb*

실제로 다음과 같이 사이킷런 코드를 사용하여 모델을 학습하면 0.56의 정확도를 얻게 된다.

```
ntrain = 8*len(df)//10 # 학습을 위한 80%의 데이터
lm = linear_model.LogisticRegression()
lm = lm.fit(df.loc[:ntrain-1, ['jaundice', 'ulcers']],
            df[label][:ntrain])
acc = lm.score(df.loc[ntrain:, ['jaundice', 'ulcers']],
            df[label][ntrain:])
```

세 번째 클래스를 만들고 무작위로 할당된 모든 처방을 해당 클래스에 넣으면 예상대로 완벽한 정확도(100%)를 얻을 수 있다. 이러한 합성 데이터셋 실험의 목적은, 데이터셋 중에 임의로 라벨이 지정된 데이터가 있으면 중립 클래스 디자인 패턴이 이로 인한 모델 정확도 손실을 방지할 수 있음을 설명하는 것이다.

실제 상황

실제 상황의 데이터셋에 있는 '임의의 라벨'은 합성 데이터셋처럼 완전한 무작위는 아닐 가능성이 높지만, 임의 할당의 전제는 여전히 남아 있다. 한 가지 예를 들어보자. 신생아가 태어나고 1분이 지나면 아기에게 1에서 10 사이의 숫자인 '아프가 점수Apgar score'가 할당되는데, 10은 출산 과정을 완벽하게 거친 신생아에게 부여되는 점수다. 신생아가 건강한 출산 과정을 거쳤는지, 또는 즉각적인 조치가 필요한지 예측하도록 모델을 학습시켜보자.[9]

```
CREATE OR REPLACE MODEL mlpatterns.neutral_2classes
OPTIONS(model_type='logistic_reg', input_label_cols=['health']) AS

SELECT
  IF(apgar_1min >= 9, 'Healthy', 'NeedsAttention') AS health,
  plurality,
  mother_age,
  gestation_weeks,
  ever_born
FROM `bigquery-public-data.samples.natality`
WHERE apgar_1min <= 10
```

----

9 전체 코드는 다음을 참고. *https://github.com/GoogleCloudPlatform/ml-design-patterns/blob/master/03_problem_represe ntation/neutral.ipynb*

아프가 점수의 임곗값을 9로 설정해서 아프가 점수가 9~10인 신생아는 건강한 것으로 간주하고 아프가 점수가 8 이하인 신생아는 주의가 필요한 것으로 간주한다. 출생률 데이터셋을 통해 이진 분류 모델을 학습시키고 이를 테스트 데이터셋으로 평가하면 0.56의 정확도를 얻게 된다.

그러나 아프가 점수는 상대적으로 주관적인 여러 평가를 포함하며, 이 점수가 8인지 9인지의 여부에 의사 개인의 주관이 상당히 개입된다. 이러한 점수를 받은 신생아는 완벽하게 건강하지도 않고, 그렇다고 심각한 의료 개입이 필요하지도 않다. 이러한 '한계^{marginal}' 점수를 위해 중립 클래스를 만들면 어떨까? 이를 위해서는 아프가 점수가 정상으로 정의된 10점, 중립으로 정의된 8~9점, 주의가 필요한 것으로 정의된 7점 이하의 낮은 점수로 3개의 클래스를 만들어야 한다.

```
CREATE OR REPLACE MODEL mlpatterns.neutral_3classes
OPTIONS(model_type='logistic_reg', input_label_cols=['health']) AS

SELECT
  IF(apgar_1min = 10, 'Healthy',
     IF(apgar_1min >= 8, 'Neutral', 'NeedsAttention')) AS health,
  plurality,
  mother_age,
  gestation_weeks,
  ever_born
FROM `bigquery-public-data.samples.natality`
WHERE apgar_1min <= 10
```

이 모델은 테스트 데이터셋에서 0.79의 정확도를 얻었는데, 이는 두 클래스만 사용했을 때의 정확도인 0.56보다 훨씬 높다.

3.5.4 트레이드오프와 대안

중립 클래스 디자인 패턴은 머신러닝 문제를 처음 디자인할 때부터 염두에 두어야 할 패턴이다. 올바른 데이터를 수집하면 많은 문제를 피할 수 있다. 다음은 중립 클래스가 도움이 될 수 있는 몇 가지 상황이다.

전문가의 의견이 일치하지 않을 때

중립 클래스는 전문가 사이의 불일치를 다루는 데 도움이 된다. 라벨러에게 환자의 병력을 보여주고, 어떤 약을 처방할 것인지 물어본다고 가정해보자. 어떤 경우에는 명확하게 아세트아미노펜으로 몰리고, 어떤 경우에는 명확하게 이부프로펜으로 몰리고, 그리고 어떤 경우에는 라벨러가 서로 동의하지 않는 수많은 사례가 있을 것이다. 중립 클래스를 통해 이러한 경우를 처리할 수 있다.

사람이 라벨링을 하는 경우, 의사 한 명이 환자를 보는 실제 의사의 과거 데이터셋과는 달리 모든 패턴이 여러 전문가에 의해 라벨링된다. 따라서 라벨러가 서로 동의하지 않는 상황이 생긴다는 것은 명확하다. 단순히 그러한 경우를 버리고 이진 분류기를 학습시키는 것이 훨씬 더 간단해 보일 수도 있다. 그런데, 이렇게 하면 두 가지 문제가 발생한다.

- 모델의 잘못된 신뢰도는 인간 전문가가 모델을 배제하게 만드는 요소다. 전문가 입장에서는, 자신의 결정에 반하는 결정에 높은 신뢰도를 가지는 모델보다는 중립적인 결정을 내는 모델을 더 수용하고 싶을 것이다.
- 캐스케이드 모델을 학습하는 경우, 다운스트림 모델은 중립 클래스의 데이터에 매우 민감하다. 중립 클래스 없이 학습한 모델을 계속 개선하면 다운스트림 모델이 버전마다 크게 변경될 수 있다.

또 다른 대안은 라벨러 간의 합의를 학습 중 패턴의 가중치로 사용하는 것이다. 즉 5명의 전문가가 진단에 동의하면 학습 패턴의 가중치는 1이 되고, 전문가가 3 대 2로 분할되면 패턴의 가중치는 0.6이 된다. 이러한 방식으로 이진 분류기를 학습시키면 분류기는 '확실한' 경우에 대해 더 큰 가중치를 가지게 된다. 이 접근법의 단점은, 모델이 산출한 확률이 0.5일 때 학습 데이터가 불충분한 상황을 반영한 것인지, 아니면 전문가가 동의하지 않는 상황인지 불분명하다는 것이다. 중립적인 클래스를 사용하여 의견이 일치하지 않는 부분을 포착하면 두 가지 상황을 명확히 할 수 있다.

고객 만족도

고객 만족도를 예측하려는 모델에서도 중립 클래스가 필요하다. 고객이 자신의 경험을 1~10점으로 평가한 설문 조사 응답을 학습 데이터셋으로 쓰는 경우, 등급을 1~4점을 '나쁨', 8~10점을 '좋음', 5~7점을 '중립' 클래스로 분류하면 된다. 만약 중립 클래스를 쓰지 않고 임곗값을 6으로 지정하여 이진 분류기를 학습하려고 하면 모델은 사실상 중립적인 응답을 '좋음'과 '나쁨' 중 하나로 분류하기 위해 너무 많은 노력을 기울일 것이다.

임베딩의 개선

항공편 가격 모델을 만들어서 고객이 특정 가격으로 항공편을 구매할지 여부를 예측하려고 한다고 가정해보자. 이를 위해 항공편 구매 거래 내역과 미구입 장바구니 데이터를 조회할 수 있다. 그러나, 많은 거래 내역에 통합 업체 및 여행사에 의한 구매가 포함되어 있다. 이들은 요금을 계약한 사람이므로, 실제로 요금이 동적으로 설정되지는 않았다. 즉, 이들은 현재 표시된 가격을 지불하지 않을 것이다.

동적으로 설정되지 않은 모든 구매를 버리고 표시된 가격에 따라 구매 여부를 결정한 고객에 대해서만 모델을 학습시킬 수도 있다. 그러나 이러한 모델은 통합 업체 또는 여행사가 여러 번 관심을 보인 목적지에 대한 모든 정보를 놓칠 수 있다. 이는 공항과 호텔이 임베딩되는 방식에 영향을 미친다. 가격 결정에 영향을 주지 않으면서 이러한 정보를 유지하는 방법 중 하나는 이러한 거래에 중립 클래스를 사용하는 것이다.

중립 클래스의 리프레이밍

주식이 상승할지 하락할지 여부에 따라 거래를 수행하는 자동 거래 시스템을 학습한다고 가정해보자. 주식 시장의 변동성과 새로운 정보가 주가에 반영되는 속도로 인해, 작은 상승 및 하락 예측을 바탕으로 대한 거래를 시도하면 시간이 지남에 따라 거래 비용은 높아지고 수익은 낮아질 것이다.

이러한 경우 최종 목표가 무엇인지 고려하는 것이 좋다. ML 모델의 최종 목표는 주식의 상승 또는 하락 여부를 예측하는 것이 아니다. 상승할 것으로 예상되는 모든 주식을 매수할 수도 없고, 보유하지 않은 주식을 매도할 수도 없다.

좋은 전략은, 향후 6개월 동안 5% 이상 상승할 가능성이 가장 높은 10개의 주식에 대한 콜옵션을 매수하고, 향후 6개월 동안 5% 이상 하락할 가능성이 가장 높은 주식에 대한 풋옵션을 매수하는 것이다.

그러면 다음 세 가지 클래스로 구성된 학습 데이터셋을 만드는 것이 솔루션이 된다.

- 5% 이상 상승한 주식 – 콜
- 5% 이상 하락한 주식 – 풋
- 나머지 주식 – 중립 카테고리

주식이 얼마나 올라갈지에 대한 회귀 모델을 학습하는 대신, 이 세 가지 클래스로 분류 모델을 학습한다면 가장 확실한 예측을 선택할 수 있다.

3.6 디자인 패턴 10: 리밸런싱

리밸런싱rebalancing 디자인 패턴은 불균형한 데이터셋을 처리하기 위한 다양한 접근 방식을 포함한다. 여기서 불균형한 데이터셋이란, 하나의 라벨이 데이터셋의 대부분을 구성하고 다른 라벨의 예가 훨씬 적은 데이터셋을 의미한다.

이 디자인 패턴은 데이터셋에서 특정 인구 또는 실제 환경에 대한 표현이 부족한 시나리오를 다루지는 **않는다**. 이와 같은 경우는 보통 추가 데이터 수집을 통해서만 해결할 수 있다. 리밸런싱 디자인 패턴은 주로 특정 클래스에 대한 예제가 거의 없는 데이터셋으로 모델을 만드는 방법을 다룬다.

3.6.1 문제

머신러닝 모델은 데이터셋의 각 라벨 클래스마다 유사한 수의 예제가 제공될 때 가장 잘 학습한다. 그러나 많은 경우, 실제 데이터셋은 균형이 잘 맞지 않는다. 예를 들어 사기성 신용 카드 거래를 식별하는 모델을 구축하는 사기 탐지 과제를 생각해보자. 사기 거래는 일반 거래보다 훨씬 드물기 때문에 모델 학습에 사용할 수 있는 사기 사례에 대한 데이터가 적다. 이와 비슷한 사례로 대출 불이행 여부의 감지, 결함이 있는 제품의 식별, 의료 이미지를 통한 질병 예측, 스팸 이메일 필터링, 소프트웨어 애플리케이션 오류 로그 플래깅 등이 있다.

불균형 데이터셋은 이진 분류, 다중 클래스 분류, 멀티라벨 분류, 회귀를 포함한 다양한 유형의 모델에 적용된다. 회귀 모델에 불균형 데이터셋을 넣으면, 데이터셋의 중앙값보다 훨씬 높거나 낮은 아웃라이어값을 가진 데이터를 볼 수 있다.

불균형 라벨 클래스를 사용하는 학습 모델의 일반적인 함정은, 모델 평가 후 잘못된 정확도값에 의존하는 것이다. 사기 탐지 모델을 학습시킬 때 데이터셋의 5%만 사기 거래를 포함한다면, 데이터셋 또는 기본 모델 아키텍처를 수정하지 않고도 모델이 95% 정확도로 학습될 가능성이 높다. 이 95%라는 정확도 수치는 **기술적으로** 정확하기는 하지만, 모델은 대부분의 입력 데이터를 과반수 클래스(사기가 아님)로 분류할 가능성이 높다. 즉, 모델은 데이터셋의 소수 클래스를 구별하는 방법에 대해 제대로 배우지 못한다.

이렇게 오해의 소지를 가지는 정확돗값에 너무 의존하지 않으려면, 모델의 오차 행렬을 살펴보고 각 클래스의 정확도를 확인하는 것이 좋다. 불균형 데이터셋을 학습한, 성능이 저조한 모델에 대한 오차 행렬은 보통 [그림 3-18]과 유사하다.

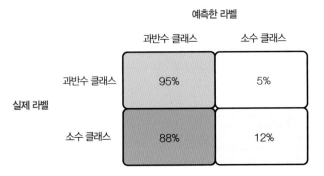

그림 3-18 데이터셋 또는 모델 조정 없이 불균형 데이터셋을 학습한 모델의 오차 행렬

이 예에서 모델은 95%의 과반수 클래스를 올바르게 추측하지만, 소수 클래스는 12%만 올바르게 추측한다. 일반적으로 고성능 모델의 오차 행렬은 대각선 방향으로 100%에 가까운 백분율을 갖는다.

3.6.2 솔루션

우선, 불균형한 데이터셋으로 학습시킨 모델의 정확도에는 오해의 소지가 있으므로 모델을 만들 때 적절한 평가 측정 항목을 선택하는 것이 중요하다. 데이터셋과 모델 수준 모두에서 불균형한 데이터셋을 처리하기 위해 사용할 수 있는 다양한 기술이 있다. 다운샘플링downsampling은 기본 데이터셋의 균형을 바꾸는 기법이며, 가중치 부여weighting는 모델이 특정 클래스를 처리하는 방식을 바꾼다. 업샘플링upsampling은 소수 클래스의 예제를 복제하며 추가 샘플을 생성하는 데이터 증식 기법이다. 또한 문제를 리프레이밍하는 접근 방식인 회귀 작업으로 바꾸기, 각 예제에 대한 모델의 오룻값 분석, 클러스터링에 대해서도 살펴볼 것이다.

평가 지표 설정하기

사기 감지의 예와 같은 불균형 데이터셋에서는 정밀도, 재현율 또는 F값$^{F-measure}$과 같은 측정 항목을 사용하여 모델의 성능을 완벽하게 파악하는 것이 가장 좋다. 정밀도는 모델에서 수행한 모든 긍정 예측 중에서 실제로 긍정에 해당하는 분류의 백분율을 측정한 값이다. 재현율은 실제로 긍정에 해당하는 모든 데이터 중 모델이 긍정으로 예측한 데이터의 비율을 측정한 값이다. 이 두 측정 항목의 가장 큰 차이점은 계산에 사용되는 분모다. 정밀도의 분모는 모델이 만든 긍정 클래스 예측의 총수다. 재현율의 분모는 데이터셋 내에 있는 **실제** 긍정 클래스 예제의 총수다.

완벽한 모델은 정밀도와 재현율이 모두 1.0이지만, 실제로는 이 두 측정값이 트레이드오프 관계인 경우가 많다. F값은 0에서 1 사이의 측정 항목이며 정밀도와 재현율을 모두 고려하는 값으로, 다음과 같이 계산한다.

```
2 * (precision * recall / (precision + recall))
```

사기 감지의 사례로 돌아가서 이러한 각 측정 항목이 실제로 어떻게 작동하는지 살펴보자. 이 예에서는 테스트 데이터셋에 총 1,000개의 예가 포함되어 있으며 그중 50개는 사기 거래로 라벨링되어 있다고 가정해보자. 이 예에서 우리 모델은 930/950개의 사기성이 없는 예를 올바르게 예측하고, 15/50개의 사기성 예를 올바르게 예측했다. [그림 3-19]는 이 결과를 시각화한 것이다.

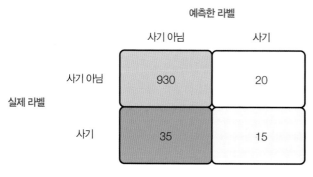

그림 3-19 사기 감지 모델에 대한 샘플 예측

이 경우 모델의 정밀도는 15/35(42%), 재현율은 15/50(30%), F값은 35%다. 이는 정확도 945/1000(94.5%)에 비해 모델이 사기 거래를 올바르게 식별하지 못한다는 사실을 훨씬 더 잘 알려주는 지표다. 따라서 불균형 데이터셋에서 학습된 모델의 경우 정확도 이외의 지표를 사용하는 것이 좋다. 사실 정밀도, 재현율, F값을 최적화하다 보면 정확도가 떨어질 수도 있지만, 이 경우 정밀도, 재현율, F값이 모델 성능을 더 잘 표시하므로 괜찮다.

불균형 데이터셋으로 학습시킨 모델을 평가하고 성공 지표를 계산할 때는 샘플링되지 않은 데이터unsampled data를 사용해야 한다. 아래에서 설명할 솔루션에 따라 학습용 데이터셋을 수정하는 리밸런싱 방법과 관계없이, 테스트 데이터셋은 그대로 두어야 원래의 데이터셋을 정확하게 표현할 수 있다. 즉, 테스트셋은 원래의 데이터셋과 거의 동일한 클래스 균형을 가져야 한다. 위의 사기 감지 예에서는 5% 사기/95% 사기 아님의 균형이 테스트 데이터셋에 유지되어야 하는 것이다.

모든 임곗값에서 모델의 성능을 캡처하는 지표를 찾고 있다면 평균 정밀도-재현율은 모델 평가를 위한 ROC 곡선 아래 영역area under the curve(AUC)보다 더 많은 정보를(https://oreil.ly/5iJX2) 제공하는 지표이다. 평균 정밀도-재현율은 긍정 클래스에 할당된 총수에서 모델이 바로 올바르게 예측한 수를 더 강조하기 때문이다. 이는 불균형 데이터셋에 중요한 긍정 클래스에 더 많은 가중치를 부여한다. 반면 AUC는 두 클래스를 동일하게 취급하고 모델 개선에는 덜 민감하므로, 데이터가 불균형한 상황에서는 적합하지 않다.

다운샘플링

다운샘플링은 모델이 아닌 기본 데이터셋을 변경하여 불균형 데이터셋을 처리하는 방법이다. 다운샘플링을 사용하면 모델 학습 중에 사용되는 대다수 클래스의 예제 수를 줄인다. 이것이 어떻게 작동하는지 알아보기 위해 캐글Kaggle의 합성 데이터셋 중 하나인 사기 탐지 데이터셋을 살펴보자(https://oreil.ly/WqUM-). 데이터셋의 각 예에는 거래 유형, 거래 금액, 거래 발생 전후의 계정 잔액 등 거래에 대한 다양한 정보가 포함되어 있다. 데이터셋에는 630만 개의 예가 포함되어 있으며 그중 8,000개만이 사기 거래이다. 이는 전체 데이터셋의 0.1%에 불과하다.

대규모 데이터셋은 보통 모델의 패턴 식별 능력을 향상시킬 수 있지만, 데이터가 크게 불균형한 경우에는 대규모라는 특징이 그다지 유용하지 않다. 이 전체 데이터셋(630만 행)을 그대로 써서 모델을 학습시키면[10] 모델은 매번 무작위로 사기가 아닌 클래스를 예측하고 그 결과 99.9%의 정확도(오해의 소지가 크다)를 얻게 된다. 데이터셋에서 과반수 클래스의 예제를 의도적으로 줄이는 방법을 사용해 이 문제를 해결할 수 있다.

8,000개의 사기 사례를 모두 가져와서 모델 학습 시 사용할 수 있도록 따로 설정한다. 그런 다음 사기가 아닌 거래의 무작위 샘플을 조금만 가져온다. 그런 다음 8,000개의 사기 사례를 결합하고 데이터를 리프레이밍한 다음 새롭게 구성된 작은 데이터셋을 사용하여 모델을 학습시킨다. 판다스로 이를 구현한 코드는 다음과 같다.

```python
data = pd.read_csv('fraud_data.csv')

# 사기/정상 거래를 별도의 데이터 프레임으로 분할
fraud = data[data['isFraud'] == 1]
not_fraud = data[data['isFraud'] == 0]

# 정상 거래 데이터로부터 무작위 샘플링
not_fraud_sample = not_fraud.sample(random_state=2, frac=.005)

# 다시 모아서 섞기
df = pd.concat([not_fraud_sample,fraud])
df = shuffle(df, random_state=2)
```

이제 새로운 데이터셋에는 25%의 사기 거래가 포함되며, 이는 소수 클래스가 0.1%에 불과했던 원래 데이터셋보다 훨씬 좋은 균형을 이룬다. 다운샘플링에 어느 정도의 균형이 적절한지는 실험해볼 가치가 있다. 여기에서는 25/75 분할을 사용했지만, 다른 문제에서 적절한 정확도를 얻기 위해서는 균형이 50/50 분할에 더 가까워야 할 수도 있다.

다운샘플링은 일반적으로 다음 단계에 따라 앙상블 패턴과 결합된다.

1 과반수 클래스를 다운샘플링하고 소수 클래스의 모든 인스턴스를 사용한다.
2 모델을 학습시키고 앙상블에 추가한다.
3 반복한다.

추론하는 동안에는 앙상블 모델의 중간값을 취한다.

---

10 자세한 내용은 다음을 참고. https://github.com/GoogleCloudPlatform/ml-design-patterns/blob/master/03_problem_repre sentation/rebalancing.ipynb

여기에서는 분류 모델을 예로 들었지만 수칫값을 예측하는 회귀 모델에도 다운샘플링을 적용할 수 있다. 이 경우 데이터의 대다수 '클래스'에 단일 라벨이 아닌 값의 범위가 포함되어 있으므로 과반수 클래스 샘플을 무작위로 추출할 때는 더 신중해야 한다.

가중치를 부여한 클래스

불균형 데이터셋을 처리하는 또 다른 방식은 모델이 각 클래스의 예제에 제공하는 **가중치**를 변경하는 것이다. 이것은 모델이 학습한, 수동으로 설정할 수 없는 가중치(또는 파라미터)와는 다른 용어로서의 가중치다. **클래스**에 가중치를 부여하여 학습 중에 특정 라벨 클래스를 더 중요하게 취급하도록 모델에 지시하는 방식으로, 모델이 소수 클래스의 예에 더 많은 가중치를 할당할 수 있다. 모델이 어떤 예제를 얼마나 중요하게 취급하게 만들지는 사용자에게 달려 있으며, 실험할 수 있는 파라미터다.

케라스에서는 fit()으로 학습할 때 class_weights 파라미터를 모델에 전달할 수 있다. class_weights 파라미터는 케라스가 각 클래스의 예제에 할당해야 하는 가중치를 클래스에 매핑하는 dict다. 하지만 각 클래스의 정확한 가중치를 어떻게 결정해야 할까? 클래스의 가중칫값은 데이터셋에 있는 각 클래스의 균형과 관련되어야 한다. 예를 들어 소수 클래스가 데이터셋의 0.1%만을 차지한다면, 모델이 과반수 클래스의 1,000배 가중치로 소수 클래스의 예제를 처리해야 한다는 결론이 합리적이다. 실무적으로는 예제의 평균 가중치가 1.0이 되도록 각 클래스에 대해 가중칫값을 2로 나누는 것이 일반적이다. 즉, 전체의 0.1%가 소수 클래스를 나타내는 데이터셋이 주어지면 다음 코드를 사용하여 클래스 가중치를 계산할 수 있다.

```
num_minority_examples = 1
num_majority_examples = 999
total_examples = num_minority_examples + num_majority_examples

minority_class_weight = 1/(num_minority_examples/total_examples)/2
majority_class_weight = 1/(num_majority_examples/total_examples)/2

# 가중치를 딕셔너리 타입으로 케라스에 전달
# 키는 각 클래스의 인덱스
keras_class_weights = {0: majority_class_weight, 1: minority_class_weight}
```

다음으로 학습 중에 이러한 가중치를 모델에 전달한다.

```
model.fit(
    train_data,
    train_labels,
    class_weight=keras_class_weights
)
```

빅쿼리 ML에서 모델을 생성할 때 OPTIONS 블록에서 AUTO_CLASS_WEIGHTS = True를 설정하면 학습 데이터셋에서 발생하는 빈도에 따라 가중치를 부여할 수 있다.

클래스 균형에 따라 실험적으로 클래스 가중치를 설정하는 휴리스틱 방법도 유효하지만, 모델의 비즈니스 애플리케이션에 따라 클래스 가중치를 선택할 수도 있다. 예를 들어 결함이 있는 제품의 이미지를 분류하는 모델이 있다고 가정해보자. 결함이 있는 제품의 배송 비용이 정상 제품을 잘못 분류하는 비용의 10배인 경우 소수 클래스의 가중치로 10을 부여하는 것이 합리적이다.

출력층 편향

클래스 가중치 할당과 함께 데이터셋 불균형을 해소하는 방법으로, 편향과 함께 모델의 출력층을 초기화하는 것도 도움이 된다. 출력층의 초기 편향을 수동으로 설정해야 하는 이유가 무엇일까? 불균형 데이터셋이 주어졌을 때 출력층 편향을 설정하면 모델이 더 빨리 수렴하는 데 도움이 된다. 이는 학습된 모델의 마지막(예측) 계층의 편향이 평균적으로 데이터셋의 소수 대 과반수 예제 비율의 로그를 출력하기 때문이다. 편향을 설정하면 모델이 경사 하강법을 통해 이를 발견할 필요 없이, 이미 '올바른' 값에서 시작하게 만들 수 있다.

기본적으로 케라스는 편향 0을 사용한다. 이는 $\log(1/1) = 0$인 완벽하게 균형 잡힌 데이터셋에 사용하는 편향에 해당한다. 데이터셋 균형을 고려해서 올바른 편향을 계산하려면 다음 코드를 사용하자.

```
bias = log(num_minority_examples / num_majority_examples)
```

업샘플링

불균형 데이터셋을 처리하는 또 다른 일반적인 기술은 업샘플링이다. 업샘플링을 사용하면 소수 클래스 예제를 복제하고 추가 합성 예제를 생성하여 소수 클래스의 표현을 확장할 수 있다. 이 기법을 과반수 클래스의 다운샘플링과 함께 쓰는 경우도 많다. 다운샘플링과 업샘플링을 결합한 이 방식은 2002년에 제안되었으며 SMOTE^{Synthetic Minority Over-sampling Technique}라고 불린다. SMOTE는 데이터셋에서 소수 클래스 예제의 특징 공간을 분석하여 합성 예제를 구성한 다음, 최근접 이웃 접근법을 사용하여 이 특징 공간 내에서 유사한 예제를 생성하는 알고리즘이다. SMOTE 방식은 한 번에 고려할 유사 데이터 포인트의 수(최근접 이웃 수)에 따라 이러한 포인트 사이에 새로운 소수 클래스 예제를 무작위로 생성한다.

이 방식의 작동 예를 보기 위해 피마족^{Pima Indian}의 당뇨병 데이터셋(`https://oreil.ly/ljqnc`)을 살펴보자. 이 데이터셋의 34%에는 당뇨병 환자의 예가 포함되어 있으므로 이를 소수 클래스로 간주한다. [표 3-3]은 2개의 소수 클래스 예에 대한 열의 하위 집합을 보여준다.

표 3-3 피마족 당뇨병 데이터셋에 있는 소수 클래스(당뇨병 있음)의 두 가지 학습 예제에 대한 특징 하위 집합

혈당	혈압	피부 두께	BMI
148	72	35	33.6
183	64	0	23.3

데이터셋의 실제 예제를 기반으로 한 새로운 합성 예제는 [표 3-4]와 같이 각 열값 사이의 중간점으로 계산할 수 있다.

표 3-4 SMOTE 기법을 통해 두 소수 예제로부터 생성한 합성 예제

혈당	혈압	피부 두께	BMI
165.5	68	17.5	28.4

SMOTE 기법은 주로 테이블 형식 데이터에 쓰이지만 비슷한 논리를 이미지 데이터셋에 적용할 수도 있다. 예를 들어 벵갈 고양이와 샴 고양이를 구별하는 모델을 만드는 데 데이터셋의 10%에만 벵갈 고양이 이미지가 포함되어 있는 경우, 케라스의 `ImageDataGenerator` 클래스를 사용하여 이미지 확대를 통해 데이터셋에서 벵갈 고양이의 추가 변형 예제를 생성할 수 있다. 이 클래스는 몇 개의 파라미터를 사용하여 회전, 자르기, 밝기 조정 등을 통해 동일한 이미지의 여러 변형본을 생성한다.

3.6.3 트레이드오프와 대안

불균형한 데이터셋으로 모델을 구축하기 위한 몇 가지 다른 대안이 있다. 이러한 대안에는 문제 리프레이밍, 이상 탐지 사례 처리가 포함된다. 또한 불균형 데이터셋에 대한 몇 가지 중요한 고려 사항(전체 데이터셋 크기, 다양한 문제 유형에 대한 최적의 모델 아키텍처, 소수 클래스 예측 설명)도 살펴본다.

리프레이밍과 캐스케이드

문제를 리프레이밍하는 것은 불균형 데이터셋을 처리하는 또 다른 접근 방식이다. 먼저, 리프레이밍 디자인 패턴 절에서 설명한 기술을 활용하여 문제를 분류에서 회귀로, 또는 그 반대로 전환하는 것을 고려할 수 있으며 여기에 더해서 모델의 캐스케이드 학습을 수행할 수 있다. 예를 들어 학습 데이터의 대부분이 특정 범위에 속하고 몇 가지 아웃라이어가 있는 회귀 문제가 있다고 가정해보자. 아웃라이어 예측에 관심이 있다면 대부분의 데이터를 한 버킷에 담고, 아웃라이어를 다른 버킷에 담는 버킷화를 통해 이를 분류 문제로 변환할 수 있다.

빅쿼리의 출생률 데이터셋을 사용하여 신생아 체중을 예측하는 모델을 구축한다고 가정해보자. 판다스를 사용하여 신생아 체중 데이터 샘플의 히스토그램을 만들어 체중 분포를 볼 수 있다.

```
%%bigquerydf
SELECT
  weight_pounds
FROM
  `bigquery-public-data.samples.natality`
LIMIT 10000
df.plot(kind='hist')
```

[그림 3-20]은 결과 히스토그램을 보여준다.

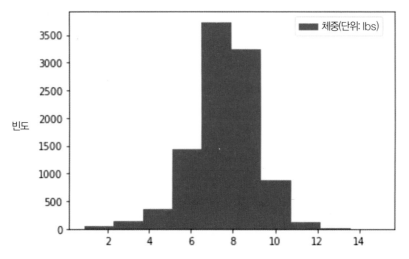

그림 3-20 빅쿼리 출생률 데이터셋의 예제 10,000개에 대한 신생아 체중 분포를 나타내는 히스토그램

전체 데이터셋 중 체중이 3lbs인 신생아의 수를 세면 약 96,000개(전체 데이터의 0.06%)의 예제가 있다. 체중이 12lbs인 신생아는 전체 데이터셋의 0.05% 정도다. 전체 범위에서 우수한 회귀 성능을 얻기 위해 다운샘플링을 리프레이밍, 캐스케이드 디자인 패턴과 결합할 수 있다. 먼저 데이터를 '저체중', '평균', '과체중'의 세 가지 버킷으로 분할한다. 이를 수행하기 위한 쿼리는 다음과 같다.

```sql
SELECT
  CASE
    WHEN weight_pounds < 5.5 THEN "underweight"
    WHEN weight_pounds > 9.5 THEN "overweight"
  ELSE
  "average"
END
  AS weight,
  COUNT(*) AS num_examples,
  round(count(*) / sum(count(*)) over(), 4) as percent_of_dataset
FROM
  `bigquery-public-data.samples.natality`
GROUP BY
  1
```

[표 3-5]는 그 결과를 보여준다.

표 3-5 출생률 데이터셋 내의 각 체중 클래스의 백분율

weight(체중)	num_examples(예제 수)	percent_of_dataset(백분율)
Average(평균)	123781044	0.8981
Underweight(저체중)	9649724	0.07
Overweight(과체중)	4395995	0.0319

데모 목적으로 각 클래스에서 100,000개의 예제를 가져온다. 이렇게 하면 업데이트된 균형 잡힌 데이터셋으로 모델을 학습할 수 있다.

```
SELECT
  is_male,
  gestation_weeks,
  mother_age,
  weight_pounds,
  weight
FROM (
  SELECT
    *,
    ROW_NUMBER() OVER (PARTITION BY weight ORDER BY RAND()) AS row_num
  FROM (
    SELECT
      is_male,
      gestation_weeks,
      mother_age,
      weight_pounds,
      CASE
        WHEN weight_pounds < 5.5 THEN "underweight"
        WHEN weight_pounds > 9.5 THEN "overweight"
      ELSE
      "average"
    END
      AS weight,
    FROM
      `bigquery-public-data.samples.natality`
    LIMIT
      4000000) )
WHERE
  row_num < 100000
```

해당 쿼리의 결과를 테이블에 저장할 수 있으며, 보다 균형 잡힌 데이터셋을 사용하여 분류 모

델을 학습하여 신생아를 '저체중', '평균' 또는 '과체중'으로 분류할 수 있다.

```
CREATE OR REPLACE MODEL
  `project.dataset.baby_weight_classification` OPTIONS(model_type='logistic_reg',
    input_label_cols=['weight']) AS
SELECT
  is_male,
  weight_pounds,
  mother_age,
  gestation_weeks,
  weight
FROM
  `project.dataset.baby_weight`
```

또 다른 접근 방식은 캐스케이드 패턴을 사용하여 각 클래스에 대해 3개의 개별 회귀 모델을 학습하는 방법이다. 그런 다음 초기 분류 모델에 예제를 전달하고, 해당 분류의 결과를 사용하여 수치 예측을 위한 회귀 모델을 결정함으로써 멀티라벨 디자인 패턴 솔루션을 사용할 수 있다.

이상 탐지

불균형 데이터셋을 가진 회귀 모델을 처리하는 방법에는 두 가지가 있다.

- 모델의 예측 오류를 신호로 사용한다.
- 들어오는 데이터를 클러스터링하고, 새 데이터 포인트와 기존 클러스터와의 거리를 비교한다.

각 방법을 더 잘 이해하기 위해, 센서에서 수집한 데이터에 대한 모델을 학습하여 미래의 온도를 예측하는 예를 살펴보자. 이 예제에서 모델 출력은 수칫값이어야 한다.

첫 번째 접근 방식(오류를 신호로 사용)에서는 모델을 학습시킨 후 모델의 예측값을 현재 시점의 실젯값과 비교한다. 예측한 현잿값과 실제 현잿값 사이에 큰 차이가 있으면 들어오는 데이터 포인트를 이상치로 표시할 수 있다. 물론 이를 위해서는 충분한 과거 데이터를 가지고 우수한 정확도로 학습시킨 모델이 필요하고, 향후 예측을 위해 이 모델의 품질에 의존해야 한다. 이 접근 방식에서 주의해야 할 사항은 들어오는 데이터를 모델의 예측과 비교할 수 있도록 새 데이터를 즉시 사용할 수 있어야 한다는 점이다. 결과적으로 이 방법은 스트리밍 또는 시계열 데이터와 관련된 문제에 가장 적합하다.

두 번째 접근 방식인 데이터 클러스터링은 먼저 데이터를 클러스터로 구성하는 모델링 기술인 클러스터링 알고리즘을 사용하여 모델을 만들어야 한다. 클러스터링은 비지도 학습의 일종이다. 즉, 실측 라벨에 대한 지식 없이 데이터셋에서 패턴을 찾는 방식이다. 일반적인 클러스터링 알고리즘 중 하나로, 빅쿼리 ML로 구현할 수 있는 k-평균이 있다. 다음 예는 빅쿼리 출생률 데이터셋에서 세 가지 특징을 사용하여 k-평균 모델을 학습시키는 방법을 보여준다.

```
CREATE OR REPLACE MODEL
  `project-name.dataset-name.baby_weight` OPTIONS(model_type='kmeans',
    num_clusters=4) AS
SELECT
  weight_pounds,
  mother_age,
  gestation_weeks
FROM
  `bigquery-public-data.samples.natality`
LIMIT 10000
```

결과로 얻을 수 있는 모델은 데이터를 4개의 그룹으로 클러스터링한다. 모델이 생성되면 새 데이터가 들어올 때 이에 대한 예측을 생성하고, 해당 예측과 기존 클러스터 간의 거리를 확인할 수 있다. 거리가 멀면 데이터 포인트를 이상치로 표시할 수 있다. 모델에서 클러스터 예측을 생성하기 위해, 다음 쿼리를 실행하여 데이터셋으로부터 만들어낸 평균 예제를 전달할 수 있다.

```
SELECT
  *
FROM
  ML.PREDICT (MODEL `project-name.dataset-name.baby_weight`,
    (
    SELECT
      7.0 as weight_pounds,
      28 as mother_age,
      40 as gestation_weeks
    )
  )
```

[표 3-6]의 쿼리 결과는 이 데이터 포인트와 모델에서 생성된 클러스터, 센트로이드centroid 사이의 거리를 보여준다.

표 3-6 평균 체중 예제 데이터 포인트와 k-평균 모델에서 생성된 각 클러스터 사이의 거리

CENTROID_ID	NEAREST_CENTROIDS_DISTANCE.CENTROID_ID	NEAREST_CENTROIDS_DISTANCE.DISTANCE
3	3	0.8047499642325671
	1	1.8087541379913423
	2	2.412309825817189
	4	3.5217402256189483

이 예제는 작은 거리(0.80)에서 볼 수 있듯 센트로이드 3에 보다 근접하고 있는 것을 확인할 수 있다.

[표 3-7]에 표시된 것처럼, 모델에 저체중 데이터 포인트(5.5 as weight_pounds)를 보내고 그 결과와 비교해보자.

표 3-7 저체중 예제 데이터 포인트와 k-평균 모델에서 생성된 각 클러스터 사이의 거리

CENTROID_ID	NEAREST_CENTROIDS_DISTANCE.CENTROID_ID	NEAREST_CENTROIDS_DISTANCE.DISTANCE
1	1	1.5060990098638043
	3	1.6605497958710442
	2	2.9090116448361334
	4	3.738300836526667

여기에서 이 예제와 각 센트로이드 사이의 거리는 상당히 크다. 높은 거릿값을 확인하면 이 데이터 포인트가 이상치일 수 있다는 결론을 내릴 수 있다. 이러한 비지도 클러스터링 방식은 데이터의 라벨을 미리 알지 못할 때 특히 유용하다. 충분한 예시에 대한 클러스터 예측을 생성한 후에는, 예측된 클러스터를 라벨로 사용하여 지도 학습 모델을 만들 수 있다.

사용 가능한 소수 클래스 예제의 수

첫 번째 사기 탐지 예제의 소수 클래스는 전체 데이터의 0.1%에 불과했지만, 데이터셋에 8,000개의 사기 데이터 포인트가 있었으므로 학습에 쓸 수 있는 충분한 소수 클래스 데이터가 있었다. 하지만 소수 클래스의 예가 더 적은 데이터셋에서 다운샘플링으로 모델을 학습시키려면 결과 데이터셋이 너무 작아지게 된다. 다운샘플링을 사용하기에 너무 적은 예가 몇 개인지를 결정하는 확실한 규칙은 없다. 이는 주로 문제와 모델 아키텍처에 따라 달라지기 때문이다.

일반적으로 소수 클래스의 데이터 포인트가 수백 개뿐이라면, 데이터셋 불균형을 처리하기 위해 다운샘플링 이외의 솔루션을 고려하는 것이 좋다.

또한 과반수 클래스의 하위 집합을 제거하면 자연스럽게 해당 예제에 저장된 일부 정보가 손실된다는 점도 주목해야 한다. 이로 인해 과반수 클래스를 식별하는 모델의 기능이 약간 저하될 수도 있지만, 보통은 다운샘플링의 이점이 이를 상쇄한다.

서로 다른 기법의 결합

위에서 설명한 다운샘플링 및 클래스 가중치 부여 기술을 결합하여 최적의 결과를 얻을 수 있다. 이 방법은 용례에 적합한 균형을 찾을 때까지 데이터를 다운샘플링하는 것으로 시작한다. 그런 다음 재조정된 데이터셋의 라벨 비율에 따라 클래스 가중치 부여 방법을 사용하여 새 가중치를 모델에 전달한다. 이러한 접근 방식을 결합하면, 이상치가 있고 소수 클래스에 대한 예측이 중요한 문제에 유용하게 쓰일 수 있다. 예를 들어 사기 감지 모델을 구축하는 경우, 모델이 '사기 없음'으로 표시하는 거래보다 '사기'로 표시한 거래에 대해 훨씬 더 신경을 쓸 것이다. 또한 SMOTE에서 언급했듯이, 소수 클래스에서 합성 예제를 생성하는 접근 방식은 과반수 클래스에서 무작위로 예제 샘플을 제거하는 방식과 결합할 수 있다.

다운샘플링을 앙상블 디자인 패턴과 결합할 수도 있다. 이 방식을 사용하면 과반수 클래스의 무작위 샘플을 완전히 제거하는 대신, 다른 하위 집합을 사용하여 여러 모델을 학습한 다음 해당 모델을 앙상블한다. 예를 들어 100개의 소수 클래스 예제와 1,000개의 과반수 예제가 있는 데이터셋이 있다고 가정해보자. 데이터셋의 균형을 완벽하게 맞추기 위해 과반수 클래스에서 900개의 예제를 제거하는 대신, 과반수 클래스 예제를 각각 100개의 예제가 있는 10개의 그룹으로 무작위로 분할한다. 그런 다음 소수 클래스에서 동일한 100개의 예제와 과반수 클래스에서 무작위로 선택된 100개의 서로 다른 값을 사용하여 10개의 분류기를 학습시킨다. [그림 3-11]에서 설명한 배깅 기술이 이 접근 방식에 적합하다.

이러한 데이터 중심 접근 방식을 결합하는 것 외에도, 용례에 따라 정밀도 또는 재현율을 최적화하기 위해 분류기의 임곗값을 조정할 수도 있다. 긍정적인 클래스를 예측할 때마다 모델이 제대로 예측하고 있는지 신경 쓰면, 재현율에 대한 예측 임곗값을 최적화할 수 있을 것이다. 이는 부정을 긍정으로 예측하는 거짓 양성 예측을 피하고 싶은 모든 상황에 적용될 수 있다. 또는 잠재적인 긍정 분류를 **놓치는** 것이 더 많은 비용이 드는 경우에도 이에 맞게 재현율을 최적화하는 것이 좋다.

모델 아키텍처 선택

리밸런싱 디자인 패턴으로 문제를 해결할 때는 예측 작업의 종류에 따라 여러 모델 아키텍처를 고려할 수 있다. 테이블 형식 데이터로 이상 감지를 위한 분류 모델을 만드는 경우, 연구(*https://oreil.ly/EnAab*)에 따르면 이러한 작업에는 결정 트리 모델이 잘 작동하는 것으로 나타났다. 트리 기반 모델은 작고 불균형한 데이터셋과 관련된 문제에서도 잘 작동한다. XG부스트, 사이킷런, 텐서플로 모두에 결정 트리 모델의 구현을 위한 메서드가 준비되어 있다.

다음 코드를 사용하여 XG부스트에서 이진 분류기를 구현할 수 있다.

```
# 모델 구축
model = xgb.XGBClassifier(
    objective='binary:logistic'
)

# 모델 학습
model.fit(
    train_data,
    train_labels
)
```

각 프레임워크에서 다운샘플링 및 클래스 가중치 부여를 사용하여 리밸런싱 디자인 패턴으로 모델을 더욱 최적화할 수 있다. 예를 들어 위의 **XGBClassifier**에 클래스 가중치 부여를 추가하려면 데이터셋의 클래스 균형을 기준으로 계산한 **scale_pos_weight** 파라미터를 추가한다.

시계열 데이터에서 이상을 감지하는 경우, 장단기 기억^long short-term memory (LSTM) 모델이 시퀀스에 있는 패턴을 식별하는 데 적합하다. 클러스터링 모델은 클래스가 불균형한 테이블 형식 데이터에 대해서도 쓸 수 있다. 이미지 입력이 있는 불균형 데이터셋의 경우 다운샘플링, 클래스 가중치 부여, 업샘플링 또는 이러한 기술을 조합한 딥러닝 아키텍처를 사용한다. 그러나 텍스트 데이터의 경우 합성 데이터 생성이 쉽지 않기 때문에 다운샘플링 및 클래스 가중치 부여에 의존하는 편이 좋다.

작업 중인 데이터 양식에 관계없이, 서로 다른 모델 아키텍처를 실험해서 불균형 데이터에서 가장 좋은 성능을 내는 것이 무엇인지 확인하는 방향을 권장한다.

설명 가능성의 중요성

이상치와 같이 데이터에서 드물게 발생하는 항목을 찾아내는 모델을 만들 때는 모델이 예측을 수행하는 방식을 이해하는 것이 특히 중요하다. 이러한 이해가 있어야 모델이 올바른 신호를 포착하여 예측을 수행하는지 확인하고 최종 사용자에게 모델의 동작을 설명할 수 있다. 오픈소스 프레임워크 SHAP(`https://github.com/slundberg/shap`), What-If 도구(`https://oreil.ly/Vf3D-`), 구글 클라우드의 Explainable AI(`https://oreil.ly/lDocn`) 등, 모델을 해석하고 예측을 설명하는 데 도움이 되는 몇 가지 도구가 있다.

모델에 대한 설명은 여러 형태를 취할 수 있으며, 그중 대표적인 개념으로 기여값^{attribution value}이 있다. 기여값은 모델의 각 특징이 모델의 예측에 얼마나 영향을 미쳤는지를 알려준다. 기여값이 양수이면 해당 특징이 모델의 예측을 끌어올렸음을 의미하고, 기여값이 음수이면 특징이 모델의 예측을 끌어내렸음을 의미한다. 기여값의 절댓값이 클수록 모델의 예측에 더 큰 영향을 미쳤다고 볼 수 있다. 이미지, 텍스트 모델에서 기여값을 통해 모델의 예측에 가장 많은 신호를 준 픽셀 또는 단어를 찾을 수 있다. 테이블 형식 모델의 경우 기여값을 통해 각 특징에 대한 수칫값으로 모델의 예측에 대한 전반적인 영향을 확인할 수 있다.

캐글의 사기 감지 합성 데이터셋으로 텐서플로 모델을 학습시키고, 구글 클라우드의 Explainable AI에 배포한 후 인스턴스 수준 속성의 몇 가지 예를 살펴보자. [그림 3-21]에서는 모델이 사기로 맞게 식별한 거래의 두 가지 예와 그 특징의 기여값을 볼 수 있다.

모델이 사기 가능성을 99%로 예측한 첫 번째 예제에서는 거래가 이루어지기 전 원래 계정의 오래된 잔액이 사기의 가장 큰 신호였다. 두 번째 예에서 이 모델은 거래 금액을 사기의 가장 큰 신호로 삼아 89% 신뢰도로 이를 사기로 분류했다. 그러나 원래 계정의 잔액으로 인해 모델은 사기 예측에 대한 **신뢰도가 떨어졌고**, 그래서 예측 신뢰도가 10%만큼 **낮아진** 것을 알 수 있다.

설명은 모든 유형의 머신러닝 모델에서 중요하지만, 리밸런싱 디자인 패턴을 따르는 모델에서 특히 유용하다. 불균형 데이터를 처리할 때는 모델의 정확도와 오류 지표를 넘어서 데이터에서 의미 있는 신호를 포착하고 있는지 확인하는 것이 중요하다.

Model prediction: 0.9968869090080261

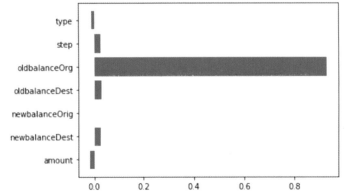

Model prediction: 0.8914304971694946

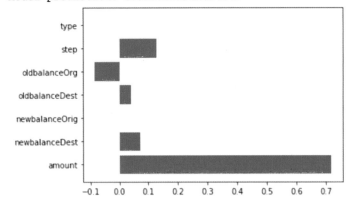

그림 3-21 올바르게 분류한 2개의 사기 거래에 대한 Explainable AI의 특징 기여도

3.7 마치며

이 장에서는 모델 아키텍처 및 모델 출력의 관점에서 예측 작업을 표현하는 다양한 방법을 살펴보았다. 모델을 적용할 방법을 바탕으로 만들고자 하는 모델 유형과 예측을 위해 출력 형식을 지정하는 방법을 결정할 수 있었다. 이를 염두에 두고 모델의 품질을 개선하기 위해 회귀 작업에서 분류 작업으로(또는 그 반대로) 문제를 변경하는 **리프레이밍** 디자인 패턴을 다루었으며, 데이터의 라벨 열 형식을 바꿔서 리프레이밍을 적용하는 방법을 알아보았다. 다음으로 모

델에 대한 입력이 둘 이상의 라벨과 연결될 수 있는 경우를 해결하는 **멀티라벨** 디자인 패턴을 살펴보았다. 멀티라벨 패턴을 사용할 때는 이진 크로스 엔트로피 손실이 있는 출력 계층에서 시그모이드 활성화 함수를 사용해야 한다는 점도 확인했다.

리프레이밍 및 멀티라벨 패턴이 모델의 **출력** 형식에 대한 것이라면, **앙상블** 디자인 패턴은 모델 **아키텍처**를 다루며 단일 모델의 머신러닝 결과를 개선하기 위해 여러 모델을 결합하는 다양한 방법을 제시한다. 앙상블 패턴에는 배깅, 부스팅, 스태킹 등 여러 모델을 하나의 ML 시스템으로 합치는 여러 기술이 있다. **캐스케이드** 디자인 패턴 역시 모델 수준의 접근 방식이며, 머신러닝 문제를 여러 개의 작은 문제로 나누는 방식이다. 앙상블 모델과 달리 캐스케이드 패턴은 초기 모델의 출력이 다운스트림 모델에 입력되어야 한다. 캐스케이드 모델은 아키텍처의 복잡성을 높이기 때문에, 초기 분류 라벨의 균형이 안 맞는데 모두 중요하게 다루어야 하는 시나리오에서만 사용하기를 권장한다.

다음으로 출력 레벨에서 문제 표현을 다루는 **중립 클래스** 디자인 패턴을 살펴보았다. 이 패턴은 세 번째 클래스인 '중립' 클래스를 추가하여 이진 분류기의 성능을 개선하며, 이를 통해 별개의 이진 카테고리에 속하지 않는 분류의 데이터를 잘 처리할 수 있다. 마지막으로 **리밸런싱** 디자인 패턴은 본질적으로 불균형한 데이터셋이 있을 때 솔루션을 제공한다. 이 패턴에는 불균형 라벨 클래스가 있는 데이터셋을 해결하기 위한 다운샘플링, 클래스 가중치 부여, 또는 특정 리프레이밍 기술의 응용이 포함되어 있다.

2장과 3장에서는 머신러닝 문제를 구조화하기 위한 초기 단계를 다뤘다. 특히 입력 데이터, 모델 아키텍처 옵션, 모델 출력 표현에 중점을 두었다. 다음 장에서는 머신러닝 워크플로의 다음 단계, 학습 모델을 위한 패턴에 대해 알아본다.

## CHAPTER 4

모델 학습 디자인 패턴

머신러닝 모델은 일반적으로 반복적인 학습 과정을 거치며, 이러한 반복 과정을 업계에서는 학습 루프training loop라고 한다. 이 장에서는 학습 루프의 일반적인 특징을 다루고, 다양한 작업을 수행할 때 발생할 수 있는 여러 상황을 살펴볼 것이다.

4.1 일반적인 학습 루프

머신러닝 모델은 다양한 종류의 최적화를 사용하여 학습할 수 있다. 결정 트리는 대개 정보 획득 지표를 기반으로 노드를 하나씩 만들어나가고, 유전 알고리즘의 모델 파라미터는 유전자로 표현되며, 그 최적화 방법에는 진화론에 기반한 기술이 포함된다. 머신러닝 모델의 파라미터를 결정하는 가장 일반적인 접근 방식은 경사 하강법이다.

4.1.1 확률적 경사 하강법

대규모 데이터셋에서 경사 하강법은 입력 데이터의 작은 배치에 적용되며, 선형 모델과 부스트 트리부터 DNN, SVM에 이르기까지 사용된다. 이를 확률적 경사 하강법stochastic gradient descent(SGD)이라고 하며, Adam과 Adagrad와 같은 SGD의 확장 기법은 오늘날 머신러닝 프레임워크에 표준처럼 쓰이는 최적화 프로그램이다.

SGD는 학습 데이터셋의 소규모 배치에 대해 반복적으로 학습을 수행해야 하므로 머신러닝 모델의 학습이 루프 내에서 진행된다. SGD는 극솟값을 찾지만 닫힌 형태 해closed loop solution[1]를 찾는 것이 아니므로 모델이 수렴했는지 여부를 감지해야 한다. 이를 위해 학습 데이터셋의 손실 함수라는 오류 지표를 모니터링해야 한다. 모델의 복잡성이 데이터셋의 크기와 범위 내에서 감당할 수 있는 범위를 벗어나면 과대적합이 발생할 수 있다. 안타깝게도 특정 데이터셋에서 특정 모델을 실제로 학습하기 전에는 해당 데이터셋에 대한 모델 복잡성이 범위를 이탈할지 여부를 알 수 없다. 따라서 평가는 학습 루프 내에서 이루어져야 하며, 검증 데이터셋validation dataset이라고 하는 학습 데이터 일부에 대한 오류 지표error metric도 모니터링해야 한다. 학습, 검증 데이터셋이 학습 루프에서 사용되었기 때문에, 이전에 보지 못한 새로운 데이터에서 예상할 수 있는 실제 오류 지표를 확인하려면 테스트 데이터셋이라는 학습 데이터셋의 또 다른 요소를 사용해서 모델을 평가해야 하며 이 단계는 마지막에 이루어진다.

4.1.2 케라스 학습 루프

케라스의 일반적인 학습 루프는 다음과 같다.

```
model = keras.Model(...)
model.compile(optimizer=keras.optimizers.Adam(),
              loss=keras.losses.categorical_crossentropy(),
              metrics=['accuracy'])

history = model.fit(x_train, y_train,
                    batch_size=64,
                    epochs=3,
                    validation_data=(x_val, y_val))
results = model.evaluate(x_test, y_test, batch_size=128))
model.save(...)
```

여기에서 모델은 학습 데이터셋에 대한 크로스 엔트로피를 SGD 방식으로 최적화하기 위해 Adam 옵티마이저를 사용하고 테스트 데이터셋에서 얻은 최종 정확도를 반환한다. 모델 학습

----

1 옮긴이_ 닫힌 형태(closed form)란 방정식의 해를 해석적으로 표현할 수 있는 종류의 문제를 말한다. 즉, 닫힌 형태를 가지는 방정식의 해는 변수, 상수, 사칙연산, 그리고 잘 알려진 기본 함수(삼각함수, 로그함수, 제곱근 등) 등을 조합해서 '해 = …' 꼴로 표현될 수 있다. 대표적인 닫힌 형태 해의 예로는 2차 방정식의 근의 공식을 들 수 있다. 출처는 다음을 참고. *http://wanochoi.com/?p=5061*

함수인 fit()은 한번에 64개의 학습 예제로 구성된 배치를 통한 학습을 세 차례 반복한다. 각에폭이 끝날 때마다 검증 데이터셋을 사용해서 오류 지표를 계산하고 이를 history에 추가한다. 루프가 끝나면 [그림 4-1]과 같이 테스트 데이터셋으로 모델을 평가하고 저장하며, 서빙을 위해 배포할 수도 있다.

각 에폭은 batch_size 크기의 예제에 대해 수행된다

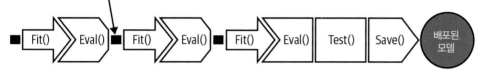

그림 4-1 3개의 에폭으로 구성된 일반적인 학습 루프. 각 에폭은 batch_size의 크기를 가진 예제 배치로 처리된다. 세 번째 에폭이 끝나면 테스트 데이터셋으로 모델을 평가하고 후에 활용하기 위해 웹 서비스로 저장한다.

이미 구현된 fit() 함수를 사용하는 대신 배치에 대해 명시적으로 반복을 구현하는 커스텀 학습 루프를 작성할 수도 있으나, 이 장에서 설명할 디자인 패턴에 이런 작업을 수행할 필요는 없다.

4.1.3 학습 디자인 패턴

이 장에서 다루는 디자인 패턴은 모두 일반적인 학습 루프를 어떤 방법으로든 수정하는 것과 관련이 있다. **유용한 과대적합**useful overfitting 디자인 패턴은 의도적으로 학습 데이터셋이 과대적합되기를 원하는 것으로, 검증이나 테스트 데이터셋을 사용하지 않는다. **체크포인트**checkpoint 디자인 패턴은 모델의 전체 상태를 주기적으로 저장하므로 부분적으로 학습된 모델에 접근할 수 있다. 체크포인트를 사용할 때 일반적으로 가상 에폭virtual epoch도 사용하는데, 이는 전체 학습 데이터셋이 아닌 고정된 수의 학습 예제에서 fit() 함수의 내부 루프를 수행하는 방식이다. **전이 학습**transfer learning은 이미 학습이 끝난 모델을 가지고 가중치를 고정한 후, 고정된 계층을 동일한 문제를 해결하는 새로운 모델에 통합하되 더 작은 데이터셋을 사용한다. **분산 전략**distribution strategy 디자인 패턴은 학습 루프를 캐싱, 하드웨어 가속, 병렬화를 통해 여러 작업자에게 분산시켜 대규모로 수행하는 것이다. 마지막으로 **하이퍼파라미터 튜닝**hyperparameter tuning 디자인 패턴은 최적의 모델 하이퍼파라미터셋을 찾기 위해 학습 루프 자체를 최적화 방법에 투입한다.

4.2 디자인 패턴 11: 유용한 과대적합

유용한 과대적합useful overfitting은 의도적으로 학습 데이터셋이 과대적합되기를 원하기 때문에, 일반화 메커니즘을 사용하지 않는 디자인 패턴이다. 과대적합이 유용할 수 있는 상황에서 학습을 조기에 종료하는 것이 이 디자인 패턴의 목적이다. 정규화, 드롭아웃 또는 검증 데이터셋 없이 머신러닝을 수행하는 등의 방법이 있다.

4.2.1 문제

머신러닝 모델의 목표는 새롭고 보이지 않는 데이터에 대해 일반화하고 신뢰할 수 있는 예측을 수행하는 것이다. 모델이 학습 데이터에 과대적합되는 경우(예: 검증 오류가 증가하는 지점을 넘어서 학습 오류가 계속 감소) 일반화 능력이 저하되고 향후 예측도 마찬가지로 저하된다. 머신러닝 입문 교과서는 조기 중지 및 정규화 기술을 사용하여 과대적합을 피하도록 권장한다.

그러나 기후 과학, 계산 생물학, 계산 금융의 물리적 또는 동적 시스템을 시뮬레이션하는 상황을 생각해보자. 이러한 시스템에 있는 관측치의 시간 종속성은 수학적 함수 또는 편미분방정식partial differential equation(PDE) 세트로 설명할 수 있다. 이러한 많은 시스템을 제어하는 방정식을 공식적으로 표현할 수는 있지만, 닫힌 형태 해가 없다. 대신 이러한 시스템에 대한 해를 근사하기 위해 고전적인 수치해석법이 개발되었는데, 아쉽게도 이러한 방식은 현존하는 애플리케이션에서 실용화하기에는 너무 느리다.

[그림 4-2]와 같이 물리적 환경에서 수집된 관측치는 반복적인 수치 계산을 통해 시스템의 정확한 상태를 계산하는 물리 기반 모델의 입력(또는 초기 시작 조건)으로 쓰인다. 모든 관측치에 유한한 가능성이 있다고 가정해보자(이를테면, 온도는 60~80℃ 범위의 값을 가지며 최소 변화 단위는 0.01℃이다). 그러면 머신러닝 시스템을 위해 전체 입력 공간으로 구성된 학습 데이터셋을 만들 수 있으며, 실제 모델을 사용하여 라벨을 계산할 수 있게 된다.

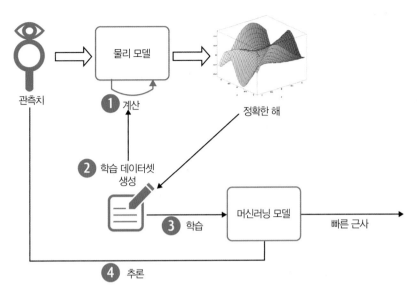

그림 4-2 과대적합이 허용되는 상황 중 하나는, 관측치의 전체 도메인 공간을 표로 만들 수 있고 정확한 해를 계산할 수 있는 실제 모델을 사용하는 상황이다.

ML 모델은 정확하게 계산된, 중첩되지 않는 입출력 간의 테이블을 학습해야 한다. 이러한 데이터셋을 학습 데이터셋과 평가 데이터셋으로 분할하는 것은 비생산적이다. 모델이 입력 공간의 일부만 학습하게 되는데, 실제 학습 데이터셋에서는 이런 공간의 일부를 볼 수 없기 때문이다.

4.2.2 솔루션

이 시나리오에서는 가능한 모든 입력이 테이블로 작성되었기 때문에 일반화해야 하는, 즉 '보이지 않는' 데이터가 없다. 이러한 물리 모델 또는 동적 시스템을 학습하기 위한 머신러닝 모델을 구축할 때는 과대적합이 발생할 수 없다. 기본적인 머신러닝 학습 패러다임이 약간 다르기 때문이다. 근본적인 PDE 또는 PDE 시스템에 의해 관리되는, 학습하고자 하는 몇 가지 물리적 현상이 존재한다. 머신러닝은 정확한 해를 근사화하는 데이터 기반 접근 방식을 제공할 뿐이므로 과대적합과 같은 개념에 대한 평가도 달라진다.

예를 들어 레이트레이싱ray-tracing 방식은 위성 이미지를 시뮬레이션하는 방법으로 기상 예측 수치 모델을 통해 값을 출력한다. 이 방식에서는 각 대기권에서 대기수상(대기 중에 존재하는 비, 눈, 우박, 얼음 알갱이 등)의 양을 예측하고 태양 광선이 대기수상에 얼마나 흡수되는지 계산하는 과정이 포함된다. 대기수상의 종류와 수치 모델이 예측하는 높이는 유한하다. 따라서 레이트레이싱 모델은 방대하지만 유한한 입력셋에 광학 방정식을 적용한다.

복사 전달 방정식은 전자기 복사가 대기에서 전파되는 방식에 관한 복잡한 동적 시스템을 다루며, 순방향 복사 전달 모델은 위성 이미지의 향후 상태를 추론하는 효과적인 수단이다. 그러나 이러한 방정식에 대한 해를 계산하는 고전적인 수치 해석 방법은 엄청난 계산량을 필요로 하기 때문에 실제로 사용하기에는 너무 느리다.

여기에서 머신러닝이 등장한다. 머신러닝을 사용하여 순방향 복사 전달 모델에 대한 근사치를 구하는 모델(*https://oreil.ly/IkYKm*)을 만들 수 있다(그림 4-3). 이 ML 근사치는 더욱 고전적인 방법을 통해 구한 모델의 해에 충분히 근접할 수 있다. 학습된 ML 근사치를 사용하는 추론(닫힌 형태 방정식만 계산하면 되는)의 장점은, 실제 수치 해석 방법으로 레이트레이싱을 수행하는 것보다 훨씬 빠르다는 점이다. 그 학습 데이터셋은 수 테라바이트에 달할 정도로 용량이 커서 프로덕션에서 테이블 상태로 사용하기에는 힘들다.

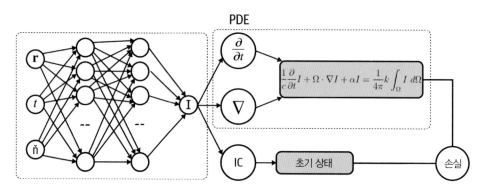

그림 4-3 I(r, t, n)의 편미분방정식 해를 모델링하기 위해 신경망을 사용하는 아키텍처

이와 같은 동적 시스템의 해를 근사하는 ML 모델을 학습하는 것과, 수년 동안 수집된 출생률 데이터를 기반으로 신생아 체중을 예측하는 ML 모델을 학습하는 것에는 중요한 차이가 있다. 다시 말하면, 동적 시스템은 전자기 복사 법칙에 의해 지배되는 일련의 방정식이다. 관찰되지 않은 변수도 없고 잡음도 없으며 통계적 변동성도 없다. 주어진 입력셋에 대해 정확히 계산 가능한 출력은 하나뿐이다. 학습 데이터셋의 다른 예제 사이에 겹치는 부분도 없다. 이런 이유로

일반화에 대한 우려를 할 필요가 없다. ML 모델이 가능한 한 완벽하게 '과대적합'하도록 학습 데이터를 흡수하는 것이 **바람직한** 것이다.

이는 편향, 분산, 일반화 오류에 대한 고려가 중요한 일반적인 ML 모델 학습 방식과는 반대다. 전통적인 학습에서는 모델이 학습 데이터를 '너무나 잘' 학습하는 것이 가능하며, 모델 학습에서 손실 함수가 0이 되는 것은 축하할 일이라기보다는 경고 신호에 훨씬 가깝다고 말한다. 이런 식으로 학습 데이터셋을 과대적합시키는 것은 모델로 하여금 보이지 않는 새로운 데이터 포인트에 대해 잘못된 예측을 하도록 유도한다. 레이트레이싱 예의 차이점은, 보이지 않는 데이터가 없다는 것을 미리 알고 있으므로 모델이 전체 입력 스펙트럼에 걸쳐 PDE에 대한 해로 근접한다는 점이다. 신경망이 손실 함수가 0인 파라미터 집합을 학습할 수 있다면, 이러한 파라미터셋은 PDE의 실제 해를 결정할 수 있다.

4.2.3 작동 원리

[그림 4-4]의 점선 곡선처럼 가능한 모든 입력을 표로 만들 수 있고 가능한 모든 입력 포인트를 학습시켰다면 과대적합된 모델은 '진짜' 모델과 동일한 예측을 한다. 따라서 과대적합은 문제가 되지 않는다. 다만 입력 공간이 해상도 문제로 인해 반올림된 입력값을 가지고 있으므로 반올림된 값에 의해 추론이 이루어진다는 점에 유의해야 한다.

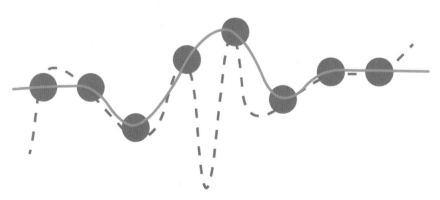

그림 4-4 예측이 두 곡선 모두에서 동일하기 때문에 가능한 모든 입력 포인트가 학습된 경우라면 과대적합은 문제가 되지 않는다.

실제 라벨에 완전히 가까운 모델 함수를 찾을 수 있을까? 이것이 가능한 이유로 딥러닝의 균일 근사 정리uniform approximation theorem를 들 수 있다. 이 개념을 간단히 설명하자면, 모든 함수(및 그 미분)는 적어도 하나의 은닉층과 활성화 함수(시그모이드 등)를 가진 신경망에 의해 근사화될 수 있다는 것이다. 이것은 어떤 함수가 주어졌든, 원하는 만큼 그 함수에 근접하는 은닉층 하나 짜리의 신경망이 존재한다는 것을 의미한다.[2]

미분방정식 또는 복잡한 동적 시스템을 해결하기 위한 딥러닝 방식은 신경망을 사용하여 미분 방정식, 또는 방정식 시스템에 의해 암시적으로 정의된 함수를 표현하는 것을 목표로 한다.

다음 두 조건이 충족될 때는 과대적합이 유용하다.

- 노이즈(무의미한 정보)가 없기 때문에 모든 데이터의 라벨이 정확하다.
- 전체 데이터셋을 마음껏 운용할 수 있다(모든 예제가 데이터셋 내에 존재한다). 이 경우 과대적합은 데이터셋을 보간interpolation하는 역할을 하게 된다.

4.2.4 트레이드오프와 대안

지금까지 완전한 입력셋을 가지고 있으며 각 입력셋에 대한 정확한 라벨을 계산할 수 있을 때 과대적합이 유용하다는 개념을 소개했다. 전체 입력 공간을 테이블로 만들 수 있다면 보이지 않는 데이터가 없기 때문에 과대적합은 아무런 문제가 되지 않는다. 하지만 유용한 과대적합 디자인 패턴은 이 드문 사례에만 적용되는 것이 아니며, 실제로 이러한 조건 중 하나 이상을 만족하지 못할지라도 과대적합이 유용할 수 있는 상황이 많다.

보간과 혼돈 이론

머신러닝 모델은 기본적으로 입력과 출력을 연결하는 근사적인 룩업 테이블 역할을 한다. 룩업 테이블이 작은 경우, 머신러닝 모델로 근사화할 필요 없이 그냥 룩업 테이블을 쓰면 된다! ML 근사치는 테이블로 다루기 힘들 정도로 룩업 테이블이 큰 상황에서 유용하다. 룩업 테이블이 너무 거대할 때는 이를 학습 데이터셋으로 사용해서 머신러닝 모델을 학습시키는 것이 좋다.

아까의 예를 다시 들어서, 유한한 관측값을 가지는 온도가 60~80℃ 범위에서 0.01℃ 단위로

---

2 물론 이 경우, 경사 하강법을 통해 네트워크를 학습할 수 있는 경우가 아닐 수도 있다(이것이 계층 추가를 통한 아키텍처 변경이 모델에 도움이 되는 이유이며, SGD에 더 잘 적합하도록 만든다).

변화한다고 가정해보자. 이것은 디지털 기기로 관찰한 경우에 해당되며, 그렇지 않은 경우 룩업 테이블을 보간하기 위해 ML 모델이 필요하다.

머신러닝 모델은 학습 예제에서 보이지 않는 값 사이의 거리를 기준으로 보이지 않는 값에 가중치를 부여하여 보간한다. 다만 이러한 보간은 기본 시스템이 혼돈 시스템chaotic system이 아닌 경우에만 적용시켜야 한다. 혼돈 시스템에서는 시스템이 결정론적이라고 할지라도 초기 조건의 작은 차이로 인하여 극적으로 다른 결과가 초래될 수 있다. 실제로 특정 혼돈 현상에는 모델이 예측할 수 있는 짧은 시간을 넘어서는 특정 해상도 임곗값($https://oreil.ly/F-drU$)이 있다. 따라서 룩업 테이블이 정교하게 세분화되어 있고 해상도의 한계를 인지해야 유용한 근사치를 얻을 수 있다.

몬테카를로 방법

현실에서는 가능한 모든 입력을 테이블로 만드는 것이 불가능한 경우가 많다. 따라서 모든 입력 가능 조합을 입력하는 것이 물리적으로 불가능한 경우에는, 입력 공간을 샘플링하여 입력셋을 생성하는 몬테카를로Monte-Carlo 접근 방식($https://oreil.ly/pTgS9$)을 사용할 수 있다.

이러한 경우 과대적합이 문제가 될 수 있다([그림 4-5] 참조, 색칠되지 않은 원은 X 표시된 원에 대한 오류치).

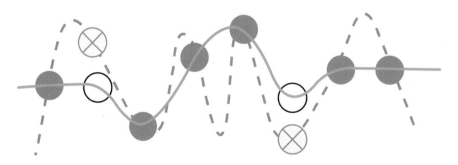

그림 4-5 입력 공간이 테이블로 작성된 샘플링이 아닌 경우 모델 복잡성을 제한하도록 주의해야 한다.

그러나 여기에서도 ML 모델이 확인된 답변 사이를 보간하는 것을 볼 수 있다. 계산은 항상 결정론적이고, 무작위 선택의 대상이 되는 것은 입력 포인트일 뿐이다. 그러므로 이렇게 알려진 답변에는 노이즈가 포함되지 않았고 관찰되지 않은 변수가 없으므로, 샘플링되지 않은 지점에서의 오류는 모델 복잡성에 따라 엄격하게 제한된다. 이런 경우 과대적합의 위험은 노이즈가 아닌 모델 복잡성에서 비롯된다. 자유 파라미터의 수보다 데이터셋 크기가 크다면 과대적합은 별다른 문제가 되지 않는다. 그러므로 복잡도가 낮은 모델과 가벼운 정규화를 조합하면 몬테카를로 방식을 사용하면서도 과대적합을 방지할 수 있다.

데이터 기반 이산화

일부 PDE에서는 닫힌 형태 해를 유도할 수 있지만, 더 일반적인 방식은 수치 해석을 사용하여 해를 결정하는 것이다. PDE의 수치 해석은 이미 심도 있게 연구된 분야이며 이것을 다룬 서적(*https://oreil.ly/RJWVQ*), 교육 과정(*https://oreil.ly/wcl_n*), 논문(*https://msp.org/apde*)이 많다. 한 가지 일반적인 방식은 상미분방정식을 풀기 위하여 룽게-쿠타 방법Runge-Kutta method과 유사한 유한 차분 방법을 사용하는 것이다. 이것은 일반적으로 PDE의 미분 연산자를 이산화하고 원래 도메인의 시공간 그리드에서 이산 문제에 대한 해를 찾는 방법으로 이루어진다. 그러나 문제의 차원이 커지면 그리드의 메시 간격이 해의 가장 작은 특징 크기를 포착할 수 있을 정도로 작아야 하기 때문에(*https://oreil.ly/TxHD-*), 차원의 저주로 인해 메시 기반 접근 방식은 실패한다. 따라서 메시 그리드는 공간과 시간을 고려하여 4차원으로 확장되어야 하므로 이미지의 경우 10배 더 높은 해상도를 얻기 위해 10,000배 더 많은 계산량이 필요하게 된다.

하지만 몬테카를로 방법 대신 머신러닝을 사용하면 샘플링 지점을 선택하여 PDE의 데이터 기반 이산화를 생성할 수 있다. 바시나이Bar-Sinai는 논문 「learning data-driven discretizations for PDEs(PDE에 대한 데이터 기반 이산화 학습, *https://oreil.ly/djDkK*)」에서 이 방식의 효과를 보여주었다. 저자는 표준 유한 차분 방식과 신경망에서 얻은 방법을 사용한 조각 다항식 보간piecewise polynomial interpolation을 통해 해를 근사하기 위하여 고정된 점의 저해상도 그리드를 사용했다. 신경망에서 해를 구하는 방식은 절대 오차를 최소화하는 데 있어 수치 시뮬레이션보다 성능이 훨씬 뛰어났으며, 어떤 경우는 성능 향상이 102배에 달했다. 해상도를 높이려면 훨씬 더 많은 컴퓨팅 파워가 필요하지만, 유한 차분 방법을 사용한 덕택에 신경망은 부담이 없는 비용으로 높은 성능을 달성했다. 심층 갤러킨Deep Galerkin 방법과 같은 기술은 주어진 PDE에 대해 메시 없이 근사치를 제공하기 위하여 딥러닝을 사용하며, 이렇게 PDE를 푸는 것은 연결 최적화chained optimization 문제로 축소된다(3.4절 참조).

무한 도메인

몬테카를로와 데이터 기반 이산화 방법은 불완전하더라도 전체 입력 공간을 샘플링할 수 있다고 가정한다. 이것이 ML 모델이 알려진 점들 사이의 보간으로 취급되는 까닭이다.

도메인이 무제한인 함수 또는 시간축이 미래로 무한히 확장되는 예측 함수와 같이 함수의 전체 도메인에서 포인트를 샘플링할 수 없는 상황에서는 일반화와 과대적합 문제가 무시할 수 없을 만큼 커진다. 이러한 상황에서는 과대적합, 과소적합, 일반화 오류를 고려해야 한다. 실제로 샘플링이 잘 된 도메인에서는 심층 갤러킨 방법과 같은 기법이 제대로 작동하지만, 학습 단계에서 샘플링이 안 된 도메인 외부의 지역에서는 일반화가 어려운 것으로 알려져 있다. 이렇게 되면 ML을 사용해서 무한한 도메인에 정의된 PDE를 푸는 것이 어려워진다. 학습을 위한 대표적인 데이터를 포착하는 것이 불가능하기 때문이다.

신경망 지식 증류

과대적합이 허용되는 또 다른 상황은 대규모 머신러닝 모델에서 작은 모델로 지식을 추출 또는 이전하는 경우다. 지식 증류knowledge distillation는 대형 모델의 학습 능력이 완전히 활용되지 못할 때 쓸모가 있다. 대형 모델보다 작은 모델을 학습하는 것이 더 어려운 경우가 여기에 해당한다. 작은 모델의 경우, 지식을 표현하기 충분한 능력이 있지만 지식을 효율적으로 배우는 능력은 충분하지 않을 수 있다.

이를 해결하는 방법은 큰 모델에서 라벨링한 대량의 생성 데이터를 가지고 작은 모델을 학습시키는 것이다. 작은 모델은 실제 데이터의 실제 라벨 대신 큰 모델의 소프트 출력을 학습하는데, 이것은 더 작은 모델에서 배울 수 있는 상당히 단순한 문제다. 머신러닝 모델이 수치 함수를 근사할 때처럼, 여기에서의 목표는 더 작은 모델이 더 큰 머신러닝 모델의 예측을 충실하게 표현하는 것이다. 이러한 두 번째 학습 단계에서는 유용한 과대적합을 사용할 수 있다.

배치 과대적합

신경망 학습은 많은 실험을 필요로 하며 실무자는 네트워크의 크기와 아키텍처부터 학습률, 가중치 초기화, 기타 하이퍼파라미터에 이르기까지 수많은 선택을 해야 한다.

소규모 배치에 대한 과대적합은 모델 코드와 데이터 입력 파이프라인 양쪽에 모두 좋은 건전성 검사다(*https://oreil.ly/AcLtu*). 모델이 컴파일되고 코드가 제대로 실행된다는 것이 사용자의 생각대로 계산했거나 학습 목표가 바르게 설정되었다는 의미는 아니다. 충분히 복잡한 모델은 모든 것이 올바르게 설정되었다고 가정했을 때 충분히 작은 데이터 배치에 **과대적합될 수 있어야 한다.** 따라서 어떤 모델에서 소규모 배치를 과대적합시킬 수 없다면 모델 코드, 입력 파이프라인, 손실 함수에 오류나 간단한 버그가 있는지 확인해볼 필요가 있다. 배치에 대한 과대적합은 신경망 학습 문제를 해결할 때 유용한 기술이다.

> **TIP** 과대적합은 배치에서만의 이슈가 아니다. 보다 전반적인 관점에서, 과대적합은 딥러닝 및 정규화와 관련된 일반적인 제안을 따른다. 가장 적합한 모델은 적절하게 정규화된 대형 모델이다(*https://oreil.ly/A7DFC*). 쉽게 말하면, 딥러닝 네트워크가 학습 데이터셋을 과대적합시킬 수 없다면 더 큰 네트워크를 사용해야 한다. 일단 학습 데이터셋에 과대적합되는 대형 모델이라면 학습 정확도가 감소하더라도 검증 정확도를 높이기 위하여 정규화를 적용할 수 있다.

이 방법에 따라 입력 파이프라인용으로 작성한 `tf.data.Dataset`을 사용하여 케라스 모델 코드를 테스트할 수 있다. 예를 들어 학습 데이터 입력 파이프라인을 `trainds`라고 하고, `batch()`를 사용하여 하나의 데이터 배치를 생성한다.[3]

```
BATCH_SIZE = 256
single_batch = trainds.batch(BATCH_SIZE).take(1)
```

그런 다음 모델을 학습할 때는 `fit()` 메서드에서 전체 `trainds` 데이터셋을 호출하는 대신 생성한 하나의 배치를 사용한다.

```
model.fit(single_batch.repeat(),
          validation_data=evalds,
          ...)
```

---

3 전체 코드는 다음을 참고. *https://github.com/GoogleCloudPlatform/ml-design-patterns/blob/master/04_hacking_training_loop/distribution_strategies.ipynb*

단일 배치에서 학습할 때는 데이터가 부족하지 않도록 repeat()를 적용한다. 학습하는 동안에 다른 모든 것(검증 데이터셋, 모델 코드, 가공한 기능 등)을 동일하게 유지하면서 하나의 배치를 반복해서 사용할 수 있도록 한다.

> **TIP** 학습 데이터셋에서 임의의 샘플을 선택하는 것보다 올바른 라벨을 가진 것으로 검증된 작은 데이터셋으로 과대적합시키는 것이 좋다. 이런 데이터 배치를 정확하게 학습하고 손실이 전혀 없도록 신경망 아키텍처를 설계한 다음, 동일한 네트워크를 가져와 전체 학습 데이터셋에 대해 학습시키자.

4.3 디자인 패턴 12: 체크포인트

체크포인트checkpoint 디자인 패턴은 부분적으로 학습된 모델을 사용할 수 있도록 모델의 전체 상태를 주기적으로 저장한다. 이 디자인 패턴을 사용하면 학습이 부분적으로만 이루어진다. 조기 종료early stopping되었을 때 이를 최종 모델로 서빙에 사용할 수 있고 기계적 문제나 미세 조정fine-tuning 문제로 학습이 중단되면 마지막으로 저장된 상태에서 다시 학습을 시작할 수도 있다.

4.3.1 문제

신경망이 복잡할수록(계층과 노드가 많을수록) 효과적인 학습에 필요한 데이터셋이 커지는데, 이것은 모델이 복잡할수록 파라미터가 많아지기 때문이다. 모델 크기가 증가함에 따라서 하나의 배치 학습에 필요한 시간도 길어진다. 배치 크기가 고정되어 있다면 데이터 크기가 증가함에 따라 배치 수도 증가한다. 즉, 계산 복잡성 측면에서 데이터셋의 증가는 학습 소요 시간을 크게 늘린다.

이 책을 쓰는 시점에, 비교적 작은 데이터셋을 가지고 최첨단 텐서 처리 장치tensor processing unit(TPU) 포드에서 영어-독일어 번역 모델을 학습시키는 데 약 2시간이 소요되었다 (*https://oreil.ly/vDRve*). 스마트 장치를 학습시키는 데 사용되는 종류의 실제 데이터셋을 쓴다면 수일의 학습 시간이 소요될 수 있다.

이렇듯 오랜 학습은 기계의 고장 가능성을 높이므로, 학습에 문제가 생기면 처음부터 다시 시작하기보다는 중간 지점부터 학습을 다시 시작할 수 있어야 한다.

4.3.2 솔루션

각 에폭이 끝날 때마다 모델의 상태를 저장할 수 있다. 그래서 어떤 원인으로든 학습 루프가 중단되면 마지막으로 저장된 모델 상태로 돌아가 다시 시작할 수 있다. 그러나 이런 경우, 모델뿐만 아니라 중간 모델 상태를 저장해야만 한다. 이게 무슨 뜻일까?

학습이 완료되면 보통 사용자는 추론에 쓸 수 있도록 모델을 저장하거나 익스포트export한다. 익스포트한 모델에는 전체 모델 상태가 아닌 예측 함수를 만드는 데 필요한 정보만이 포함된다. 예를 들어 결정 트리의 경우 각 중간 노드에 대한 최종 규칙과 각 리프 노드에 대한 예측값이, 선형 모델의 경우 최종적인 가중치와 편향값이 포함될 것이다. 완전 연결 신경망의 경우 활성화 함수와 숨겨진 연결의 가중치도 포함된다.

익스포트된 모델에 포함되지 않은 체크포인트에서 학습을 재개하려면 모델 상태에 대한 어떤 데이터가 필요할까? 익스포트된 모델에는 학습을 재개하는 데 절대적으로 중요한 정보, 즉 모델이 최근에 수행한 에폭 및 배치 번호가 없다. 하지만 모델 학습 루프를 재개하려면 더 많은 정보가 필요하다. 경사 하강법을 효과적으로 수행하기 위해 최적화 프로그램은 일정에 따라 학습률을 변경할 수 있다. 이 학습률 상태는 익스포트된 모델에 없다. 또한 드롭아웃과 같은 확률적 절차도 모델에 있을 수 있다. 이것도 익스포트된 모델에 없다. RNN과 같은 모델은 이전 입력값의 기록을 통합한다. 일반적으로, 완전한 모델 상태는 익스포트한 모델 크기의 몇 배에 달한다.

한 지점에서 모델 학습을 재개할 수 있도록 전체 모델 상태를 저장하는 것을 '체크포인팅checkpointing'이라고 하며 이렇게 저장한 모델 파일을 '체크포인트'라고 한다. 체크포인팅은 얼마나 자주 해야 할까? 경사 하강법은 각 배치가 완료될 때마다 모델 상태를 업데이트한다. 따라서 작업 내역을 잃고 싶지 않다면 각 배치가 완료될 때마다 체크포인팅을 해야 한다. 그러나 체크포인트는 방대한 작업으로, I/O로 상당한 간접적 비용과 시간이 추가된다. 반면, 모델 프레임워크는 일반적으로 각 에폭이 끝날 때 체크포인트 옵션을 제공한다. 이는 체크포인팅을 전혀 하지 않는 것과 각 배치 완료 후에 체크포인팅을 하는 것 사이의 합리적인 트레이드오프다.

케라스에서 모델을 체크포인팅하려면 fit() 메서드에 콜백을 인수로 전달해야 한다.

```
checkpoint_path = '{}/checkpoints/taxi'.format(OUTDIR)
cp_callback = tf.keras.callbacks.ModelCheckpoint(checkpoint_path,
                                                 save_weights_only=False,
                                                 verbose=1)
history = model.fit(x_train, y_train,
                    batch_size=64,
                    epochs=3,
                    validation_data=(x_val, y_val),
                    verbose=2,
                    callbacks=[cp_callback])
```

체크포인트가 추가된 학습 루프는 [그림 4-6]과 같다.

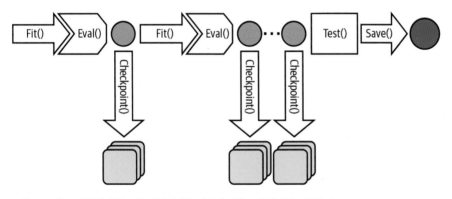

그림 4-6 체크포인팅을 하면 모든 에폭이 끝날 때마다 전체 모델 상태를 저장한다.

파이토치의 체크포인트

이 책을 쓰는 시점에서 파이토치는 체크포인트를 직접 지원하지는 않지만, 대부분의 객체 상태를 외부로 추출할 수 있도록 지원한다. 파이토치에서 체크포인트를 구현하려면 에폭, 모델 상태, 최적화 상태, 학습 재개를 위해 모델과 함께 직렬화할 기타 정보를 요청해야 한다.

```
torch.save({
            'epoch': epoch,
            'model_state_dict': model.state_dict(),
            'optimizer_state_dict': optimizer.state_dict(),
```

```
        'loss': loss,
        ...
        }, PATH)
```

체크포인트에서 로드할 때는 필요한 클래스를 만든 다음 체크포인트에서 이를 로드하면 된다.

```
model = ...
optimizer = ...
checkpoint = torch.load(PATH)
model.load_state_dict(checkpoint['model_state_dict'])
optimizer.load_state_dict(checkpoint['optimizer_state_dict'])
epoch = checkpoint['epoch']
loss = checkpoint['loss']
```

텐서플로보다 낮은 수준의 구현이지만, 체크포인트에 여러 모델을 저장하거나 모델 상태 중 로드할 특정 부분을 선택하는 등의 유연성을 가질 수 있다.

4.3.3 작동 원리

텐서플로와 케라스는 출력 경로에서 체크포인트를 발견하면 자동으로 체크포인트에서 학습을 재개하기 때문에, 특정한 중단 부분부터 학습을 시작하려면 출력 디렉터리에서 이전 체크포인트를 삭제하거나 새 출력 디렉터리에서 시작해야 한다. 이것은 기업용 머신러닝 프레임워크가 체크포인트 파일을 중요하게 취급하기 때문이다.

체크포인트는 주로 복원을 위하여 만들어진 것이지만, 부분적으로 학습된 모델은 다양한 사례에 쓰일 수 있다. 이는 보통 부분적으로 학습된 모델이 이후의 반복을 거쳐 생성된 모델보다 더 잘 일반화되기 때문이다. [그림 4-7]에서 볼 수 있는 텐서플로 플레이그라운드^{TensorFlow} ^{playground}(*https://oreil.ly/sRjkN*)의 예는 이러한 현상의 이유에 대한 좋은 예시다.

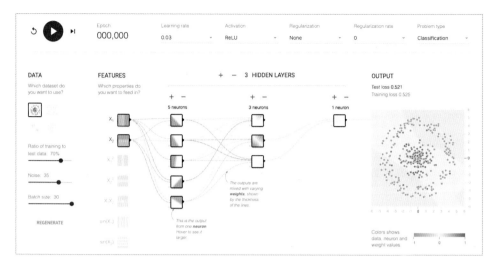

그림 4-7 나선형 분류 문제의 시작점

텐서플로 플레이그라운드에서 파란색 점과 주황색 점을 구분하는 분류기를 만드는 예를 볼 수 있다.[4] 입력 특징은 두 가지로 점의 좌표인 x1과 x2이며, 모델은 이 특징을 가지고 점이 파란색일 확률을 출력하여야 한다. 모델은 임의의 가중치로 시작하고 점의 배경은 각 좌표에 대한 모델 예측을 보여준다. 보다시피 가중치가 무작위이기 때문에 확률은 모든 픽셀의 중앙값 근처에서 맴돌고 있다.

이미지 왼쪽 상단의 화살표를 클릭하여 학습을 시작하면 [그림 4-8]과 같이 모델이 여러 에폭에 걸쳐 천천히 학습하기 시작하는 것을 볼 수 있다.

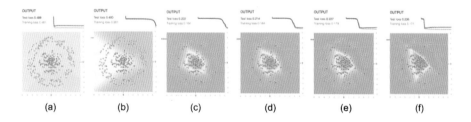

그림 4-8 모델의 학습 진행 경과. 상단의 그래프는 학습 손실 및 검증 검사 오류에 해당하며, 아래의 이미지는 해당 단계의 모델이 그리드의 각 좌표에서 점의 색상을 어떻게 예측하는지 보여준다.

---

4 자세한 내용은 다음을 참고. *https://oreil.ly/ISg9X*

[그림 4-8]의 (b)에서 학습이 이루어지는 첫 번째 경과를 볼 수 있으며 (c)에서는 모델이 데이터의 상위 수준의 관점을 학습했음을 알 수 있다. 이때부터 모델은 주황색 점을 밖으로 밀어내면서 파란색 점을 중앙 영역으로 점점 더 많이 가져오려고 경계를 조정한다. 하지만 실제 학습이 제대로 되는 건 여기까지다. (e)에 도달할 때까지 모델은 가중치를 조정하며 학습 데이터의 무작위적인 작은 변화를 반영하는데, 이는 검증 데이터셋을 사용할 때는 비생산적인 오류만을 불러온다.

그러므로 전체 학습 과정을 세 단계로 나눌 수 있다. 모델은 첫 번째 단계인 (a)와 (c) 사이에서 상위 수준의 데이터 구성을 학습하고, 두 번째 단계인 (c) 및 (e) 사이에서 세부 정보를 학습하며, 세 번째 단계인 (f)에 도달하면 과대적합으로 흘러간다. 첫 번째 단계의 끝 부분부터 또는 두 번째 단계부터 부분적으로 학습된 모델은 상위 수준의 구성을 학습했으나 세부적인 학습을 하지는 않았기 때문에 분명한 몇 가지의 장점을 가지게 된다.

4.3.4 트레이드오프와 대안
중간 체크포인트를 저장하면 학습 중단을 복원하는 것 외에도 조기 종료 및 미세 조정 기능을 수행할 수 있다는 장점이 있다.

조기 종료
일반적으로 학습 시간이 길수록 학습 데이터셋의 손실이 감소되지만 어느 시점에서는 검증 데이터셋의 오류가 감소하지 않을 수 있다. 학습 데이터셋에 과대적합하기 시작하면 [그림 4-9]처럼 검증 오류가 증가하기 시작한다.

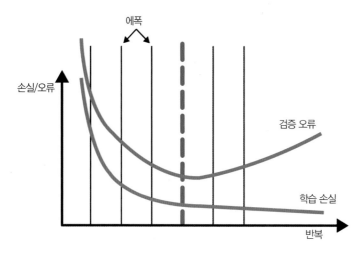

그림 4-9 일반적으로 학습 손실은 학습 시간이 길어질수록 계속 감소하지만 과대적합이 시작되면 보류된 데이터셋의 검증 오류가 증가하기 시작한다.

이런 경우에는 각 에폭이 끝날 때마다 검증 오류를 확인하고 이전 에폭보다 검증 오류가 많은 경우 학습 프로세스를 중지하는 것이 낫다. 바로 [그림 4-9]에서 굵은 점선으로 표시된 네 번째 에폭의 끝이 여기에 해당되며, 이를 조기 종료라고 한다.

> **TIP** 모든 배치가 끝날 때마다 체크포인팅을 수행했다면 에폭 경계의 약간 앞이나 뒤에 있었을 진짜 국솟값을 찾아낼 수 있었을 것이다. 체크포인트를 더 빈번하게 수행하기 위한 가상 에폭에 대한 내용은 잠시 후에 소개한다. 체크포인트를 더 빈번하게 하고 있다면, 검증 오류의 미세한 변화에 과도할 정도로 민감하게 조기 종료가 이루어지지 않는다면, 학습이 보다 잘 이루어질 것이다. 대신에 n차례가 넘는 체크포인트에도 검증 오류가 개선되지 않는다면 조기 종료를 적용하는 것이 좋다.

체크포인트 선택

검증 오류가 증가하기 시작하자마자 학습을 중지해서 조기 종료를 적용할 수도 있지만, 좀 더 학습시킨 다음에 후처리 단계에서 최적의 실행을 선택하는 것이 더 좋은 방법이다. 학습 루프를 3단계로(학습 루프의 3단계에 대한 설명은 앞의 '작동 원리' 절 참조) 나눈 이유는 검증 오류가 약간 증가한 다음에 다시 감소하기 시작하는 현상이 드물지 않기 때문이다. 이런 현상이 생기는 이유는 일반적으로 초기 학습에서 일반적인 데이터(1단계)에 초점을 맞춘 다음 희귀한 데이터(2단계)로 진입하기 때문이다. 희귀한 데이터가 학습 데이터셋과 검증 데이터셋 사이에서 불완전하게 샘플링될 수 있기 때문에 2단계에서 학습 실행 중 검증 오류가 증가하는 것이 일반적이다. 부연하자면, 대규모 모델은 심층 이중 하강deep double descent (*https://oreil.ly/Kya8h*) 특성이 존재할 수 있으므로 만일을 위하여 좀 더 학습하는 것이 필요하다.

이 예에서는 학습 실행이 끝났을 때 모델을 익스포트하는 대신, 네 번째 체크포인트를 로드하고 여기서부터 최종 모델을 익스포트한다. 이를 체크포인트 선택checkpoint selection이라고 하며 텐서플로에서는 BestExporter (*https://oreil.ly/UpN1a*)를 통해 사용할 수 있다.

정규화

조기 중지 또는 체크포인트 선택을 사용하는 대신에 L2 정규화를 모델에 추가하면, 검증 오류를 증가시키지 않으면서 모델이 3단계에 진입하지 않도록 할 수 있다. 이를 위해서는 [그림 4-10]처럼 학습 손실과 검증 오류가 모두 정체된 수준이 되어야 한다. 이러한 학습 루프(학습, 검증 지표가 정체기에 도달된 경우)를 완전 작동well-behaved 학습 루프라고 한다.

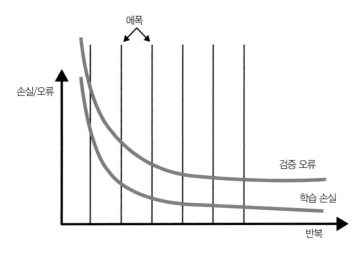

그림 4-10 이상적인 상황에서는 검증 오류가 증가하지 않고 학습 손실과 검증 오류가 모두 정체된다.

조기 종료를 하지 않고 수렴을 결정하는 데 학습 손실만 사용되는 경우에는 별도의 테스트 데이터셋을 따로 설정하지 않아도 된다. 조기 종료를 하지 않더라도 모델 학습의 진행 상황을 표시하는 것이 좋은데, 특히 학습에 오랜 시간이 걸리는 모델인 경우에는 더욱 그렇다. 모델 학습의 성능과 진행률은 보통 학습 루프 동안 검증 데이터셋에서 단지 시각화 목적으로만 모니터링된다. 표시된 지표에 따라 아무런 조치를 취할 필요가 없기 때문에 테스트 데이터셋에서 시각화를 수행해도 된다.

정규화를 사용하면 전체 데이터셋을 사용하여 모델의 가중치를 변경할 수 있는 반면, 조기 종료를 사용하려면 순수하게 중지할 시기를 결정하기 위해 데이터셋의 10~20%를 낭비하여야 한다. 이런 면에서는 정규화가 조기 종료보다 낫다. 과대적합을 제한하는 다른 방법(드롭아웃이나 복잡성이 낮은 모델 사용 등)도 조기 종료를 대체할 수 있는 좋은 방식이다. 또한 최근 연구(https://oreil.ly/FJ_iy)에 따르면 다양한 머신러닝 문제가 심층 이중 하강 특성을 가지므로 조기 종료를 통해 최적이 아닌 해를 사용하는 위험을 감수하기보다는 길게 학습하는 것이 좋다.

데이터 분할

이쯤에서 의문을 가지는 독자도 있을 것이다. 정규화에서 다룬 내용이 이전에 다룬 조기 종료나 체크포인트 선택에 대한 내용과 충돌하는 것이 아니냐고 물을지도 모르겠다. 사실 그렇지 않다.

데이터를 학습 데이터셋과 평가 데이터셋의 두 부분으로 분할할 것을 권한다. 평가 데이터셋은 실험 중에 검증 데이터셋이 없는 경우 테스트 데이터셋 역할을 하고, 프로덕션에서 테스트 데이터셋이 없는 경우 검증 데이터셋의 역할을 한다.

학습 데이터셋이 클수록 사용할 수 있는 모델이 더 복잡해지고 더 높은 정확도를 얻을 수 있다. 또한 조기 종료 또는 체크포인트를 선택하는 대신에 정규화를 사용하면 더 큰 학습 데이터셋을 사용할 수 있다. 다양한 모델 아키텍처, 학습 기술, 하이퍼파라미터를 탐색하는 경우와 같은 실험 단계에서는 모델이 예측 패턴을 학습하기에 충분한 용량을 갖도록 하기 위해 조기 종료를 쓰지 않고 더 큰 모델로 학습하는 것을 권장한다(4.2절 참조). 이 과정 동안 학습 분할에서 오류 수렴을 모니터링한다. 실험이 끝나면 평가 데이터셋을 사용하여 모델이 학습 중에 발생하지 않은 데이터를 얼마나 잘 처리하는지를 진단할 수 있다.

프로덕션에 배포할 모델을 학습시킬 때는 모델을 지속적으로 평가하고 재학습시킬 수 있도록 준비해야 한다. 비용 제어가 우선인지(이 경우 조기 종료를 선택), 아니면 모델 정확도가 우선인지(이 경우 체크포인트를 선택)에 따라 조기 종료 또는 체크포인트를 선택하고 평가 데이터셋에서 오류 지표를 모니터링하자.

미세 조정

완전 작동 학습 루프에서는 경사 하강법이 대다수의 데이터를 기반으로 최적 오차 근처에 빠르게 도달한 후에 희귀 데이터에 대해 최적화하여 가장 낮은 오차로 천천히 수렴한다.

이제 새로운 데이터에 대해 주기적으로 모델을 재학습해야 하는 경우를 생각해보자. 보통 오래된 희귀 데이터보다는 새로운 데이터로 학습하기를 원할 것이다. 학습 재개는 마지막 체크포인트가 아니라 [그림 4-11]에서 파란색 선으로 표시된 체크포인트에서 시작하는 것이 더 좋다. 이것은 앞의 4.4.3절에서 설명한 모델 학습 단계 중 2단계 시작점에 해당한다. 이렇게 함으로써 새로운 데이터를 학습할 몇몇 에폭에 대해 미세 조정할 수 있는 일반적인 방법을 적용할 수 있다.

네 번째 에폭에 해당하는 굵은 수직선으로 표시된 체크포인트에서 학습을 재개하면 학습률이 상당히 낮아지기 때문에, 새로운 데이터는 모델을 크게 변경하지는 않는다. 하지만 새로운 데이터에 대해서는 최적화되는데(특히 큰 모델일수록 그렇다) 이를 미세 조정이라고 한다. 미세 조정은 4.4절에서 자세히 다룬다.

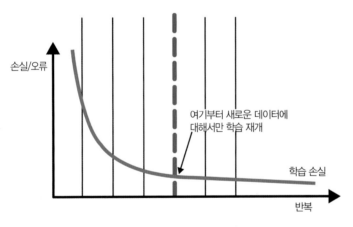

그림 4-11 학습 손실이 정체되기 시작하기 직전의 체크포인트에서 재개한다. 계속되는 반복은 새로운 데이터에 대해서만 학습한다.

> **WARNING_** 미세 조정은 모델 아키텍처를 변경하지 않아야 작동 가능하다.

항상 이전 체크포인트에서 시작할 필요는 없다. 경우에 따라 최종 체크포인트(모델 서빙에 쓰이는 지점)를 다른 모델 학습 반복을 위한 시작점으로 사용할 수도 있다. 그러나 이전 체크포인트에서 시작하는 것이 보통 일반화 측면에서는 더 좋은 선택이다.

에폭 재정의

머신러닝 튜토리얼에서 다음과 같은 코드를 흔히 볼 수 있다.

```
model.fit(X_train, y_train,
          batch_size=100,
          epochs=15)
```

이 코드는 첫째, 메모리에 맞는 데이터셋이 있다. 둘째, 기계적 고장 없이 15에폭만큼 학습을 반복할 수 있다고 가정한다. 그러나 ML 데이터셋의 용량은 최대 수 테라바이트에 달하며 오랜 시간 동안 학습이 지속되면 기계적 고장의 가능성이 높아진다. 따라서 이 두 가지의 가정은 모두 터무니없는 것이다.

앞의 코드를 보다 안정적으로 작동하게 하려면 NumPy 배열뿐 아니라 텐서플로 데이터셋 (*https://oreil.ly/EKJ4V*)을 공급해야 한다. 텐서플로 데이터셋은 메모리 밖의 데이터셋이기 때문에 반복 기능과 지연 로딩을 쓸 수 있다. 그럼 코드를 다음과 같이 변경하게 된다.

```
cp_callback = tf.keras.callbacks.ModelCheckpoint(...)
history = model.fit(trainds,
                    validation_data=evalds,
                    epochs=15,
                    batch_size=128,
                    callbacks=[cp_callback])
```

그러나 대규모 데이터셋에서 에폭을 사용하는 것은 여전히 좋지 않은 생각이다. 에폭은 이해하기 쉽지만, 에폭을 사용하면 실제 ML 모델에 나쁜 영향을 미친다. 왜 그런지 알기 위해 백만 개의 예제가 포함된 학습 데이터셋에 대하여 에폭 수를 15로 설정하고 이 데이터셋을 15번 반복한다고 가정해보자. 여기에는 몇 가지 문제가 있다.

- 에폭의 수는 정수이지만 데이터셋을 14.3회 처리하는 것과 15회 처리하는 학습 시간의 차이는 수 시간에 달할 수 있다. 1,430만 개의 예제를 학습하고 모델이 수렴했다면, 70만 개 이상의 예제를 처리하는 데 필요한 계산 리소스를 낭비하지 않고 학습을 종료시킬 수 있다.

- 하나의 에폭당 한 번의 체크포인팅을 수행하고 다음 체크포인팅 전에 100만 개의 예제를 기다리는 것은 너무 길다. 복원 가능성을 위해 더 자주 체크포인팅을 하는 것이 좋다.
- 데이터셋은 시간에 따라 증가한다. 100,000개의 더 많은 예제로 모델을 학습했는데 오류가 더 많이 생겼다면 조기 종료를 해야 했기 때문일까? 아니면 새로운 데이터가 어떤 식으로든 손상되었기 때문일까? 알 수 없다. 이전 학습은 1,500만 개의 예제에 대한 것이었고 새로운 학습은 1,650만 개의 예제에 대한 것이기 때문이다.
- 데이터 병렬성과 적절한 셔플링을 사용하는 분산 파라미터 서버 학습(4.5절 참조)에서 에폭 개념은 더이상 명확한 개념이 아니다. 뒤처진 작업자가 존재할 수 있기 때문에, 시스템에게 시킬 수 있는 일은 일부 미니 배치에 대한 학습에 그친다.

에폭당 스텝

15개의 에폭으로 학습하는 대신, batch_size가 100인 143,000개의 스텝으로 학습시킬 수 있다.

```
NUM_STEPS = 143000
BATCH_SIZE = 100
NUM_CHECKPOINTS = 15
cp_callback = tf.keras.callbacks.ModelCheckpoint(...)
history = model.fit(trainds,
                    validation_data=evalds,
                    epochs=NUM_CHECKPOINTS,
                    steps_per_epoch=NUM_STEPS // NUM_CHECKPOINTS,
                    batch_size=BATCH_SIZE,
                    callbacks=[cp_callback])
```

각 스텝에서 데이터의 단일 미니 배치를 기반으로 한 가중치 업데이트가 이루어지며, 이 덕분에 학습은 14.3에폭에서 중지된다. 이를 위해서는 에폭당 스텝 수를 전체 스텝 수의 1/15로 정의해야 한다.

```
steps_per_epoch=NUM_STEPS // NUM_CHECKPOINTS,
```

이것은 정확한 체크포인트 수를 얻기 위한 것으로, trainds를 무한히 반복하는 한 작동한다.

```
trainds = trainds.repeat()
```

더 이상 num_epochs를 설정하지 않으므로 repeat()가 필요하며 에폭 수는 기본적으로 1로 설정된다. repeat()가 없으면 데이터셋을 한 번 읽은 후, 학습 패턴이 소진되면 모델이 바로 종료된다.

더 많은 데이터로 재교육

100,000개의 예제가 더 들어오면 어떻게 될까? 간단하다! 데이터 웨어하우스에 새 예제를 추가하되 코드는 업데이트하지 않는다. 코드는 여전히 143,000개의 단계를 처리하려 할 것이고, 예제의 10%가 새로운 예제라는 점을 확인하겠지만 어쨌든 추가 데이터를 처리할 것이다. 모델이 수렴하면 좋다. 수렴하지 않는다면? 이전과 같은 시간만큼만 학습을 했기 때문에 새로 들어온 데이터 포인트가 이슈라는 것을 알 수 있다. 이렇듯 스텝 수를 일정하게 유지한 덕택에 추가 데이터에 대해 학습시킬 때 새로운 데이터의 효과를 분리할 수 있다.

143,000개의 스텝을 학습한 후에, 다시 학습을 시작하여 조금 더 길게(10,000스텝 정도) 진행하자. 모델이 수렴할 때까지 계속 학습하자. 그런 다음 위 코드에서 숫자 143,000을 업데이트하여(실제로는 코드에 대한 파라미터가 됨) 새로운 스텝 수를 반영하자.

이 모든 과정은 하이퍼파라미터 튜닝이 필요해지기 전까지 잘 작동한다. 하이퍼파라미터 튜닝을 수행할 때 배치 크기를 바꾸고 싶겠지만, 배치 크기를 50으로 변경하면 학습 시간이 반으로 줄어든다. 총 143,000개의 스텝 동안 학습하지만 각 스텝이 이전의 절반에 불과하기 때문이다. 하지만 그리 좋은 방법은 아니다.

가상 에폭

이 문제에 대한 대책은 모델에 표시된 학습의 스텝 수가 아닌 총 예제 수(그림 4-12)를 일정하게 유지하는 것이다.

```
NUM_TRAINING_EXAMPLES = 1000 * 1000
STOP_POINT = 14.3
TOTAL_TRAINING_EXAMPLES = int(STOP_POINT * NUM_TRAINING_EXAMPLES)
BATCH_SIZE = 100
NUM_CHECKPOINTS = 15
steps_per_epoch = (TOTAL_TRAINING_EXAMPLES //
                    (BATCH_SIZE*NUM_CHECKPOINTS))
```

```
cp_callback = tf.keras.callbacks.ModelCheckpoint(...)
history = model.fit(trainds,
                    validation_data=evalds,
                    epochs=NUM_CHECKPOINTS,
                    steps_per_epoch=steps_per_epoch,
                    batch_size=BATCH_SIZE,
                    callbacks=[cp_callback])
```

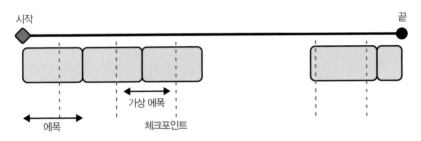

그림 4-12 체크포인트 사이에 원하는 스텝 수로 가상 에폭을 정의한다.

더 많은 데이터를 얻으면 우선 이전 설정으로 학습한 다음 새 데이터를 반영하도록 예제 수를 늘리고, 마지막으로 수렴을 위해 데이터를 탐색하는 횟수를 반영하도록 STOP_POINT를 변경한다.

이렇게 하면 이후 하이퍼파라미터 튜닝(이 장의 뒷부분에서 설명)을 사용해도 안전하며 스텝 수를 일정하게 유지할 때의 모든 장점을 유지할 수 있다.

4.4 디자인 패턴 13: 전이 학습

전이 학습transfer learning 디자인 패턴에서는 이전에 학습된 모델의 일부를 취해서 가중치를 고정시키고, 이렇게 만든 학습할 수 없는 계층을 유사한 문제를 해결하는 새로운 모델에 통합한다. 단, 새로운 모델은 더 작은 데이터셋으로 학습한 모델이다.

4.4.1 문제

구조화되지 않은 데이터로 커스텀 ML 모델을 학습시키려면 매우 큰 데이터셋이 필요한데, 이런 데이터는 구하기 어렵다. 엑스레이 사진으로 팔의 골절 부위를 확인하는 모델을 만든다고 생각해보자. 고도로 정확한 분석을 위해서는 수십만 개의 이미지가 필요하며, 해당 모델은 골절 부위의 모양을 배우기 전에 먼저 데이터셋 이미지의 일부인 픽셀, 가장자리, 모양을 이해하는 방법을 배워야 한다. 텍스트 데이터로 학습된 모델도 마찬가지다. 입력된 환자의 증상을 가지고 해당 증상과 관련하여 발생할 수 있는 상태를 예측하는 모델을 만든다면, 해당 모델은 감기와 폐렴을 구별하는 단어 외에도 기본 언어 의미론과 단어의 순서를 통해 의미를 생성하는 방법을 학습해야 한다. 예를 들어 모델은 'fever (열)'이라는 단어의 존재를 인식하는 방법뿐 아니라, 'no fever (열이 없음)'가 'high fever (고열)'와는 매우 다른 의미를 지닌다는 것을 학습해야 한다.

정밀도가 높은 모델을 학습하는 데 필요한 데이터의 양을 확인하려면, 1,400만 개 이상의 라벨링된 이미지를 가진 데이터베이스인 ImageNet을 살펴보자. ImageNet은 다양한 하드웨어에서 머신러닝 프레임워크를 평가하기 위한 벤치마크로 종종 사용된다. 예를 들어 MLPerf 벤치마크 모음(`https://oreil.ly/hDPiJ`)은 ImageNet을 사용하여 서로 다른 하드웨어에서 실행되는 다양한 ML 프레임워크의 분류 정확도가 75.9%에 이르는 데 걸리는 시간을 비교한다. v0.7 MLPerf에서 구글 TPU v3로 학습시킨 텐서플로 모델은 위의 정확도에 도달하기까지 대략 30초가 걸렸다. 모델의 학습 시간이 길수록 정확도는 더 높아질 수 있는데, 이는 사실 ImageNet의 크기 덕분이다. 전문적인 예측 문제를 구현해야 하는 대부분의 조직에는 사용 가능한 데이터가 거의 없다.

이미지, 텍스트 예제와 같은 사례들은 각별히 전문화된 데이터 도메인을 포함하고 있기 때문에 골절을 제대로 식별하거나 질병을 진단하기 위해 범용 모델을 사용할 수는 없다. ImageNet에서 학습된 모델은 엑스레이 이미지를 **엑스레이** 또는 **의료 영상**으로 지정할 수는 있겠지만 **파손된 대퇴골**이라고 지정하지는 못할 것이다. 이러한 범용 모델은 대체로 넓은 범위의 추상적인 라벨 카테고리를 대상으로 학습되기 때문에 특별한 이미지에 나타난 상황을 이해하지 못한다. 이를 처리하려면 사용 가능한 데이터와 관심 있는 라벨만 사용하여 커스텀 모델을 만들 방법이 필요하다.

4.4.2 솔루션

전이 학습 디자인 패턴을 사용하면 작업하고자 하는 데이터와 같은 종류의 데이터로 유사한 작업에 대해 학습된 모델을 가져와서 커스텀 데이터로 학습시킨 후 특수 작업에 적용할 수 있다. 여기에서 '같은 종류의 데이터'란 이미지, 텍스트 등 동일한 데이터 양식을 의미한다. 이미지와 같은 광범위한 범주 외에도 같은 종류의 이미지에 대해 사전 학습된 모델을 사용하는 것이 이상적이다. 예를 들면, 사진 분류에 사용하려는 경우에는 사진에 대해 사전 학습된 모델을 사용하고 위성 사진을 분류하는 데 사용하려는 경우에는 원격 사진에 대해 사전 학습된 모델을 사용하는 것이다. **'유사한 작업'**이란 풀고자 하는 문제를 가리킨다. 예를 들어 이미지 분류를 위한 전이 학습은 객체 검출 모델보다는 이미지 분류에 대하여 학습된 모델로 시작하는 것이 좋다.

앞의 엑스레이의 예를 다시 들어서, 엑스레이 사진에 골절 현상이 있는지 확인하는 이진 분류기를 만든다고 가정해보자. 골절이 있는 사진 200장, 골절이 없는 사진 200장만 가지고 밑바닥부터 고성능 모델을 만들기는 쉽지 않다. 하지만 전이 학습에는 충분하다. 전이 학습으로 이 문제를 해결하려면 이미지 분류를 위해 대규모 데이터셋으로 이미 학습된 모델을 찾아 해당 모델에서 마지막 계층을 제거하고 해당 모델의 가중치를 고정시킨 다음, 400개의 엑스레이 이미지를 사용하여 계속 학습시키면 된다. 가장 좋은 시나리오는 모델이 대규모 데이터셋에서 엑스레이와 유사한 이미지(실험실 사진, 또는 다른 통제된 조건에서 촬영된 이미지 등)를 학습하는 것이다. 그러나 대규모 데이터셋에 이런 데이터가 없다고 해도 모델의 예측 작업이 동일하다면(이 경우 이미지 분류) 전이 학습을 활용할 수 있다.

데이터셋에서 수행하려는 작업과 같은 작업을 하는 기존의 사전 학습된 모델이 있으면, 이미지 분류 외에도 많은 예측 작업에 전이 학습을 사용할 수 있다. 전이 학습은 이미지 객체 감지, 이미지 스타일 전환, 이미지 생성, 텍스트 분류, 기계 번역 등에 자주 적용된다.

> **NOTE_** 전이 학습은 매우 크고 라벨이 지정된 데이터셋에서 이미 학습된 모델을 활용하는 것으로 '거인의 어깨에 오르는' 방식이라고도 볼 수 있다. 전이 학습의 최첨단을 발전시킨 수년 간의 연구와 대규모 데이터셋을 구축해온 연구자들 덕분에 전이 학습을 사용할 수 있다. 이런 데이터셋의 한 가지 예는 페이페이 리Fei-Fei Li가 2006년에 시작하여 2009년에 발표한 ImageNet 프로젝트다. ImageNet은 전이 학습 개발에 필수적이었으며, COCO(https://oreil.ly/mXt77) 및 Open Images(https://oreil.ly/QN9KU)와 같은 다른 대규모 데이터셋을 위한 길을 닦아주었다.

전이 학습은 만들고자 하는 모델의 예측 작업과 동일한 도메인에서 학습된 모델의 가중치와 계층을 활용할 수 있다는 아이디어에서 시작된 것이다. 대부분의 딥러닝 모델의 최종 계층에는 예측 작업과 관련된 분류 라벨 또는 출력이 포함되어 있다. 전이 학습에서는 학습을 진행하기 전에 이 계층을 제거하고 모델의 학습 가중치를 고정하며 만들고자 하는 예측 작업의 출력으로 최종 계층을 바꾼다. [그림 4-13]은 이 과정을 보여준다.

일반적으로 출력층 직전 계층, 즉 모델의 끝에서 두 번째 계층을 병목 계층으로 사용한다. 이제 부터 텐서플로에서 전이 학습을 구현하는 다양한 방법과 함께 병목 계층에 대해 알아볼 것이다.

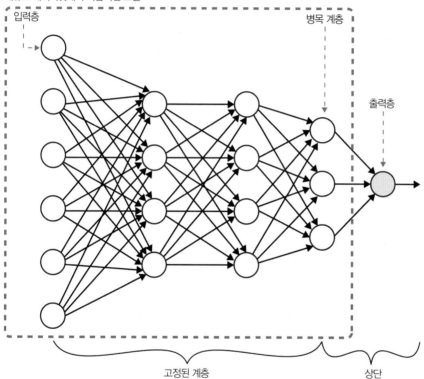

그림 4-13 전이 학습에는 대규모 데이터셋에서의 모델 학습이 포함된다. 모델의 '상단(일반적으로 출력층만)'을 제거하고 나머지 계층의 가중치를 고정하는데, 나머지 모델의 마지막 계층을 병목 계층이라고 한다.

병목 계층

전체 모델 중 병목 계층은 가장 낮은 차원의 공간으로 투영된 입력(일반적으로 이미지 또는 텍스트 문서)을 나타낸다. 자세히 설명하자면, 데이터를 모델에 공급할 때 첫 번째 계층은 이 데이터를 거의 원래 형태로 본다. 의료 영상 예제를 통해 자세한 예를 살펴보자. 이번에는 8개 카테고리로 분류한 조직학histology 이미지 중 하나에 해당하는 대장 조직학colorectal histology 데이터셋 (*https://oreil.ly/r4HHq*)을 사용하여 모델을 만들 것이다(*https://oreil.ly/QfOU_*).

전이 학습에 사용할 대규모 모델을 살펴볼 차례다. ImageNet 데이터셋에서 사전 학습된 VGG 모델 아키텍처를 로드해보자.

```
vgg_model_withtop = tf.keras.applications.VGG19(
    include_top=True,
    weights='imagenet',
)
```

include_top = True로 설정한 것은 출력층을 포함한 전체 VGG 모델을 로드한다는 의미다. ImageNet의 경우 모델이 이미지를 1,000개의 클래스로 분류하므로, 출력 계층은 1,000개 원소를 가진 배열이다. 어떤 계층이 병목 계층으로 사용될 것인지 알기 위해 model. summary()의 출력을 살펴보자. 지면을 아끼기 위해 아래 출력에서 중간 계층 중 일부는 생략했다.

```
Model: "vgg19"
_____
Layer (type)                 Output Shape              Param #
=================================================================
input_3 (InputLayer)         [(None, 224, 224, 3)]     0
_____
block1_conv1 (Conv2D)        (None, 224, 224, 64)      1792
...more layers here...
_____
block5_conv3 (Conv2D)        (None, 14, 14, 512)       2359808
_____
block5_conv4 (Conv2D)        (None, 14, 14, 512)       2359808
_____
block5_pool (MaxPooling2D)   (None, 7, 7, 512)         0
_____
flatten (Flatten)            (None, 25088)             0
_____
fc1 (Dense)                  (None, 4096)              102764544
_____
```

```
fc2 (Dense)                    (None, 4096)          16781312
------------------------------------------------------------
predictions (Dense)            (None, 1000)           4097000
============================================================
Total params: 143,667,240
Trainable params: 143,667,240
Non-trainable params: 0

------------------------------------------------------------
```

보다시피 VGG 모델은 이미지를 224×224×3픽셀 배열로 받아들인다. 이 배열은 여러 계층을 통과하며 차원 크기가 변화하다가 flatten 계층에 이르러 25,088개의 1차원 배열로 평활화된다. 최종적으로 출력층으로 공급되어 ImageNet의 각 클래스에 해당하는 1,000개의 원소를 가진 배열을 반환한다. 이 예에서 의료 조직학 이미지에 대해 학습하도록 모델을 조정할 때는 block5_pool 층을 병목 계층으로 선택하고, 해당 병목 계층은 입력 이미지의 저차원 표현인 7×7×512차원 배열을 생성한다. 이제 분류 작업이 가능할 정도로 충분한 입력 이미지 정보를 확보했다. 충분한 정보 증류가 이루어졌다면, 이 모델을 의료 이미지 분류 작업에 적용할 때의 데이터셋에 대한 분류를 성공적으로 수행할 수 있을 것이다.

조직학 데이터셋은 **가장 고차원**인 (150,150,3)차원 배열로 이미지가 제공된다. 조직학 데이터셋의 이미지 데이터와 함께 VGG 모델을 사용하려면 다음과 같이 로드할 수 있다.

```
vgg_model = tf.keras.applications.VGG19(
    include_top=False,
    weights='imagenet',
    input_shape=((150,150,3))
)

vgg_model.trainable = False
```

include_top = False를 설정하여 로드하려는 VGG의 마지막 층이 병목 계층이라고 지정한다. 전달한 input_shape는 조직학 이미지의 입력 형태와 일치한다. 업데이트된 VGG 모델의 마지막 몇 계층에 대한 요약은 다음과 같다.

```
block5_conv3 (Conv2D)          (None, 9, 9, 512)      2359808
------------------------------------------------------------
block5_conv4 (Conv2D)          (None, 9, 9, 512)      2359808
```

```
block5_pool (MaxPooling2D)    (None, 4, 4, 512)         0
==================================================================
Total params: 20,024,384
Trainable params: 0
Non-trainable params: 20,024,384
------------------------------------------------------------------
```

마지막 계층은 이제 병목 계층이다. 이전에 (7,7,512)였던 block5_pool의 크기가 (4,4,512)가 된 것을 알 수 있다. 이는 데이터셋의 이미지 크기를 설명하기 위해 input_shape 파라미터로 VGG를 인스턴스화했기 때문이다. 또 한 가지, include_top = False 설정을 통해 block5_pool을 병목 계층으로 하드 코딩했는데, 이를 변경하고 싶다면 전체 모델을 로드하여 사용하지 않을 추가 계층을 삭제할 수도 있다.

이 모델을 학습시키기 전에 데이터 및 분류 작업과 관련된 몇 가지 계층을 맨 위에 추가하여야 하며, trainable = False를 설정했기 때문에 해당 모델에는 학습 가능한 파라미터가 없다는 점에 유의하자.

TIP 통상적으로 병목 계층은 평활화 작업 이전에 병합된, 일반적으로 가장 저차원인 마지막 계층이다.

병목 계층은 개념적으로 임베딩과 유사하다. 둘 다 차원 축소의 특징을 나타내기 때문이다. 예를 들어 인코더-디코더 아키텍처를 사용하는 오토인코더 모델에서 임베딩이 바로 병목 계층에 해당한다. 이 경우 병목 계층은 모델의 중간 계층 역할을 하여 원본 입력 데이터를 저차원 표현으로 매핑하며, 네트워크의 후반부에 있는 디코더는 매핑된 저차원 표현을 원래대로 높은 차원으로 매핑하는 데 사용된다. 오토인코더의 병목 계층 다이어그램은 [그림 2-13]에서 볼 수 있다.

임베딩 계층은 기본적으로 가중치의 룩업 테이블로, 특정한 특징을 벡터 공간의 일부 차원에 매핑한다. 차이가 있다면, 임베딩 계층의 가중치는 학습될 수 있는 반면에 전이 학습에서 병목 계층까지 이어지는 모든 계층은 가중치가 고정된다는 것이다. 즉, 모델에서 병목 계층을 포함한 전체 네트워크는 학습할 수 없고 병목 이후 계층의 가중치만 학습이 가능하다.

> **NOTE_** 사전 학습된 임베딩을 전이 학습 디자인 패턴에 사용할 수 있다는 점도 주목할 만하다. 임베딩 계층이 포함된 모델을 만들 때 사전 학습된 기존의 임베딩을 활용하거나, 자신만의 임베딩 계층을 처음부터 학습시킬 수도 있다.

요약하자면, 학습이 불가하고 고정된 가중치가 있는 병목 계층만 사용하는 전이 학습은 더 작은 데이터셋에서 유사한 문제를 해결하기 위해 사용할 수 있는 방법이다. 임베딩은 데이터 표현의 한 유형이다. 목적에 따라 어떤 방법을 사용할지 달라진다. 유사한 모델을 학습하는 것이 목적이라면 전이 학습을 사용하고, 입력 이미지를 보다 간결하게 표현하는 것이 목적이라면 임베딩을 사용한다. 그 코드는 완전히 동일할 수도 있다.

전이 학습 구현

다음 두 가지 방법 중 하나를 사용하여 케라스에서 전이 학습을 구현할 수 있다.

- 사전 학습된 모델을 직접 로드하여 병목 계층 이후의 계층을 제거한 다음, 자체 데이터 및 라벨로 새로운 최종 계층을 추가한다.
- 전이 학습 작업의 기반으로 사전 학습된 텐서플로 허브 모듈을 사용한다.

앞서 소개한 VGG 모델 예제를 기반으로 사전 학습된 모델을 직접 로드해서 사용하는 방법부터 살펴보자. VGG는 모델 아키텍처이고 ImageNet은 VGG를 학습시킨 데이터로, 이들은 전이 학습에 사용할 사전 학습된 모델의 토대가 된다. 이제부터 전이 학습을 사용하여 대장 조직학 이미지를 분류할 것이다. 원본 ImageNet 데이터셋은 1,000개의 라벨이 포함된 반면, 우리가 만들 모델은 ImageNet에 있는 수천 개의 라벨과 달리 **오직** 지정된 8개의 클래스만 반환한다.

> NOTE_ 사전 학습된 모델을 로드하고, 모델이 학습한 데이터의 **원래 라벨**에 대해 분류하는 것은 전이 학습이 아니다. 전이 학습은 한 단계 더 나아가 모델의 최종 계층을 새로운 예측 작업으로 대체한다.

로드한 VGG 모델을 기본 모델로 하여 병목 계층의 출력을 평활화하도록 몇몇 계층을 추가한 다음, 평활화된 출력을 8개 원소를 가진 소프트맥스 배열에 공급한다.

```
global_avg_layer = tf.keras.layers.GlobalAveragePooling2D()
feature_batch_avg = global_avg_layer(feature_batch)

prediction_layer = tf.keras.layers.Dense(8, activation='softmax')
prediction_batch = prediction_layer(feature_batch_avg)
```

마지막으로 Sequential API를 사용하여 새로운 전이 학습 모델을 계층 스택으로 만들 수 있다.

```
histology_model = keras.Sequential([
  vgg_model,
  global_avg_layer,
  prediction_layer
])
```

전이 학습 모델의 `model.summary()` 출력은 다음과 같다.

```
Layer (type)                    Output Shape           Param #
=================================================================
vgg19 (Model)                   (None, 4, 4, 512)      20024384
_____
global_average_pooling2d (Gl    (None, 512)            0
_____
dense (Dense)                   (None, 8)              4104
=================================================================
Total params: 20,028,488
Trainable params: 4,104
Non-trainable params: 20,024,384
_____
```

여기서 중요한 부분은 학습 가능한 파라미터가 병목 계층 **이후의** 파라미터라는 점이다. 이 예에서 병목 계층은 VGG 모델의 특징 벡터다. 이 모델을 컴파일한 후 조직학 이미지 데이터셋을 사용하여 학습할 수 있다.

사전 학습된 임베딩

사전 학습된 모델을 직접 로드할 수도 있지만, 텐서플로 허브에서 사전 학습된 모델의 라이브러리인 모듈^{module}을 활용해서 전이 학습을 구현할 수도 있다. 이러한 모듈은 분류, 객체 감지, 기계 번역 등을 포함한 다양한 데이터 도메인과 사례에 걸쳐 있다. 텐서플로에서 이러한 모듈을 계층으로 로드한 다음 그 위에 자체적인 분류 계층을 추가할 수 있다.

텐서플로 허브의 작동 방식을 살펴보기 위해 영화 리뷰를 **긍정** 또는 **부정**으로 분류하는 모델을 만들어보자. 일단 방대한 뉴스 기사로 사전 학습된 임베딩 모델을 로드하는데, 이 모델은 hub. KerasLayer로 인스턴스화할 수 있다.

```
hub_layer = hub.KerasLayer(
    "https://tfhub.dev/google/tf2-preview/gnews-swivel-20dim/1",
    input_shape=[], dtype=tf.string, trainable=True)
```

여기에 추가 계층을 쌓아 분류기를 만들 수 있다.

```
model = keras.Sequential([
  hub_layer,
  keras.layers.Dense(32, activation='relu'),
  keras.layers.Dense(1, activation='sigmoid')
])
```

이제 자체 텍스트 데이터셋을 입력으로 전달하여 이 모델을 학습할 수 있다. 결과 예측은 주어진 텍스트를 모델이 긍정 또는 부정으로 분류한 원소 1개짜리 배열이 된다.

4.4.3 작동 원리

전이 학습이 작동하는 이유를 이해하기 위해 비유를 하나 들어보자. 아이가 모국어를 배울 때는 많은 예에 노출되고 무언가를 잘못 식별하면 바로 교정한다. 예를 들어 고양이 식별 방법을 처음으로 배울 때, 아이는 부모가 고양이를 가리키고 고양이라는 단어를 말하는 것을 보게 되며 이러한 반복이 뇌의 경로를 강화한다. 비슷한 내용으로, 고양이가 아닌 동물을 가리키면서 고양이라고 말하면 교정이 된다. 아이가 개 식별 방법을 배울 때는 처음부터 시작할 필요가 없다. 아이는 고양이에게 사용한 것과 유사한 인식 프로세스를 사용할 수 있으며 약간 다른 작업을 적용할 뿐이다. 이렇게 아이는 학습 기반을 구축했다. 새로운 것을 배웠을 뿐만 아니라 새로운 것을 **어떻게** 배우는지의 방법을 알게 된 것이다. 이러한 학습 방법을 다른 도메인에 적용하는 것이 바로 전이 학습이 대략적으로 작동하는 방식이다.

신경망에서는 이런 것이 어떻게 작동할까? 일반적인 CNN의 학습은 계층적이다. 첫 번째 계층은 이미지에 있는 가장자리와 모양을 인식하는 방법을 배운다. 고양이 식별 예에서는 모델이 고양이 몸의 가장자리가 배경과 만나는 영역에서 이미지의 영역을 식별하는 것을 의미할 수 있다. 모델의 다음 계층은 가장자리 그룹을 이해하기 시작한다. 그런 다음 CNN의 최종 계층은 이러한 가장자리 그룹을 짜맞춰서 이미지의 다양한 특징에 대한 이해를 만들어낼 수 있다.

고양이 예제에서 모델은 이미지 상단에 있는 2개의 삼각형 모양, 그 아래에 있는 2개의 타원형 모양을 식별하게 될 것이다. 우리는 삼각형 모양이 귀를 나타내고 타원형 모양이 눈을 나타낸다는 사실을 알고 있다.

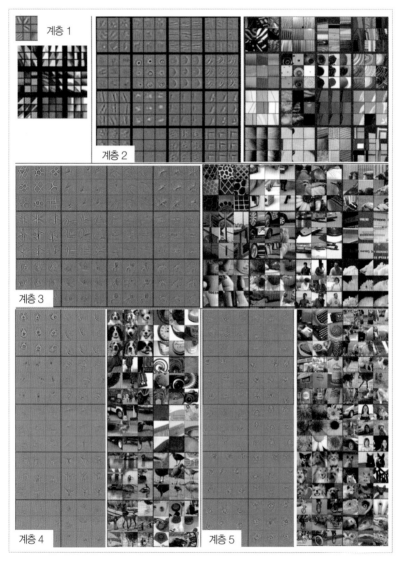

그림 4-14 자일러와 퍼거스의 'CNN 분해 연구(2013)'는 CNN이 네트워크의 각 계층에서 이미지를 보는 방식을 시각화했다.

자일러Zeiler와 퍼거스Fergus의 논문 「Visualizing and Understanding Convolutional Networks(합성곱 신경망의 시각화 및 이해, *https://oreil.ly/VzRV_*)」에서 이 프로세스를 도식화한 그림을 볼 수 있다(그림 4-14). 5계층 CNN의 각 계층에 대해 실제 이미지와 함께 특정 계층에 대한 이미지의 특징 맵이 표시된다. 이를 통해 이미지가 네트워크를 통해 이동할 때 모델의 이미지 인식이 어떻게 진행되는지 확인할 수 있다. 계층 1과 2는 가장자리만 인식하고, 계층 3은 객체를 인식하기 시작하며, 계층 4와 5는 전체 이미지 내의 초점을 이해할 수 있다.

그러나 모델에게 이것은 단순히 픽셀값의 집합이라는 점을 기억하자. 모델은 삼각형이나 타원형 형상이 귀와 눈이라는 사실은 알지 못하며 특정한 특징 그룹을 학습된 라벨과 연결하는 법만 알고 있을 뿐이다. 이러한 방식으로 모델이 고양이를 구성하는 특징 그룹을 학습하는 과정은 테이블, 산, 연예인과 같은 다른 객체의 일부에서 특징을 학습하는 것과 **크게** 다르지 않다. 모델에게는 모든 이미지가 픽셀값, 모서리, 형상의 조합일 뿐이다.

4.4.4 트레이드오프와 대안

지금까지 전이 학습을 구현할 때 원래 모델의 가중치를 수정하는 방법에 대해서는 논의하지 않았다. 지금부터 이를 위한 두 가지 접근 방식인 특징 추출과 미세 조정을 알아본다. 또한 전이 학습이 주로 이미지 및 텍스트 모델에 초점을 맞추는 이유를 살펴보고 텍스트 문장 임베딩과 전이 학습 간의 관계를 살펴본다.

조정 대 특징 추출

특징 추출은 병목 계층 이전의 모든 계층의 가중치를 고정한 다음 이후의 계층을 자체 데이터와 라벨에 대해 학습시키는 전이 학습 방식이다. 다른 방법으로 사전 학습된 모델 계층의 가중치를 미세 조정하는 방법도 있다. 미세 조정을 사용하면 사전 학습된 모델의 각 계층의 가중치를 업데이트할 수도 있고, 병목 계층 직전의 몇 개 계층만의 가중치를 업데이트할 수 있다. 미세 조정을 사용하여 전이 학습 모델을 학습하면 보통 특징 추출보다 오래 걸린다. 위의 텍스트 분류 예에서 텐서플로 허브 계층을 초기화할 때 `trainable = True`로 설정한 것을 볼 수 있는데, 이는 미세 조정의 한 예다.

미세 조정을 할 때 모델의 초기 계층은 여러 유형의 이미지에 흔히 있는 기본 특징을 인식하도록 학습되었기 때문에 해당 계층의 가중치는 고정 상태로 두는 것이 일반적이다. 예를 들면 모바일넷^{MobileNet} 모델을 미세 조정하기 위해 모든 계층을 학습 불가능하게 만드는 대신, 모델의 일부 계층에 대해서만 trainable = False를 설정했다. 예를 들어 100번째 계층 이후를 미세 조정하려면 다음과 같이 실행할 수 있다.

```
base_model = tf.keras.applications.MobileNetV2(input_shape=(160,160,3),
                                               include_top=False,
                                               weights='imagenet')

for layer in base_model.layers[:100]:
    layer.trainable = False
```

고정할 계층 수를 결정하는 방식 중 하나로 알려진 점진적 미세 조정^{progressive fine-tuning} (*https://oreil.ly/fAv1S*)은 이상적인 미세 조정 계층의 수를 찾기 위해 모든 학습을 실행한 후 계층 고정을 반복적으로 해제하는 과정을 포함한다. 이는 일반적으로 학습률을 0.001 정도로 낮게 잡고 학습 반복 횟수가 비교적 적은 경우에 가장 효율적이다. 점진적 미세 조정을 구현하려면 전송된 모델의 출력에 가장 가까운 마지막 계층만 고정을 해제하고 학습이 종료된 후에 모델의 손실을 계산한 다음, 손실 안정이 이루어질 때까지 입력층 방향으로 다른 계층을 하나씩 고정 해제한다. 이런 방법으로 미세 조정할 계층의 수를 알아낼 수 있다.

사전 학습된 모델의 모든 계층을 미세 조정할 것인지 고정시킬 것인지를 어떻게 결정할까? 보통, 작은 데이터셋을 쓸 때는 사전 학습된 모델을 미세 조정보다는 특징 추출기로 사용하는 것이 낫다. 반면 수백만 개의 예로 사전 학습한 모델의 가중치를 다시 학습하는 경우에는 업데이트된 모델이 미세 조정으로 인하여 작은 데이터셋에 과대적합되고 수백만 개의 예에서 학습한 일반적인 정보가 손실될 수 있다. 여기서 '작은 데이터셋'이란 데이터 및 예측 작업에 따라 다르지만 수백 또는 수천 개의 학습 예제가 있는 데이터셋을 말한다.

만들고자 하는 예측 작업과 사전 학습된 모델의 작업이 얼마나 유사한지 여부도 미세 조정 여부를 결정할 때 고려해야 할 요소다. 영화 리뷰 감정 분석 모델의 경우처럼 예측 작업이 이전 학습과 유사하거나 이어지는 경우에는 미세 조정을 통해 보다 정확한 결과를 얻을 수 있는 반면, 작업이 다르거나 데이터셋이 크게 다를 경우 미리 학습된 모델의 모든 계층을 고정하는 것이 낫다. [표 4-1]은 이러한 상황별 전략을 요약한 것이다.

표 4-1 특징 추출과 미세 조정 사이에서 선택하기 위한 기준

기준	특징 추출	미세 조정
데이터셋의 규모	소규모	대규모
만들고자 하는 예측 작업과 사전 학습된 모델의 작업이 동일한가?	서로 다름	동일함, 또는 유사함(같은 라벨 클래스를 가지고 있음)
학습 시간과 계산 비용	낮음	높음

텍스트의 예에서 사전 학습된 모델은 뉴스 텍스트의 모음을 학습했지만, 만들고자 하는 모델은 감정 분석 모델이었다. 이때는 서로 다른 작업이므로 미세 조정보다는 특징 추출을 사용해야 한다. 이미지 영역의 경우, ImageNet에서 학습시킨 모바일넷 모델을 기반으로 전이 학습을 수행해서 의료 이미지 데이터셋을 분류할 수 있다. 두 작업 모두 이미지 분류에 해당하지만, 각 데이터셋의 이미지 특징은 판이하게 다르다.

이미지와 텍스트 모델의 초점

전이 학습의 모든 예제가 이미지 및 텍스트 데이터에 중점을 두고 있는 이유는 바로 전이 학습이 주로 동일한 데이터 도메인에 유사한 작업을 적용할 수 있는 경우에 사용되기 때문이다. 그러나 테이블 데이터로 학습된 모델은 사실상 무한한 수의 예측 작업 및 데이터 유형을 다룰 수 있다. 테이블 데이터에 대한 모델을 학습하여 이벤트 티켓 가격 책정 방법, 채무 불이행의 가능성, 다음 분기의 회사 수익, 택시 여행 기간 등을 예측할 수 있다. 이러한 작업에 대한 데이터역시 다양하다. 예술가 및 장소의 정보에 수반된 티켓 문제, 개인 소득에 대한 대출 문제, 도시교통 패턴과 택시 대기 시간 등 그 예는 무궁무진하다. 이 때문에 하나의 테이블 형식 모델에서다른 테이블 형식 모델로 전이 학습을 하는 것은 근본적으로 도전적인 과제다.

테이블 데이터에 대한 전이 학습은 아직 이미지나 텍스트만큼 일반적이지는 않지만, 탭넷 ^TabNet^(*https://oreil.ly/HI5Xl*)이라는 새로운 모델 아키텍처는 이 분야에서 새로운 방향을 제시했다. 대부분의 테이블 모델은 이미지 및 텍스트 모델과 비교할 때 상당한 특징 가공을 필요로 하는데, 탭넷은 먼저 비지도 학습을 사용하여 테이블 데이터의 특징에 대한 표현을 학습한 다음 해당 학습 표현을 미세 조정하여 예측을 생성하는 방식으로 테이블 모델의 특징 추출을 자동화했다.

단어 임베딩 대 문장 임베딩

지금까지 텍스트 임베딩을 다룰 때 주로 단어 임베딩을 언급했는데, 텍스트 임베딩의 또 다른 유형으로 문장 임베딩이 있다. 단어 임베딩은 벡터 공간의 개별 단어를 표현하는 반면, 문장 임베딩은 전체 문장을 표현한다. 달리 표현하자면 단어 임베딩은 문맥에 구애받지 않는다. 다음 문장을 통해 예를 살펴보자.

> 'I've left you fresh baked cookies on the left side of the kitchen counter(주방 카운터 왼쪽에 갓 구운 쿠키를 남겨두었다).'

'left'라는 단어는 이 문장에서 처음에는 동사로, 그 다음에는 형용사로 두 차례 나타난다. 이 문장에 대하여 단어 임베딩을 생성하면 각 단어에 대해 별도의 배열이 생성되는데, **left** 단어의 두 인스턴스에 대한 배열은 동일할 것이다. 하지만 문장 수준의 임베딩을 사용하면 전체 문장을 나타내는 하나의 벡터를 얻을 수 있다. 문장 임베딩을 생성하는 방식에는 여러 방식이 있다. 문장의 단어 임베딩의 평균을 위할 수도 있고 문장의 임베딩을 생성하기 위해 대량의 텍스트에서 지도 학습 모델을 학습할 수도 있다.

이것이 전이 학습과 어떤 관련이 있을까? 지도 학습 모델로 문장 수준의 임베딩을 생성하는 후자의 방법은 실제로 전이 학습의 한 형태로, 구글의 범용 문장 인코더^{Universal Sentence} ^{Encoder}(*https://oreil.ly/Y0Ry9*, TF 허브에서 사용 가능)와 BERT(*https://oreil.ly/l_gQf*)가 취한 접근 방식이다. 이 방식은 단순히 개별 단어에 대한 가중치 룩업을 제공하는 것 이상이므로 단어 임베딩과 다르다. 이러한 모델은 **여러 단어의 순서**가 전달하는 의미를 이해하기 위하여 다양한 텍스트의 대규모 데이터셋을 학습하여 만들어졌다. 이러한 모델은 다른 자연어 처리 작업으로 전이시킬 수 있도록 설계되어 있어서 전이 학습을 구현하는 모델을 구축하는 데 사용할 수 있다.

4.5 디자인 패턴 14: 분산 전략

분산 전략^{distribution strategy}은 캐싱, 하드웨어 가속, 병렬화 등의 방법으로 학습 루프를 여러 작업자(워커)에 걸쳐 확장시키는 디자인 패턴이다.

4.5.1 문제

오늘날, 수백만 개의 파라미터로 구성된 대규모 신경망에 방대한 양의 데이터를 학습시키는 것은 일반적이다. 학습 예제 증가시키기, 모델 파라미터 수 늘리기, 학습 예제와 모델 파라미터 수를 동시에 증가시키는 방법으로 딥러닝의 규모를 늘리면 실제로 모델 성능은 획기적으로 향상된다는 점이 잘 알려져 있다. 그러나 모델과 데이터의 크기의 증가에 비례하여 계산 및 메모리 수요 역시 증가하며 이에 따른 해당 모델이 학습에 필요한 시간을 확보하는 것이 딥러닝의 가장 큰 문제 중 하나가 되었다.

GPU는 빠른 계산이 가능하므로 적당한 크기의 심층 신경망을 합리적인 시간 내에 학습시킨다. 그러나 방대한 양의 데이터를 학습하는 매우 큰 모델에 있어서는 학습 시간을 개별 GPU로 조절하는 데 무리가 있다. 예를 들어 이 책을 쓰는 현재, 엔비디아 M40 GPU 한 대로 90에폭 동안 벤치마크 ImageNet 데이터셋으로 ResNet-50을 학습시키려면 1,018회의 단정밀 연산이 필요하며 여기에 소요되는 시간은 14일이다. 그런데 최근에는 복잡한 도메인 내의 문제를 해결하기 위하여 AI를 점점 더 많이 사용하고 있고 텐서플로와 파이토치와 같은 오픈소스 라이브러리를 통해 딥러닝 모델을 보다 쉽게 만들 수 있게 되었다. 이제는 ResNet-50 수준의 대규모 신경망이 표준이 되고 있다.

이것이 문제가 된다. 신경망을 학습하는 데 2주가 걸린다면, 새로운 아이디어를 반복하거나 설정을 조정하여 실험하기 전에 2주를 기다려야 한다는 것이다. 게다가 의료 영상, 자율 주행 또는 언어 번역과 같은 복잡한 문제들의 경우, 더 작은 구성 요소로 문제를 나누거나 데이터의 하위 집합으로만 작업하는 것이 항상 가능하지는 않다. 전체 규모의 데이터에서만 작동 여부를 평가할 수 있는 문제가 많다.

학습 시간은 말 그대로 돈이다. 서버리스 머신러닝의 세계에서는 고가의 GPU를 구입하는 대신 학습 시간만큼의 비용을 지불하는 클라우드 서비스를 통해 학습 작업을 수행할 수 있다. GPU 비용을 지불하든, 서버리스 학습 서비스 비용을 지불하든 모델 학습 비용은 빠르게 증가한다.

이러한 대규모 신경망의 학습 속도를 높일 수 있는 방법은 없을까?

4.5.2 솔루션

학습을 가속하는 한 가지 방법은 학습 루프의 분산 전략을 사용하는 것이다. 분산 기술에는 여러 종류가 있지만, 공통적으로 모델의 학습에 필요한 계산을 여러 머신으로 분산시킨다. 분산 전략에는 데이터 패러럴리즘data parallelism과 모델 패러럴리즘model parallelism의 두 종류가 있다. 데이터 패러럴리즘에서는 계산을 서로 다른 머신으로 분할하여 서로 다른 워커worker가 서로 다른 학습 데이터의 하위 집합을 학습하는 반면, 모델 패러럴리즘에서는 모델을 분할하여 서로 다른 워커가 모델의 서로 다른 부분에 대한 계산을 수행한다. 여기에서는 데이터 패러럴리즘에 중점을 두고 `tf.distribute.Strategy` 라이브러리를 사용하는 텐서플로 구현을 소개한 후, 4.5.4절에서 모델 패러럴리즘에 대해 알아볼 것이다.

데이터 패러럴리즘를 구현하려면 서로 다른 워커가 경사를 계산하고 이 정보를 공유하여 모델 파라미터를 업데이트할 수 있는 방법을 공유해야 한다. 이를 통해 모든 워커가 일관적으로 각 경사 단계를 거치며 모델을 학습시킬 수 있다. 데이터 패러럴리즘에는 동기식과 비동기식이 있다.

동기식 학습

동기식 학습에서는 워커들이 서로 다른 입력 데이터의 일부를 병렬로 학습하고 각 학습 단계가 끝날 때 기울깃값을 집계한다. 여기에 쓰이는 알고리즘이 올-리듀스all-reduce 알고리즘이다. 각 워커(보통 GPU)는 장치에 모델의 복사본을 가지고 있으며 확률적 경사 하강법 단계마다 데이터의 미니 배치가 각 워커에게 할당된다. 각 장치가 미니 배치를 써서 순방향 계산을 수행하고 모델의 각 파라미터에 대한 기울기를 계산한 후, 각 장치는 이렇게 국지적으로 계산된 경사를 모아서 집계(예: 평균)하고 각 파라미터에 대해 하나의 기울기 업데이트를 생성한다. 중앙 서버는 모델 파라미터의 최신 사본을 유지하며 여러 워커로부터 수신한 경사에 따라 경사 단계를 진행한다. 이렇게 집계된 경사 단계에 따라 모델 파라미터가 업데이트되면, 다음 미니 배치와 함께 새로운 모델이 워커들에게 다시 할당되고 이 과정이 반복된다. [그림 4-15]는 동기식 데이터 분산을 위한 전형적인 올-리듀스 아키텍처를 보여준다.

다른 패러럴리즘 전략과 마찬가지로, 동기식 데이터 분산도 워커 간의 타이밍과 커뮤니케이션 관리를 위한 시간과 비용이 소모된다. 대규모 모델은 학습 중에 데이터가 CPU에서 GPU로 전달될 때에 I/O 병목 현상이 생기거나 느린 네트워크로 인한 지연이 발생할 수도 있다.

텐서플로는 `tf.distribute.MirroredStrategy`를 통해 동일 머신의 여러 GPU를 이용한 동기식 분산 학습을 지원한다. 모든 워커는 각 모델 파라미터를 미러링하여 `MirroredVariable`이라는 하나의 변수로 저장한다. 올−리듀스 과정 중 각 장치는 모든 경사 텐서를 사용할 수 있으며, 이것은 동기화의 비용과 시간을 줄이는 데 크게 도움이 된다. 올−리듀스 알고리즘의 구현체는 다양한데, 그 중 대부분이 엔비디아 NCCL(*https://oreil.ly/HX4NE*)을 사용한다.

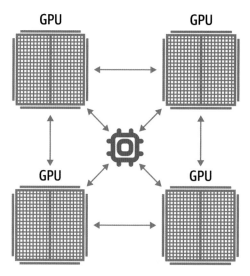

그림 4-15 동기식 학습에서 각 워커는 모델의 사본을 가지고 학습 데이터의 미니 배치 조각을 사용하여 경사를 계산한다.

케라스에서 이러한 미러링 전략을 구현하려면 먼저 미러링된 분산 인스턴스를 생성한 다음 해당 인스턴스의 범위 내에서 모델을 컴파일해야 한다. 다음 코드는 3계층 신경망을 학습할 때 `MirroredStrategy`를 사용하는 방법을 보여준다.

```
mirrored_strategy = tf.distribute.MirroredStrategy()
with mirrored_strategy.scope():
    model = tf.keras.Sequential([tf.keras.layers.Dense(32, input_shape=(5,)),
                                 tf.keras.layers.Dense(16, activation='relu'),
                                 tf.keras.layers.Dense(1)])
    model.compile(loss='mse', optimizer='sgd')
```

이 범위 내에서 모델을 생성하면, 모델 코드는 동일하게 유지된 상태에서 모델의 파라미터는 일반 변수가 아닌 미러링된 변수로 생성된다. 데이터셋으로 모델을 학습시키는 것도 모두 동일한 과정으로 이루어진다. 분산 학습을 활성화하려면 분산 전략 범위 내에 모델 코드를 랩핑하기만 하면 된다. MirroredStrategy은 사용 가능한 GPU에서 모델 파라미터의 복제, 경사 집계 등을 처리한다. 모델을 학습시키거나 평가하려면 늘 하던 대로 fit() 또는 evaluation()을 호출한다.

```
model.fit(train_dataset, epochs=2)
model.evaluate(train_dataset)
```

학습 중에 입력 데이터의 각 배치는 여러 워커에 균등하게 할당된다. 예를 들어 GPU 2개를 사용한다면, 크기가 10인 배치가 2개의 GPU로 분산되고 각 GPU는 각 단계마다 5개의 학습 예제를 수신한다. 케라스에는 CentralStorageStrategy, MultiWorkerMirroredStrategy 같은 다른 동기식 분산 전략도 있다. MultiWorkerMirroredStrategy는 단일 시스템의 GPU뿐아니라 여러 시스템으로 분산시키는 것도 가능하다. CentralStorageStrategy에서는 모델 변수를 미러링하지 않는 대신 CPU에 두고, 작업은 모든 로컬 GPU로 복제되므로 변수 업데이트는 한 곳에서만 발생한다.

다양한 분산 전략 중에서 최상의 것을 선택하는 기준은 컴퓨터의 토폴로지와 CPU와 GPU 간의 통신 속도에 달려 있다. [표 4-2]에서 여기서 설명한 다양한 전략들을 이 기준으로 비교했다.

표 4-2 컴퓨터의 토폴로지와 CPU, GPU 간의 통신 속도에 따른 분산 전략 선택

	빠른 CPU-GPU 연결	빠른 GPU-GPU 연결
여러 GPU를 가진 하나의 시스템	CentralStorageStrategy	MirroredStrategy
여러 GPU를 가진 여러 시스템	MultiWorkerMirroredStrategy	MultiWorkerMirroredStrategy

---

파이토치에서의 분산 데이터 패러럴리즘

GPU가 하나인가 다수인가, 모델이 실행되는 시스템이 하나인가 다수인가에 관계없이 파이토치에서는 항상 DistributedDataParallel을 사용한다. 대신 프로세스를 시작하는 방법과 위치, 샘플링, 데이터 로딩 등을 연결하는 방법에 따라 분산 전략이 결정된다.

먼저 프로세스를 초기화하고 다른 프로세스가 시작될 때까지 기다렸다가 다음 코드로 통신을 설정한다.

```
torch.distributed.init_process_group(backend="nccl")
```

다음으로는 커맨드라인에서 랭킹을 받아 장치 번호를 지정한다. Rank = 0은 마스터 프로세스이고 1, 2, 3, ... 은 워커에 해당한다.

```
device = torch.device("cuda:{}".format(local_rank))
```

모델은 각 프로세스에서 정상적으로 생성되고 이 장치로 전송된다. 배치의 일부를 처리할 모델의 분산 버전은 DistributedDataParallel을 사용하여 생성된다.

```
model = model.to(device)
ddp_model = DistributedDataParallel(model, device_ids=[local_rank],
                                    output_device=local_rank)
```

데이터 자체는 DistributedSampler를 사용하여 나누어지고 각 데이터 배치는 장치로 전송된다.

```
sampler = DistributedSampler(dataset=trainds)
loader = DataLoader(dataset=trainds, batch_size=batch_size,
                    sampler=sampler, num_workers=4)
...
for data in train_loader:
    features, labels = data[0].to(device), data[1].to(device)
```

파이토치 트레이너가 작동을 시작하면 전체 노드 수와 각각의 랭킹을 알 수 있다.

```
python -m torch.distributed.launch --nproc_per_node=4 \
    --nnodes=16 --node_rank=3 --master_addr="192.168.0.1" \
    --master_port=1234 my_pytorch.py
```

노드 수가 1이면 텐서플로의 MirroredStrategy와 같은 전략에 해당하고, 노드 수가 2개 이상이면 텐서플로의 MultiWorkerMirroredStrategy와 같은 전략에 해당한다. 노드당 프로세스 수와 노드 수가 모두 1이면 OneDeviceStrategy와 같은 전략에 해당한다. init_process_group에 전달된 백엔드(이 경우에는 NCCL)에서 지원하는 한, 이러한 모든 전략에 대해 최적화된 통신을 사용할 수 있다.

비동기식 학습

비동기식 학습에서 각각의 워커는 입력 데이터의 서로 다른 조각을 독립적으로 학습하고, 모델 가중치 및 파라미터는 일반적으로 파라미터 서버 아키텍처parameter server architecture (*https://oreil.ly/Wkk5B*)를 통해 비동기식으로 업데이트된다. 즉, 어느 워커도 다른 워커의 모델 업데이트를 기다리지 않는 것이다. 파라미터 서버 아키텍처에는 [그림 4-16]에서와 같이 모델 가중치의 현잿값을 관리하는 하나의 파라미터 서버가 있다.

동기식 교육과 마찬가지로 데이터의 미니 배치는 각 SGD 단계에 대해 각각의 워커에게 할당된다. 각 장치는 미니 배치의 해당 부분으로 순방향 경로 계산을 수행하고 모델의 각 파라미터에 대한 경사를 계산하며, 해당 경사는 파라미터 서버로 전송되어 파라미터 업데이트가 이루어진다. 파라미터 서버는 미니 배치의 또 다른 분할과 함께 새 모델 파라미터를 워커에게 돌려보낸다.

비동기식 학습이 동기식 학습과 가장 크게 다른 점은 파라미터 서버가 올−리듀스를 쓰지 않고 마지막 계산 이후 받은 경사 업데이트에 따라 주기적으로 새 모델 파라미터를 계산한다는 점이다. 일반적으로 비동기식 배포는 느린 워커가 학습 단계의 병목이 되지 않기 때문에 동기식 학습보다 시간당 처리량이 더 높다. 한 워커가 다운되더라도 해당 워커가 다시 부팅되는 동안 다른 워커들은 계획대로 학습을 계속한다. 그 결과 학습 중에 미니 배치의 일부가 손실될 수 있으며, 처리된 데이터의 정확한 에폭 수 추적이 어려워질 수 있다. 이것이 대규모 분산 학습에서 에폭 대신 가상 에폭을 사용하는 이유 중 하나다. 가상 에폭에 대한 내용은 4.3절을 참조하자.

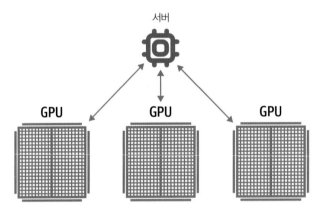

그림 4-16 비동기식 학습에서 각 워커는 미니 배치를 분할하여 경사 하강법 단계를 수행한다. 어떤 워커도 다른 워커의 모델 업데이트를 기다리지 않는다.

또한 가중치 업데이트 간 동기화가 없기 때문에 한 워커가 기존의 모델 상태를 기반으로 모델 가중치를 업데이트할 우려가 있으나, 실제로 문제가 되지는 않는다. 일반적으로 대규모 신경망은 여러 에폭에 걸쳐서 학습되므로 작은 불일치는 무시 가능한 정도의 수준이다.

케라스에서는 `ParameterServerStrategy`로 여러 시스템 간 비동기 파라미터 서버 학습을 구현한다. 이 분산 전략을 사용할 때는 어떤 시스템은 워커 역할을, 다른 시스템은 파라미터 서버 역할을 한다. 파라미터 서버는 모델의 각 변수를 보유하며 계산은 워커(보통 GPU)에서 이루어진다.

구현은 케라스의 다른 배포 전략과 유사하다. 예를 들면, 코드에서 `MirroredStrategy()`를 `ParameterServerStrategy()`로 바꾸기만 하면 된다.

> **TIP** 케라스에서 지원하는 또 다른 배포 전략으로 지정된 장치의 범위 내에 생성된 모든 변수를 놓는 `OneDeviceStrategy`가 있다. 이 전략은 여러 장치/시스템에 대한 분산 전략으로 전환하기 전에 코드를 테스트하는 방법으로 유용하게 쓸 수 있다.

동기식 및 비동기식 학습에는 각각 장단점이 있으며, 보통 하드웨어 및 네트워크의 제약에 따라 둘 중 하나를 선택하게 된다.

동기식 분산 학습은 모든 워커의 업데이트를 기다리는 동안 학습이 지연되기 때문에, 장치가 느리거나 네트워크 연결이 불량하면 효율이 떨어진다. 즉, 동기식 분산 전략은 모든 기기가 하나의 호스트에 있고 TPU 또는 GPU같이 강력한 링크를 가진 빠른 기기가 있는 경우에 바람직하다. 반대로 비동기 분산 학습은 한 워커의 실패, 또는 경사 업데이트 반환 지체 상태에서 학습 루프가 지체되지 않기 때문에 워커가 불안정하거나 저전력으로 구동되는 상황에 잘 맞는다. 이때는 I/O만이 제약이 된다.

4.5.3 작동 원리

크고 복잡한 신경망이 잘 작동하려면 엄청난 양의 학습 데이터가 필요하다. 분산 학습은 모델의 데이터 처리량을 대폭적으로 증가시키고 학습 시간도 주 단위에서 시간 단위로 효과적으로 단축시킬 수 있다. 워커와 파라미터 서버 작업 간에 리소스를 공유하면 데이터 처리량이 대폭 증가한다. [그림 4-17]은 서로 다른 분산 설정을 사용할 때 학습 데이터(이 예에서는 이미지)의 처리량을 비교한 것이다. 여기서 핵심은 처리량이 워커 노드 수에 따라 증가하며, 파라미터 서버가 GPU 워커에서 수행되는 계산과 무관한 작업을 수행하더라도 작업 부하를 더 많은 컴퓨터로 분산시키는 것이 가장 유리한 전략이라는 점이다.

또한 데이터 패러럴리즘은 학습의 수렴 시간을 단축시킨다. 한 연구에서는 워커를 늘리면 훨씬 빠르게 최소 손실에 도달한다는 결과를 도출했다. [그림 4-18]은 다양한 분산 전략의 최소 손실 도달 시간을 비교한 것이다. 워커 수의 증가에 따라 최소 손실에 도달하는 시간이 급격히 감소하여 1개 워커에 비하여 8개 워커는 거의 5배 빠르다.

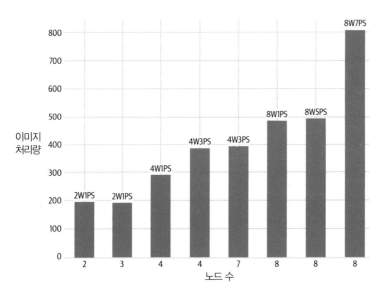

그림 4-17 다양한 분산 설정 간의 처리량 비교. 여기서 2W1PS는 2개 워커와 1개 파라미터 서버를 말한다.

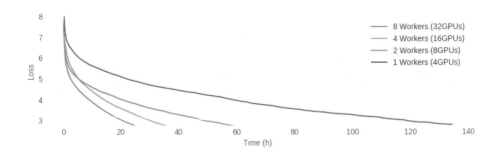

그림 4-18 GPU 수가 증가하면 학습 중 수렴하는 시간이 단축된다.

4.5.4 트레이드오프와 대안

데이터 패러럴리즘 외에도 분산 학습에는 모델 패러럴리즘이 있다. 또한 분산 학습을 위한 다른 종류의 학습 가속기(TPU 등)도 있으며, I/O 제한 및 배치 크기 등의 고려 사항도 있다.

모델 패러럴리즘

신경망이 너무 커서 하나의 장치의 메모리에 들어갈 수 없는 경우가 있다. 예를 들어 수십억 개의 파라미터가 있는 구글의 신경망 기계 번역(*https://oreil.ly/xL4Cu*)처럼 큰 모델을 학습하려면 [그림 4-19]와 같이 여러 장치로 분할해야 한다. 이를 모델 패러럴리즘이라고 칭한다. 신경망의 일부와 그와 관련된 계산을 여러 코어로 분할하면 계산과 메모리를 위한 리소스가 여러 장치로 분산된다. 학습 중에 각 장치는 동일한 미니 배치 데이터를 사용하지만, 모델의 개별 구성 요소와 관련된 계산만 수행한다.

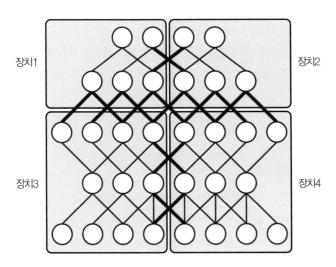

그림 4-19 모델 패러럴리즘은 모델을 여러 장치로 분할한다.

모델 패러럴리즘 대 데이터 패러럴리즘

사실 두 방식에 우열은 없다. 각각 고유한 장점이 있을 뿐이다. 데이터 패러럴리즘과 모델 패러럴리즘 중 어느 쪽을 사용하는 것이 유리한지는 일반적으로 모델 아키텍처에 따라 결정된다.

특히 모델 패러럴리즘은 완전 연결 계층이 많은 큰 규모의 모델과 같이 뉴런의 활동당 계산량이 많은 경우에 효율이 높다. 이는 뉴런의 값이 서로 다른 워커 사이를 오가기 때문이다. 학습 패러다임 측면 외에도, 모델 패러럴리즘은 대규모 모델의 계산을 여러 장치에 분산하는 덕택에 온라인 예측을 할 때 전체 계산 시간을 크게 줄일 수 있다. 덕분에, 대규모 모델을 사용하지만 필요한 지연 시간이 짧다는 이점이 있다.

반면, 데이터 패러럴리즘은 합성곱 계층이 관련된 경우와 같이 가중치당 계산량이 많을 때 더 효율적이다. 서로 다른 워커 간에 모델 가중치(및 해당 경사 업데이트)가 오가기 때문이다.

모델과 문제의 규모에 따라, 두 방법을 모두 활용해야 할 수도 있다. 메시 텐서플로^{Mesh} ^{TensorFlow}(*https://oreil.ly/svS4q*)는 동기식 데이터 패러럴리즘과 모델 패러럴리즘을 결합하는, 분산 딥러닝에 최적화된 라이브러리이다(*https://github.com/tensorflow/mesh*). 텐서플로 위의 계층으로 구현되어 있으며 텐서를 다른 차원으로 쉽게 분할할 수 있다. 배치 계층에 걸친 분산은 데이터 패러럴리즘에 해당하는 반면, 은닉층의 크기를 나타내는 차원 등 다른 차원을 분산시키는 것은 모델 패러럴리즘에 해당한다.

더 낮은 비용으로 더 나은 성능을 내는 ASIC

학습 속도를 높이는 또 다른 방법은 기본 하드웨어를 강화하는 것으로 주문형 집적 회로, ASIC$^{application-specific integrated circuits}$의 사용이 대표적인 예다. 머신러닝을 위한 ASIC은 학습 루프의 중심에 있는 대형 행렬 계산 성능을 최적화하도록 특별히 설계된 하드웨어를 지칭하며 구글 클라우드의 TPU는 모델 학습과 예측 모두에 사용할 수 있는 ASIC다. 마찬가지로 마이크로소프트 애저는 ASIC과 비슷하지만 재구성이 가능한 커스텀 머신러닝 칩, 애저 FPGA^{field-} $^{programmable gate array}$를 제공한다. 이러한 칩은 크고 복잡한 신경망 모델을 학습시키는 과정에서 정확도 달성에 걸리는 시간을 크게 줄일 수 있다. GPU에서 학습하는 데 2주가 걸리는 모델을 TPU에서 학습시키면 몇 시간 내에 수렴할 수 있다.

커스텀 머신러닝 칩을 사용하면 속도 외의 다른 이점도 있다. 예를 들어 가속기(GPU, FPGA,

TPU 등)가 빨라지면 I/O는 ML 학습에서 심각한 병목 현상이 된다. 많은 학습 프로세스에서 데이터를 읽고, 가속기로 이동시키고, 올-리듀스를 위한 경사 업데이트를 기다리는 주기 동안 많은 시간을 낭비하게 된다. TPU 파드^{pod}에는 고속 상호 연결이 있어서(하나의 파드는 수천 개의 TPU로 구성됨) 파드 내의 통신에 드는 비용과 시간에 대해 걱정하지 않아도 된다. 게다가 사용 가능한 디스크 메모리가 많아서, 선제적으로 데이터를 가져오는 방식으로 CPU에 대한 호출 빈도를 줄일 수도 있다. 그 결과, TPU와 같이 메모리가 크고 연결이 좋은 칩을 활용할 때는 훨씬 더 큰 크기의 배치를 사용할 수 있다.

분산 학습 관점에서는 TPUStrategy를 사용하면 TPU에서 분산 학습 작업을 실행할 수 있다. TPU가 올-리듀스 알고리즘을 자체적으로 구현하지만 내부적으로 TPUStrategy는 MirroredStrategy와 동일하다.

TPUStrategy 사용은 텐서플로의 다른 배포 전략과 유사한데, 한 가지 차이점은 먼저 TPU의 위치를 가리키는 TPUClusterResolver를 설정해야 한다는 점이다. TPU는 현재 구글 코랩^{Google} ^{Colaboratory}에서 무료로 사용할 수 있으며 tpu_address에 대한 인수를 지정하지 않아도 된다.

```
cluster_resolver = tf.distribute.cluster_resolver.TPUClusterResolver(
    tpu=tpu_address)
tf.config.experimental_connect_to_cluster(cluster_resolver)
tf.tpu.experimental.initialize_tpu_system(cluster_resolver)
tpu_strategy = tf.distribute.experimental.TPUStrategy(cluster_resolver)
```

배치 사이즈 선택하기

배치 크기는 고려해야 할 또 다른 중요한 요소다. 동기식 데이터 패러럴리즘에서 모델이 특히 큰 경우, 각 학습 단계에서 모든 워커가 업데이트된 모델을 공유해야 하므로 전송 시간의 지연을 야기하는 총 학습 반복 횟수를 줄이는 것이 좋다. 따라서 동일한 성능을 보다 적은 단계로 구현할 수 있도록 미니 배치 크기를 가능한 최대로 늘리는 것이 중요하다.

하지만, 배치 크기가 너무 크면 최종 솔루션의 품질뿐 아니라 확률적 경사 하강법이 수렴하는 비율에 부정적인 영향을 미치는 것으로 나타났다(*https://oreil.ly/F0tIX*). [그림 4-20]은 배치 크기를 늘리는 것만으로도 top-1 검증 오류가 증가함을 보여준다. 실제로 분산 학습 시간을 단축하면서도 낮은 검증 오류를 유지하려면, 학습률을 배치 크기의 함수로서 선형적으로 조정해야 한다는 주장도 있다.

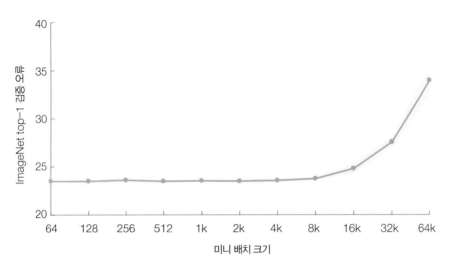

그림 4-20 대규모 배치 크기는 최종 학습 모델의 품질에 부정적인 영향을 미치는 것으로 나타났다.

이런 이유로, 분산 학습에서 미니 배치 크기를 설정하는 것은 모델의 통계적 정확도(일반화)와 하드웨어 효율성(활용도)에 모두 영향을 미치기 때문에 나름대로 복잡한 최적화 영역이다. 이러한 최적화와 관련된 연구로, 3일이 소요되는 BERT 학습 시간을 단 76분으로 단축할 수 있는 LAMB라는 계층별 적응형 대규모 배치 최적화 기술도 있다(*https://oreil.ly/yeALI*).

I/O 대기 최소화

GPU와 TPU는 CPU보다 훨씬 빠르게 데이터를 처리할 수 있는데, 여러 가속기로 분산 전략을 구현하는 경우에는 I/O 파이프라인이 이를 따라잡기 어려워 병목 현상이 발생할 수 있다. 일례로, [그림 4-21]에서 볼 수 있듯이 학습 단계가 완료되기 전에는 다음 단계의 데이터를 처리할 수 없다. CPU는 입력 파이프라인, 즉 저장소에서 데이터를 읽고, 전처리하고, 계산을 위해 가속기로 보내는 작업을 처리한다. 분산 전략이 학습 속도를 높임에 따라 사용 가능한 컴퓨팅 성능을 최대로 끌어올리기 위한 효율적인 입력 파이프라인이 어느 때보다도 필수적인 요소가 되었다.

이를 달성하는 방법은 다양하다. TFRecords와 같은 최적화된 파일 형식을 사용할 수도 있고,

텐서플로의 **tf.data** API를 사용하여 데이터 파이프라인을 구축할 수도 있다. **tf.data** API는 대량의 데이터를 처리할 수 있으며, 유연하고 효율적인 파이프라인을 만들기 위한 기본 제공 변환을 갖추고 있다. 예를 들면, **tf.data.Dataset.prefetch**는 학습 단계의 모델 실행과 전처리 작업을 병렬화시킨다. [그림 4-22]와 같이 모델이 학습 단계 N을 실행하는 동안 입력 파이프라인은 그림과 같이 학습 단계 $N+1$에 대한 데이터를 읽고 준비하는 것이다.

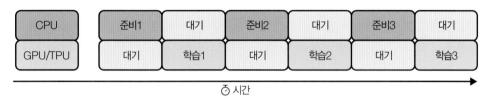

그림 4-21 여러 GPU/TPU에 대한 분산 학습을 위해서는 효율적인 입력 파이프라인이 필요하다.

그림 4-22 전처리와 모델 실행을 병렬화시켜서 모델이 한 학습 단계를 실행하는 동안 입력 파이프라인은 다음 단계를 위한 데이터를 읽고 준비한다.

4.6 디자인 패턴 15: 하이퍼파라미터 튜닝

하이퍼파라미터 튜닝hyperparameter tuning은 최적의 모델 하이퍼파라미터셋을 찾기 위해 학습 루프 자체를 최적화하는 방식이다.

4.6.1 문제

머신러닝 모델의 학습은 최적화된 수치를 찾는 과정이다. 결정 트리는 변환점을 최적화하며,

신경망은 가중치를, SVM은 서포트 벡터를 최적화한다. 이러한 최적화의 대상을 소위 모델 파라미터model parameter라고 부른다. 그런데 모델 학습을 수행하고 최적의 모델 파라미터를 찾으려면 다양한 것을 하드 코딩해야 한다. 이러한 하드 코딩의 예로, 결정 트리에서 트리의 최대 깊이를 5로 하거나 신경망의 활성화 함수를 ReLU로 정하거나 SVM에서 사용할 커널셋을 선택하는 것이 있다. 이러한 파라미터를 하이퍼파라미터라고 한다.

신경망의 모델 파라미터는 모델에서 학습한 가중치와 편향을 가리킨다. 모델 파라미터는 주로 학습 데이터, 모델 아키텍처 및 기타 여러 요인의 함수이므로 직접 제어할 수 없다. 즉 모델 파라미터는 수동적으로 설정할 수 없다. 모델의 가중치는 임의의 값으로 초기화된 다음 반복적인 학습을 통해 모델에 의해 최적화된다. 반면 하이퍼파라미터는 모델의 개발자가 제어할 수 있는 학습률, 에폭 수, 모델의 계층 수 등과 같은 값이 포함된 모든 파라미터를 가리킨다.

수동 조정

다양한 하이퍼파라미터에 대한 값을 수동으로 선택할 수 있다면, 본능적으로 시행착오를 통해 하이퍼파라미터값의 최적 조합을 찾는 접근법이 제일 먼저 떠오를 것이다. 몇 분 또는 몇 초 만에 모델을 학습시킬 수 있다면 시행착오를 통한 하이퍼파라미터 최적화가 쉽게 가능하겠지만, 상당한 학습 시간과 인프라를 필요로 하는 대형 모델에서는 비용이 크게 증가한다. GPU에서 학습하는 데 몇 시간이 걸리는 이미지 분류 모델을 학습한다고 가정해보자. 필요한 몇 가지 하이퍼파라미터값을 정한 다음, 첫 번째 학습 실행의 결과를 기반으로 하이퍼파라미터를 조정하고 모델을 다시 학습하여 결과를 첫 번째 실행과 비교한다. 이러한 과정을 통해 최상의 지표가 나오는 하이퍼파라미터값을 결정하는 것이다.

이 방식에는 몇 가지 문제가 있다. 첫째, 이 작업에는 거의 하루 정도의 긴 시간이 소요된다. 둘째, 하이퍼파라미터값의 최적 조합에 도달했는지 알 수 있는 방법이 없다. 두 가지 조합만 시도했는데 한 번에 여러 값을 변경했다면, 가장 큰 영향을 준 하이퍼파라미터가 어떤 것인지 알 수가 없다. 설령 시도를 추가한다 하더라도 이러한 접근 방식은 시간과 컴퓨팅 리소스가 빠르게 소모되는 반면 최적의 하이퍼파라미터값을 얻지 못할 가능성이 높다.

> NOTE_ 여기에서는 일련의 하이퍼파라미터값을 사용한 단일 학습의 실행을 시행trial이라는 용어를 사용하여 표현할 것이다.

그리드 검색과 조합 폭증

앞에서 설명한 시행착오 접근 방식의 보다 구조화된 버전으로 그리드 검색^{grid search}이 있다. 그리드 검색으로 하이퍼파라미터 튜닝을 구현할 때는 최적화하려는 각 하이퍼파라미터에 대해 실험하고자 하는, 가능한 값 목록을 입력한다. 예를 들어 사이킷런의 RandomForestRegressor() 모델에서 모델의 max_depth 및 n_estimators 하이퍼파라미터에 대해 다음 값 조합을 시도하려고 한다고 가정해보자.

```
grid_values = {
    'max_depth': [5, 10, 100],
    'n_estimators': [100, 150, 200]
}
```

지정된 값의 모든 조합을 시도한 다음, 해당 모델에서 최상의 평가 지표를 도출한 조합을 사용하는 것이 그리드 검색의 기본적인 방법이다. 구현 예시로서, 사이킷런에 내장된 보스턴 주택 가격 데이터셋을 학습한 랜덤 포레스트 모델을 살펴보자. 이 모델은 여러 요인을 기반으로 주택 가격을 예측한다. GridSearchCV 클래스의 인스턴스를 만들고 이미 정의한 값을 전달해서 모델을 학습시키면 그리드 검색을 수행할 수 있다.

```
from sklearn.ensemble import RandomForestRegressor
from sklearn.datasets import load_boston

X, y = load_boston(return_X_y=True)
housing_model = RandomForestRegressor()

grid_search_housing = GridSearchCV(
    housing_model, param_grid=grid_vals, scoring='max_error')
grid_search_housing.fit(X, y)
```

여기서 scoring 파라미터는 최적화하려는 평가 지표다. 이 회귀 모델의 경우, 가장 낮은 오류를 발생시키는 하이퍼파라미터 조합을 사용해야 한다. 그리드 검색에서 최상의 값 조합을 얻기 위해 grid_search_housing.best_params_를 실행하면 다음과 같은 결과를 얻는다.

```
{'max_depth': 100, 'n_estimators': 150}
```

이것을 하이퍼파라미터 튜닝 **없이** 해당 파라미터에 대해 사이킷런의 기본값을 사용한 랜덤 포레스트 회귀 모델의 오류와 비교해보자. 보스턴 주택 가격 모델과 같은 작은 모델에서는 이러한 그리드 검색 방식이 문제 없이 작동하지만, 좀 더 복잡한 모델의 경우에서는 가능한 값의 범위가 모두 넓은 2개 이상의 하이퍼파라미터를 최적화할 필요가 있다. 결국 그리드 검색은 조합 폭증combinatorial explosion 으로 이어진다. 그리드에 하이퍼파라미터값을 추가함에 따라 시도 가능한 조합의 수와 그것들을 모두 처리하는 데 필요한 시간이 크게 늘어나는 것이다.

그리드 검색은 기본적으로 가능한 모든 값의 조합을 시도하는 무차별 대입brute force 방식이다. 이 방식의 또 다른 문제는 조합들을 선택할 때 적용되는 논리가 없다는 것이다. 모델의 오류가 특정 max_depth값 이후에 증가한다고 가정해보자. 그리드 검색 알고리즘은 이전 시행부터 학습하지 않았으므로, 특정 임곗값 이후에 max_depth값 시행을 중지해야 한다는 것을 모른다. 결과에 상관없이 제공된 모든 하이퍼파라미터를 가지고 학습을 시행할 것이다.

> **NOTE_** 사이킷런은 그리드 검색의 대안으로 랜덤 검색random search을 구현하는 RandomizedSearchCV를 지원한다. 이 방식은 모든 가능한 하이퍼파라미터 조합을 시행하는 대신, 각 하이퍼파라미터에 대해 무작위로 샘플링할 횟수를 결정한다. 사이킷런에서 랜덤 검색을 구현하려면 RandomizedSearchCV 인스턴스를 생성한 후 특정값 대신 **범위**를 지정하기 위해 grid_values와 유사한 dict를 인수로 전달한다. 랜덤 검색은 가능한 값 집합의 모든 조합을 시도하지 않기 때문에 그리드 검색보다 실행이 빠르지만, 임의로 선택된 항목에 최적의 하이퍼파라미터 조합이 포함되지 않을 가능성이 여전히 높다.

하이퍼파라미터를 제대로 조정하려면, 하이퍼파라미터의 최적 조합을 찾기 위하여 이전의 시행으로부터 학습하는 확장성 있는 솔루션이 필요하다.

4.6.2 솔루션

keras-tuner 라이브러리는 케라스에서 직접 하이퍼파라미터 검색을 수행하기 위한 베이지안 최적화Bayesian optimization를 구현한다. keras-tuner를 사용하려면 hp라는 하이퍼파라미터 인수를 포함시킬 함수 내부에 모델을 정의해야 한다(여기에서는 이 모델을 hp로 정의하자). 그런 다음 하이퍼파라미터의 이름, 자료형, 검색할 값 범위, 각 시행에서 값을 얼마나 증가시킬지 등 하이퍼파라미터를 포함하는 모든 함수에 hp를 사용할 수 있다.

케라스 모델에서 계층을 정의할 때는 하이퍼파라미터값을 하드 코딩하는 대신 하이퍼파라미터 변수를 사용하여 정의한다. 여기에서는 신경망의 첫 번째 은닉층에 있는 뉴런의 수를 조정하고자 한다.

```
keras.layers.Dense(hp.Int('first_hidden', 32, 256, step=32), activation='relu')
```

first_hidden은 하이퍼파라미터의 이름, 32는 최솟값, 256은 최댓값, 32는 증분에 해당한다. MNIST 분류 모델을 만드는 경우 keras-tuner에 전달하는 전체 함수는 다음과 같다.

```
def build_model(hp):
  model = keras.Sequential([
    keras.layers.Flatten(input_shape=(28, 28)),
    keras.layers.Dense(
      hp.Int('first_hidden', 32, 256, step=32), activation='relu'),
    keras.layers.Dense(
      hp.Int('second_hidden', 32, 256, step=32), activation='relu'),
    keras.layers.Dense(10, activation='softmax')
  ])

  model.compile(
    optimizer=tf.keras.optimizers.Adam(
      hp.Float('learning_rate', .005, .01, sampling='log')),
    loss='sparse_categorical_crossentropy',
    metrics=['accuracy'])

  return model
```

keras-tuner 라이브러리는 다양한 최적화 알고리즘을 지원한다. 여기서는 베이지안 최적화로 라이브러리를 인스턴스화하고 검증 정확도를 최적화한다.

```
import kerastuner as kt

tuner = kt.BayesianOptimization(
    build_model,
    objective='val_accuracy',
    max_trials=10
)
```

이 조정 작업을 실행하는 코드는 fit()를 사용하여 모델을 학습하는 것과 유사하다. 작업이 실행됨에 따라 각 시행에 대해 선택된 3개의 하이퍼파라미터값을 볼 수 있고, 작업이 완료되면 최상의 결과를 가져온 하이퍼파라미터 조합을 확인할 수 있다. [그림 4-23]에서 keras-tuner 를 사용한 단일 시행에 대한 예제 출력을 볼 수 있다.

```
Hyperparameters:
|-first_hidden: 35
|-learning_rate: 0.005798007789002127
|-second_hidden: 160
Epoch 1/10
1688/1688 [==============================] - 5s 3ms/step - loss: 1.5554 - accuracy: 0.7540 - val_loss: 0.4973 - val_accuracy: 0.8753
Epoch 2/10
1688/1688 [==============================] - 5s 3ms/step - loss: 0.4308 - accuracy: 0.8874 - val_loss: 0.3429 - val_accuracy: 0.9042
Epoch 3/10
1688/1688 [==============================] - 5s 3ms/step - loss: 0.3867 - accuracy: 0.9051 - val_loss: 0.2888 - val_accuracy: 0.9343
Epoch 4/10
1688/1688 [==============================] - 5s 3ms/step - loss: 0.3864 - accuracy: 0.9070 - val_loss: 0.2665 - val_accuracy: 0.9333
Epoch 5/10
1688/1688 [==============================] - 5s 3ms/step - loss: 0.4957 - accuracy: 0.8849 - val_loss: 0.3942 - val_accuracy: 0.9165
Epoch 6/10
1688/1688 [==============================] - 5s 3ms/step - loss: 0.4518 - accuracy: 0.8968 - val_loss: 0.3776 - val_accuracy: 0.9260
Epoch 7/10
1688/1688 [==============================] - 5s 3ms/step - loss: 0.4181 - accuracy: 0.9065 - val_loss: 0.3471 - val_accuracy: 0.9287
Epoch 8/10
1688/1688 [==============================] - 5s 3ms/step - loss: 0.4361 - accuracy: 0.9017 - val_loss: 0.3558 - val_accuracy: 0.9222
Epoch 9/10
1688/1688 [==============================] - 5s 3ms/step - loss: 0.4278 - accuracy: 0.9047 - val_loss: 0.3847 - val_accuracy: 0.9132
Epoch 10/10
1688/1688 [==============================] - 5s 3ms/step - loss: 0.4383 - accuracy: 0.9004 - val_loss: 0.4232 - val_accuracy: 0.9243

Trial complete

Trial summary
|-Trial ID: 9b9b7bb5dbeb5e2dff1cae569202b6a1
|-Score: 0.934333324432373
|-Best step: 0
```

그림 4-23 keras-tuner로 하이퍼파라미터 튜닝을 한 번 시행한 과정의 출력. 상단에서 선택한 하이퍼파라미터를 볼 수 있으며 요약 부분(Trial summary)에서 결과에 해당하는 최적화 지표를 볼 수 있다.

여기서 보여준 예 외에도 keras-tuner에는 여러 추가 기능이 있는데, 루프 내에서 hp.Int() 파라미터를 정의하면 여러 개의 계층으로 모델을 실험할 수 있으며 하이퍼파라미터의 범위 대신 고정된 값의 집합을 제공할 수도 있다. 또한 더 복잡한 모델의 경우 이 hp.Choice() 파라미터를 사용하여 BasicLSTMCell이나 BasicRNNCell과 같은 다양한 종류의 계층을 실험할 수 있다. keras-tuner는 케라스 모델을 학습할 수 있는 모든 환경에서 실행된다.

4.6.3 작동 원리

그리드 및 랜덤 검색은 시행착오를 통한 하이퍼파라미터 튜닝 방식보다 훨씬 효율적이지만, 여전히 상당한 학습 시간을 필요로 하며 대용량 하이퍼파라미터 검색 공간을 필요로 하는 모델에서는 비용 부담이 빠르게 증가한다.

생각해보면 머신러닝 모델과 하이퍼파라미터 검색 프로세스 모두가 최적화 문제다. 그렇다면 학습 데이터에서 모델이 학습하듯이, 주어진 가능한 값 범위 내에서 최적의 하이퍼파라미터 조합을 찾는 방법을 학습하는 접근 방식을 사용할 수 있다는 결론을 얻을 수 있다.

하이퍼파라미터 튜닝은 안쪽 루프가 일반적인 모델 학습으로 구성된 바깥쪽의 최적화 루프(그림 4-24)라고 볼 수 있다. 신경망은 파라미터를 최적화하는 모델로 표현할 수 있지만, 이 솔루션을 다른 유형의 머신러닝 모델에 적용할 수도 있다. 또한 가능한 하이퍼파라미터의 공간에서 단 하나의 최상의 모델을 선택하는 것이 일반적인 목적의 모델이라 하더라도, 어떤 경우에는 하이퍼파라미터 프레임워크를 사용하여 앙상블 역할을 할 수 있는 여러 모델을 만들어낼 수도 있다(앙상블 패턴에 대한 설명은 3장을 참조).

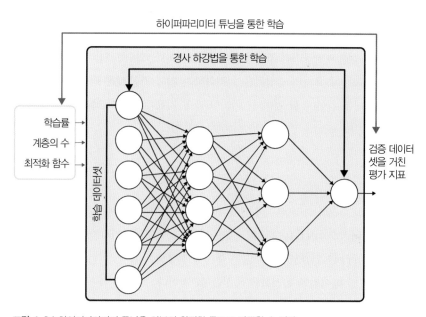

그림 4-24 하이퍼파라미터 튜닝은 외부의 최적화 루프로 간주할 수 있다.

비선형 최적화

조정해야 하는 하이퍼파라미터는 모델 아키텍처와 관련된 그룹과 모델 학습과 관련된 그룹으로 구분된다. 모델의 계층 수, 또는 계층당 뉴런 수와 같은 모델 아키텍처 하이퍼파라미터는 머신러닝 모델의 기초가 되는 수학적 함수를 제어한다. 에폭 수, 학습률, 배치 크기와 같은 모델 학습과 관련된 하이퍼파라미터는 학습 루프를 제어하며 경사 하강법 옵티마이저의 작동 방식과 관련이 있다. 이러한 두 유형의 파라미터를 모두 고려하면 일반적으로 이러한 하이퍼파라미터에 대해 전체 모델 함수를 미분할 수 없다는 점은 자명하다.

내부의 학습 루프는 미분이 가능하기에, 확률적 경사 하강법, SGD을 통해 최적의 파라미터 검색을 수행할 수 있다. SGD를 통해 학습시킨 머신러닝 모델의 한 단계는 몇 밀리초밖에 안 걸릴 수도 있다. 반면 하이퍼파라미터 튜닝 문제의 시행 1회는 수 시간이 소요될 수 있는 학습 데이터셋을 기반으로 하는 전체 모델에 대한 학습을 포함한다. 더구나, 하이퍼파라미터에 대한 최적화 문제는 미분할 수 없는 문제에 적용되는 비선형 최적화 방법을 통해서만 풀 수 있다.

비선형 최적화 방법을 사용하기로 결정하면 측정 지표의 선택 폭이 더 넓어진다. 측정 지표는 검증 데이터셋에서 평가하게 되는데, 이 지표가 반드시 학습 손실일 필요는 없다. 분류 모델의 경우 최적화 측정 지표가 정확도이므로, 손실 함수가 이진 크로스 엔트로피라 해도 가장 높은 모델 정확도로 이어지는 하이퍼파라미터 조합을 찾아야 할 것이다. 회귀 모델의 경우에는 손실 함수가 제곱 오차라 해도 절대 오차의 중앙값을 최적화하기 위해 **가장 낮은** 평균 제곱 오차를 생성하는 하이퍼파라미터를 찾아야 할 것이다. 이러한 측정 지표는 사업적 목적(예상 매출의 극대화, 사기로 인한 손실의 최소화 등)에 따라 선택할 수도 있다.

베이지안 최적화

베이지안 최적화는 블랙박스 함수를 최적화하는 기법으로 1970년대에 조나스 모쿠스Jonas Mockus가 처음 개발하였다(https://oreil.ly/Ak24H). 2012년에 하이퍼파라미터 튜닝에 처음으로 적용된 이래로(https://oreil.ly/KkGlG) 수많은 분야에 적용되어 왔다. 이번 절에서는 하이퍼파라미터 튜닝과 관련된 베이지안 최적화에 중점을 둘 것이다. ML 모델은 모델 내부 자체의 세부 정보를 알 필요 없이, 제공된 입력으로부터 출력셋을 생성한다. 이러한 맥락에서 보면 머신러닝 모델은 블랙박스 함수black-box function다. 그리고 ML 모델을 학습하는 과정을 목적 함수objective function 호출이라고 부른다.

베이지안 최적화의 목표는 모델을 가능한 한 적은 횟수로 학습시켜 비용을 줄이는 것이다. 모델의 입장에서는 새로운 하이퍼파라미터 조합을 시도할 때마다 모델의 전체 학습 주기를 실행해야 하며, 그로 인한 학습 비용이 크다. 앞의 사이킷런의 예와 같이 이미 학습시킨 모델에서는 이 비용이 크게 느껴지지 않겠지만, 수많은 프로덕션 모델에서는 학습 과정에 상당한 인프라와 시간이 필요하다.

베이지안 최적화는 새로운 하이퍼파라미터 조합을 시도할 때마다 모델을 학습하는 대신에 훨씬 적은 비용으로 실행할 수 있는, 모델을 모사한 새로운 함수를 정의한다. 이를 대리 함수surrogate function라 하며 대리 함수의 입력은 하이퍼파라미터값이고 출력은 최적화 지표다. 모델에서 학습 실행을 완료하기 **전에** 최적의 하이퍼파라미터 조합을 찾기 위해 대리 함수는 목적 함수보다 훨씬 더 자주 호출된다. 그리드 검색과 비교할 때, 이 방식은 각 시행마다 하이퍼파라미터를 선택하면서 오랜 컴퓨팅 시간을 소비한다. 하지만 다른 하이퍼파라미터를 시도할 때마다 목적 함수를 실행하는 것보다는 훨씬 학습 비용이 적기 때문에, 대리 함수를 사용하는 베이지안 접근 방식이 선호되고 있다. 대리 함수를 생성하는 일반적인 방식에는 가우시안Gaussian 프로세스(*https://oreil.ly/-Srjj*) 또는 트리 구조 파젠 추정기(*https://oreil.ly/UqxDd*)가 포함된다.

지금까지 베이지안 최적화의 몇몇 부분을 다루었지만, 이를 어떻게 사용해야 할까? 첫 단계는 최적화할 하이퍼파라미터를 선택하고 각 하이퍼파라미터에 대한 값 범위를 정의하는 일이다. 이 과정은 알고리즘이 최적의 값을 검색할 공간을 정의하는 것으로, 수동으로 직접 해야 한다. 또한 모델 학습 프로세스를 호출하는 코드에 해당하는 목적 함수를 정의해야 한다. 이 과정 이후에는 베이지안 최적화가 모델 학습 프로세스를 시뮬레이션하는 대리 함수를 만들고, 대리 함수를 사용해서 모델에서 실행할 최적의 하이퍼파라미터 조합을 결정한다. 베이지안 최적화는 하이퍼파라미터의 좋은 조합에 도달되면 모델에 대한 전체 학습을 실행(시행)한다. 이 결과는 대리 함수로 피드백되고 지정한 시행 횟수만큼 프로세스가 반복된다.

4.6.4 트레이드오프와 대안

하이퍼파라미터 튜닝을 위한 베이지언 방법의 대안으로 유전 알고리즘이 있지만, 베이지안 방법보다 모델 학습 실행을 더 많이 필요로 하는 경향이 있다. 다양한 ML 프레임워크로 만든 모델에서 하이퍼파라미터 튜닝 최적화를 위한 관리형 서비스를 사용하는 방법도 살펴보자.

완전 관리형 하이퍼파라미터 튜닝

keras-tuner는 병렬 시행을 지원하지 않으므로, 대규모 머신러닝 문제로 확장시키기 어렵고 모델 학습 시간이 수 시간 이상으로 증가함에 따라 기계적 오류 및 기타 실패 가능성이 늘어난다. 따라서 하이퍼파라미터 튜닝을 위해서는 블랙박스 최적화를 제공하는 완전 관리형 방식이 보다 유용할 것이다. 베이지안 최적화를 구현하는 관리형 서비스의 예로는 구글 클라우드 AI 플랫폼에서 제공하는 하이퍼파라미터 튜닝 서비스가 있다(*https://oreil.ly/MO8FZ*). 이 서비스는 구글 내부에서 사용되는 블랙박스 최적화 도구인 비지어[Vizier](*https://oreil.ly/tScQa*)를 기반으로 한다.

이 클라우드 서비스는 **keras-tuner**와 비슷하다. 각 하이퍼파라미터의 이름, 유형, 범위, 규모를 지정하면 모델 학습 코드가 해당값을 참조한다. 지금부터 빅쿼리 출생률 데이터셋에서 학습시킨 신생아 체중 예측 파이토치 모델을 사용하여 AI 플랫폼으로 하이퍼파라미터 튜닝을 실행하는 방법을 살펴보자.

첫 단계는 작업에 대한 다른 메타데이터와 함께 최적화할 하이퍼파라미터를 지정하는 *config.yaml* 파일을 만드는 것이다. 클라우드 서비스 사용의 한 가지 이점은 GPU 또는 TPU에서 실행되는 덕택에 여러 파라미터 서버에 분산하여 튜닝 작업을 확장할 수 있다는 것이다. 해당 *config* 파일에 실행할 하이퍼파라미터의 전체 시행 횟수와 병렬로 실행할 시행 횟수도 지정한다. 병렬 시행 횟수가 많을수록 작업이 빨라지지만, 상대적으로 적은 병렬 시행 횟수로 **trial**을 수행하면 다음 최적화를 위하여 이전 시행의 결과를 반영할 수 있다는 이점도 생긴다.

GPU를 사용하는 샘플 **config** 파일은 다음과 같다. 이 예에서 조정하는 하이퍼파라미터는 총 세 가지로, 모델의 학습률, 옵티마이저의 모멘텀값(*https://oreil.ly/8mHPQ*), 모델의 은닉층에 있는 뉴런 수가 있다. 또한 최적화 지표도 지정한다. 이 예에서의 목표는 검증 데이터셋에서 모델의 손실을 **최소화**하는 것이다.

```
trainingInput:
  scaleTier: BASIC_GPU
  parameterServerType: large_model
  workerCount: 9
  parameterServerCount: 3
  hyperparameters:
    goal: MINIMIZE
    maxTrials: 10
    maxParallelTrials: 5
    hyperparameterMetricTag: val_error
    enableTrialEarlyStopping: TRUE
    params:
    - parameterName: lr
      type: DOUBLE
```

```
      minValue: 0.0001
      maxValue: 0.1
      scaleType: UNIT_LINEAR_SCALE
    - parameterName: momentum
      type: DOUBLE
      minValue: 0.0
      maxValue: 1.0
      scaleType: UNIT_LINEAR_SCALE
    - parameterName: hidden-layer-size
      type: INTEGER
      minValue: 8
      maxValue: 32
      scaleType: UNIT_LINEAR_SCALE
```

NOTE_ 해당값을 *config* 파일로 정의하는 대신, AI 플랫폼 파이썬 API를 사용하여 이 작업을 수행할 수도 있다.

이렇게 하려면 위 파일에서 정의한 인수를 지정하는 코드에 인수 파서를 추가한 다음, 모델 코드 전체에 있는 하이퍼파라미터를 참조하게 해야 한다.

다음으로, SGD 옵티마이저와 함께 파이토치의 nn.Sequential API를 사용하여 모델을 만들자. 이 모델은 신생아 체중을 **부동 소수점 자료형으로** 예측하므로 회귀 모델에 해당한다. 인수 파서에 정의된 변수를 포함하는 args 변수를 사용하여 각 하이퍼파라미터를 지정한다.

```
import torch.nn as nn

model = nn.Sequential(nn.Linear(num_features, args.hidden_layer_size),
                      nn.ReLU(),
                      nn.Linear(args.hidden_layer_size, 1))

optimizer = torch.optim.SGD(model.parameters(), lr=args.lr,
                            momentum=args.momentum)
```

모델 학습 코드의 끝에서 HyperTune()의 인스턴스를 만들어서 최적화하고자 하는 지표를 알려준다. 이렇게 하면 매 학습을 마친 후에 최적화 지표 결과를 보고하게 된다. 어떤 최적화 지표든, 학습 데이터셋이 아닌 테스트 또는 검증 데이터셋에서 계산하는 것이 중요하다.

```
import hypertune

hpt = hypertune.HyperTune()

val_mse = 0
num_batches = 0

criterion = nn.MSELoss()

with torch.no_grad():
    for i, (data, label) in enumerate(validation_dataloader):
        num_batches += 1
        y_pred = model(data)
        mse = criterion(y_pred, label.view(-1,1))
        val_mse += mse.item()

    avg_val_mse = (val_mse / num_batches)

hpt.report_hyperparameter_tuning_metric(
    hyperparameter_metric_tag='val_mse',
    metric_value=avg_val_mse,
    global_step=epochs
)
```

AI 플랫폼에 학습 작업을 제출하면 클라우드 콘솔^{Cloud Console}에서 로그를 모니터링할 수 있다. 각각의 시행이 끝나면 [그림 4-25]와 같이 선택한 각 하이퍼파라미터값과 최적화 지표 결괏값을 볼 수 있다.

HyperTune trials

		Trial ID	avg_val_mse ↑	Training step	lr	momentum	hidden-layer-size	
○	✓	6	1.58062	10	0.04151	0.37651	31	⋮
○	✓	7	1.58216	10	0.00821	0.97651	19	⋮
○	✓	1	1.58262	10	0.00547	0.90981	30	⋮
○	✓	10	1.58374	10	0.07828	0.69754	24	⋮
○	✓	4	1.58463	10	0.00905	0.4407	20	⋮
○	✓	2	1.59563	10	0.07565	0.0407	14	⋮
○	✓	3	1.60248	10	0.04235	0.6407	26	⋮
○	✓	9	1.60607	10	0.05561	0.62768	19	⋮
○	✓	8	1.61204	10	0.06797	0.85666	22	⋮
○	✓	5	1.80907	10	0.0484	0.29004	27	⋮

그림 4-25. AI 플랫폼 콘솔의 HyperTune() 결과 예시. 파이토치 모델의 검증 데이터셋에서 평균 제곱 오차를 최소화하는 것을 목표로 세 가지 모델 파라미터를 최적화하였다.

기본적으로 AI 플랫폼은 튜닝 작업에 베이지안 최적화를 사용하지만, 원한다면 그리드 검색 또는 랜덤 검색 알고리즘을 사용할 수도 있다. 또한 클라우드 서비스는 여러 학습 작업 전반에 걸쳐서 하이퍼파라미터 검색을 최적화한다. 하이퍼파라미터와 검색 공간을 약간만 변경하여 위와 **유사한** 다른 학습 작업을 실행하면, 마지막 작업의 결과를 사용하여 다음 시행에 대한 하이퍼파라미터값을 효율적으로 선택한다.

여기서는 파이토치의 예를 살펴보았지만, 학습 코드를 패키징하고 모든 라이브러리 종속성을 설치하는 *setup.py* 파일을 제공하면 어떤 머신러닝 프레임워크에서도 하이퍼파라미터 튜닝에 AI 플랫폼을 사용할 수 있다.

유전 알고리즘

지금까지 하이퍼파라미터 최적화를 위한 알고리즘으로 수동 검색, 그리드 검색, 랜덤 검색, 베이지안 최적화를 알아보았다. 여기에 더해서, 흔하지는 않지만 또 다른 방법으로 찰스 다윈Charles Darwin의 진화론에 기초한 알고리즘인 유전 알고리즘genetic algorithm이 있다. '적자 생존survival of the fittest'으로도 알려진 진화론은 인구 중 가장 뛰어난(가장 적응력이 강한) 구성원만이 생존하여 자신의 유전자를 미래 세대에 전달하고, 그렇지 않은 구성원은 유전자를 전달하지 못한다는 이론이다. 유전 알고리즘은 하이퍼파라미터 튜닝을 포함한 다양한 유형의 최적화 문제에 적용되었다.

유전 알고리즘을 통한 하이퍼파라미터 검색은 먼저 적합성 함수fitness function의 정의에서 시작한다. 이 함수는 특정 시행의 품질을 측정하며 일반적으로 정확도, 오류 등 모델의 최적화 지표로 정의할 수 있다. 적합성 함수를 정의한 후 검색 공간에서 무작위로 하이퍼파라미터 조합을 몇 가지 선택하여 해당 조합에 대해 학습 시행을 진행한다. 그 다음 최상의 지표를 보인 시행에서 하이퍼파라미터를 가져오고, 해당값을 사용하여 새 검색 공간을 정의한다. 해당 검색 공간은 다음 시행에 사용할 새로운 값 조합 생성에 사용하는 새로운 '모집단population'이 된다. 요구 조건에 충족되는 결과가 도출될 때까지 시행 횟수를 줄여가면서 이 과정을 계속한다.

유전 알고리즘은 이전 실험의 결과를 사용하여 개선하기 때문에 수동 검색, 그리드 검색, 무작위 검색보다 '스마트'한 반면, 하이퍼파라미터 검색 공간이 크면 유전 알고리즘의 복잡성이 증가한다. 베이지안 최적화가 모델 학습을 위해 대리 함수를 사용하는 반면, 유전 알고리즘은 가능한 각 하이퍼파라미터값 조합에 대해 모델을 직접 학습시켜야 한다. 또한 이 책을 쓰는 현시점 기준으로 아직 유전 알고리즘은 그다지 보편적이지 않으며 하이퍼파라미터 튜닝을 즉시 지원하는 ML 프레임워크가 많지 않다는 단점이 있다.

4.7 마치며

이 장에서는 머신러닝의 일반적인 SGD 학습 루프를 수정하는 디자인 패턴을 주로 살펴보았다. 먼저 과대적합이 유익한 상황을 다루는 **유용한 과대적합** 디자인 패턴을 다루었다. 머신러닝과 같은 데이터 기반 방법을 사용하여 복잡한 동적 시스템 또는 전체 입력 공간을 다룰 수 있는 PDE의 해를 근사할 때의 목표는 학습 데이터셋에 대한 과대적합이다. 과대적합은 ML 모델 아키텍처를 개발하고 디버깅할 경우에도 유용하다. 다음으로, 모델 **체크포인트** 디자인 패턴과 이를 ML 모델 학습에 사용하는 방법에 대해 다루었다. 이 디자인 패턴에서는 학습 중에 모델의 전체 상태를 주기적으로 저장한다. 이러한 체크포인트를 조기 종료의 경우에는 최종 모델로 사용할 수 있고, 학습 실패 또는 미세 조정의 경우에는 시작점으로 사용할 수 있다.

전이 학습 디자인 패턴은 이미 학습을 완료한 모델을 부분적으로 재사용하는 방법이다. 전이 학습은 자체 데이터셋이 충분하지 않을 때 사전 학습된 모델의 학습된 특징 추출 계층을 활용하는 유용한 방법이다. 또한 대규모 일반 데이터셋에서 사전에 학습된 모델을 보다 전문화된 데이터셋을 사용해서 미세 조정하는 데 사용할 수도 있다. 다음으로 **분산 전략** 디자인 패턴을 다루었다. 크고 복잡한 신경망을 학습시키는 데에는 상당한 시간이 걸린다. 분산 전략은 병렬화와 하드웨어 가속기를 사용하여 여러 워커가 대규모로 학습 루프를 수행하도록 하는 다양한 방법을 담고 있다.

마지막으로 **하이퍼파라미터 튜닝** 디자인 패턴에서는 SGD 교육 루프 자체에서 모델 하이퍼파라미터를 최적화할 수 있는 방법을 다루었다. 케라스 및 파이토치로 생성한 모델을 예로 들어 하이퍼파라미터 튜닝을 구현하는 데 사용할 수 있는 유용한 라이브러리를 살펴보았다.

다음 장에서는 모델을 프로덕션에 배포할 때 **탄력성**(대량 요청, 급증하는 트래픽, 변경 관리)을 갖추기 위한 디자인 패턴을 살펴본다.

## CHAPTER 5

탄력성 디자인 패턴

머신러닝 모델의 목적은 학습시키지 않은 실제 데이터를 추론하는데 사용하는 것이다. 따라서 모델을 학습시킨 후에는 일단 일반적으로 프로덕션 환경에 배포하고, 수신된 요청에 대한 응답으로 예측을 수행한다. 프로덕션 환경에 배포된 소프트웨어는 탄력성이 뛰어나며 실행을 유지하기 위해 사람의 개입이 거의 필요하지 않다. 이 장의 디자인 패턴은 프로덕션 ML 모델과 관련된 다양한 상황에서 탄력성과 관련된 문제를 해결한다.

스테이트리스 서빙 함수stateless serving function 디자인 패턴을 사용하면 초당 수천에서 수백만 개의 예측 요청을 서빙 인프라가 확장하고 처리할 수 있다. 또한 **배치 서빙**batch serving 디자인 패턴을 사용해 수백만에서 수십억 개의 예측에 대한 정기적/비정기적 요청을 비동기식으로 처리할 수 있다. 이와 같은 패턴은 머신러닝 모델의 작성자와 사용자 간의 결합을 줄여준다는 점에서 탄력성 이상의 의미를 갖는다.

다음으로, **연속 모델 평가**continued model evaluation 디자인 패턴은 배포된 모델이 의도한 대로 동작하는지를 감지해 일반적인 문제를 처리한다. 또한, 여러 대의 분산된 기기에 모델을 배포할 경우에는 **2단계 예측**two-phase prediction 디자인 패턴을 사용할 수 있다. 이를 통해 모델의 정교함과 성능 유지 문제를 다루게 된다. 끝으로, 지금까지 논의한 다양한 디자인 패턴을 확장 가능하게 구현하기 위해 **키 기반 예측**keyed prediction 디자인 패턴이 필요하다.

5.1 디자인 패턴 16: 스테이트리스 서빙 함수

프로덕션 ML 시스템에서 스테이트리스 서빙 함수stateless serving function 디자인 패턴을 사용해 초당 수천에서 수백만 개의 예측 요청을 동기식으로 처리할 수 있다. 이와 같은 프로덕션 ML 시스템은 스테이트리스 함수 중심으로 설계되는데, 이를 통해 학습된 모델의 아키텍처와 가중치를 구하게 된다.

스테이트리스 함수

스테이트리스 함수는 입력에 의해 출력이 결정되는 함수다. 예를 들어 아래의 함수는 스테이트 리스다.

```python
def stateless_fn(x):
    return 3*x + 15
```

스테이트리스 함수를 이해하는 또 다른 방법으로는 가중치와 편향이 상수로 저장되는 불변 객체를 가정하는 것이 있다.

```python
class Stateless:
    def __init__(self):
        self.weight = 3
        self.bias = 15
    def __call__(self, x):
        return self.weight*x + self.bias
```

아래의 예는 스테이트풀 함수의 예다. 호출된 횟수인 카운터를 유지하고 카운터가 홀수인지 짝수인지 여부에 따라 다른 값을 반환하기 때문에, 상태에 따라 출력값이 변화하는 것을 확인할 수 있다.

```python
class State:
    def __init__(self):
        self.counter = 0
    def __call__(self, x):
        self.counter += 1
        if self.counter % 2 == 0:
```

```
            return 3*x + 15
        else:
            return 3*x - 15
```

stateless_fn(3) 또는 Stateless()(3)를 호출하면 항상 24가 반환된다.

```
a = State()
```

반면에 a = State()를 호출하고 아래의 코드를 실행하면 어떨까?

```
a(3)
```

−6 또는 24를 반환한다. 이 경우 카운터가 함수의 상태이며, 출력값은 입력 (x) 및 상태 (counter)값에 따라 달라진다. 일반적으로 상태는 이 예제처럼 클래스 변수를 쓰거나 전역 변수를 사용하여 유지한다.

스테이트리스 구성 요소에는 어떠한 상태도 없기 때문에 여러 클라이언트가 공유할 수 있다. 서버는 일반적으로 스테이트리스 구성 요소의 인스턴스 풀을 생성하여 들어오는 클라이언트 요청을 처리한다. 반면에 스테이트풀 구성 요소는 각 클라이언트의 대화 상태를 나타내야 한다. 여기에서 스테이트리스 구성 요소의 수명 주기는 서버에서 관리해야 하는데, 예를 들면 첫 번째 요청에서 초기화된 뒤, 클라이언트가 종료되거나 시간이 초과될 때 삭제되어야 한다. 이러한 요인으로 인해 스테이트리스 구성 요소는 확장성이 높은 반면 스테이트풀 구성 요소는 비용이 많이 들고 관리에 어려움이 따른다. 때문에 엔터프라이즈 애플리케이션을 설계할 때 아키텍트는 스테이트풀 구성 요소의 수를 최소화하기 위해 주의를 기울이곤 한다. 이를테면 웹 애플리케이션은 종종 REST API를 기반으로 작동하도록 설계되며, 여기에는 각 호출마다 클라이언트에서 서버로의 상태 전송이 포함된다.

머신러닝 모델에서는 학습 중에 도출된 상태가 다수 존재한다. 예를 들면 에폭 수나 학습률 같은 것들이 모델 상태의 일부인데, 일반적으로 학습률은 각 세대마다 감소하므로 기억해야만 하는 정보다. 우리가 모델을 스테이트리스 함수로 내보내야 한다고 말함으로써, 모델 프레임워크 작성자에게 이러한 상태 저장 변수를 추적함과 동시에 내보낸 파일에는 포함하지 않도록 요구하게 된다.

스테이트리스 함수를 사용하면 서버 코드를 단순화하고 확장성을 높일 수 있지만 클라이언트 코드를 더 복잡하게 만들 수도 있다. 예를 들어 일부 모델 함수는 본질적으로 스테이트풀이다. 단어를 입력받아 올바른 형태로 바꿔주는 맞춤법 교정 모델은 문맥에 따라 'there'를 'their'로 수정하기 위해 이전 몇 단어를 알아야 하므로 상태 저장이 필요하다. 시퀀스에서 작동하는 모델은 순환 신경망 같은 특수 구조를 사용하여 기록을 유지한다. 이러한 경우 모델을 스테이트리스 함수로 내보내려면 입력을 단일 단어에서 문장으로 변경하는 등의 작업이 필요하다. 즉, 맞춤법 교정 모델의 클라이언트는 상태 관리와 더불어 단어 시퀀스 수집 및 문장 구분을 위해 모든 요청과 함께 전송해야 한다. 나중에 추가되는 콘텍스트로 인해 최종 클라이언트 복잡성은 이전 단어로 돌아가서 교정을 하는 시점에 가장 잘 드러나게 된다.

5.1.1 문제

학습 데이터로 인터넷 영화 데이터베이스(IMDb)의 리뷰를 사용하는 텍스트 분류 모델을 살펴보자. 모델의 초기 계층의 경우 텍스트를 20차원 임베딩 벡터에 매핑하는 사전 학습된 임베딩을 사용하기로 한다.[1]

```
model = tf.keras.Sequential()
embedding = (
        "https://tfhub.dev/google/tf2-preview/gnews-swivel-20dim-with-oov/1")
hub_layer = hub.KerasLayer(embedding, input_shape=[],
                              dtype=tf.string, trainable=True, name='full_text')
model.add(hub_layer)
model.add(tf.keras.layers.Dense(16, activation='relu', name='h1_dense'))
model.add(tf.keras.layers.Dense(1, name='positive_review_logits'))
```

텐서플로 허브에서 가져온 임베딩 계층은 학습이 가능하다고 표시된 것으로, 추가적으로 IMDb 리뷰에서 찾은 단어들로 미세 조정(4.4절 참조)을 진행할 수 있다. 후속 계층은 하나의 은닉층과 로짓 출력층으로 구성된 단순한 신경망으로, 이를 통해 영화 리뷰가 긍정적인지 부정적인지 예측하는 모델을 학습시킬 수 있다.

---

1 전체 코드는 다음을 참고. *https://github.com/GoogleCloudPlatform/ml-design-patterns/blob/master/05_resilience/ serving_function.ipynb*

모델 학습이 완료되면, 리뷰가 얼마나 긍정적인지에 대한 추론을 수행할 수 있다.

```
review1 = 'The film is based on a prize-winning novel.'
review2 = 'The film is fast moving and has several great action scenes.'
review3 = 'The film was very boring. I walked out half-way.'
logits = model.predict(x=tf.constant([review1, review2, review3]))
```

결과는 다음과 같은 2D 배열이다.

```
[[ 0.6965847]
 [ 1.61773  ]
 [-0.7543597]]
```

앞에서 설명한 대로 메모리 내 객체(또는 메모리에 로드된 학습 가능한 객체)에서 **model.predict()**를 호출하여 추론을 수행하는 데는 몇 가지 문제가 있다.

- 텍스트 임베딩 계층은 영어 전체 어휘에 대한 임베딩을 저장해야 하기 때문에 상당히 클 수 있다. 또한 계층이 많은 딥러닝 모델도 상당히 클 수 있다.
- 앞의 아키텍처에서는 predict() 메서드에 대한 호출을 하나씩 전송해야 하므로 달성할 수 있는 최소 지연 시간에 제한이 생긴다.
- 데이터 과학자가 선택한 프로그래밍 언어는 파이썬이지만 모델 추론의 경우 달라질 수 있다. 다른 언어를 선호하는 개발자가 작성한 프로그램이나 안드로이드 또는 iOS와 같은 모바일 플랫폼에서도 호출될 가능성이 높다.
- 학습에 가장 효과적인 모델 입력 및 출력 형식이 정작 실제 사용에 있어서는 사용자 친화적이지 않을 수 있다. 이번 예제에서는 모델 출력층에서 경사 하강법이 더 적합하기 때문에 로짓(*https://oreil.ly/qCWdH*)을 사용하였다. 이것이 출력 배열의 두 번째 숫자가 1보다 큰 이유다. 하지만 클라이언트가 일반적으로 원하는 출력 형태는 확률로 나타나는 범위가 0에서 1인 시그모이드다. 이런 이유로 클라이언트 코드를 최대한 간단하게 유지하기 위해 서버 쪽에서의 후처리 수행을 원할 것이다. 마찬가지로, 모델은 압축된 이진 레코드에서 학습되었지만 프로덕션 환경에서는 JSON처럼 직관적인 파일 형식을 처리하고 싶을 수도 있다.

5.1.2 솔루션

솔루션은 다음 단계로 구성된다.

> 1 모델의 수학적 핵심을 파악하고 프로그래밍 언어에 구애받지 않는 형식으로 모델을 내보낸다.
>
> 2 프로덕션 시스템에서 모델의 '순방향' 계산으로만 구성된 공식이 스테이트리스 함수로 복원된다.
>
> 3 스테이트리스 함수는 REST 엔드포인트를 제공하는 프레임워크에 배포된다.

모델 내보내기

솔루션의 첫 번째 단계는 모델의 수학적 핵심을 유지한 채 이를 내보내는 것이다(텐서플로는 SavedModel(*https://oreil.ly/9TjS3*) 형식을 사용하지만 ONNX(*https://onnx.ai/*) 포맷으로도 가능하다). 전체 모델 상태 정보인 학습 속도, 드롭아웃, 단락 등은 저장할 필요가 없다(입력에서 출력을 계산하는 데 필요한 수학 공식만 있으면 된다). 일반적으로 학습된 가중 칫값은 수학 공식에서 상수 역할을 수행한다.

케라스에서는 다음 코드를 통해 모델을 내보낼 수 있다.

```
model.save('export/mymodel')
```

플랫폼 중립적이고 효율적인 복원 메커니즘을 위해 SavedModel 형식은 프로토콜 버퍼(*https://oreil.ly/g3Vjc*)에 의존한다. 즉, model.save() 메서드는 모델을 프로토콜 버퍼(확장자 .pb 포함)로 작성한 뒤, 학습된 가중치, 어휘 등을 표준 디렉터리 구조의 외부 파일로 저장한다.

```
export/.../variables/variables.data-00000-of-00001
export/.../assets/tokens.txt
export/.../saved_model.pb
```

파이썬에서의 추론

이렇게 내보낸 모델은 프로덕션 시스템에서 프로토콜 버퍼와 다른 연관 파일들로부터 복원된다. 이는 특정 모델 서명을 준수하는 입출력 변수명과 데이터 유형을 가진 스테이트리스 함수다.

텐서플로 saved_model_cli 도구를 통해 내보낸 파일을 검사하고 모델 서빙에 사용할 수 있는 스테이트리스 함수의 서명을 정할 수 있다.

```
saved_model_cli show --dir ${export_path} \
    --tag_set serve --signature_def serving_default
```

코드 실행 결과는 다음과 같다.

```
The given SavedModel SignatureDef contains the following input(s):
  inputs['full_text_input'] tensor_info:
      dtype: DT_STRING
      shape: (-1)
      name: serving_default_full_text_input:0
The given SavedModel SignatureDef contains the following output(s):
  outputs['positive_review_logits'] tensor_info:
      dtype: DT_FLOAT
      shape: (-1, 1)
      name: StatefulPartitionedCall_2:0
Method name is: tensorflow/serving/predict
```

서명은 예측 방법이 문자열인 단일 요소 배열(full_text_input)을 입력으로 취하고 이름이 positive_review_logits인 부동 소수점 숫자 하나를 출력하도록 한다. 이 이름은 케라스 계층에서 할당한 이름에서 비롯된다.

```
hub_layer = hub.KerasLayer(..., name='full_text')
...
model.add(tf.keras.layers.Dense(1, name='positive_review_logits'))
```

서빙 함수를 얻고 이를 추론에 사용하는 방법은 다음과 같다.

```
serving_fn = tf.keras.models.load_model(export_path). \
                    signatures['serving_default']
outputs = serving_fn(full_text_input=
                    tf.constant([review1, review2, review3]))
logit = outputs['positive_review_logits']
```

서빙 함수 코드에서 입출력 이름을 사용하는 방법에 유의하자.

웹 엔드포인트 생성하기

위의 코드는 웹 애플리케이션 또는 구글 앱 엔진Google App Engine, 헤로쿠Heroku, AWS 람다, 애저 펑션Azure Functions, 구글 클라우드 펑션Google Cloud Functions, 클라우드 런Cloud Run 등과 같은 서버리스 프레임워크에 넣을 수 있다. 이와 같은 프레임워크의 공통점은 개발자가 실행해야 하는 함수를 구체적으로 지정할 수 있다는 것이다. 게다가 낮은 지연 시간으로 초당 많은 수의 예측 요청을 처리할 수 있도록 인프라 오토스케일링도 지원한다.

예를 들어 다음과 같이 클라우드 펑션 내에서 서빙 함수를 호출할 수 있다.

```
serving_fn = None
def handler(request):
    global serving_fn
    if serving_fn is None:
        serving_fn = (tf.keras.models.load_model(export_path)
                                .signatures['serving_default'])
    request_json = request.get_json(silent=True)
    if request_json and 'review' in request_json:
        review = request_json['review']
        outputs = serving_fn(full_text_input=tf.constant([review]))
        return outputs['positive_review_logits']
```

서빙 함수를 전역 변수(또는 싱글톤 클래스)로 정의할 때는 매 요청마다 다시 로드되지 않도록 주의해야 한다. 실제로 서빙 함수는 첫 실행인 경우에만 구글 클라우드 스토리지Google Cloud Storage의 내보내기 경로에서 다시 로드된다.

5.1.3 작동 원리

지금까지 모델을 스테이트리스 함수로 내보낸 뒤 웹 애플리케이션 프레임워크에 해당 함수를 배포하는 접근 방식을 살펴보았다. 이는 웹 애플리케이션 프레임워크가 오토스케일링을 제공하고 완전히 관리될 수 있으며 언어 중립적이기 때문에 가능한 일이다. 이와 같은 방식은 머신러닝 경험이 없는 소프트웨어 및 비즈니스 개발 팀에도 익숙하다는 장점을 지니고 있으며, 또한 애자일 방법론 기반의 개발에도 이점이 있다. ML 엔지니어 또는 데이터 과학자는 독립적으로 모델을 변경할 수 있으며 애플리케이션 개발자는 엔드포인트를 변경하기만 하면 되기 때문이다.

오토스케일링

웹 엔드포인트를 초당 수백만 개의 요청으로 확장하는 것은 잘 알려진 엔지니어링 문제다. 때문에 머신러닝에 맞는 고유한 서비스를 처음부터 구축하는 대신 수십 년에 걸친 엔지니어링 경험이 녹아있는 탄력적인 웹 애플리케이션 및 웹 서버를 구축하는 방식을 활용할 수 있다. 클라우드 제공 업체는 최소한의 준비 시간으로 웹 엔드포인트를 효율적으로 자동 확장하는 방법을 알고 있다.

심지어 서빙 시스템을 직접 작성할 필요도 없다. 대부분의 최신 엔터프라이즈 머신러닝 프레임워크에는 서빙 하위 시스템이 함께 제공된다. 예를 들어 텐서플로는 텐서플로 서빙^{TensorFlow Serving}을, 파이토치의 경우 토치서브^{TorchServe}를 제공한다. 이러한 하위 시스템을 사용하는 경우, 내보낸 파일만 제공하면 소프트웨어가 웹 엔드포인트 생성을 처리한다.

완전 관리형 서비스

클라우드 플랫폼은 텐서플로 서빙과 같은 구성 요소의 관리 및 설치를 손쉽게 할 수 있도록 추상화한다. 이를테면, 구글 클라우드 환경에서 서빙 함수를 REST API로 배포하는 것은 다음의 SavedModel의 위치를 전달하는 커맨드를 실행하는 것만으로도 충분하다.

```
gcloud ai-platform versions create ${MODEL_VERSION} \
      --model ${MODEL_NAME} --origin ${MODEL_LOCATION} \
      --runtime-version $TFVERSION
```

아마존 세이지메이커^{SageMaker}에서 텐서플로의 SavedModel 배포를 다음의 코드를 통해 간단히 진행할 수 있다.

```
model = Model(model_data=MODEL_LOCATION, role='SomeRole')
predictor = model.deploy(initial_instance_count=1,
                         instance_type='ml.c5.xlarge')
```

REST 엔드포인트가 준비되면 다음과 같은 JSON 형식으로 예측 요청을 보낼 수 있다.

```
{"instances":
  [
      {"reviews": "The film is based on a prize-winning novel."},
      {"reviews": "The film is fast moving and has several great action scenes."},
      {"reviews": "The film was very boring. I walked out half-way."}
  ]
}
```

JSON 구조로 된 예측값도 반환받을 수 있다.

```
{"predictions": [{ "positive_review_logits": [0.6965846419334412]},
                 {"positive_review_logits": [1.6177300214767456]},
                 {"positive_review_logits": [-0.754359781742096]}]}
```

TIP 우리는 클라이언트가 여러 인스턴스에 JSON 요청을 보내는 배치 처리batching를 허용할 수 있다. 이를 통해 클라이언트에게 '높은 처리량과 적은 네트워크 호출 수'와 '병렬화 증가 및 요청당 적은 인스턴스 수' 간에 선택 권을 부여할 수 있다.

배치 처리 외에도 성능을 향상시키거나 비용을 낮추는 다른 방법이 있다. 예를 들어 더 강력한 GPU가 있는 머신을 사용하면 일반적으로 딥러닝 모델의 성능을 개선하는 데 도움이 된다. 또한 여러 개의 가속기나 스레드가 있는 시스템을 선택하면 초당 요청 수를 개선하는 데 도움이 된다. 자동 확장 클러스터를 사용하면 급증하는 워크로드에 대한 비용을 줄일 수 있다. 이러한 종류의 조정은 종종 MLOps나 데브옵스DevOps 팀에서 수행하는데, 일부는 ML에 특화된 작업이고 일부는 그렇지 않다.

언어 중립성

모든 최신 프로그래밍 언어는 REST를 사용할 수 있으며 필요한 HTTP 스텁stub을 자동 생성하기 위해 검색 서비스가 제공된다. 따라서 파이썬 클라이언트는 다음과 같이 REST API를 호출할 수 있다. 아래 코드에는 특정 프레임워크가 없는데, 클라우드 서비스는 ML 모델의 세부 사항을 추상화하므로 케라스 또는 텐서플로에 대한 참조를 제공할 필요가 없다.

```
credentials = GoogleCredentials.get_application_default()
api = discovery.build("ml", "v1", credentials = credentials,
        discoveryServiceUrl = "https://storage.googleapis.com/cloud-
```

```
ml/discovery/ml_v1_discovery.json")

request_data = {"instances":
 [
  {"reviews": "The film is based on a prize-winning novel."},
  {"reviews": "The film is fast moving and has several great action scenes."},
  {"reviews": "The film was very boring. I walked out half-way."}
 ]
}

parent = "projects/{}/models/imdb".format("PROJECT", "v1")
response = api.projects().predict(body = request_data,
                                  name = parent).execute()
```

위의 코드는 여러 언어로 작성할 수 있다(사용자가 파이썬에 다소 익숙하다고 가정하므로 파이썬 코드를 예로 들었다). 이 책이 작성되는 시점에 개발자는 자바Java, PHP, .NET, 자바스크립트JavaScript, 오브젝티브-CObjective-C, 다트Dart, 루비Ruby, Node.js, Go 등에서 Discovery API (*https://oreil.ly/zCZir*)에 접근할 수 있다.

강력한 생태계

이미 웹 애플리케이션 프레임워크가 널리 사용되고 있기 때문에 사용량 측정, 모니터링, 관리 등에 사용할 수 있는 도구가 많다. ML 모델을 웹 애플리케이션 프레임워크에 배포하면 SRE(소프트웨어 안정성 엔지니어), IT 관리자 및 데브옵스 팀원에게 익숙한 도구를 사용하여 모델을 모니터링하고 조절할 수 있다. 그들은 머신러닝에 대해 아무것도 알 필요가 없다.

마찬가지로 사업 개발 팀원은 API 게이트웨이를 사용하여 웹 애플리케이션 사용량을 측정하고 수익을 창출하는 방법을 알고 있다. 이들은 도메인 지식을 활용하여 사용량을 측정하고 이를 수익화 등에 적용할 수 있다.

5.1.4 트레이드오프와 대안

데이비드 휠러David Wheeler의 농담(*https://oreil.ly/uskud*)처럼 컴퓨터 과학의 모든 문제에 대한 솔루션은 간접적인 수준을 추가하는 것이다. 내보낸 스테이트리스 함수 사양의 도입은 추가 수준의 간접 지정을 제공한다. 스테이트리스 함수 디자인 패턴을 사용하면 ML 모델이 수행하는 작업을 넘어 사전 및 사후 처리와 같은 추가 기능을 제공하도록 서빙의 서명을 변경할 수 있다. 실제로 이 디자인 패턴을 사용하여 모델에 대한 여러 엔드포인트를 제공할 수 있다. 이는 일반적으로 긴 시간 동안 실행되는 쿼리와 관련된 시스템(예: 데이터 웨어하우스)에서 지연 시간이 짧은 온라인 예측 서비스를 만드는 데 도움이 될 수 있다.

사용자 정의 서빙 함수

텍스트 분류 모델의 출력 계층은 출력이 $(-\infty, \infty)$ 범위에 있는 완전 연결 계층이다.

```
model.add(tf.keras.layers.Dense(1, name='positive_review_logits'))
```

손실 함수는 다음을 고려한다.

```
model.compile(optimizer='adam',
              loss=tf.keras.losses.BinaryCrossentropy(
                    from_logits=True),
              metrics=['accuracy'])
```

예측을 위해 모델을 사용할 때 모델은 학습한 데이터를 기반으로 예측을 수행하는데, 여기에서는 로짓을 출력한다. 그러나 고객이 기대하는 것은 리뷰가 긍정적일 가능성이다. 이를 해결하려면 모델의 시그모이드 출력을 반환해야 한다.

이를 위해 우리는 사용자 정의 서빙 함수를 작성하고 이를 내보내면 된다. 다음은 확률을 추가해 입력으로 제공된 각 리뷰에 대한 로짓과 확률을 모두 포함하는 딕셔너리를 반환하는 케라스의 사용자 정의 서빙 함수다.

```
@tf.function(input_signature=[tf.TensorSpec([None],
                                 dtype=tf.string)])
def add_prob(reviews):
    logits = model(reviews, training=False) # 모델 호출
    probs = tf.sigmoid(logits)
    return {
        'positive_review_logits' : logits,
        'positive_review_probability' : probs
    }
```

그런 다음 위의 함수를 서빙 기본값으로 내보낼 수 있다.

```
model.save(export_path,
           signatures={'serving_default': add_prob})
```

add_prob 메서드 정의는 export_path에 저장되고 클라이언트 요청에 대한 응답으로 호출된다.

내보낸 모델의 서빙 서명은 새로운 입력 이름(add_prob에 대한 입력 매개 변수의 이름 참고)과 출력 딕셔너리의 키와 데이터 유형을 반영한다.

```
The given SavedModel SignatureDef contains the following input(s):
  inputs['reviews'] tensor_info:
      dtype: DT_STRING
      shape: (-1)
      name: serving_default_reviews:0
The given SavedModel SignatureDef contains the following output(s):
  outputs['positive_review_logits'] tensor_info:
      dtype: DT_FLOAT
      shape: (-1, 1)
      name: StatefulPartitionedCall_2:0
  outputs['positive_review_probability'] tensor_info:
      dtype: DT_FLOAT
      shape: (-1, 1)
      name: StatefulPartitionedCall_2:1
Method name is: tensorflow/serving/predict
```

이 모델이 배포되고 추론에 사용될 때 출력 JSON에는 로짓과 확률이 모두 포함된다.

```
{'predictions': [
    {'positive_review_probability': [0.6674301028251648],
     'positive_review_logits': [0.6965846419334412]},
    {'positive_review_probability': [0.8344818353652954],
     'positive_review_logits': [1.6177300214767456]},
    {'positive_review_probability': [0.31987208127975464],
     'positive_review_logits': [-0.754359781742096]}
]}
```

add_prob는 우리가 작성하는 함수이며, 출력에 대해 약간의 후처리를 수행했다. 하지만, 우리는 그 함수 안에서 원하는 거의 모든 스테이트리스 작업을 할 수 있다.

다중 서명

하나의 모델이 목표나 요구 사항이 다른 클라이언트를 지원하는 것은 매우 일반적이다. 딕셔너리를 출력하면 특정 클라이언트가 원하는 것을 할 수 있지만 어떤 경우에는 알맞지 않을 수 있다. 예를 들어 로짓에서 확률을 얻기 위해 호출해야 하는 함수는 단순히 tf.sigmoid()였다. 이것은 매우 간단한 작업으로, 클라이언트 사이드에서 이를 계산하는 데에는 큰 문제가 없다. 반면에 해당 작업이 복잡한 작업임에도 이를 요청하지 않은 클라이언트를 위해 매번 서버사이드에서 계산하게 되면 상당한 오버헤드가 추가될 수 있다.

적은 수의 클라이언트가 매우 비용이 많이 드는 작업을 필요로 하는 경우, 다양한 서빙 서명을 제공하고 클라이언트가 호출할 서명을 제공 프레임워크에 알리도록 하는 것이 유용하다. 이는 모델을 내보낼 때 serving_default가 아닌 다른 이름을 지정하여 수행될 수 있는데, 이를테면 다음을 사용하여 2개의 서명을 작성할 수 있다.

```
model.save(export_path, signatures={
        'serving_default': func1,
        'expensive_result': func2,
    })
```

다음으로, 입력 JSON 요청에는 원하는 모델의 엔드포인트를 선택하는 서명 이름이 포함된다.

```
{
  "signature_name": "expensive_result",
  {"instances": ...}
}
```

온라인 예측

내보낸 서빙 함수는 궁극적으로는 파일 형식이므로 기존의 머신러닝 프레임워크가 온라인 예측을 지원하지 않더라도 온라인 예측 기능을 제공하는 데 사용할 수 있다.

예를 들어 출생률 데이터셋에 대한 로지스틱 회귀 모델을 학습하여 아기에게 주의가 필요한지 여부를 추론하도록 모델을 학습시켰다고 가정해보자.

```
CREATE OR REPLACE MODEL
 mlpatterns.neutral_3classes OPTIONS(model_type='logistic_reg',
  input_label_cols=['health']) AS
SELECT
IF
 (apgar_1min = 10,
  'Healthy',
 IF
  (apgar_1min >= 8,
   'Neutral',
   'NeedsAttention')) AS health,
 plurality,
 mother_age,
 gestation_weeks,
 ever_born
FROM
 `bigquery-public-data.samples.natality`
WHERE
 apgar_1min <= 10
```

일단, 모델이 학습되면 SQL을 사용하여 예측을 수행할 수 있다.

```
SELECT * FROM ML.PREDICT(MODEL mlpatterns.neutral_3classes,
    (SELECT
      2 AS plurality,
      32 AS mother_age,
      41 AS gestation_weeks,
      1 AS ever_born
     )
 )
```

그러나 빅쿼리는 주로 분산 데이터 처리를 위한 것이다. 기가바이트의 데이터에 대해 ML 모델을 학습하는 데는 적합했지만, 이러한 시스템을 사용하여 단일 행에 대한 추론을 수행하는 것은 부적합하다. 오히려 대기 시간이 1~2초 정도 소요될 수 있다. 여기서는 ML.PREDICT 기능이 배치 서빙에 더 적합하다.

온라인 예측을 위해 빅쿼리에 텐서플로 SavedModel 형식으로 내보내도록 요청할 수 있다.

```
bq extract -m --destination_format=ML_TF_SAVED_MODEL \
    mlpatterns.neutral_3classes  gs://${BUCKET}/export/baby_health
```

이제 SavedModel 형식을 지원하는 클라우드 AI 플랫폼 등에 모델을 배포할 수 있다. 이를 통해, 지연 시간이 짧으면서도 오토스케일링을 지원하는 ML 모델 서빙을 구현할 수 있다.[2]

모델을 SavedModel 형식으로 내보내는 기능이 존재하지 않더라도 서빙 플랫폼에 배포할 수 있다. 가중치를 추출하고 선형 모델을 수행하기 위한 수학적 모델을 작성한 뒤, 이를 컨테이너화하면 해당 이미지를 서빙 플랫폼에 배포할 수 있다.

예측 라이브러리

REST API를 통해 호출할 수 있는 마이크로서비스로 서빙 함수를 배포하는 대신 예측 코드를 라이브러리 함수로 구현할 수 있다. 라이브러리 함수는 처음 호출될 때 내보낸 모델을 로드하고 제공된 입력으로 model.predict()를 호출한 뒤 결과를 반환한다. 애플리케이션 개발자는 라이브러리를 애플리케이션에 포함시킬 수 있다.

물리적 이유(네트워크 연결 없음) 또는 성능 제약으로 인해 네트워크를 통해 모델을 호출할 수 없는 경우에는 라이브러리 함수가 마이크로서비스보다 나은 대안이다. 라이브러리 함수 접근 방식은 클라이언트에게 연산을 요구하며 이는 예산 관점에서 바람직할 수 있다. TensorFlow.js와 함께 라이브러리 접근 방식을 사용하면 브라우저에서 모델을 실행하려는 경우 사이트 간 문제도 피할 수 있다.

라이브러리 접근 방식의 주요 단점은 모델의 유지 관리 및 업데이트가 어렵다는 것이다. 모델을 사용하는 모든 클라이언트 코드는 새 버전의 라이브러리를 사용하기 위해 업데이트되어야 한다. 모델이 항상 최신화되어야 할수록 마이크로서비스 접근 방식이 더 매력적이다. 두 번째 단점은 모델 활용에 있어서 라이브러리가 작성된 프로그래밍 언어로 제한된다는 점이다. 반면에 REST API 접근 방식은 거의 모든 최신 프로그래밍 언어로 작성된 애플리케이션에서 모델을 사용할 수 있다.

---

2 전체 코드는 다음을 참고. *https://github.com/GoogleCloudPlatform/ml-design-patterns/blob/master/05_resilience/serving_function.ipynb*

라이브러리 개발자는 스레드 풀을 사용하도록 주의해야 하며, 필요한 처리량을 지원하기 위해 병렬화를 사용해야 한다. 그러나 일반적으로 이러한 접근 방식으로 달성할 수 있는 확장성에는 한계가 있다.

5.2 디자인 패턴 17: 배치 서빙

배치 서빙batch serving 디자인 패턴은 분산 데이터 처리에 일반적으로 사용되는 소프트웨어 인프라를 사용하여 한 번에 많은 인스턴스에 대한 추론을 수행한다.

5.2.1 문제

일반적으로 예측은 요청 시 한 번에 하나씩 수행된다. 신용 카드 거래의 사기 여부는 결제가 처리되는 시점에 결정된다. 아기에게 집중 치료가 필요한지 여부는 출생 직후 아기를 검사할 때 결정된다. 따라서 ML 서비스 프레임워크에 모델을 배포하면 단일 요청에 포함된 하나의 인스턴스 또는 최대 수천 개의 인스턴스를 처리하도록 설정된다.

서빙 프레임워크는 5.1절에서 논의된 것처럼 개별 요청을 가능한 한 빨리 동기적으로 처리하도록 설계되었다. 서빙 인프라는 일반적으로 많은 연산(예: 심층 합성곱 신경망)을 TPU 또는 GPU와 같은 고성능 하드웨어에서 처리하고, 여러 데이터와 관련된 비효율성을 최소화하는 마이크로서비스로 설계된다.

그러나 대량의 데이터에 대해 비동기적으로 예측을 수행해야 하는 상황도 있다. 예를 들어 재고 보관 단위stock keeping unit(SKU)의 재주문 여부를 결정하는 것은 이를 구매할 때마다 수행되는 작업이 아니라 매시간 수행되는 작업일 수 있다. 음악 서비스의 경우, 모든 개별 사용자를 위해 최적화된 일일 재생 목록을 만들어 푸시 알림을 보낼 수 있다. 개인화된 재생 목록은 사용자가 음악 소프트웨어를 사용하는 모든 상호작용에 대한 개별 응답으로 생성되는 것은 아니기 때문에, ML 모델은 한 번에 하나의 인스턴스가 아니라 한 번에 수백만 개의 인스턴스에 대한 예측을 수행해야 한다.

한 번에 하나의 요청을 처리하도록 설계된 소프트웨어 엔드포인트를 사용하여 수백만 SKU 또는 수십억 명의 사용자에게 응답을 보내려고 하면 ML 모델이 제대로 동작하지 않을 것이다.

5.2.2 솔루션

배치 서빙 디자인 패턴은 분산 데이터 처리 인프라(맵리듀스^{MapReduce}, 아파치 스파크^{Apache Spark}, 빅쿼리, 아파치 빔^{Apache Beam} 등)를 사용하여 많은 수의 인스턴스에서 비동기식으로 ML 추론을 수행한다. 앞선 스테이트리스 서빙 함수 디자인 패턴에 대한 논의에서 리뷰가 긍정적인지 부정적인지 여부를 출력하도록 하는 텍스트 분류 모델을 학습했다. 미국 소비자 금융 보호국 (CFPB)에 제기된 모든 불만 사항에 이 모델을 적용하고 싶다고 가정해보자.

케라스 모델을 다음과 같이 빅쿼리에 로드할 수 있다.[3]

```
CREATE OR REPLACE MODEL mlpatterns.imdb_sentiment
OPTIONS(model_type='tensorflow', model_path='gs://.../*')
```

여기에서는 단순히 외부에서 학습된 모델을 로드하지만, 일반적으로 빅쿼리의 데이터를 사용하여 모델을 학습시키기도 한다. 이를 통해 빅쿼리를 사용하여 ML 예측을 수행할 수 있는데, 다음 SQL 쿼리를 살펴보자.

```
SELECT * FROM ML.PREDICT(MODEL mlpatterns.imdb_sentiment,
  (SELECT 'This was very well done.' AS reviews)
)
```

0.82의 positive_review_probability를 반환한다.

빅쿼리와 같은 분산 데이터 처리 시스템을 사용하여 일회성 예측을 수행하는 것은 그다지 효율적이지 않다. 그러나 CFPB 데이터베이스의 모든 불만 사항에 머신러닝 모델을 적용하려면 어떻게 하면 될까? 위의 쿼리를 간단히 수정해 적용할 수 있다. 평가할 내부 SELECT 절의 consumer_complaint_narrative 열을 reviews로 별칭을 지정해보자.

---

3   전체 코드는 다음을 참고. *https://github.com/GoogleCloudPlatform/ml-design-patterns/blob/master/05_resilience/ batch_serving.ipynb*

```
SELECT * FROM ML.PREDICT(MODEL mlpatterns.imdb_sentiment,
  (SELECT consumer_complaint_narrative AS reviews
   FROM `bigquery-public-data`.cfpb_complaints.complaint_database
   WHERE consumer_complaint_narrative IS NOT NULL
   )
)
```

데이터베이스에는 150만 건 이상의 불만이 있지만 약 30초 만에 처리되므로 분산 데이터 처리 프레임워크를 사용할 때의 이점을 충분히 활용할 수 있다.

5.2.3 작동 원리

스테이트리스 서빙 함수 디자인 패턴은 수천 개의 쿼리에 대한 위해 낮은 지연 제공을 동시에 하기 위해 설정된다. 수백만 개의 항목을 가끔 또는 주기적으로 처리하는 데 이런 프레임워크를 사용하면 많은 비용이 들 수 있다. 이처럼 요청에 대한 지연 시간에 민감하지 않은 경우 분산 데이터 처리 아키텍처를 사용하여 수백만 개의 항목에 대해 머신러닝 모델을 호출하는 것이 비용 면에서 더욱 효율적이다. 수백만 개의 항목에 대해 ML 모델을 호출하는 것은 병렬 처리 문제이기 때문이다. 백만 개의 항목을 가져와서 각각 1,000개의 항목으로 구성된 1,000개의 그룹으로 나누고 각 항목 그룹을 컴퓨터로 보낸 다음 마지막에 결합할 수 있다. 지금의 문제에서 2,000번째 머신러닝 모델의 결과는 3,000번째 머신러닝 모델의 결과와 완전히 독립적이므로, 분할 정복 기법divide and conquer을 통해 접근할 수 있다.

예를 들어 가장 긍정적인 불만 사항 5개를 찾기 위한 쿼리를 살펴보자.


```
WITH all_complaints AS (
SELECT * FROM ML.PREDICT(MODEL mlpatterns.imdb_sentiment,
  (SELECT consumer_complaint_narrative AS reviews
   FROM `bigquery-public-data`.cfpb_complaints.complaint_database
   WHERE consumer_complaint_narrative IS NOT NULL
   )
)
)
SELECT * FROM all_complaints
ORDER BY positive_review_probability DESC LIMIT 5
```

빅쿼리 웹 콘솔의 실행 세부 정보를 살펴보면 전체 쿼리에 35초가 걸린 것을 알 수 있다([그림 5-1]의 상자 #1 참조).

그림 5-1 소비자 불만의 소비자 금융 보호국 데이터셋에서 가장 '긍정적인' 불만 사항 5개를 찾기 위한 쿼리의 처음 두 단계

첫 번째 단계([그림 5-1]의 상자 #2 참조)는 빅쿼리 공개 데이터셋에서 NULL이 아닌 값을 consumer_complaint_narrative 열에서 읽어온다. 행 수를 통해 1,582,045개의 값을 읽었음을 알 수 있다([그림 5-1]의 상자 #3 참조). 이 단계의 출력은 10개의 샤드[shard]에 기록된다([그림 5-1]의 상자 #4 참조).

두 번째 단계는 이 샤드에서 데이터를 읽지만(쿼리에서 $12:shard 참고) 머신러닝 모델 imdb_sentiment의 file_path 및 file_contents도 가져와서 각 샤드의 데이터에 모델을 적용한다. 맵리듀스가 작동하는 방식은 각 샤드가 워커 노드에 의해 처리되는 것이므로, 10개의 샤드가 있다는 것은 두 번째 단계가 10개의 워커에서 수행되고 있음을 나타낸다. 원래 150만 행이 여러 파일에 저장되었을 것이므로 첫 번째 단계는 해당 데이터셋을 구성하는 파일 수만큼 많은 워커에 의해 처리됐을 것이다.

나머지 단계는 [그림 5-2]에 나와 있다.

```
SORT                    $20 DESC
                        LIMIT 5

COMPUTE                 $20 := STRUCT_FIELD_OP(1, $30)
                        $21 := STRUCT_FIELD_OP(0, $30)

BUFFERING_COMPUTE       $30 := TENSORFLOW_PREDICT_SIGNATURE_ID(MAKE_STRUCT(STRUCT_FIELD_OP(0, $61), STRUCT_FIELD_OP(1, $61),
                        STRUCT_FIELD_OP(2, $61), STRUCT_FIELD_OP(-1, $61)), $60, NULL, ...)

JOIN                    CROSS EACH WITH EACH

COMPUTE                 $40 := TENSORFLOW_LOAD_TYPE_MODEL_ID(MAKE_STRUCT($52, $51, $50), NULL, '', '', 'mlpatterns.imdb_sentiment',
                        ARRAY<...>)

AGGREGATE               $50 := ARRAY_AGG($12)
                        $51 := ARRAY_AGG($11)
                        $52 := ARRAY_AGG($10)

WRITE                   $80, $81, $82
                        TO __stage00_output
```

그림 5-2 가장 '긍정적인' 불만 사항 5개를 찾기 위한 쿼리의 세 번째 및 후속 단계

세 번째 단계에서는 데이터셋을 내림차순으로 정렬하고 그 중 5개를 사용한다. 이 작업은 각 워커에 의해 수행되므로 10개의 워커 각각이 '자신의' 샤드에서 가장 긍정적인 불만 사항 5개를 찾는다. 나머지 단계에서는 데이터의 나머지 비트를 검색 및 포맷하고 출력에 기록한다.

마지막 단계(표시되지 않음)는 50개의 불만을 가져와 분류하고 실제 결과를 구성하는 5개를 선택한다. 이러한 방식으로 많은 워커에 걸쳐 작업을 분리할 수 있는 기능은 빅쿼리가 35초 안에 전체 150만 개의 불만 사항에 대한 작업을 수행할 수 있도록 한다.

5.2.4 트레이드오프와 대안

배치 서빙 디자인 패턴은 작업을 여러 워커로 분할하는 기능에 따라 달라지기 때문에, SQL 데이터 웨어하우스에만 국한되지 않고 모든 맵리듀스 프레임워크에서 잘 작동한다. 그렇지만 SQL 데이터 웨어하우스가 가장 쉬운 것으로 여겨지는 경향이 있다. 데이터가 본질적으로 구조화된 경우에는 기본 선택이 되는 경우가 많다.

일반적으로 지연 시간이 문제가 되지 않을 때 배치 서빙을 사용하지만, 특정 상황에서는 지연 시간이 중요해도 사용할 수 있다. 예측 입력 공간이 제한된 시나리오에서 사전 계산된 결과를 주기적으로 새로 고침한다면 배치 서빙을 사용할 수 있다.

배치 및 스트림 파이프라인

아파치 스파크 또는 아파치 빔과 같은 프레임워크는 입력에 전처리가 필요하거나 출력에 후처리가 필요한 경우, 전처리나 후처리를 SQL로 표현하기 어려운 경우에 유용하다. 모델에 대한 입력이 이미지, 오디오 또는 비디오인 경우 SQL은 옵션이 아니며 구조화되지 않은 데이터를 처리할 수 있는 데이터 처리 프레임워크를 사용해야 한다. 이러한 프레임워크는 TPU 및 GPU와 같은 가속화된 하드웨어를 활용하여 이미지 전처리를 수행할 수도 있다.

아파치 빔과 같은 프레임워크를 사용하는 또 다른 이유는 클라이언트 코드에 상태 유지가 필요한 경우다. 클라이언트가 상태를 유지해야 하는 일반적인 이유는 ML 모델에 대한 입력 중 하나가 시간 간격의 평균time-windowed average인 경우가 많기 때문이다. 이 경우 클라이언트 코드는 들어오는 데이터 스트림의 이동 평균을 수행하고 이동 평균을 ML 모델에 제공해야 한다.

댓글 검토 시스템을 구축하고 있고 한 사람이 하루에 두 번 이상 댓글을 다는 것을 차단한다고 가정해보자. 누군가 오바마 대통령에 대한 댓글을 쓸 때 처음 두 번까지는 허용하지만, 그 사람이 그 이후에도 오바마 대통령을 언급하려고 시도한다면 하루 동안의 모든 시도가 차단될 수 있다. 이는 각 댓글 작성자가 특정 유명인을 언급한 횟수에 대한 카운터가 필요하기 때문에 상태를 유지해야 하는 후처리의 예시다. 심지어 해당 카운터는 24시간마다 초기화되어야한다.

이를 위해 상태를 유지할 수 있는 분산 데이터 처리 프레임워크를 사용할 수 있다. 아파치 빔을 활용해 유명인에 대한 언급을 식별하기 위해 ML 모델을 호출하고 이를 표준 지식 그래프에 연결(예: 오바마에 대한 언급과 오바마 대통령에 대한 언급이 모두 *en.wikipedia.org/wiki/Barack_Obama*에 연결되도록)할 수 있다.[4]

```
beam.Map(lambda x : nlp.Document(x, type='PLAIN_TEXT'))
nlp.AnnotateText(features)
beam.Map(parse_nlp_result)
```

여기서 parse_nlp_result는 NLP API를 호출하고 AnnotateText 변환을 통과하는 JSON 요청의 구문 분석을 수행한다.

---

[4] 전체 코드는 다음을 참고. *https://github.com/GoogleCloudPlatform/ml-design-patterns/blob/master/05_resilience/nlp_api.ipynb*

배치 서빙 결과 캐시

지금까지 스테이트리스 서빙 함수 디자인 패턴에 대해 알아보았다. 이를 통해 온라인상에서 서빙되는 수백만 개의 항목에 대한 모델 호출의 방법으로 배치 서빙에 대해서도 논의했다. 물론 모델이 온라인 서빙을 지원하지 않는 경우라도 배치 서빙이 가능하다. 중요한 것은 추론을 수행하는 머신러닝 프레임워크가 병렬 처리를 활용할 수 있다는 것이다.

예를 들어 추천 엔진은 모든 사용자-항목 쌍으로 구성된 희소 행렬을 작성해야 한다. 일반적인 비즈니스에서 상시 사용자가 1,000만 명이고 제품 카탈로그에 10,000개의 항목이 있을 수 있다. 사용자에게 추천하기 위해서는 사용자에게 제시된 10,000개 항목, 순위, 상위 5개 항목 각각에 대해 추천 점수를 계산해야 한다. 이는 서빙 기능에서 실시간으로 수행할 수 없다. 때문에 실시간을 요구하는 경우, 단순히 배치 서빙을 사용하는 것만으로는 충분하지 않을 수 있다.

이러한 경우 배치 서빙을 사용하여 1,000만 명의 사용자에 대한 추천 사항을 미리 계산한다.

```
SELECT
  *
FROM
  ML.RECOMMEND(MODEL mlpatterns.recommendation_model)
```

그리고 이를 MySQL, 데이터스토어^{Datastore}, 클라우드 스패너^{Cloud Spanner}와 같은 관계형 데이터베이스에 저장한다(이를 수행할 수 있는 사전 구축된 전송 서비스 및 데이터플로^{Dataflow} 템플릿이 있다). 사용자가 방문하면 해당 사용자에 대한 권장 사항을 데이터베이스에서 가져와 매우 짧은 대기 시간을 거쳐 제공할 수 있다.

백그라운드 작업으로 추천 항목들은 주기적으로 새로 고쳐진다. 예를 들어 웹 사이트의 최신 활동을 기반으로 매시간 추천 모델을 재학습시킬 수 있다. 그런 다음 지난 1시간 동안 방문한 사용자에 대해서만 추가적인 추론을 수행할 수도 있다.

```
SELECT
  *
FROM
  ML.RECOMMEND(MODEL mlpatterns.recommendation_model,
    (
```

```
SELECT DISTINCT
  visitorId
FROM
  mlpatterns.analytics_session_data
WHERE
  visitTime > TIME_DIFF(CURRENT_TIME(), 1 HOUR)
))
```

그런 다음 서비스에 사용되는 관계형 데이터베이스의 해당 행을 업데이트할 수 있다.

람다 아키텍처

온라인 서빙과 배치 서빙을 모두 지원하는 프로덕션 ML 시스템을 람다 아키텍처^{Lambda architecture}(*https://oreil.ly/jLZ46*)라고 한다. 이러한 프로덕션 ML 시스템을 사용하면 ML 실무자가 지연 시간(스테이트리스 서빙 패턴을 통해)과 처리량(배치 서빙 패턴을 통해) 간의 균형을 맞출 수 있다.

> **NOTE_** AWS의 람다는 이름과는 달리 람다 아키텍처가 아니다. 구글 클라우드 펑션 또는 마이크로 소프트 애저 펑션과 유사한 스테이트리스 함수를 확장하기 위한 서버리스 프레임워크다.

일반적으로 람다 아키텍처는 온라인 서빙 및 배치 서빙을 위한 별도의 시스템을 통해 지원된다. 예를 들어 구글 클라우드 플랫폼에서 온라인 서빙 인프라는 클라우드 AI 플랫폼 예측에서 제공하고, 배치 서빙 인프라는 빅쿼리 및 클라우드 데이터플로에서 제공한다(클라우드 AI 플랫폼 예측은 사용자가 명시적으로 데이터플로를 사용할 필요가 없도록 편리한 인터페이스를 제공한다). 텐서플로 모델을 불러와서 일괄 제공을 위해 빅쿼리로 가져올 수도 있으며, 학습된 빅쿼리 ML 모델을 가져와 온라인 제공을 위해 텐서플로 SavedModel로 내보낼 수도 있다. 이 양방향 호환성을 통해 구글 클라우드 사용자는 지연 시간–처리량 트레이드오프 스펙트럼의 모든 지점에 도달할 수 있다.

5.3 디자인 패턴 18: 연속 모델 평가

연속 모델 평가^{continued model evaluation} 디자인 패턴은 배포된 모델이 더 이상 목적에 적합하지 않을 때를 감지하고 조치를 취해야 하는 일반적인 문제를 처리할 수 있다.

5.3.1 문제

여러분은 모델을 학습시켰다. 원시 데이터를 수집하고, 정리하고, 특징 가공을 하고, 임베딩 계층을 만들고, 하이퍼파라미터를 조정하고, 전반적인 구조를 만드는 데 성공했다. 홀드아웃 테스트셋에서 놀랍게도 96%의 정확도를 달성했다. 주피터 노트북에서 프로덕션 환경으로 머신러닝 모델을 가져가는 힘든 과정을 거쳐 모델을 배포하여 REST API를 통해 예측을 서빙했다. 작업을 성공적으로 마친 것을 축하한다.

과연 여기서 모든 작업이 끝난 것일까? 안타깝게도 배포는 머신러닝 모델의 수명 주기의 끝이 아니다. 모델이 실제 환경에서 예상대로 작동하는지를 어떻게 알 수 있을까? 들어오는 데이터에 예기치 않은 변경이 있다면 어떻게 될까? 모델이 더 이상 정확하거나 유용한 예측을 생성하지 않으면 어떻게 될까? 이러한 변화는 어떻게 감지해야 할까?

세상은 동적으로 변화하지만 머신러닝 모델을 개발하면 일반적으로 과거 데이터에서부터 정적 모델이 생성된다. 즉, 모델이 실제 서비스 환경에 들어가면 성능이 저하되기 시작하고 예측이 점점 더 불안정해질 수 있다. 이렇게 시간이 지남에 따라 모델이 저하되는 주된 이유로 개념 드리프트와 데이터 드리프트를 말할 수 있다.

개념 드리프트는 모델 입력과 목표 사이의 관계가 변경될 때마다 발생한다. 이는 사기 탐지, 스팸 필터링, 주식 시장 거래, 온라인 광고 입찰, 사이버 보안과 같은 적대적/경쟁적 상황에서 상대방의 행동 패턴이 변화하면서 기본 가정이 변경되었기 때문에 종종 발생한다. 이러한 시나리오에서 예측 모델은 원하는 (또는 바람직하지 않은) 활동의 특징인 패턴을 식별하는 것을 목표로 하는 반면, 공격자는 상황이 변함에 따라 적응하는 방법을 배우고 행동을 수정할 수 있다. 예를 들어 신용 카드 사기를 탐지하기 위해 개발된 모델을 생각해보자. 사람들이 신용 카드를 사용하는 방식은 시간이 지남에 따라 변했고, 따라서 신용 카드 사기의 공통적인 특징도 변했다. 예를 들어 '칩 앤드 핀^{chip and pin}' 기술이 도입되면서 사기 거래가 온라인으로 이동하기 시작했다. 사기 행위가 기술에 적응함에 따라 이 기술 이전에 개발된 모델의 성능이 갑자기 저하되기 시작하고 모델 예측의 정확도가 떨어질 것이다.

시간이 지남에 따라 모델 성능이 저하되는 또 다른 이유는 데이터 드리프트다. 1.4절에서 데이터 드리프트 문제를 소개했었다. 데이터 드리프트는 학습 데이터와 비교하여 모델에 제공된 데이터에 발생한 모든 변경 사항을 나타낸다. 데이터 드리프트는 여러 가지 이유로 발생할 수 있다. 소스에서 입력 데이터 스키마가 변경된다거나(예: 업스트림에서 필드를 추가하거나 삭제함) 특징 분포가 시간이 지남에 따라 변경되는 경우(예: 스키장 근처에 개장한 병원은 일반 병원보다 젊은 성인이 많이 방문함), 또는 구조나 스키마가 변경되지 않은 경우(예: 환자가 '과체중'으로 간주되는지 여부는 시간이 지남에 따라 기준이 변경될 수 있음)에도 데이터의 의미 자체가 변경될 수 있다. 소프트웨어 업데이트는 새로운 버그나 비즈니스 시나리오 변경을 초래할 수 있으며 이전에는 학습 데이터에서 사용할 수 없었던 새로운 제품 라벨을 생성할 수도 있다. ML 모델을 사용한 빌드, 학습 및 예측을 위한 ETL 파이프라인은 깨지기 쉽고 불투명할 수 있으며 이러한 변경 사항은 모델 성능에도 큰 영향을 줄 수 있다.

모델 배포는 지속적인 프로세스이며 개념 드리프트나 데이터 드리프트를 해결하려면 학습 데이터셋을 업데이트하고 새로운 데이터로 모델을 다시 학습하여 예측을 개선해야 한다. 그렇다면 언제 재학습이 필요한지를 어떻게 알 수 있을까? 얼마나 자주 재학습을 해야할까? 데이터 전처리 및 모델 학습은 시간과 비용 모두에서 많은 비용이 들 수 있으며 모델 개발 주기의 각 단계는 개발, 모니터링, 유지 관리에 오버헤드를 추가할 수 있다.

5.3.2 솔루션

모델 저하를 식별하는 가장 직접적인 방법은 시간이 지남에 따라 모델의 예측 성능을 지속적으로 모니터링하고, 개발 중에 사용한 것과 동일한 평가 측정 항목으로 성능을 평가하는 것이다. 이러한 종류의 지속적인 모델 평가 및 모니터링은 모델이나 모델 변경 사항이 제대로 작동하는지 확인하는 방법이다.

개념

지속적인 평가를 위해서는 원시 예측 요청 데이터와 모델이 생성한 예측 및 정답ground truth에 대한 접근이 같은 선상에서 이루어져야 한다. 구글 클라우드 AI 플랫폼은 온라인 예측 입력 및 출력을 정기적으로 샘플링하고 빅쿼리의 테이블에 저장되도록 배포된 모델의 버전 구성 기능을 제공한다. 초당 많은 수의 요청에 대해 서비스 성능을 유지하기 위해 입력 요청 수의 백분율을 지정하여 샘플링되는 데이터의 양을 지정할 수 있는데, 성능 평가 지표를 측정하려면 저장된 예측 샘플을 정답과 결합해야 한다.

대부분의 상황에서 정답 라벨을 사용할 수 있을 때까지 긴 시간이 걸릴 수 있다. 예를 들어 이탈 모델은 고객이 서비스를 중단한 후의 구독 주기를 알 수가 없다. 또는 재무 예측 모델의 경우 해당 분기의 마감 및 수익 보고서가 끝날 때까지 실제 수익을 알 수 없다. 두 경우 모두 정답 데이터를 사용할 수 있을 때까지 평가를 수행할 수 없다.

지속적인 평가가 어떻게 작동하는지 알아보기 위해 해커 뉴스 데이터셋에서 학습된 텍스트 분류 모델을 구글 클라우드 AI 플랫폼에 배포해보자.[5]

모델 배포하기

학습 데이터셋의 입력은 기사 제목이고 관련 라벨은 기사가 시작된 뉴스 소스(nytimes, techcrunch, github)이다. 뉴스 트렌드가 진화함에 따라 『뉴욕 타임스』 헤드라인과 관련된 단어도 변경된다. 마찬가지로, 새로운 기술 제품의 출시는 테크크런치TechCrunch에서 찾을 수 있는 단어에 영향을 준다. 지속적인 평가를 통해 모델 예측을 모니터링하여 이러한 추세가 모델 성능에 미치는 영향을 추적하고 필요한 경우에는 재학습할 수 있다.

5.1절에 설명된 대로 사용자 정의 서빙 입력 함수를 사용하여 모델을 내보냈다고 가정한다.

```
@tf.function(input_signature=[tf.TensorSpec([None], dtype=tf.string)])
def source_name(text):
    labels = tf.constant(['github', 'nytimes', 'techcrunch'],dtype=tf.string)
    probs = txtcls_model(text, training=False)
    indices = tf.argmax(probs, axis=1)
    pred_source = tf.gather(params=labels, indices=indices)
    pred_confidence = tf.reduce_max(probs, axis=1)
    return {'source': pred_source,
            'confidence': pred_confidence}
```

---

5 전체 코드는 다음을 참고. *https://github.com/GoogleCloudPlatform/ml-design-patterns/blob/master/05_resilience/continuous_eval.ipynb*

이 모델을 배포한 후 온라인 예측을 할 때 모델은 예측된 뉴스 소스를 문자열값으로 반환하고 모델의 신뢰도와 관련된 예측 라벨의 숫자 점수를 반환한다. 예를 들어 *input.json*이라는 파일에 입력 JSON 예제를 작성하여 예측을 위해 전송함으로써 온라인 예측을 생성할 수 있다.

```
%%writefile input.json
{"text":
"YouTube introduces Video Chapters to make it easier to navigate longer videos"}
```

그러면 다음과 같은 예측 결과가 반환된다.

```
CONFIDENCE   SOURCE
0.918685     techcrunch
```

예측 저장

모델이 배포되면 예측 요청 샘플을 저장하는 작업을 설정할 수 있다. 모든 요청이 아닌 샘플을 저장하는 이유는 서빙 시스템이 불필요하게 느려지지 않도록 하기 위한 것이다. 구글 클라우드 AI 플랫폼(CAIP) 콘솔의 지속적 평가 절에서 이를 설정할 수 있는데 이번 예제에서는 구체적으로 다음과 같다. LabelKey는 모델의 출력인 열로, 이 경우 기사의 source를 예측하므로 소스가 될 열을 지정하여 이를 수행할 수 있다. 예측 출력의 ScoreKey는 confidence로 숫잣값을 갖는다. 예측 요청의 일부가 저장되는 빅쿼리의 테이블 이름은 txtcls_eval.swivel으로, 이 테이블이 구성되면 온라인 예측이 이루어질 때마다 CAIP는 [표 5-1]에 표시된 대로 지정된 빅쿼리 테이블로 스트리밍한다.

표 5-1 온라인 예측 요청과 원시 예측 출력의 일부가 빅쿼리 테이블에 저장된다.

행 번호	모델 이름	모델 버전	타임스탬프	원데이터	원시 예측	정답
1	txtcls	swivel	2020-06-10 01:40:32 UTC	{"instances": [{"text": "Astronauts Dock With Space Station After Historic SpaceX Launch"}]}	{"predictions": [{"source": "github", "confidence": 0.9994275569915771}]}	null

행 번호	모델 이름	모델 버전	타임스템프	원데이터	원시 예측	정답
2	txtcls	swivel	2020-06-10 01:37:46 UTC	{"instances": [{"text": "Senate Confirms First Black Air Force Chief"}]}	{"predictions": [{"source": "nytimes", "confidence": 0.9989787340164185}]}	null
3	txtcls	swivel	2020-06-09 21:21:47 UTC	{"instances": [{"text": "A native Mac app wrapper for WhatsApp Web"}]}	{"predictions": [{"source": "github", "confidence": 0.745254397392273}]}	null

정답 수집

또한 예측을 위해 모델로 전송된 각 인스턴스에 대한 정답값을 수집해야 한다. 이는 사용 사례 및 데이터 가용성에 따라 여러 가지 방법으로 수행할 수 있는데, 대표적인 한 가지 접근 방식은 사용자에 의한 라벨링 서비스를 사용하는 것이다. 예측을 위해 모델로 전송된 모든 인스턴스나 모델 중 신뢰도에 의심이 가는 인스턴스만 라벨링을 수행하는 사용자에게 전송된다. 대부분의 클라우드 공급자는 이러한 방식으로 대규모 인스턴스에 라벨을 지정할 수 있도록 일종의 사용자 라벨 지정 서비스를 제공한다.

정답 라벨은 사용자가 모델 및 예측과 상호작용하는 방식에서도 파생될 수 있다. 사용자가 특정 작업을 수행하도록 하여 모델 예측에 대한 암시적 피드백을 얻거나 정답 라벨을 생성할 수 있다. 예를 들어 사용자가 구글 지도에서 제안된 대체 경로 중 하나를 선택하면 선택한 경로가 암시적 정답 데이터 역할을 한다. 보다 명시적으로, 사용자에게 추천한 영화를 평가할 때 정답 데이터를 수집할 수 있는데 이는 보다 근거가 분명한 표시다. 마찬가지로, 예를 들어 의사가 모델의 제안된 진단을 변경할 수 있는 의료 모델의 경우, 사용자가 예측을 변경했다면 이는 정답 데이터에 대한 보다 명확한 신호를 제공한다.

모델 성능 평가

처음에는 빅쿼리에서 `txtcls_eval.swivel` 테이블의 `groundtruth` 열이 비어 있다. SQL 명령을 사용하여 값을 직접 업데이트하여 사용할 수 있게 되면, 정답 라벨을 추가할 수 있다. 물론 평가 작업을 실행하기 전에 기본 정보를 사용할 수 있는지 확인해야 한다. 정답값은 모델의 예측 출력과 동일한 JSON 구조를 갖는다.

```
UPDATE
  txtcls_eval.swivel
SET
  groundtruth = '{"predictions": [{"source": "techcrunch"}]}'
WHERE
  raw_data = '{"instances":
[{"text": "YouTube introduces Video Chapters to help navigate longer
videos"}]}'
```

더 많은 행을 업데이트하려면 **UPDATE** 대신 **MERGE** 문을 사용한다. 표에 정답값이 추가되면 텍스트 입력과 모델의 예측을 쉽게 검사하고 [표 5-2]와 같이 정답값과 비교할 수 있다.

```
SELECT
  model,
  model_version,
  time,
  REGEXP_EXTRACT(raw_data, r'.*"text": "(.*)"') AS text,
  REGEXP_EXTRACT(raw_prediction, r'.*"source": "(.*?)"') AS prediction,
  REGEXP_EXTRACT(raw_prediction, r'.*"confidence": (0.\d{2}).*') AS confidence,
  REGEXP_EXTRACT(groundtruth, r'.*"source": "(.*?)"') AS groundtruth,
```

```
FROM
    txtcls_eval.swivel
```

표 5-2 groundtruth 열을 사용할 수 있게 되면 원래의 빅쿼리 테이블에 값이 추가되고 모델의 성능을 평가할 수 있다.

행 번호	모델 이름	모델 버전	타임스템프	텍스트	예측	예측 확률	정답
1	txtcls	swivel	2020-06-10 01:38:13 UTC	A native Mac app wrapper for WhatsApp Web	github	0.77	github
2	txtcls	swivel	2020-06-10 01:37:46 UTC	Senate Confirms First Black Air Force Chief	nytimes	0.99	nytimes
3	txtcls	swivel	2020-06-10 01:40:32 UTC	Astronauts Dock With Space Station After Historic SpaceX Launch	github	0.99	nytimes
4	txtcls	swivel	2020-06-09 21:21:44 UTC	YouTube introduces Video Chapters to make it easier to navigate longer videos	techcrunch	0.77	techcrunch

빅쿼리에서 이 정보에 접근할 수 있으므로 평가 테이블을 데이터 프레임인 **df_evals**에 로드하고 이 모델 버전의 평가 측정 항목을 직접 계산할 수 있다. 이것은 다중 클래스 분류이므로 각 클래스의 정밀도, 재현율, F값을 계산할 수 있다. 또한 혼동 행렬confusion matrix을 생성하여 특정 범주 라벨 내에서 모델 예측이 발생할 수 있는 경우를 분석하는 데 도움이 된다. [그림 5-3]은 이 모델의 예측과 실젯값을 비교하는 혼동 행렬이다.

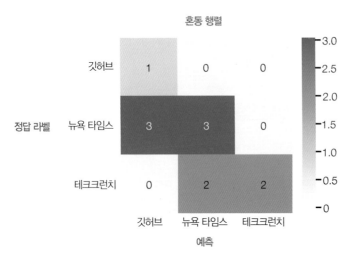

그림 5-3 혼동 행렬은 모든 쌍의 실측 라벨 및 예측을 표시하므로 다른 클래스 내에서 모델 성능을 탐색할 수 있다.

지속적인 평가

출력 테이블이 모델 버전과 예측 요청의 타임스탬프도 수집하는지 확인해보자. 이렇게 하면 서로 다른 두 모델의 측정 항목을 지속적으로 평가하는 데 동일한 테이블을 사용할 수 있다. 예를 들어 최신 데이터에 대해 학습되었거나 다른 하이퍼파라미터가 있는 swivel_v2라는 최신 버전의 모델을 배포하는 경우, 모델 버전에 따라 평가 데이터 프레임을 분할하여 성능을 비교할 수 있다.

```
df_v1 = df_evals[df_evals.version == "swivel"]
df_v2 = df_evals[df_evals.version == "swivel_v2"]
```

마찬가지로 지난달이나 지난주처럼 시간에 따라 평가를 달리할 수 있다.

```
today = pd.Timestamp.now(tz='UTC')
one_month_ago = today - pd.DateOffset(months=1)
one_week_ago = today - pd.DateOffset(weeks=1)

df_prev_month = df_evals[df_evals.time >= one_month_ago]
df_prev_week = df_evals[df_evals.time >= one_week_ago]
```

위의 평가를 지속적으로 수행하기 위해 노트북(또는 컨테이너 형식)을 스케쥴링할 수 있다. 여기에서 평가 지표가 일부 임곗값 아래로 떨어지면 모델 재학습을 실시하도록 설정할 수도 있다.

5.3.3 작동 원리

머신러닝 모델을 개발할 때 [그림 5-4]에 표시된 것처럼 학습, 검증, 테스트 데이터가 동일한 분포에서 나온다는 암시적 가정이 있다. 프로덕션에 모델을 배포할 때, 이 가정은 미래 데이터가 과거 데이터와 유사할 것임을 의미한다. 그러나 모델이 '현장에서' 생성되면 데이터에 대한 위의 가정은 더 이상 유효하지 않을 수 있다. 실제로 많은 프로덕션 ML 시스템은 빠르게 변화하는 비정상 데이터에 직면하며, 시간이 지남에 따라 모델이 오래되어 예측 품질에 부정적인 영향을 준다.

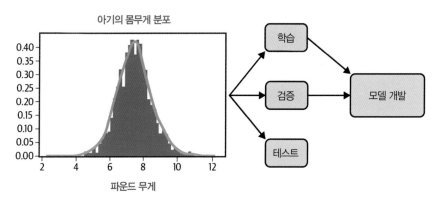

그림 5-4 머신러닝 모델을 개발할 때 학습, 검증 및 테스트 데이터는 동일한 데이터 분포에서 나온다. 그러나 모델이 일단 배포되면 데이터 분포가 변경되어 모델 성능에 심각한 영향을 미칠 수 있다.

지속적인 모델 평가는 새 데이터에 대한 모델의 성능을 평가할 수 있는 프레임워크를 제공한다. 이를 통해 모델 부실을 가능한 한 빠르게 감지할 수 있다. 이 정보는 모델을 재학습하는 빈도나 모델을 완전히 새로운 버전으로 교체할 시기를 결정하는 데 도움이 된다.

예측의 입출력을 수집하고 정답과 비교하면 과거 버전의 성능에 관계없이 현재 환경에서 A/B 테스트를 통해 모델 성능을 정량적으로 추적하거나 다양한 모델 버전의 성능을 측정할 수 있다.

5.3.4 트레이드오프와 대안

지속적인 평가의 목표는 모델 성능을 모니터링하고 모델을 최신 상태로 유지하는 수단을 제공하는 것이다. 이러한 방식의 지속적인 평가는 모델을 재학습할 시기에 대한 단서를 제공한다. 이러한 경우에는 모델 성능에 대한 허용 오차 임곗값, 이들이 제시하는 절충점 및 예정된 재학습의 역할을 고려하는 것이 중요하다. 입력 데이터 분포를 직접 모니터링하여 데이터 및 개념 드리프트를 선제적으로 감지하는 데 도움이 되는 TFX와 같은 기술과 도구도 있다.

재학습을 위한 트리거 설정

일반적으로 모델 성능은 시간이 지남에 따라 저하된다. 지속적인 평가를 사용하면 이러한 성능 저하를 구조화된 방식으로 정확하게 측정할 수 있으며 모델을 재학습하는 트리거를 설정할 수 있다. 그렇다면 성능이 떨어지기 시작하자마자 모델을 다시 학습해야 할까? 이는 상황에 따라 다르다. 일반적으로 이 질문에 대한 답은 비즈니스 사용 사례와 밀접하게 관련되어 있으며 평가 지표 및 모델 평가와 함께 논의되어야 한다. 모델 및 ETL 파이프라인의 복잡성에 따라 재학습 비용이 비싸질 수 있다. 고려해야 할 절충점은 이 비용과 관련하여 허용되는 성능 저하 정도를 설정하는 것이다.

서버리스 트리거

구글 클라우드 펑션, AWS 람다, 애저 펑션은 트리거를 통해 재학습을 자동화하는 서버리스 방식을 제공한다. 트리거 유형으로 함수가 실행되는 방법과 시기를 결정한다. 이러한 트리거는 메시지 대기열에 게시된 메시지, 새 파일이 추가되었음을 나타내는 클라우드 스토리지 버킷의 변경 알림, 데이터베이스의 데이터 변경 또는 HTTPS 요청일 수 있다. 이벤트가 시작되면 함수 코드가 실행된다.

재학습의 맥락에서 클라우드 이벤트 트리거는 모델 정확도가 크게 변경되거나 저하되었을 때 발생한다. 일반적으로 함수나 수행된 작업은 모델을 재학습하고 새 버전을 배포하기 위해 학습 파이프라인을 호출하는 것이다. 6.5절은 이를 수행하는 방법을 설명한다. 워크플로 파이프라인은 데이터 수집 및 검증에서 모델 구축, 학습 및 배포에 이르기까지 엔드 투 엔드 머신러닝 워크플로를 컨테이너화하고 조정한다. 이를 통해 새 모델 버전이 배포되면 현재 버전과 비교하여 교체 여부를 결정할 수 있다.

임곗값은 절댓값으로 설정할 수 있다. 예를 들어 모델 재학습은 모델 정확도가 95% 미만으로 떨어지면 발생하도록 설정할 수 있다. 또는 임곗값을 성능 변화율로 설정할 수도 있다. 예를 들어 성능이 하향 궤도를 그리기 시작하면 재학습을 시작할 수 있다. 어떤 접근 방식이든 임곗값을 선택하는 철학은 학습 중 체크포인트 모델의 철학과 유사하다. 더 높고 더 민감한 임곗값을 사용하면 실제 서비스에 배포된 모델이 최신 상태로 유지되지만 빈번한 재학습 및 다른 모델들의 버전 유지 및 전환으로 인해 높은 비용이 들 수 있다. 임곗값이 낮으면 학습 비용이 감소하지만 실제 서비스되는 모델은 오래된 상태로 유지될 것이다. [그림 5-5]는 성능 임곗값과 모델 재학습 작업 수에 미치는 영향 간의 균형을 보여준다.

모델 재학습 파이프라인이 이러한 임곗값에 의해 자동으로 실행되는 경우, 트리거 추적 및 유효성 검사도 중요하다. 모델이 언제 재학습되었는지 알지 못하면 필연적으로 문제가 발생한다. 프로세스가 자동화된 경우에도 프로덕션에서 모델을 더 잘 이해하고 디버그하려면 항상 모델 재학습을 제어해야 한다.

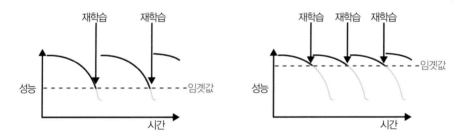

그림 5-5 모델 성능에 대한 더 높은 임곗값을 설정하면 프로덕션에서 더 높은 품질의 모델이 보장되지만 더 빈번한 재학습 작업이 필요하므로 많은 비용이 들 수 있다.

예정된 재학습

지속적인 평가는 모델 재학습이 필요한 시기를 알 수 있는 중요한 신호를 제공한다. 이 재학습 프로세스는 새로 수집된 학습 데이터를 사용하여 이전 모델을 미세 조정하여 수행되는 경우가 많다. 지속적인 평가가 매일 발생하는 경우 예정된 재학습 작업은 매주 또는 매월 발생하도록 설정할 수 있다(그림 5-6).

모델의 새 버전이 학습되면 성능이 현재 모델 버전과 비교된다. 업데이트된 모델은 현재 데이터의 테스트셋과 관련하여 이전 모델을 능가하는 경우에만 배포된다.

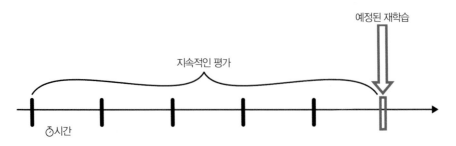

그림 5-6 지속적인 평가는 새로운 데이터가 수집될 때마다 모델 평가를 제공한다. 주기적인 재학습 및 모델 비교는 개별 시점에서 평가를 제공한다.

얼마나 자주 재학습해야 할까? 재학습 일정은 비즈니스 사용 사례, 새 데이터의 보급률, 재학습 파이프라인 실행 시간 및 비용에 따라 달라진다. 때로는 모델의 시간 범위에 따라 재학습 작업을 예약할 시기가 자연스럽게 결정된다. 예를 들어 모델의 목표가 다음 분기의 수익을 예측하는 것이라면 분기마다 한 번만 새로운 정답 라벨을 받게 되므로 그보다 더 자주 학습하는 것은 의미가 없다. 그러나 새롭게 발생하는 데이터의 양이 많으면 더 자주 재학습하는 것이 좋다. 이것의 가장 극단적인 버전은 온라인 머신러닝(*https://oreil.ly/Mj-DA*)이다. 이를테면, 광고의 배치나 뉴스 피드 추천과 같은 일부 머신러닝 애플리케이션은 온라인 실시간 결정을 필요로 한다. 때문에 각각을 새로운 학습 예제로 파라미터 가중치를 재학습 및 업데이트하여 지속적으로 성능을 향상시킬 수 있다.

일반적으로 최적의 시간 간격은 실무자의 경험과 실험을 통해 결정하는 것이다. 적이나 경쟁자의 행동과 같이 빠른 변화가 있는 작업을 모델링하려는 경우에는 재학습 일정을 더 자주 설정하는 것이 좋다. 아기의 출생 체중을 예측하는 것과 같이 문제가 상당히 정적인 경우에는 재학습 횟수를 줄여도 충분하다.

두 경우 모두 단일 API 호출로 전체 재학습 프로세스를 실행할 수 있는 자동화된 파이프라인을 설정하는 것이 유용하다. 클라우드 컴포저Cloud Composer, 아파치 에어플로Apache Airflow, AI 플랫폼 파이프라인AI Platform Pipeline과 같은 도구가 유용하게 사용되곤 한다. 이를 통해 원데이터의 전처리부터 하이퍼파라미터 튜닝, 모델 배포에 이르기까지의 ML 워크플로 전 과정을 생성, 예약, 모니터링하는 데 활용할 수 있다. 6.5절에서 이에 대해 자세히 설명한다.

TFX를 활용한 데이터 검증

데이터 분포는 [그림 5-7]과 같이 시간이 지남에 따라 변경될 수 있다. 예를 들어 출생 시 출생 체중 데이터셋을 생각해보자. 시간이 지남에 따라 의학 및 사회 표준 수준이 변경되면서 산모의 나이나 임신 기간, 아기의 체중과 같은 특징의 분포가 변경될 수 있다. 이와 같은 데이터 드리프트 현상은 새 데이터로 일반화하는 모델의 기능에 부정적인 영향을 준다. 간단히 말해, 모델이 오래되어 새로운 데이터로 다시 학습해야 하는 것을 말한다.

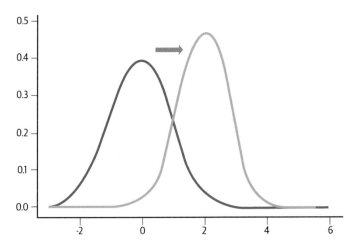

그림 5-7 데이터 분포는 시간이 지남에 따라 변경될 수 있다. 데이터 드리프트는 학습에 사용된 데이터와 비교하여 예측을 위해 모델에 제공되는 데이터에 발생한 모든 변경을 나타낸다.

지속적인 평가는 배포된 모델을 모니터링하는 사후 방법을 제공하지만 서빙하는 동안 수신되는 새 데이터를 모니터링하고 데이터 배포의 변경 사항을 선제적으로 식별하는 것도 중요하다.

TFX(*https://oreil.ly/RP2e9*)는 구글에서 오픈소스로 제공하는 머신러닝 모델을 배포하기 위한 엔드 투 엔드 플랫폼으로, TFX의 데이터 유효성 검사를 통해 데이터 검증을 수행할 수 있다. 데이터 유효성 검사 라이브러리는 학습에 사용된 데이터 예제와 서빙 중에 수집된 데이터 예제를 비교할 수 있다. 유효성 검사를 통해 데이터의 이상, 학습 제공 편향이나 데이터 드리프트를 감지한다. 텐서플로 데이터 검증은 머신러닝을 위한 오픈소스 시각화 도구인 Facets(*https://oreil.ly/NE-SQ*)를 사용하여 데이터를 시각화한다. Facets을 통해 다양한 특징들의 값의 분포를 자세히 살펴보고 예상치 못한 특징값, 누락된 특징값, 학습 제공 편향과 같은 몇 가지 일반적이고 흔하지 않은 문제를 발견할 수 있다.

재학습 간격 추정

데이터와 개념 드리프트가 모델에 미치는 영향을 이해하기 위한 유용하고 상대적으로 저렴한 전략은 오래된 데이터만 사용하여 모델을 학습하고 최신 데이터에서 해당 모델의 성능을 평가하는 것이다(그림 5-8). 이는 오프라인 환경에서 수행하는 지속적인 모델 평가 프로세스와 유사하다. 즉, 6개월이나 1년 전의 데이터를 수집하고 일반적인 모델 개발 워크플로를 통해 특징을 생성한 후, 하이퍼파라미터를 최적화하고 관련 평가 지표들을 수집한다. 그런 다음 해당 평가 지표를 모델 예측과 비교하여 한 달 전에 수집된 최신 데이터에 대한 비교 작업을 수행한다. 현재 데이터에 비해 오래된 데이터로 학습시킨 모델의 성능이 얼마나 저하되는지 확인하고, 이를 통해 시간이 지남에 따라 모델의 성능이 저하되는 비율과 재학습이 필요한 빈도를 비교적 제대로 추정할 수 있다.

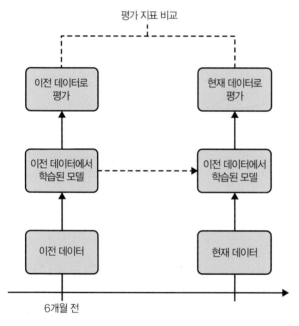

그림 5-8 오래된 데이터에 대한 모델 학습과 현재 데이터에 대한 평가는 오프라인 환경에서 계속되는 모델 평가 프로세스를 모방한다.

5.4 디자인 패턴 19: 2단계 예측

2단계 예측two-phase prediction 디자인 패턴은 크고 복잡한 모델을 분산된 장치에 배포해야 할 때 발생하는 성능 유지 문제를 두 단계로 분할한 사용 사례로 해결하는 디자인 패턴이다.

5.4.1 문제

머신러닝 모델을 배포할 때, 최종 사용자가 항상 신뢰할 수 있는 인터넷에 연결할 수 있는지는 보장할 수 없다. 어떤 상황에서 모델은 에지edge 환경에 배포된다. 즉, 모델은 사용자의 기기에 로드되고 예측을 생성하기 위해 인터넷 연결을 사용하지 않는다. 디바이스 제약이 주어지면 에지에 배포된 모델은 일반적으로 클라우드에 배포된 모델보다 작아야 하며, 모델 복잡성과 크기, 업데이트 빈도, 정확성 및 낮은 지연 시간 사이의 균형을 맞춰야 한다.

모델을 에지 기기에 배포하는 다양한 시나리오가 있다. 한 가지 예는 피트니스 추적 장치로, 가속도계 및 자이로스코프 움직임을 통해 추적되는 활동을 기반으로 사용자에게 권장 사항을 제공하는 모델이다. 이 모델의 사용자는 인터넷에 연결되지 않은 외딴 야외 공간에서 운동할 수도 있다. 우리는 이 경우에도 애플리케이션이 작동하기를 원한다. 또 다른 예는 온도 및 기타 환경 데이터를 사용하여 미래 추세를 예측하는 환경 애플리케이션이다. 이 두 가지 예에서 인터넷에 연결되어 있더라도 클라우드에 배포된 모델에서 지속적으로 예측을 생성하는 것은 느리고 비용이 많이 들 수 있다.

학습된 모델을 에지 장치에서 작동하는 형식으로 변환하기 위해 모델은 종종 양자화quantization라는 프로세스를 거치며 학습된 모델 가중치는 더 적은 바이트로 표현된다. 예를 들어 텐서플로는 SavedModel을 에지 환경에 서빙하기 위해 텐서플로 라이트TensorFlow Lite를 사용하여 최적화된 더 작은 형식으로 변환한다. 양자화 외에도 에지 장치용 모델은 엄격한 메모리 및 프로세서 제약에 맞추기 위해 크기가 더 작을 수 있다.

텐서플로 라이트에서 사용하는 양자화 및 기타 기술은 ML 모델의 크기와 예측 지연 시간을 크게 줄이지만 이로 인해 모델 정확도가 떨어질 수 있다. 또한 에지 기기의 인터넷 연결을 보장할 수 없기 때문에 적절한 타이밍에 새 모델 버전을 배포하는 것도 문제가 된다.

[그림 5-9]의 클라우드 AutoML 비전(`https://oreil.ly/MWsQH`)에서 에지 모델 학습 옵션을

살펴보면 이러한 트레이드오프가 실제로 어떻게 작동하는지 확인할 수 있다.

Optimize model for

목표	패키지 사이즈	정확도	구글 픽셀 2 휴대폰에서의 지연 시간
○ 높은 정확도	6 MB	높음	360ms
● 최적의 트레이드오프	3.2 MB	중간	150ms
○ 빠른 예측	0.6 MB	낮음	56ms

예측된 지연 시간은 안내 목적으로만 추산되었음에 유의한다. 실제 지연 시간은 네트워크 연결에 따라 달라질 수 있다.

CONTINUE

그림 5-9 클라우드 AutoML 비전의 에지에 배포될 모델의 정확도, 모델 크기, 지연 시간을 절충한다.

이러한 트레이드오프를 고려하려면 에지 모델의 축소된 크기와 지연 시간, 클라우드 모델의 정교함과 정확성이 균형을 이루는 솔루션이 필요하다.

5.4.2 솔루션

2단계 예측 디자인 패턴을 사용하여 문제를 두 부분으로 나눠보자. 먼저, 장치에 배포할 수 있는 더 작고 저렴한 모델부터 시작해보자. 이 모델은 비교적 더 간단한 작업이 있기 때문에 높은 정확도로 장치에서 이 작업을 수행할 수 있다. 다음으로, 클라우드에 배포되고 필요할 때만 트리거되는 더 복잡한 모델을 생각할 수 있다. 물론 이 디자인 패턴을 사용하려면 문제 자체가 태생적으로 두 부분으로 나눠져야 한다. 이러한 문제의 한 가지 예는 구글 홈(*https://oreil. ly/3ROKg*)과 같은 스마트 기기로, 알람 설정, 뉴스 읽기, 조명, 온도 조절과 같은 통합 기기와 상호작용과 관련된 질문에 답하고 명령에 응답할 수 있다. 예를 들어 구글 홈은 "OK Google" 또는 "Hey Google"이라고 말하면 활성화된다. 기기가 호출어를 인식하면 사용자는 "세라와 오전 10시에 회의 일정을 잡을 수 있을까?"와 같은 더 복잡한 질문을 할 수 있다.

이 문제는 두 부분으로 나눌 수 있다. 호출어를 수신하는 초기 모델과, 이어지는 사용자 쿼리를 이해하고 응답하는 더 복잡한 모델이다. 두 모델 모두 오디오 인식을 수행한다. 그러나 첫 번째 모델은 이진 분류만 수행하면 된다. 방금 들었던 소리가 호출어와 일치하는지만 확인하면 되기 때문이다. 이 모델은 비교적 간단하지만 지속적으로 실행되어야 하므로 클라우드에 배포하면 비용이 많이 들 것이다. 두 번째 모델은 사용자의 쿼리를 구문 분석하기 위해 오디오 인식 및 자연어 이해가 필요하다. 이 모델은 사용자가 질문할 때에만 실행되지만 더 높은 정확성이 필요하다. 2단계 예측 패턴은 기기에 호출어 모델을 배포하고 클라우드에 더 복잡한 모델을 배포하여 이 문제를 해결할 수 있다.

이 스마트 장치 사용 사례 외에도 2단계 예측 패턴을 사용할 수 있는 다양한 상황이 있다. 주어진 시간에 다양한 기계가 실행되는 공장에서 작업한다고 가정해보자. 기계가 올바르게 작동하지 않으면 일반적으로 오작동과 관련된 소음이 발생한다. 각기 다른 기계마다 다른 소음과 오작동 유형이 존재한다. 이상적으로는 문제가 있는 노이즈에 플래그를 지정하고 의미를 식별하는 모델을 구축할 수 있다. 여기에 2단계 예측을 사용하면 하나의 오프라인 모델을 구축하여 우선은 비정상적인 소리를 먼저 감지할 수 있다. 그런 다음 두 번째 클라우드 모델을 사용하여 일반적인 소리가 오작동 상태를 나타내는지 여부를 식별할 수 있다.

이미지 기반 모델에 대해서도 2단계 예측 패턴을 사용할 수 있다. 멸종 위기에 처한 종을 식별하고 추적하기 위해 야생에 카메라를 배치했다고 가정해보자. 여기에서 포착된 최신 이미지에 멸종 위기에 처한 동물이 포함되어 있는지 없는지에 대한 여부만을 감지하는 모델이 장치에 있을 수 있다. 그런 뒤에 해당 이미지는 이 동물이 어떤 동물인지를 판단하는 클라우드 모델로 전송될 수 있다.

2단계 예측 패턴을 설명하기 위해 캐글의 범용 오디오 인식 데이터셋(*https://oreil.ly/ I89Pr*)을 사용해보자. 데이터셋에는 '첼로', '노크', '전화', '트럼펫' 등 총 41개의 라벨이 있는 약 9,000개의 오디오 샘플이 포함되어 있다. 첫 번째 단계에서는 주어진 사운드가 악기인지 여부를 예측하는 모델을 만들 것이다. 그런 다음 첫 번째 모델이 악기라고 예측한 사운드의 경우, 클라우드에 배포된 모델에서 예측을 추가로 수행해 총 18개 악기 중에서 특정 악기를 식별해 낸다. [그림 5-10]은 이 예에 대한 2단계 흐름을 보여준다.

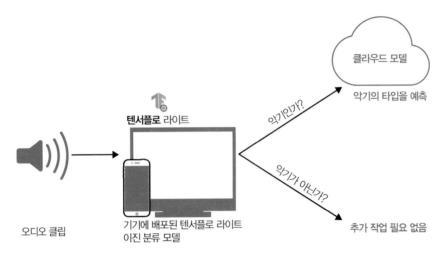

그림 5-10 2단계 예측 패턴을 사용한 악기 사운드 식별

이러한 각 모델을 구축하기 위해 오디오 데이터를 사운드의 시각적 표현인 스펙트로그램 spectrogram으로 변환한다. 이는 전이 학습 디자인 패턴과 공통 이미지 모델 아키텍처를 함께 사용하여 진행할 수 있다. 데이터셋에서 가져온 색소폰 오디오 클립의 스펙트로그램은 [그림 5-11]에서 확인할 수 있다.

그림 5-11 학습 데이터셋에서 가져온 색소폰 오디오 클립의 스펙트로그램[6]

---

6 .*wav* 파일을 스펙트로그램으로 변환하는 코드는 다음을 참고. https://github.com/GoogleCloudPlatform/ml-design-patterns/blob/master/05_resilience/audio_to_spectro.ipynb)

1단계: 오프라인 모델 만들기

2단계 예측 디자인 패턴의 첫 번째 모델은 인터넷 연결에 의존하지 않고 빠른 추론을 진행해야한다. 따라서 모바일 기기에 로드할 수 있을 만큼 충분히 작아야 한다. 위에서 소개한 악기 구분 예시를 기반으로 기기상에서의 추론에 최적화된 이진 분류 모델을 구축해보자.

원본 사운드 데이터셋에는 다양한 유형의 오디오 클립에 대한 41개의 라벨이 있다. 첫 번째 모델에는 '악기' 또는 '악기 아님'이라는 두 가지 라벨만 있다. ImageNet 데이터셋에서 학습된 MobileNetV2(*https://oreil.ly/zvbzR*) 모델 아키텍처를 사용하여 모델을 빌드해보자. MobileNetV2는 케라스에서 직접 사용할 수 있으며 에지 환경에 최적화된 아키텍처다. 모델의 경우 자체 이진 분류 출력 계층을 추가할 수 있도록 MobileNetV2 가중치를 고정하고 상단 계층 없이 로드한다.

```
mobilenet = tf.keras.applications.MobileNetV2(
    input_shape=((128,128,3)),
    include_top=False,
    weights='imagenet'
)
mobilenet.trainable = False
```

스펙트로그램 이미지를 해당 라벨 이름이 있는 디렉터리로 구성하면 케라스의 `ImageData Generator` 클래스를 사용하여 학습 및 검증 데이터셋을 만들 수 있다.

```
train_data_gen = image_generator.flow_from_directory(
    directory=data_dir,
    batch_size=32,
    shuffle=True,
    target_size=(128,128),
    classes = ['not_instrument','instrument'],
    class_mode='binary')
```

학습 및 검증 데이터셋이 준비되면 평소처럼 모델을 학습할 수 있다. 학습된 모델을 내보내는 일반적인 방식은 텐서플로의 `model.save()` 메서드를 사용하는 것이다. 그러나 이 모델은 기기에 서빙되므로 가능한 한 작게 유지하고자 한다. 이러한 요구 사항에 맞는 모델을 빌드하기 위해 모바일 및 임베디드 기기에서 직접 모델을 빌드하고 제공하는 데 최적화된 라이브러리인 텐서플로 라이트(*https://oreil.ly/dyx93*)를 사용한다. 텐서플로 라이트에는 학습 도중과 이후에 모델을 양자화하기 위한 몇 가지 내부 유틸리티가 있다.

에지 서비스를 위해 학습된 모델을 준비하기 위해 텐서플로 라이트를 사용하여 최적화된 형식으로 내보낸다.

```
converter = tf.lite.TFLiteConverter.from_keras_model(model)
converter.optimizations = [tf.lite.Optimize.DEFAULT]
tflite_model = converter.convert()
open('converted_model.tflite', 'wb').write(tflite_model)
```

이 방식이 학습 **이후** 모델을 양자화하는 가장 빠른 방법이다. 텐서플로 라이트 최적화 기본값을 사용하여 모델의 가중치를 8비트 표현으로 줄이게 되며, 모델에 대한 예측을 수행할 때 추론 시간에 입력을 양자화한다. 위의 코드를 실행하면 결과로 내보낸 텐서플로 라이트 모델은 양자화 없이 내보냈을 때의 1/4 크기가 된다.

> **TIP** 오프라인 추론을 위해 모델을 더욱 최적화하려면 학습 중에 모델의 가중치를 양자화하거나 가중치 외에 모델의 모든 수학 연산을 양자화할 수도 있다. 텐서플로 모델에 대한 양자화 최적화 학습 방식은 로드맵(*https://oreil.ly/RuONn*)에서 찾아볼 수 있다.

텐서플로 라이트 모델에 대한 예측을 생성하려면 짧은 지연 시간에 최적화된 텐서플로 라이트 인터프리터interpreter를 사용한다. Android 또는 iOS 기기에 모델을 로드하고 애플리케이션 코드 레벨에서 직접 예측을 생성할 수 있다. 두 플랫폼에 대한 API가 있지만 여기에서는 모델을 생성한 것과 동일한 노트북에서 실행할 수 있도록, 예측을 생성하기 위한 파이썬 코드를 살펴본다. 먼저 텐서플로 라이트 인터프리터의 인스턴스를 만들고 예상되는 입력 및 출력 형식에 대한 세부 정보를 얻을 수 있다.

```
interpreter = tf.lite.Interpreter(model_path="converted_model.tflite")
interpreter.allocate_tensors()
input_details = interpreter.get_input_details()
output_details = interpreter.get_output_details()
```

위에서 학습한 MobileNetV2 이진 분류 모델의 경우 `input_details`는 다음과 같다.

```
[{'dtype': numpy.float32,
  'index': 0,
  'name': 'mobilenetv2_1.00_128_input',
  'quantization': (0.0, 0),
  'quantization_parameters': {'quantized_dimension': 0,
  'scales': array([], dtype=float32),
  'zero_points': array([], dtype=int32)},
  'shape': array([  1, 128, 128,   3], dtype=int32),
  'shape_signature': array([  1, 128, 128,   3], dtype=int32),
  'sparsity_parameters': {}}]
```

그런 다음 첫 번째 이미지를 검증 배치에서 로드된 텐서플로 라이트 모델로 전달한다. 이를 통해 예측을 수행하고, 인터프리터를 호출한 뒤 출력값을 얻을 수 있다.

```
input_data = np.array([image_batch[21]], dtype=np.float32)
interpreter.set_tensor(input_details[0]['index'], input_data)

interpreter.invoke()
output_data = interpreter.get_tensor(output_details[0]['index'])
print(output_data)
```

결과 출력은 주어진 입력 사운드가 악기인지 여부를 나타내는 [0,1] 범위의 단일값을 갖는 시그모이드 배열이다.

> **TIP** 클라우드 모델을 호출하는 데 드는 비용에 따라 온디바이스 모델을 학습할 때 최적화하는 측정 항목을 변경할 수 있다. 예를 들어 오탐지 방지에 더 관심이 있는 경우 재현율보다 정밀도를 최적화하도록 선택할 수 있다.

이제 모델이 기기에서 작동하므로 인터넷 연결에 의존하지 않고도 빠른 예측을 얻을 수 있다. 모델이 주어진 소리가 악기가 아니라고 예측한다면 여기서 멈출 수 있다. 모델이 '악기'라고 예측하는 경우 오디오 클립을 더 복잡한 클라우드 호스팅 모델로 전송하여 진행해야 한다.

어떤 모델이 에지 환경에 적합할까?

모델이 에지 환경에 적합한지 어떻게 결정할 수 있을까? 모델 크기, 복잡성, 사용 가능한 하드웨어와 관련된 몇 가지 고려 사항이 있다. 일반적으로, 더 작고 덜 복잡한 모델은 기기에서 실행하기에 더 적합하다. 에지 모델은 사용 가능한 디바이스의 스토리지에 의해 그 크기가 제한되기 때문이다. 종종 모델 양자화 또는 기타 기술을 통해 축소될 때 정확도가 저하되므로, 보다 간단한 예측 작업과 모델 아키텍처를 지닌 모델일수록 에지 장치에 적합하다고 할 수 있다. 여기에서 '단순함'이란 가능한 경우 다중 클래스 분류보다 이진 분류를 선호하거나 덜 복잡한 모델 아키텍처 (예: 결정 트리 또는 선형 회귀 모델)를 선택하는 것과 같은 트레이드오프를 의미한다.

특정 모델 크기 및 복잡성 제약을 계속 준수하면서 에지에 모델을 배포해야 하는 경우, ML 추론을 전제로 특별히 설계된 에지 하드웨어를 살펴보는 것이 좋다. 예를 들어 코랄 에지 TPU[Coral Edge TPU] (*https://oreil.ly/N2NOs*) 보드는 텐서플로 라이트 모델에서 고성능 오프라인 ML 추론에 최적화된 맞춤형 ASIC를 제공한다. 마찬가지로 엔비디아에서는 에지 환경에 최적화된 저전력 ML 추론을 위해 젯슨 나노[Jetson Nano] (*https://oreil.ly/GUOQc*)를 제공한다. ML 추론에 대한 하드웨어 지원은 임베디드 ML이 보편화됨에 따라 빠르게 진화하고 있다.

2단계: 클라우드 모델 만들기

클라우드 호스팅 모델은 네트워크 연결 없이 진행하는 추론을 위해 최적화할 필요가 없기 때문에 모델 학습, 내보내기, 배포에 보다 전통적인 접근 방식을 따를 수 있다. 때문에 2단계 예측 디자인 패턴 중 두 번째 모델은 다양한 형태를 취할 수 있다. 구글 홈의 예시에서, 2단계에는 발표자의 오디오 입력을 텍스트로 변환하는 모델과 NLP를 수행하여 텍스트를 이해하고 사용자의 검색어를 전달하는 여러 모델이 포함될 수 있다. 사용자가 더 복잡한 것을 요구하는 경우, 사용자 선호도 또는 과거 활동을 기반으로 추천을 제공하는 세 번째 모델이 있을 수도 있다.

악기 예제에서 두 번째 모델은 사운드를 18개의 가능한 악기 범주 중 하나로 분류하는 다중 클래스 모델이다. 이 모델은 기기에 배포할 필요가 없기 때문에 VGG와 같은 더 큰 모델 아키텍처를 시작점으로 사용한 다음, 4장에 설명된 전이 학습 디자인 패턴을 따를 수 있다.

ImageNet 데이터셋에서 학습된 VGG를 로드한 뒤, input_shape 파라미터에 스펙트로그램 이미지의 크기를 지정해보자. 이때 소프트맥스 출력 계층을 추가하기 전에 모델의 가중치를 고정한다.

```
vgg_model = tf.keras.applications.VGG19(
    include_top=False,
    weights='imagenet',
    input_shape=((128,128,3))
)

vgg_model.trainable = False
```

출력값은 소프트맥스 확률값을 갖는 18개 요소의 배열이 될 것이다.

```
prediction_layer = tf.keras.layers.Dense(18, activation='softmax')
```

데이터셋을 악기의 오디오 클립으로만 제한한 뒤, 악기 라벨을 18개 요소에 원-핫 인코딩을
실시한 벡터로 변환한다. image_generator와 동일한 접근 방식을 사용하여 학습을 위해 이미
지를 모델에 공급할 수 있다. 다만, 이를 모델 서빙을 위해 텐서플로 라이트 모델로 내보내는
대신 model.save()를 사용하여 내보낼 수 있다.

두 번째 모델을 클라우드에 배포하는 방법을 보여주기 위해 클라우드 AI 플랫폼 예측
(*https://oreil.ly/P5Cn9*)을 사용해보자. 저장한 모델을 클라우드 스토리지 버킷에 업로드
한 다음 프레임워크를 지정한 뒤, AI 플랫폼 예측을 저장소 버킷으로 설정하여 모델을 배포해
야 한다.

TIP 2단계 예측 디자인 패턴의 두 번째 단계에 클라우드 기반 사용자 지정 모델 배포 도구를 사용할 수 있다. 구
글 클라우드의 AI 플랫폼 예측 외에도 AWS 세이지메이커(*https://oreil.ly/zIHey*)와 애저 머신러닝
(*https://oreil.ly/dCxHE*)은 모두 커스텀 모델 배포를 위한 서비스를 제공한다.

모델을 텐서플로 SavedModel로 내보낼 때 모델 저장 메서드에 직접 클라우드 스토리지 버킷
URL을 전달할 수 있다.

```
model.save('gs://your_storage_bucket/path')
```

그러면 모델은 텐서플로 SavedModel 형식으로 내보내지고 클라우드 스토리지 버킷에 업로
드된다.

AI 플랫폼에서 모델 리소스에는 다양한 버전의 모델이 포함된다. 각 모델에는 수백 개의 버전

이 있을 수 있다. 먼저 구글 클라우드 CLI인 gcloud를 사용하여 모델 리소스를 생성해보자.

```
gcloud ai-platform models create instrument_classification
```

모델을 배포하는 방법에는 몇 가지가 있지만 여기에서는 gcloud를 사용하고자 한다. 우선, 저장된 모델이 포함된 하위 디렉터리에서 AI 플랫폼을 지정해보자.

```
gcloud ai-platform versions create v1 \
  --model instrument_classification \
  --origin 'gs://your_storage_bucket/path/model_timestamp' \
  --runtime-version=2.1 \
  --framework='tensorflow' \
  --python-version=3.7
```

이제 온라인 및 배치 예측을 지원하는 AI 플랫폼 예측 API를 통해 모델에 예측 요청을 할 수 있다. 온라인 예측을 사용하면 한 번에 몇 가지 예를 거의 실시간으로 예측할 수 있다. 예측을 위해 보내려는 예가 수백 또는 수천 개라면, 백그라운드에서 비동기적으로 실행되고 완료되면 예측 결과를 파일로 출력하는 일괄 예측 작업도 만들 수 있다.

모델을 호출하는 기기가 인터넷에 연결되지 않는 경우를 처리하기 위해, 기기가 오프라인 상태일 때 기기 예측을 위한 오디오 클립을 저장할 수 있다. 다시 연결되면 예측을 위해 이러한 클립을 클라우드 호스팅 모델로 보낼 수 있다.

5.4.3 트레이드오프와 대안

2단계 예측 패턴은 대부분의 경우에 작동하지만 최종 사용자의 인터넷 연결이 매우 적기 때문에 클라우드 호스팅 모델을 호출할 수 있는 능력에 의존할 수 없는 상황이 있다. 이번 절에서는 두 가지 오프라인 전용 대안, 클라이언트가 한 번에 많은 예측 요청을 해야 하는 시나리오, 오프라인 모델에 대한 지속적인 평가 실행 방법에 대한 제안에 대해 설명한다.

독립 1단계 모델

때로는 모델의 최종 사용자가 인터넷 연결이 거의 또는 전혀 없을 수 있다. 이러한 사용자의 기기가 클라우드 모델에 안정적으로 접근할 수는 없지만 애플리케이션에 접근할 수 있는 방법을 제공하는 것은 여전히 중요하다. 이 경우 2단계 예측 흐름에 의존하는 대신 첫 번째 모델만으로도 자급자족할 수 있을 만큼 충분히 견고하게 만들 수 있다.

이를 위해 복잡한 모델의 더 작은 버전을 만들 수 있다. 다만 사용자가 오프라인일 때 사용할 수 있도록 더 간단하고 더 작은 모델의 다운로드 옵션을 제공할 수 있다. 이러한 오프라인 모델은 더 큰 온라인 모델만큼 정확하지 않을 수 있지만 오프라인 지원이 전혀 없는 것보다 훨씬 낫다.

오프라인 추론을 위해 설계된 더 복잡한 모델을 구축하려면 학습 중과 후에 모델의 가중치 및 기타 수학 연산을 양자화할 수 있는 도구를 사용하는 것이 가장 좋다. 이를 양자화 인식 학습quantization aware training($https://oreil.ly/ABd8r$)이라고 한다.

더 간단한 오프라인 모델을 제공하는 애플리케이션의 한 예는 구글 번역($https://oreil.ly/uEWAM$)이다. 구글 번역은 수백 가지 언어로 제공되는 강력한 온라인 번역 서비스다. 그러나 인터넷에 접근하지 않고 번역 서비스를 사용해야 하는 시나리오가 많다. 이를 처리하기 위해 구글 번역을 사용하면 50개 이상의 언어로 오프라인 번역 모델을 다운로드할 수 있다. 이러한 오프라인 모델은 크기가 약 40~50MB로 더 복잡한 온라인 버전에 가깝다. [그림 5-12]는 온디바이스 및 온라인 번역 모델의 품질 비교를 보여준다.

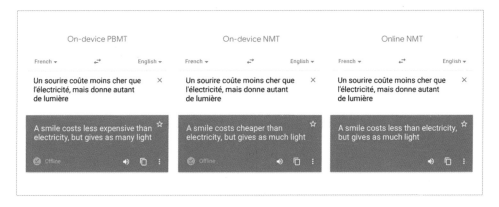

그림 5-12 에지 환경에서의 구문 기반 번역 모델, 에지 환경에서의 최신 신경망–기계 번역 모델, 온라인 신경망 기계 번역의 비교[7]

---

7 출처: The Keyword https://oreil.ly/S_woM

독립형 1단계 모델의 또 다른 예는 어린이를 위한 음성 기반 언어 학습 앱인 구글 볼로^{Google} Bolo (*https://oreil.ly/zTy79*)다. 이 앱은 완전히 오프라인으로 작동하며 안정적인 인터넷 상태 접근이 어려운 사람들을 돕기 위해 개발되었다.

특정 사용 상황을 위한 오프라인 지원

인터넷 연결이 최소화된 사용자를 위해 애플리케이션이 작동하도록 하는 또 다른 방법은 앱의 특정 부분만 오프라인에서 사용할 수 있도록 하는 것이다. 여기에는 몇 가지 일반적인 기능을 오프라인으로 사용 설정하거나 나중에 오프라인에서 사용할 수 있도록 ML 모델의 예측 결과를 캐싱하는 것도 포함될 수 있다. 이 대안을 통해 우리는 여전히 두 가지 예측 단계를 사용하고 있지만, 오프라인 모델에서는 사용 사례를 제한하고 있다. 이 접근 방식에서 앱은 충분히 오프라인으로 작동하지만 연결이 다시 설정되면 전체 기능을 제공한다.

예를 들어 구글 지도를 사용하면 지도와 길찾기를 미리 다운로드할 수 있다. 길찾기가 휴대 기기에서 너무 많은 공간을 차지하지 않도록 하기 위해 도보나 자전거를 제외한 운전 경로만을 오프라인에서 사용할 수 있다. 또 다른 예로는 걸음 수를 추적하고 향후 활동을 권장하는 피트니스 애플리케이션이 있다. 이 앱에서 가장 많이 사용되는 기능이 오늘의 걸음 수를 확인하는 것이라고 가정해보자. 이러한 사용 사례를 오프라인으로 지원하기 위해, 블루투스를 통해 피트니스 추적 앱의 데이터를 사용자의 기기에 동기화하여 오늘의 피트니스 상태를 오프라인으로 확인할 수 있다. 앱의 성능을 최적화하기 위해 핵심 기능인 걸음 수 확인을 제외한 피트니스 기록과 추천을 온라인으로만 제공하기로 결정할 수 있다.

또한 기기가 오프라인일 때 사용자의 쿼리를 저장하고 연결이 회복되면 클라우드 모델로 전송하여 더 자세한 결과를 제공할 수도 있다. 또한 앱이 사용자의 쿼리를 클라우드 호스팅 모델로 보낼 수 있을 때, 이를 보완하기 위해 오프라인에서 사용 가능한 기본 추천 모델을 제공할 수도 있다. 이 솔루션을 사용하면 사용자가 연결되지 않은 경우에도 일부 기능을 사용할 수 있다. 온라인으로 돌아오면 모든 기능을 갖춘 앱과 강력한 ML 모델의 이점을 누릴 수 있다.

많은 예측을 실시간에 가깝게 처리하기

다른 경우에는 ML 모델의 최종 사용자가 안정적인 연결을 가질 수 있지만 한 번에 수백 또는 수천 개의 예측을 수행해야 할 수도 있다. 클라우드 호스팅 모델만 있고 각 예측에 호스팅된 서비스에 대한 API 호출이 필요하다고 가정해보자. 이 경우 수천 개의 예제에 대한 예측 응답을 한 번에 가져오는 데 너무 많은 시간이 걸릴 수 있다.

이를 이해하기 위해 사용자 집 전체의 다양한 영역에 임베디드 기기를 배포했다고 가정해보자. 이러한 장치는 온도, 기압, 대기질에 대한 데이터를 수집한다. 이 센서 데이터에서 이상을 감지하기 위해 클라우드에 배포된 모델이 있다고 가정해보자. 센서가 지속적으로 새로운 데이터를 수집하기 때문에 들어오는 모든 데이터 포인트를 클라우드 모델로 보내는 것은 비효율적이고 비용이 많이 들 것이다. 대신 센서에 직접 모델을 배포하여 수신 데이터 수준에서 이상 감지 후보군을 식별할 수 있다. 그런 다음 모든 위치의 센서 판독값을 고려하여 통합 검증을 위해 잠재적인 이상 항목만 클라우드 모델에 보낼 수 있다. 이것은 앞서 설명한 2단계 예측 패턴의 변형이며, 주요 차이점은 오프라인 및 클라우드 모델이 동일한 예측 작업을 수행하지만 입력이 다르다는 것이다. 이 경우 모델은 한 번에 클라우드 모델로 전송되는 예측 요청 수를 조절한다.

오프라인 모델에 대한 지속적인 평가

온디바이스 모델이 최신 상태로 유지되고 데이터 드리프트가 발생하지 않도록 하려면 어떻게 해야 할까? 네트워크 연결이 없는 모델에 대한 지속적인 평가를 수행하기 위한 몇 가지 옵션이 있다. 첫째, 기기에서 수신된 예측의 하위 집합을 저장할 수 있다. 그런 다음 모델의 성능을 주기적으로 평가하고 모델에 재학습이 필요한지 결정할 수 있다. 2단계 모델의 경우 온디바이스 모델에 대한 많은 호출이 2단계 클라우드 모델로 이동하지 않을 가능성이 높으므로 이 평가를 정기적으로 수행하는 것이 중요하다. 또 다른 옵션은 지속적인 평가 목적으로만 실행할 온디바이스 모델의 복제본을 **온라인**상에 만드는 것이다. 이와 같은 솔루션은 오프라인과 클라우드 모델이 앞서 언급한 번역 사례와 같이 유사한 예측 작업을 실행하는 경우 선호된다.

5.5 디자인 패턴 20: 키 기반 예측

일반적으로 모델이 배포될 때 실시간으로 제공되는 동일한 특징 입력 집합에서 모델을 학습한다. 그러나 많은 상황에서 모델이 클라이언트 제공 키를 통과하는 것이 유리할 수 있다. 이를 키 기반 예측keyed prediction 디자인 패턴이라고 하며, 이 장에서 설명하는 여러 디자인 패턴을 확장 가능하게 구현하는 데 필요하다.

5.5.1 문제

모델이 웹 서비스로 배포되고 단일 입력을 허용하는 경우, 어떤 출력이 어떤 입력에 해당하는지 분명하다. 그러나 모델이 백만 개의 입력이 있는 파일을 수락하고 백만 개의 출력 예측이 있는 파일을 다시 보내면 어떻게 될까?

첫 번째 출력 인스턴스가 첫 번째 입력 인스턴스에 해당하고 두 번째 출력 인스턴스가 두 번째 입력 인스턴스에 해당한다는 것이 분명해야 한다고 생각할 수 있다. 그러나 1:1 관계에서는 각 서버 노드가 이를 연속적으로 처리해야 한다. 분산 데이터 처리 시스템을 사용하여 여러 시스템에 인스턴스를 보내 계산한 뒤, 결과 출력을 모두 수집하여 다시 보내는 것이 훨씬 유리하다. 이 접근법의 문제는 출력 내용의 순서가 일정하지 않다는 데 있다. 해당 출력을 동일한 방식으로 정렬하도록 하는 것은 확장성 문제를 야기하고, 출력을 순서 없이 제공하는 것은 고객이 어떤 출력이 어떤 입력에 해당하는지 구분할 수 있어야 한다.

온라인 서빙 시스템이 스테이트리스 서빙 함수 패턴에 설명된 대로 인스턴스 배열을 수락하는 경우에도 이와 동일한 문제가 발생한다. 문제는 많은 수의 인스턴스를 로컬로 처리하면 핫스팟이 발생한다는 것이다. 몇 개의 요청만 받는 서버 노드는 따라잡을 수 있지만 특히 큰 배열을 받는 서버 노드는 뒤처지기 시작한다. 이러한 핫스팟은 서버 시스템을 필요 이상으로 크게 만들도록 한다. 따라서 많은 온라인 서빙 시스템은 하나의 요청으로 전송할 수 있는 인스턴스 수를 제한한다. 이러한 제한이 없거나 모델당 계산량이 너무 많아서 서버에 과부하를 줄 수 있는 경우 핫스팟 문제가 발생한다. 따라서 배치 서빙 문제에 대한 모든 솔루션은 온라인 서빙 핫스팟 문제도 제기한다.

5.5.2 솔루션

솔루션은 통과 키$^{pass-through\ key}$를 사용하는 것이다. 클라이언트가 각 입력과 관련된 키를 제공하도록 할 수 있다. 예를 들어(그림 5-13), 모델이 왼쪽에 표시된 3개의 입력 (a, b, c)으로 학습되어 오른쪽에 표시된 출력 d를 생성한다고 가정한다. 클라이언트가 모델에 (k, a, b, c)를 제공하도록 한다. 여기서 k는 고유 식별자가 있는 키다. 키는 입력 인스턴스 1, 2, 3,… 등의 번호를 매기는 것처럼 간단할 수 있다. 그러면 모델이 (k, d)를 반환하므로 클라이언트는 어떤 출력 인스턴스가 어떤 입력 인스턴스에 해당하는지 알아낼 수 있다.

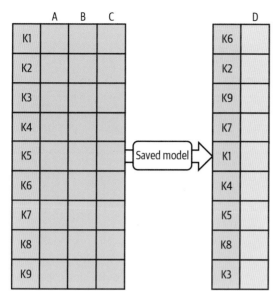

그림 5-13 클라이언트는 각 입력 인스턴스에 고유 키를 제공한다. 서빙 시스템은 해당 키를 해당 예측에 연결한다. 이를 통해 클라이언트는 출력 순서가 잘못된 경우에도 각 입력에 대한 올바른 예측을 검색할 수 있다.

케라스에서 통과 키를 사용하는 방법

케라스 모델이 키를 통과하도록 하려면 모델을 내보낼 때 서빙 서명을 사용할 수 있다.

예를 들어 이 코드는 4개의 입력(is_male, mother_age, plurality, gestation_weeks)을 받을 수 있는 모델을 선택하고 모델의 원래 출력과 함께 출력으로 전달되는 키를 사용하는 코드이다(babyweight).

```
# 통과 키를 사용하는 서빙 함수
@tf.function(input_signature=[{
    'is_male': tf.TensorSpec([None,], dtype=tf.string, name='is_male'),
    'mother_age': tf.TensorSpec([None,], dtype=tf.float32,
name='mother_age'),
    'plurality': tf.TensorSpec([None,], dtype=tf.string, name='plurality'),
    'gestation_weeks': tf.TensorSpec([None,], dtype=tf.float32,

name='gestation_weeks'),
    'key': tf.TensorSpec([None,], dtype=tf.string, name='key')
}])
```

```
def keyed_prediction(inputs):
    feats = inputs.copy()
    key = feats.pop('key') # 입력 데이터로부터 키 획득
    output = model(feats) # 모델 호출
    return {'key': key, 'babyweight': output}
```

이 모델은 스테이트리스 서빙 함수 디자인 패턴에 설명된 대로 저장된다.

```
model.save(EXPORT_PATH,
           signatures={'serving_default': keyed_prediction})
```

기존 모델에 키 기반 예측 추가하기

위의 코드는 원래 모델이 서빙 함수와 함께 저장되지 않은 경우에도 작동한다. [그림 5-14]와
같이 tf.saved_model.load()를 사용하여 모델을 로드하고 서빙 함수를 추가한 다음 위의 코
드를 사용하면 된다.

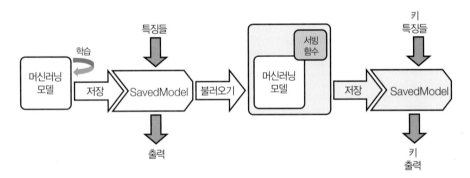

그림 5-14 SavedModel을 로드하고 기본이 아닌 서빙 함수를 연결한 다음 저장한다.

이때 이전의 키가 필요 없는 동작을 복제하는 서빙 함수를 제공하는 것이 좋다.

```
# 키가 필요 없는 서빙 함수
@tf.function(input_signature=[{
    'is_male': tf.TensorSpec([None,], dtype=tf.string, name='is_male'),
    'mother_age': tf.TensorSpec([None,],  dtype=tf.float32,
name='mother_age'),
```

```
        'plurality': tf.TensorSpec([None,], dtype=tf.string, name='plurality'),
        'gestation_weeks': tf.TensorSpec([None,], dtype=tf.float32,

    name='gestation_weeks')
}])
def nokey_prediction(inputs):
    output = model(inputs) # 모델 호출
    return {'babyweight': output}
```

이전 동작을 기본값으로 사용하고 **keyed_prediction**을 새 서빙 함수로 추가했다.

```
model.save(EXPORT_PATH,
        signatures={'serving_default': nokey_prediction,
                    'keyed_prediction': keyed_prediction
})
```

5.5.3 트레이드오프와 대안

서버 측에서 입력 데이터에 키를 할당할 수 없는 경우는 어떤게 있을까? 온라인 예측의 경우 서버가 고유한 요청 ID를 할당할 수 있다. 그러나 배치 예측의 경우, 입력값과 출력값이 항상 연결되는 것을 보장하지 않으므로 서버 측에서 고유 ID의 할당하는 것만으로는 충분하지 않다. 따라서, 서버가 해야 할 일이 늘어난다. 우선, 서버는 모델을 호출하기 전에 수신하는 입력값에 키를 할당해야 한다. 이후, 키를 사용하여 출력값을 정렬하여 입력값에 따른 출력값을 구분한다. 끝으로, 결괏값을 내보내기 전에 키를 제거해야 한다. 문제는 이러한 과정이 분산 데이터 처리에서 매우 비싼 연산 자원을 사용한다는 것이다.

게다가 클라이언트가 제공한 키가 유용한 몇 가지 다른 상황(비동기 서빙 및 평가)이 있다. 이 두 가지 상황을 감안할 때, 키의 구성은 사용 사례에 따라 달라져 식별 가능한 것이 바람직하다. 따라서 클라이언트에게 키를 제공하도록 요청하면 문제는 훨씬 더 간단해진다.

비동기 서빙

요즘 많은 프로덕션 환경의 머신러닝 모델이 신경망에 해당되며, 여기에는 행렬 곱셈이 포함된다. GPU나 TPU와 같은 하드웨어에서의 행렬 곱셈이 특정 크기 범위나 특정 숫자의 배수 내에

있는지 확인할 수 있다면 더 효율적으로 이루어질 수 있다. 따라서 요청을 누적하고(물론 최대 대기 시간까지) 수신 요청을 청크^{chunk}로 처리하는 것이 도움이 될 수 있다. 청크는 여러 클라이언트의 요청으로 구성되므로 이 경우 키에는 일종의 클라이언트 식별자가 있어야 한다.

지속적인 평가

지속적인 평가를 수행하는 경우, 특정 상황에서 성능이 전반적으로 저하되는지를 모니터링할 수 있도록 예측 요청에 대한 메타데이터를 기록하는 것이 유용하다. 키를 통해 문제의 상황을 식별하면 이러한 슬라이싱이 훨씬 쉬워진다. 예를 들어 모델의 성능이 다양한 고객군(예: 고객 연령이나 인종)에서 공정하게 동작함을 보장하기 위해 공정성 렌즈(7.3절 참조)를 적용해야 한다고 가정해보자. 모델은 고객 분류를 입력으로 사용하지 않지만, 고객 분류별로 분할된 모델의 성능을 평가해야 한다. 이러한 경우 고객 분류를 키에 포함하면(예를 들어 키는 35-Black-Male-34324323일 수 있음) 슬라이싱이 더 쉬워진다.

대안책으로 모델이 인식되지 않은 입력을 무시하고 예측 출력뿐 아니라 인식되지 않은 입력을 포함한 모든 입력을 다시 보내도록 하는 방법이 있다. 이를 통해 클라이언트는 입력을 출력에 일치시킬 수 있지만 대역폭 및 클라이언트 계산 측면에서는 더 비싼 비용을 지불해야 한다.

고성능 서버는 여러 클라이언트를 지원하고 클러스터의 지원을 받아 요청을 일괄 처리하여 성능상의 이점을 얻기 때문에 미리 계획하는 것이 좋다. 이를테면, 클라이언트가 모든 예측과 함께 키를 공급하여 다른 클라이언트와 충돌하지 않는 키를 지정하도록 요청할 수 있다.

5.6 마치며

이 장에서는 운영 환경에서의 부하를 성공적으로 처리할 수 있도록 확장성을 갖추기 위해 머신러닝 모델을 탄력적으로 운영하는 기법을 알아보았다. 논의한 각각의 탄력성 패턴은 일반적인 ML 워크플로의 배포 및 서빙 단계와 관련이 있다.

이 장에서는 **스테이트리스 서빙 함수** 디자인 패턴을 사용하여 학습된 머신러닝 모델을 스테이트리스 함수로 캡슐화하는 방법을 살펴보며 시작했다. 서빙 함수를 통해 모델을 내보낸 뒤 추론을 수행하는 함수를 정의하여 모델의 학습 및 배포 환경을 분리하고 REST 엔드포인트에 배포했다. 모든 운영 환경의 모델이 즉각적인 예측 결과를 필요로 하는 것은 아니기 때문에 우리는 **배치 서빙** 디자인 패턴도 살펴보았다. 배치 서빙 디자인 패턴을 통해 많은 모델 예측 요청을 비동기적으로 실행하도록 설계된 분산 데이터 처리 인프라를 활용하는 방법을 배웠다. 특히, 예측해야 할 대량의 데이터를 모델에 보내야 하지만 결과가 당장 필요하지 않은 경우, 배치 서빙이 유용하다는 것을 확인했다.

다음으로, **연속 모델 평가** 디자인 패턴을 통해 배포된 모델이 새 데이터에서 여전히 잘 작동하는지 확인하는 접근 방식을 살펴보았다. 이 패턴은 정기적으로 모델을 평가하고 이러한 결과를 사용하여 재학습이 필요한지를 결정하여 데이터 및 개념 드리프트 문제를 해결했다. 이어서, **2단계 예측** 디자인 패턴에서는 모델을 에지 환경에 배포해야 하는 특정 사용 사례를 살펴보았다. 특히 문제를 2개의 논리적 부분으로 나눌 수 있는 경우, 장치에 배포할 수 있는 더 간단한 모델과 클라우드에서 호스팅되는 더 복잡한 모델 간의 연결 지점을 살펴보았다. 마지막으로 **키 기반 예측** 디자인 패턴에서 예측 요청을 할 때, 각 예제에 고유 키를 제공하는 것이 얼마나 유익할 수 있는지를 논의했다. 이렇게 하면 클라이언트가 각 예측 출력을 올바른 입력 예제와 연결할 수 있다.

다음 장에서는 재현성 디자인 패턴을 살펴보겠다. 이러한 패턴은 머신러닝의 여러 측면에 존재하는 고유한 임의성과 관련된 문제를 해결하고, 머신러닝 프로세스가 실행될 때마다 안정적이고 일관된 결과를 내는 데 주안점을 둔다.

## CHAPTER 6

재현성 디자인 패턴

단위 테스트와 같은 소프트웨어 개발 기법에서는 코드를 실행하면 결정론적 출력이 생성된다고 가정한다.

```python
def sigmoid(x):
    return 1.0 / (1 + np.exp(-x))

class TestSigmoid(unittest.TestCase):
    def test_zero(self):
        self.assertAlmostEqual(sigmoid(0), 0.5)

    def test_neginf(self):
        self.assertAlmostEqual(sigmoid(float("-inf")), 0)

    def test_inf(self):
        self.assertAlmostEqual(sigmoid(float("inf")), 1)
```

머신러닝에서는 이러한 재현성reproducibility을 기대하기 어렵다. 머신러닝 모델은 학습 중에 임의의 값으로 초기화된 다음, 학습 데이터를 기반으로 조정된다. 사이킷런으로 구현한 간단한 $k-$평균 알고리즘에서 알고리즘이 매번 동일한 결과를 반환하도록 보장하려면 random_state를 설정해야 한다.

```
def cluster_kmeans(X):
    from sklearn import cluster
    k_means = cluster.KMeans(n_clusters=10, random_state=10)
    labels = k_means.fit(X).labels_[::]
    return labels
```

랜덤 시드 외에도, 학습 중 재현성을 보장하기 위해 수정해야 하는 다른 아티팩트가 많다. 또한 머신러닝은 학습, 배포, 재학습과 같은 여러 단계로 구성된다. 이러한 단계에서도 일부 항목의 재현성이 중요하다.

이 장에서는 재현성의 다양한 측면을 다루는 디자인 패턴을 살펴보자. **트랜스폼**transform 디자인 패턴은 모델 학습 파이프라인에서 데이터 준비 종속성을 포착하고 서빙 중에 이를 재현한다. **반복 가능 분할**repeatable splitting 디자인 패턴은 학습, 검증, 테스트 데이터셋 간에 데이터가 분할되는 방식을 포착하여 데이터셋이 커져도 학습에 사용되는 예제가 평가 또는 테스트에 사용되지 않도록 한다. **브리지 스키마**bridged schema 디자인 패턴은 학습 데이터셋이 서로 다른 스키마를 따르는 데이터의 혼합물일 때 재현성을 보장하기 위한 방법이다. **워크플로 파이프라인**workflow pipeline 디자인 패턴은 모델을 재학습시킬 때 파이프라인의 일부를 재사용할 수 있도록 머신러닝 프로세스의 모든 단계를 저장한다. **특징 저장소**feature store 디자인 패턴은 다양한 머신러닝 작업에서 특징의 재현성과 재사용성을 확보한다. **윈도 추론**windowed inference 디자인 패턴을 사용하면 동적이며 시간 종속적인 방식으로 계산된 특징이 학습과 서빙 사이에 올바르게 반복될 수 있다. 데이터 및 **모델 버전 관리**versioning 디자인 패턴은 이 장의 많은 디자인 패턴을 처리하기 위한 전제 조건이다.

6.1 디자인 패턴 21: 트랜스폼

트랜스폼transform 디자인 패턴을 사용하면 입력, 특징, 변환을 신중하게 분리하여 ML 모델을 프로덕션으로 훨씬 쉽게 이동시킬 수 있다.

6.1.1 문제

머신러닝 모델에 대한 **입력**은 머신러닝 모델이 계산에 사용하는 **특징**이 아니며, 트랜스폼 디자인 패턴은 이 문제를 해결하고자 한다. 예를 들어 텍스트 분류 모델에서 입력은 원시 텍스트 문서이고 특징은 이 텍스트의 숫자 임베딩 표현이다. 머신러닝 모델을 학습시킬 때는 원시 입력에서 추출한 특징으로 학습한다. 빅쿼리 ML을 사용하여 런던에서 자전거를 타는 시간을 예측하도록 학습시킨 다음 모델을 살펴보자.

```
CREATE OR REPLACE MODEL ch09eu.bicycle_model
OPTIONS(input_label_cols=['duration'],
        model_type='linear_reg')
AS
SELECT
 duration
 , start_station_name
 , CAST(EXTRACT(dayofweek from start_date) AS STRING)
 as dayofweek
 , CAST(EXTRACT(hour from start_date) AS STRING)
 as hourofday
FROM
 `bigquery-public-data.london_bicycles.cycle_hire`
```

이 모델에는 [그림 6-1]에 표시된 것처럼 2개의 입력(start_station_name, start_date)으로부터 계산된 세 가지 특징(start_station_name, dayofweek, hourofday)이 있다.

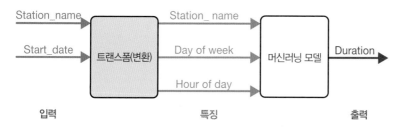

그림 6-1 모델에는 2개의 입력으로부터 계산된 세 가지 특징이 있다.

그러나 위의 SQL 코드에는 입력과 특징이 섞여 있으며 입력에서 특징으로의 변환을 추적하지 않으므로, 이 모델로 예측을 수행할 때는 문제가 발생한다. 모델이 세 가지 특징을 학습했기 때문에 예측은 다음과 같이 수행해야 한다.

```
SELECT * FROM ML.PREDICT(MODEL ch09eu.bicycle_model,(
  'Kings Cross' AS start_station_name
, '3' as dayofweek
, '18' as hourofday
))
```

추론 시 모델이 학습한 특징, 그 해석 방법 및 특징 변환의 세부 사항을 알아야 한다. 이를테면, dayofweek에 '3'을 보내야 한다면 여기서 '3'은 화요일인가? 수요일인가? 이는 모델이 어떤 라이브러리를 사용했는지, 또는 일주일의 시작을 언제로 설정하는지에 따라 달라질 것이다.

학습 환경과 서빙 환경 사이의 이러한 차이로 인해 발생하는 학습 제공 편향은 ML 모델을 프로덕션에 쓰기 어려운 주요한 이유 중 하나다.

6.1.2 솔루션

이 문제의 솔루션은 모델 입력을 특징으로 변환하기 위해 적용된 변환을 명시적으로 포착하는 것이다. 빅쿼리 ML에서는 TRANSFORM 문법을 사용하여 이 작업을 수행할 수 있다. TRANSFORM을 사용하면 ML.PREDICT 중에 이러한 변환이 자동으로 적용된다.

TRANSFORM을 사용해서 위의 모델을 다음과 같이 다시 작성할 수 있다.

```
CREATE OR REPLACE MODEL ch09eu.bicycle_model
OPTIONS(input_label_cols=['duration'],
        model_type='linear_reg')
TRANSFORM(
 SELECT * EXCEPT(start_date)
 , CAST(EXTRACT(dayofweek from start_date) AS STRING)
 as dayofweek -- feature1
 , CAST(EXTRACT(hour from start_date) AS STRING)
 as hourofday -- feature2
)
AS
SELECT
 duration, start_station_name, start_date -- inputs
```

```
FROM
  `bigquery-public-data.london_bicycles.cycle_hire`
```

입력(SELECT)과 특징(TRANSFORM)을 어떻게 명확하게 분리했는지 주목하자. 이제 예측하기가 훨씬 쉽다. start_station_name과 start_date만 모델에 보내면 된다.

```
SELECT * FROM ML.PREDICT(MODEL ch09eu.bicycle_model,(
    'Kings Cross' AS start_station_name
  , CURRENT_TIMESTAMP() as start_date
  ))
```

그런 다음 모델은 필요한 특징을 만들기 위해 적절한 변환을 수행한다. 변환을 수행하기 위해 가지고 있던 변환 논리와 아티팩트(예: 스케일링 상수, 임베딩 계수, 조회 테이블 등)를 모두 사용한다.

SELECT 문에서 원시 입력만 신중하게 사용하고 이후의 모든 입력 처리를 TRANSFORM 절에 넣으면, 빅쿼리 ML은 예측 중에 이러한 변환을 자동으로 적용한다.

6.1.3 트레이드오프와 대안

위에서 설명한 방식은 빅쿼리 ML이 변환 논리 및 아티팩트를 추적하고, 모델 그래프에 저장하고, 예측 중에 변환을 자동으로 적용하기 때문에 작동할 수 있다.

트랜스폼 디자인 패턴에 대한 지원이 내장되지 않은 프레임워크를 사용하는 경우, 학습 중에 수행된 변환이 서빙 중에 쉽게 재현될 수 있도록 모델 아키텍처를 설계해야 한다. 이를 위해 모델 그래프에 변환을 저장하거나, 변환된 특징 저장소를 생성하는 방식을 사용할 수 있다(6.6절 참조).

텐서플로와 케라스에서의 변환

뉴욕의 택시 요금을 추정하기 위한 ML 모델에 6개의 입력(픽업 위도, 픽업 경도, 하차 위도, 하차 경도, 승객 수, 픽업 시간)이 있다고 가정해보자. 텐서플로는 모델 그래프에 저장되는 특징 열feature column이라는 개념을 지원한다. 그러나 API는 원시 입력이 특징과 동일하다는 가정하에 설계되었다.

위도와 경도를 스케일링하고(2.1절 참조), 이를 유클리드 거리라는 특징으로 변환하고 타임스탬프에서 시간을 추출한다고 가정해보자. 트랜스폼 디자인 패턴의 개념을 숙지하고 모델 그래프를 신중하게 설계해야 한다(그림 6-2). 아래 코드를 살펴보면서 케라스 모델에서 입력 계층, 변환 계층, DenseFeatures 계층의 세 가지 개별 계층을 명확하게 설계하도록 설정하는 방법을 확인해보자.

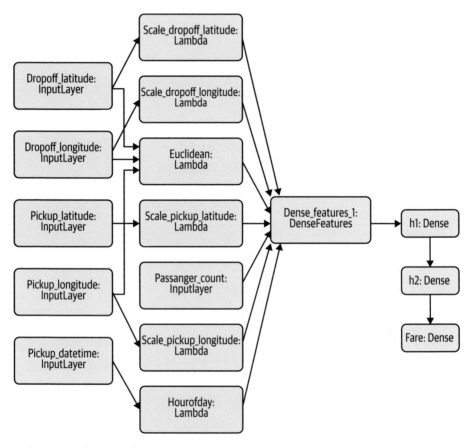

그림 6-2 케라스의 택시 요금 추정 문제에 대한 모델 그래프

먼저 케라스 모델에 대한 모든 입력을 입력 계층으로 만든다.[1]

```
inputs = {
        colname : tf.keras.layers.Input(
                    name=colname, shape=(), dtype='float32')
            for colname in ['pickup_longitude', 'pickup_latitude',
                            'dropoff_longitude', 'dropoff_latitude']
}
```

[그림 6-2]에서 이는 dropoff_latitude(하차 위도), dropoff_longitude(하차 경도) 등으로 표시된 상자다.

다음으로 변환된 특징의 사전을 유지하면서 모든 변환을 케라스 전처리 계층 또는 Lambda 계층으로 만든다. 여기에서는 Lambda 계층을 사용하여 입력을 스케일링할 것이다.

```
transformed = {}
for lon_col in ['pickup_longitude', 'dropoff_longitude']:
        transformed[lon_col] = tf.keras.layers.Lambda(
            lambda x: (x+78)/8.0,
            name='scale_{}'.format(lon_col)
        )(inputs[lon_col])
for lat_col in ['pickup_latitude', 'dropoff_latitude']:
        transformed[lat_col] = tf.keras.layers.Lambda(
            lambda x: (x-37)/8.0,
            name='scale_{}'.format(lat_col)
        )(inputs[lat_col])
```

[그림 6-2]에서 이는 scale_dropoff_latitude, scale_dropoff_longitude 등으로 표시된 상자다.

또한 4개의 입력 계층에서 계산되는 유클리드 거리에 대해 하나의 Lambda 계층을 갖게 된다 (그림 6-2).

---

[1] 전체 코드는 다음을 참고. *https://github.com/GoogleCloudPlatform/training-data-analyst/blob/master/quests/serverle ssml/06_feateng_keras/solution/taxifare_fc.ipynb*

```
def euclidean(params):
    lon1, lat1, lon2, lat2 = params
    londiff = lon2 - lon1
    latdiff = lat2 - lat1
    return tf.sqrt(londiff*londiff + latdiff*latdiff)
transformed['euclidean'] = tf.keras.layers.Lambda(euclidean, name='euclidean')([
            inputs['pickup_longitude'],
            inputs['pickup_latitude'],
            inputs['dropoff_longitude'],
            inputs['dropoff_latitude']
        ])
```

마찬가지로 타임스탬프에서 시간을 생성하는 열도 Lambda 계층이다.

```
transformed['hourofday'] = tf.keras.layers.Lambda(
            lambda x: tf.strings.to_number(tf.strings.substr(x, 11, 2),
                                            out_type=tf.dtypes.int32),
            name='hourofday'
        )(inputs['pickup_datetime'])
```

이렇게 변형된 모든 계층은 DenseFeatures 계층으로 연결된다.

```
dnn_inputs = tf.keras.layers.DenseFeatures(feature_columns.values())(transformed)
```

DenseFeatures의 생성자에는 특징 열 집합이 필요하기 때문에, 변환된 각 값을 가져와 신경망에 대한 입력으로 변환하는 방법을 지정해야 한다. 그대로 사용하거나, 원-핫 인코딩하거나, 숫자를 버킷화하도록 선택할 수 있다. 일단은 단순성을 위해 있는 그대로 사용하겠다.

```
feature_columns = {
        colname: tf.feature_column.numeric_column(colname)
            for colname in ['pickup_longitude', 'pickup_latitude',
                            'dropoff_longitude', 'dropoff_latitude']
}
feature_columns['euclidean'] = \
            tf.feature_column.numeric_column('euclidean')
```

DenseFeatures 입력 계층이 있으면 평소와 마찬가지로 나머지 케라스 모델을 빌드할 수 있다.[2]

```
h1 = tf.keras.layers.Dense(32, activation='relu', name='h1')(dnn_inputs)
h2 = tf.keras.layers.Dense(8, activation='relu', name='h2')(h1)
output = tf.keras.layers.Dense(1, name='fare')(h2)
model = tf.keras.models.Model(inputs, output)
model.compile(optimizer='adam', loss='mse', metrics=['mse'])
```

케라스 모델의 첫 번째 계층이 입력이 되도록 설정하는 방법에 주목하자. 두 번째 계층은 Transform 계층이고, 세 번째 계층은 이들을 결합한 DenseFeatures 계층이다. 이러한 3개 계층 이후에 일반적인 모델 아키텍처가 시작된다. Transform 계층은 모델 그래프의 일부이기 때문에 일반적인 서빙 함수 및 배치 서빙 솔루션(5.2절 참조)도 그대로 작동한다.

tf.transform을 통한 효율적 변환

위의 접근 방식의 한 가지 단점은, 각 학습 반복 중에 변환이 수행된다는 것이다. 변환 작업의 대부분이 알려진 상수로 스케일링하는 것이라면 이것은 그렇게 큰 문제가 아니다. 그러나 이러한 변환이 계산적으로 더 비싸다면 어떨까? 평균과 분산을 사용한 스케일링이라면? 이 경우 먼저 모든 데이터를 전달하여 이러한 변수를 계산해야 하는 것일까?

> **TIP** 모델의 일부가 될 수 있는 인스턴스 수준instance-level 변환(각 학습 반복마다 변환이 적용된다는 단점을 가짐)과, 전체 통계 또는 카테고리형 변수의 어휘를 계산하기 위해 전체 패스가 필요한 데이터셋 수준dataset-level 변환을 구별하는 것이 좋다. 이러한 데이터셋 수준 변환은 모델의 일부가 될 수 없으며, 확장이 가능한 전처리 단계에 적용되어 변환을 생성하고 모델에 결합시킬 논리 및 아티팩트(평균, 분산, 어휘 등)를 담아야 한다. 데이터셋 수준 변환은 tf.transform을 사용한다.

tf.transform 라이브러리(확장형 텐서플로TensorFlow Extended의 일부: *https://oreil.ly/OznI3*)는 데이터를 통한 전처리 패스 내에서 변환을 수행하고, 여기에서 얻은 특징 및 변환 아티팩트를 저장하는 효율적인 방법을 제공하며, 텐서플로 서빙에서 예측 시간 동안 변환을 적용할 수 있도록 한다. 이를 자세히 살펴보자.

첫 번째 단계는 변환 함수를 정의하는 것이다. 예를 들어 모든 입력을 평균 0에 단위 분산으로

---

2 전체 예제는 다음을 참고. *https://github.com/GoogleCloudPlatform/training-data-analyst/blob/master/quests/serverlessml/06_feateng_keras/solution/taxifare_fc.ipynb*

스케일링한 후 이를 버킷화하려면 다음과 같이 전처리 함수를 생성한다.[3]

```
def preprocessing_fn(inputs):
  outputs = {}
  for key in ...:
      outputs[key + '_z'] = tft.scale_to_z_score(inputs[key])
      outputs[key + '_bkt'] = tft.bucketize(inputs[key], 5)
  return outputs
```

학습 전에 아파치 빔의 이전 함수가 원시 데이터를 읽고 변환한다.

```
transformed_dataset, transform_fn = (raw_dataset ¦
    beam_impl.AnalyzeAndTransformDataset(preprocessing_fn))
transformed_data, transformed_metadata = transformed_dataset
```

변환된 데이터는 학습 파이프라인에서 읽기 적합한 형식으로 작성된다.

```
transformed_data ¦ tfrecordio.WriteToTFRecord(
    PATH_TO_TFT_ARTIFACTS,
    coder=example_proto_coder.ExampleProtoCoder(
        transformed_metadata.schema))
```

또한 빔 파이프라인은 실행해야 하는 전처리 함수와 함수에 필요한 아티팩트를 텐서플로 그래프 형식의 아티팩트에 저장한다. 예를 들어 위의 경우 이 아티팩트에는 숫자를 조정하기 위한 평균, 분산과 숫자를 버킷화하기 위한 버킷 경계가 포함된다. 학습 함수는 변환된 데이터를 읽으므로, 학습 루프 내에서 변환을 반복할 필요가 없다.

서빙 함수는 이 아티팩트를 로드하고 트랜스폼 계층을 생성한다.

```
tf_transform_output = tft.TFTransformOutput(PATH_TO_TFT_ARTIFACTS)
tf_transform_layer = tf_transform_output.transform_features_layer()
```

서빙 함수는 다음의 코드로 파싱된 입력 특징에 트랜스폼 계층을 적용하고, 변환된 데이터로

---

3 전체 코드는 다음을 참고. *https://github.com/tensorflow/tfx/blob/master/tfx/examples/chicago_taxi_pipeline/taxi_utils_native_keras.py*

모델을 호출하여 모델 출력을 계산한다.

```
@tf.function
def serve_tf_examples_fn(serialized_tf_examples):
  feature_spec = tf_transform_output.raw_feature_spec()
  feature_spec.pop(_LABEL_KEY)
  parsed_features = tf.io.parse_example(serialized_tf_examples, feature_spec)

  transformed_features = tf_transform_layer(parsed_features)
  return model(transformed_features)
```

이러한 방식으로 서빙을 위해 모델 그래프에 변환을 도입할 수 있다. 동시에, 모델 학습은 변환된 데이터에서 발생하므로 학습 루프는 각 에폭 내에서 이러한 변환을 수행할 필요가 없다.

텍스트와 이미지 변환

텍스트 모델에서는 정리된 텍스트를 모델에 특징으로 제공하기 전에 입력 텍스트를 전처리하는 것이 일반적이다(예: 구두점, 불용어, 대문자 사용, 형태소 분석 등). 텍스트 입력에 대한 다른 일반적인 특징 가공에는 토큰화 및 정규식 매칭이 포함된다. 추론 과정에서도 동일한 정리, 또는 추출 단계를 수행하는 것이 필요하다.

이미지와 함께 딥러닝을 사용할 때처럼 명시적인 특징 가공이 없더라도 변환을 담는 것은 중요하다. 이미지 모델에는 일반적으로 특정 크기의 이미지를 허용하는 입력 계층이 있다. 다른 크기의 이미지 입력은 모델에 공급되기 전에 고정된 크기로 자르거나, 패딩하거나, 다시 샘플링해야 한다. 이미지 모델의 다른 일반적인 변환에는 색상 조작(감마 보정, 회색조 변환 등) 및 방향 보정도 포함된다. 이러한 변환은 학습 데이터셋에서도 추론 중에도 동일해야 한다. 트랜스폼 패턴은 이러한 재현성을 보장하는 데 도움이 된다.

이미지 모델에는 학습 중에만 적용되는 특정 변환(예: 임의 자르기 및 확대/축소를 통한 데이터 증가)이 있다. 이러한 변환은 추론 중에는 포착할 필요가 없다. 이러한 변환은 트랜스폼 패턴의 일부가 아니다.

다른 패턴을 이용한 접근

학습 제공 편향 문제를 해결하는 또 다른 접근 방식은 특징 저장소 디자인 패턴을 사용하는 것이다. 특징 저장은 조정된 계산 엔진computation engine과 변환된 특징 데이터의 저장소로 구성된다. 계산 엔진은 추론을 위한 짧은 지연 시간 접근 및 변환된 특징의 일괄 생성을 지원하는 반면, 데이터 저장소는 모델 학습을 위해 변환된 특징에 대한 빠른 접근을 제공한다. 특징 저장소 디자인 패턴의 장점은, 변환 작업이 모델 그래프에 맞지 않아도 된다는 점이다. 예를 들어 특징 저장소 디자인 패턴이 자바를 지원하는 한, 전처리 작업은 자바에서 이루어질 수 있고 모델 자체는 파이토치로 작성해도 된다. 특징 저장소 디자인 패턴의 단점은 모델이 특징 저장에 종속되어 서빙 인프라를 훨씬 더 복잡하게 만든다는 점이다.

모델을 작성하는 데 사용되는 언어와 특징 변환에 사용되는 프로그래밍 언어 및 프레임워크를 분리하는 또 다른 방법은 컨테이너에서 전처리를 수행하고 이러한 커스텀 컨테이너를 학습 및 서빙의 일부로 사용하는 것이다. 이는 6.5절에서 논의할 예정인데 실제로 쿠브플로 서빙Kubeflow Serving에서 채택하는 방식이다.

6.2 디자인 패턴 22: 반복 가능 분할

샘플링이 반복 가능하고 재현 가능한지 확인하려면 잘 분산된 열과 결정론적 해시 함수를 사용하여 사용 가능한 데이터를 학습, 검증, 테스트 데이터셋으로 분할해야 한다.

6.2.1 문제

많은 머신러닝 자료가 다음과 같은 코드를 사용하여 데이터를 학습, 검증, 테스트 데이터셋으로 무작위 분할하는 방식을 보여준다.

```
df = pd.DataFrame(...)
rnd = np.random.rand(len(df))
train = df[ rnd < 0.8  ]
valid = df[ rnd >= 0.8 & rnd < 0.9 ]
test  = df[ rnd >= 0.9 ]
```

안타깝게도 이러한 접근 방식은 실제 상황에서 실패한다. 그 이유는 행이 독립적인 경우가 드물기 때문이다. 예를 들어 비행 지연을 예측하는 모델을 학습하는 경우, 같은 날 항공편의 도착 지연은 서로 높은 상관관계가 있다. 이로 인해 특정 날짜의 비행 중 일부가 학습 데이터셋에 있고 같은 날의 다른 비행이 테스트 데이터셋에 있을 때 학습 및 테스트 데이터셋 간에 정보가 유출된다. 상관관계를 가지는 행으로 인한 이러한 정보 유출은 자주 발생하는 문제이며 머신러닝에서 꼭 피해야 하는 문제다.

또한 rand 함수는 실행될 때마다 데이터를 다르게 정렬하므로 프로그램을 다시 실행하면 행의 80%가 달라진다. 최상의 모델을 선택하기 위해 서로 다른 머신러닝 모델을 실험하는 경우, 이는 혼란을 일으킬 수 있다. 모델 성능을 비교하려면 동일한 테스트 데이터셋에서 비교해야 한다. 이 문제를 해결하려면 미리 랜덤 시드를 설정하거나 분할된 데이터를 저장해야 한다. 데이터를 분할하는 방법을 하드 코딩하는 방식은 그리 바람직하지 않다. 잭나이프[jackknife], 부트스트랩, 교차 검증, 하이퍼파라미터 튜닝과 같은 기법을 수행할 때 이 데이터 분할을 변경해야 하고 그때마다 개별적으로 분할을 다시 해야 하기 때문이다.

머신러닝은 프로그래밍 언어나 랜덤 시드에 관계없이 작동하는, 가볍고 반복 가능한 데이터 분할을 필요로 한다. 또한 상관된 행이 동일한 분할에 포함되도록 해야 한다. 예를 들어 2019년 1월 2일의 비행이 학습 데이터셋에 있다면 테스트 데이터셋에 같은 날짜의 비행이 있으면 안 될 것이다.

6.2.2 솔루션

먼저 행 간의 상관관계를 담는 열을 식별한다. 항공사 지연 데이터셋의 경우 date 열이 여기에 해당한다. 그런 다음 해당 열에서 해시 함수의 마지막 몇 자리를 사용하여 데이터를 분할한다. 항공사 지연 문제의 경우 date 열에서 팜 핑거프린트 해싱 알고리즘을 사용하여 데이터를 학습, 검증, 테스트 데이터셋으로 분할할 수 있다.

> **TIP** 팜 핑거프린트 알고리즘, 기타 프레임워크 및 언어 지원, 해싱과 암호화 간의 관계에 대한 자세한 내용은 2.2절을 참고하자. 특히 FarmHash(*https://github.com/google/farmhash*) 알고리즘의 오픈소스 래퍼[wrapper]는 여러 언어로 제공된다(파이썬은 다음을 참고. *https://oreil.ly/526Dc*). 즉, 반복 가능한 해시를 즉시 지원하는 데이터 웨어하우스에 데이터가 없는 경우에도 이 패턴을 적용할 수 있다.

date 열의 해시를 기준으로 데이터셋을 분할하는 방법은 다음과 같다.

```
SELECT
  airline,
  departure_airport,
  departure_schedule,
  arrival_airport,
  arrival_delay
FROM
  `bigquery-samples`.airline_ontime_data.flights
WHERE
  ABS(MOD(FARM_FINGERPRINT(date), 10)) < 8 -- 80% for TRAIN
```

date 열을 분할하려면 FARM_FINGERPRINT 함수를 사용하여 해시를 계산한 다음 modulo 함수를 사용하여 행의 임의의 80% 하위 집합을 찾는다. 이제 반복 가능하다. FARM_FINGERPRINT 함수는 특정 날짜에 호출될 때마다 동일한 값을 반환하므로, 매번 동일한 80%의 데이터를 얻을 수 있다. 결과적으로 지정된 날짜의 모든 비행은 동일한 분할(학습, 검증 또는 테스트)에 속한다. 이것은 랜덤 시드에 관계없이 반복 가능하다.

공항의 80%가 학습 데이터셋에 있도록 데이터를 arrival_airport로 나누고 싶다면(아마도 공항 편의 시설에 대해 예측하기 위해), date 대신 arrival_airport에서 해시를 계산하면 된다.

검증 데이터를 얻는 것도 간단하다. 위 쿼리에서 <8을 =8로 변경한다. 테스트 데이터셋이라면 =9로 변경한다. 이렇게 하면 검증에서 10%의 샘플을, 테스트에서 10%의 샘플을 얻을 수 있다.

분할할 열을 선택할 때 고려해야 할 사항은 무엇이 있을까? date 열을 분할 열로 사용하려면 몇 가지 특성이 있어야 한다.

- 같은 날짜의 행은 상관관계가 있는 경향이 있다. 이것이야말로 같은 날짜의 모든 행이 같은 분할에 위치하게 해야 하는 가장 큰 이유다.

- date는 분할 기준으로 사용되지만 모델에 대한 입력은 아니다. 요일 또는 시간과 같이 date에서 추출된 특징은 입력으로 쓰일 수 있지만, 분할 대상인 date를 실제 입력으로 사용하면 학습된 모델이 해당 입력값의 20%를 볼 수 없기 때문에 실제 입력으로는 사용할 수 없다.

- 충분한 date값이 있어야 한다. 해시를 계산하고 10에 대한 나머지를 찾기 때문에 최소 10개의 고유한 해시값이 필요하다. 고유한 값이 많을수록 좋다. 안전을 위해서는 모듈 분모의 3~5배가 필요하므로, 이 경우에는 40개 정도의 고유한 날짜가 있으면 된다.

- 라벨이 날짜 간에 고르게 배포되어야 한다. 모든 지연이 1월 1일에 발생하고 나머지에서는 지연이 없는 것으로 밝혀진다면, 분할된 데이터셋의 왜도가 너무 커서 문제가 될 것이다. 안전을 위해, 그래프를 보고

세 분할 모두 유사한 라벨 분포를 가지고 있는지 확인하자. 더욱 안전하게 하려면 출발 지연 및 기타 입력 값에 따른 라벨 분포가 세 데이터셋에서 유사한지를 확인하자.

TIP Kolomogorov–Smirnov 검증을 사용하여 라벨 분포가 세 데이터셋에서 유사한지 여부를 자동으로 확인할 수 있다. 세 데이터셋에서 라벨의 누적 분포 함수를 플로팅하고 각 쌍 사이의 최대 거리를 찾으면 된다. 최대 거리가 작을수록 잘 분할된 것이다.

6.2.3 트레이드오프와 대안

이제 반복 가능 분할을 수행하는 방법의 몇 가지 변형을 살펴보고 각각의 장단점에 대해 논의할 것이다. 또한 분할뿐만 아니라 반복 가능한 샘플링을 수행하도록 이 아이디어를 확장하는 방법도 살펴보겠다.

단일 쿼리

학습, 검증, 테스트 분할을 생성하기 위해 3개의 별도 쿼리가 필요하지는 않다. 다음과 같이 단일 쿼리로 수행할 수 있다.

```
CREATE OR REPLACE TABLE mydataset.mytable AS
SELECT
    airline,
    departure_airport,
    departure_schedule,
    arrival_airport,
    arrival_delay,
    CASE(ABS(MOD(FARM_FINGERPRINT(date), 10)))
        WHEN 9 THEN 'test'
        WHEN 8 THEN 'validation'
        ELSE 'training' END AS split_col
FROM
    `bigquery-samples`.airline_ontime_data.flights
```

그런 다음 split_col 열을 사용하여 특정 행이 속하는 3개의 데이터셋을 결정할 수 있다. 단일 쿼리를 사용하면 계산 시간이 줄어들지만, 새 테이블을 만들거나 원본 테이블을 수정하여 split_col 열을 추가해야 한다.

무작위 분할

행 사이에 상관관계가 없다면? 이 경우 무작위로 반복 가능한 분할을 원하지만, 분할할 열이 없게 된다. 이 경우, 데이터의 전체 행을 문자열로 변환하고 해당 문자열을 해시할 수 있다.

```
SELECT
  airline,
  departure_airport,
  departure_schedule,
  arrival_airport,
  arrival_delay
FROM
  `bigquery-samples`.airline_ontime_data.flights f
WHERE
  ABS(MOD(FARM_FINGERPRINT(TO_JSON_STRING(f), 10)) < 8
```

중복 행이 있는 경우 항상 동일한 분할로 끝난다. 이게 원하는 결과일 수도 있다. 그렇지 않은 경우 **SELECT** 쿼리에 고유한 ID 열을 추가해야 한다.

복수의 열에 대한 분할

지금까지는 행 간의 상관관계를 포착하는 하나의 열에 대해 다루었다. 그런데 두 행의 상관관계를 복수의 열 조합이 포착한다면 어떻게 해야 할까? 이러한 경우 해시를 계산하기 전에 필드를 연결(특징 교차)하면 된다. 예를 들어 같은 날에 같은 공항에서 출발하는 항공편이 다른 분할로 표시되지 않도록 만들려면 다음과 같은 방법을 쓸 수 있다.

```
SELECT
  airline,
  departure_airport,
  departure_schedule,
  arrival_airport,
  arrival_delay
FROM
  `bigquery-samples`.airline_ontime_data.flights
WHERE
  ABS(MOD(FARM_FINGERPRINT(CONCAT(date, arrival_airport)), 10)) < 8
```

여러 열의 특징 교차로 분할하는 경우에는 학습, 테스트 데이터셋 모두에 특정 공항의 예가 있으므로 arrival_airport를 모델에 대한 입력 중 하나로 사용할 수 있다. 반면 arrival_airport에서만 분할된 경우, 학습 및 테스트 데이터셋에 상호배타적인 도착 공항 집합이 있으므로 arrival_airport가 모델에 대한 입력이 될 수 없다.

반복 가능한 샘플링

전체 데이터셋의 80%를 학습용으로 사용할 때는 위의 방식만으로 충분하지만, 빅쿼리에 있는 것보다 더 작은 데이터셋을 쓰고 싶다면 어떻게 해야 할까? 로컬 개발 환경에서는 일반적인 상황이다. 항공 데이터셋은 7,000만 행인데, 로컬 환경에서는 100만 행 정도의 작은 데이터셋만을 쓰는 게 합리적이다. 70편 중 1편을 학습용으로 선택한 다음, 그 중 80%를 어떻게 선택할까?

일단, 이런 식으로 하면 **안** 되는 건 확실하다.

```
SELECT
    date,
    airline,
    departure_airport,
    departure_schedule,
    arrival_airport,
    arrival_delay
FROM
    `bigquery-samples`.airline_ontime_data.flights
WHERE
    ABS(MOD(FARM_FINGERPRINT(date), 70)) = 0
    AND ABS(MOD(FARM_FINGERPRINT(date), 10)) < 8
```

70행 중 1개를 고른 다음 10개 중 8개를 고를 수는 없다. 70으로 나눌 수 있는 숫자는 당연히 10으로 나뉘어 떨어진다. 두 번째 나머지 연산은 쓸모가 없는 것이다.

더 나은 방법은 다음과 같다.

```
SELECT
    date,
    airline,
    departure_airport,
    departure_schedule,
```

```
  arrival_airport,
  arrival_delay
FROM
  `bigquery-samples`.airline_ontime_data.flights
WHERE
  ABS(MOD(FARM_FINGERPRINT(date), 70)) = 0
  AND ABS(MOD(FARM_FINGERPRINT(date), 700)) < 560
```

이 쿼리에서 700은 70×10이고, 560은 70×8이다. 첫 번째 나머지 연산은 70행 중 1개를 선택하고, 두 번째 나머지 연산은 해당 행 10개 중 8개를 선택한다.

검증 데이터의 경우 적정 범위를 <560으로 바꾸면 된다.

```
  ABS(MOD(FARM_FINGERPRINT(date), 70)) = 0
  AND ABS(MOD(FARM_FINGERPRINT(date), 700)) BETWEEN 560 AND 629
```

앞의 코드에서 백만 개의 항공편은 데이터셋 전체의 1/70에 해당한다. 이는 정확히 우리가 원하는 것이다. 예를 들어 더 작은 데이터셋으로 실험할 때 특정 날짜에 전체 비행 스펙트럼을 모델링할 수 있다. 하지만, 우리가 원하는 것이 특정 날짜의 비행의 1/70이라면 RAND()를 사용하고 그 결과를 나중에 재현하기 위해 새 테이블로 저장해야 한다. 이 작은 테이블에서 FARM_FINGERPRINT()를 사용하여 날짜의 80%를 샘플링할 수 있다. 이 새 테이블은 100만 행에 불과하고, 실험용이므로 중복도 허용될 수 있다.

순차적 분할

시계열 모델의 경우 일반적인 접근 방식은 데이터의 순차적 분할^{sequential split}을 사용하는 방식이다. 예를 들어 다음 14일 동안의 수요를 예측하기 위해 지난 45일의 데이터를 사용하는 수요 예측 모델을 학습시키려면, 필요한 데이터를 가져와서 다음 모델을 학습시킨다.[4]

```
CREATE OR REPLACE MODEL ch09eu.numrentals_forecast
OPTIONS(model_type='ARIMA',
        time_series_data_col='numrentals',
        time_series_timestamp_col='date') AS
```

---

4 전체 코드는 다음을 참고. *https://github.com/GoogleCloudPlatform/bigquery-oreilly-book/blob/master/blogs/bqml_arima/bqml_arima.ipynb*

```
SELECT
    CAST(EXTRACT(date from start_date) AS TIMESTAMP) AS date
    , COUNT(*) AS numrentals
FROM
    `bigquery-public-data`.london_bicycles.cycle_hire
GROUP BY date
HAVING date BETWEEN
DATE_SUB(CURRENT_DATE(), INTERVAL 45 DAY) AND CURRENT_DATE()
```

이러한 순차적 데이터 분할은 시계열의 미랫값을 예측하는 것이 목표가 아니라고 해도, 빠르게 변화하는 환경에서 필요하다. 예를 들어 사기 탐지 모델에서 악의적인 행위자는 사기 알고리즘에 빠르게 적응하므로 향후 사기를 예측하기 위해 모델을 지속적으로 최신 데이터로 재학습시킬 필요가 있다. 목표는 나쁜 행위자가 미래에 보일 행동을 예측하는 것이기 때문에, 기록 데이터셋의 무작위 분할에서 평가 데이터를 생성하는 것만으로는 충분하지 않다. 여기에서의 목표는 좋은 모델은 과거 데이터를 학습하고 미래의 사기를 예측할 수 있다는 점에서, 시계열 모델의 간접적인 목표와 동일하다. 이를 올바르게 평가하려면 데이터를 시간의 흐름에 따라 순차적으로 분할해야 한다. 다음 코드를 살펴보자.[5]

```
def read_dataset(client, row_restriction, batch_size=2048):
    ...
    bqsession = client.read_session(
        ...
        row_restriction=row_restriction)
    dataset = bqsession.parallel_read_rows()
    return (dataset.prefetch(1).map(features_and_labels)
            .shuffle(batch_size*10).batch(batch_size))

client = BigQueryClient()
train_df = read_dataset(client, 'Time <= 144803', 2048)
eval_df = read_dataset(client, 'Time > 144803', 2048)
```

순차적인 데이터 분할이 필요한 또 다른 경우는 연속된 시점 간에 높은 상관관계가 있는 경우다. 예를 들어 일기예보에서 연속되는 날의 날씨는 높은 상관관계가 있다. 따라서 상당한 정보 유출이 있을 수 있으므로 10월 12일을 학습 데이터셋에 쓰고 10월 13일을 테스트 데이터

---

5 전체 코드는 다음을 참고. *https://github.com/GoogleCloudPlatform/training-data-analyst/blob/master/blogs/bigquery_datascience/bigquery_tensorflow.ipynb*

셋에 넣는 것은 합리적이지 않다(10월 12일에 허리케인이 발생했다고 상상해보자!). 또한 날씨는 계절성이 높기 때문에 3개로 나누어져 있어야 한다. 예측 모델의 성능을 올바르게 평가하는 한 가지 방법은 순차 분할을 사용하는 것이지만, 계절성을 고려하려면 매월 처음 20일을 학습 데이터셋에, 다음 5일을 검증 데이터셋에, 마지막 5일을 테스트 데이터셋에 투입하는 것이 좋다.

이러한 모든 경우, 반복 가능 분할을 위해서는 분할을 생성하는 데 사용된 논리를 버전 제어에 포함시켜서 논리가 변경될 때마다 모델 버전이 업데이트되도록 하면 된다.

층화 분할

계절에 따라 날씨 패턴이 어떻게 다른지에 대한 위의 예는 데이터셋이 층화된stratified 후 분할이 발생하는 상황의 예다. 각 분할에 모든 시즌의 예가 있는지 확인해야 했기 때문에, 분할을 수행하기 전에 데이터셋을 개월 단위로 층화했다. 위에서는 학습 데이터셋에 매월 처음 20일, 검증 데이터셋에 다음 5일, 테스트 데이터셋에 마지막 5일을 사용했다. 연속된 날짜 사이의 상관관계에 관심이 없었다면 매월 날짜를 무작위로 나눌 수 있었다.

데이터셋이 클수록 층화에 대한 관심은 줄어든다. 매우 큰 데이터셋에서는 특징값이 모든 분할에 잘 분산될 확률이 매우 높다. 따라서 대규모 머신러닝에서는 보통 편향된 데이터셋의 경우에만 층화의 필요성이 생긴다. 예를 들어 항공편 데이터셋에서 오전 6시 이전에 이륙하는 항공편은 1% 미만이므로 이 기준을 충족하는 항공편 수는 매우 적을 수 있다. 비즈니스에서 이러한 항공편의 패턴을 올바르게 얻는 것이 중요하다면, 출발 시간을 기준으로 데이터셋을 층화하고 각 층화를 균등하게 분할해야 한다.

출발 시간은 왜곡된 특징의 한 예다. 불균형 분류 문제(예: 사기 감지, 사기 사례 수가 매우 적음)에서는 라벨별로 데이터셋을 층화하고 각 층화를 균등하게 분할할 수 있다. 다중 라벨 문제가 있고 일부 라벨이 다른 라벨보다 희귀한 경우도 중요하다. 이는 3.6절에서 다룬 바 있다.

구조화되지 않은 데이터

이번 절에서는 구조화된 데이터에 중점을 두었다. 그러나 이미지, 비디오, 오디오 또는 자유 형식 텍스트와 같이 구조화되지 않은 데이터에도 동일한 원칙이 적용된다. 메타데이터를 사용하여 분할을 수행하자. 예를 들어 같은 날 촬영한 동영상이 상관관계가 있는 경우 메타데이터의 동영상 촬영 날짜를 사용하여 동영상을 독립적인 데이터셋으로 분할할 수 있다. 마찬가지로, 같은 사람의 텍스트 리뷰가 상호 연관되는 경향이 있는 경우 리뷰어의 **user_id**의 팜 핑거프린트를 사용하여 데이터셋 간에 리뷰를 반복 가능하게 분할할 수 있다. 메타데이터를 사용할 수 없거나 인스턴스 간에 상관관계가 없는 경우 Base64 인코딩을 사용하여 이미지 또는 비디오를 인코딩하고 핑거프린트값을 계산할 수 있다.

텍스트 데이터셋을 분할하는 자연스러운 방법은 분할을 위해 텍스트 자체의 해시를 사용하는 것이다. 그러나 이것은 무작위 분할과 유사하며 리뷰 간의 상관관계 문제를 해결하지 못한다. 예를 들어 어떤 사람이 부정적인 리뷰에서 'stunning(놀라운)'이라는 단어를 많이 사용하거나 모든 〈스타워즈〉 영화를 나쁘게 평가하는 경우, 리뷰는 상호 연관된다. 마찬가지로 이미지 또는 오디오 데이터셋을 분할하는 자연스러운 방법은 분할을 위해 파일 이름의 해시를 사용하는 것이지만, 이미지 또는 오디오 간의 상관관계 문제는 해결하지 못한다. 그래서 데이터셋을 분할하는 가장 좋은 방법에 대해 신중하게 생각할 필요가 있다. 경험적으로, ML 성능이 떨어지는 많은 문제는 잠재적인 상관관계를 염두에 두고 데이터 분할(및 데이터 수집)을 설계함으로서 해결할 수 있다.

임베딩을 계산하거나 오토인코더를 사전 학습할 때, 먼저 데이터를 분할하고 학습 데이터셋에서만 이러한 사전 계산을 수행해야 한다. 따라서 이러한 임베딩이 완전히 별도의 데이터셋에서 생성되지 않는 한, 이미지, 비디오 또는 텍스트의 임베딩에 대해 분할을 수행해서는 안 된다.

6.3 디자인 패턴 23: 브리지 스키마

브리지 스키마^{bridged schema} 디자인 패턴은 모델을 학습하는 데 사용되는 데이터를 이전의 원래 데이터 스키마로부터 개선, 조정하는 방법을 제공한다. 이 패턴이 유용한 이유는 입력 제공자가 데이터 피드를 개선할 때 대체 모델을 적절하게 학습시키기 위해 개선된 스키마의 충분한 데이터를 수집하려면 보통 긴 시간이 걸리기 때문이다. 브리지 스키마 패턴을 사용하면 사용 가능한 새로운 데이터를 최대한 많이 사용할 수 있으며, 이전 데이터 중 일부를 확장하여 모델 정확도를 높일 수도 있다.

6.3.1 문제

배달원에게 팁을 얼마나 줄지 제안하는 판매 시점 정보 관리^{point of sale}(POS) 애플리케이션을 예로 들어보자. 애플리케이션은 주문량, 배송 시간, 배송 거리 등을 고려하여 팁 금액을 예측하는 머신러닝 모델을 사용한다. 이러한 모델은 고객이 지불한 실제 팁의 데이터로 학습된다.

모델에 대한 입력 중 하나가 지불 유형이라고 가정해보자. 과거 데이터에서 이것은 '현금' 또는 '카드'로 기록되어 있다. 그러나 결제 시스템이 업그레이드되어 사용된 카드 유형(기프트 카드, 직불 카드, 신용 카드)에 대한 자세한 정보를 제공한다고 가정해보자. 세 가지 유형의 카드에 따라 팁이 달라지기 때문에 이것은 매우 유용한 정보다.

결제 시스템 업그레이드 후 이루어지는 거래에 대한 팁 금액을 항상 예측하기 때문에 예측 시 최신 정보를 항상 사용할 수 있다. 새로운 정보는 매우 가치 있고, 이미 프로덕션에서 예측 시스템에 사용할 수 있기 때문에 가능한 한 빨리 모델에서 이를 사용하고 싶을 것이다.

그러나 새로운 데이터의 양은 매우 적고 결제 시스템 업그레이드 이후의 거래로 제한되기 때문에 새로운 데이터에 대해서만 새로운 모델을 학습시킬 수는 없다. ML 모델의 품질은 학습에 사용되는 데이터의 양에 크게 좌우되기 때문에 새 데이터로만 학습된 모델은 제대로 작동하지 않을 가능성이 높다.

6.3.2 솔루션

솔루션은 새 데이터와 일치하도록 이전 데이터의 스키마를 연결하는 것이다. 그런 다음, 사용 가능한 새 데이터를 최대한 많이 사용하여 ML 모델을 학습시키고 이전 데이터로 이를 보강한다. 여기에서 두 가지 질문이 생겨난다. 첫째, 이전 데이터에는 결제 유형에 대해 2개의 카테고리만 있는 반면 새 데이터에는 4개의 카테고리가 있다면 이러한 문제를 어떻게 해결할까? 둘째, 학습/검증/테스트를 위한 데이터셋을 생성하기 위한 데이터 증식을 어떻게 해결할까?

브리지 스키마

이전 데이터에 두 가지 카테고리(현금 및 카드)만 있다고 가정해보자. 새 스키마에서 카드의 카테고리는 훨씬 더 세분화된다(기프트 카드, 직불 카드, 신용 카드). 우리가 아는 것은 이전 데이터에서 'card'로 코딩된 트랜잭션이 이러한 카테고리 중 하나였지만 실제 유형은 기록되지 않았다는 것이다. 이때, 스키마를 확률적 또는 정적 방법으로 연결할 수 있다. 권장하는 것은 정적 방법이지만, 확률적 방법을 먼저 살펴보면 이해하기가 더 쉽다.

확률적 방법

최신 학습 데이터에서의 카드 거래 중 10%는 기프트 카드, 30%는 직불 카드, 60%는 신용 카드로 추정된다고 가정해보자. 이전 학습 예제가 프로그램에 로드될 때마다 [0, 100] 범위에서 균일하게 분포된 난수를 생성하고, 난수가 10 미만인 경우 기프트 카드로, 난수가 [10, 40] 범위에 있으면 직불 카드로, 그 외의 경우에 신용 카드로 간주한다. 충분한 에폭에 대해 학습을 제공하면 학습 예제가 세 가지 카테고리로 모두 표시되지만, 실제 발생 빈도에 비례하게 된다. 물론 최신 학습 예제에는 항상 실제로 기록된 카테고리가 있다.

확률론적 접근을 정당화할 수 있는 이유는 각각의 기존 예제가 수백 번 발생한 것으로 취급한다는 점이다. 데이터를 살펴볼 때 각 에폭에서 해당 인스턴스 중 하나를 시뮬레이션하고, 그 중에서 카드가 사용된 시간의 10%는 기프트 카드로 거래가 발생했을 것으로 예상한다. 그렇기 때문에 10%의 시간 동안 카테고리 입력값으로 '기프트 카드'를 선택한다. 물론 이것은 단순하다. 기프트 카드가 전체 시간의 10%를 사용한다고 해서 특정 거래에 기프트 카드가 10%만큼 사용된다고 보장할 수는 없기 때문이다. 극단적인 예로, 택시 회사는 공항 여행에서 기프트 카드 사용을 허용하지 않으며 이러한 경우 기프트 카드는 법적 가치조차도 가지지 못한다. 하지만 확률론적 접근에서는 추가 정보가 없는 경우 모든 과거 예에서 빈도 분포가 동일하다고 가정한다.

정적 방법

카테고리형 변수는 일반적으로 원-핫 인코딩된다. 위의 확률적 접근 방식을 따르고 충분히 오래 학습하면 이전 데이터에서 카드의 학습 프로그램에 제공되는 평균 원-핫 인코딩값은 [0, 0.1, 0.3, 0.6]이 된다. 첫 번째 숫자 0은 현금 카테고리에 해당한다. 두 번째 숫자 0.1은 10%라는 의미인데, 카드 거래에서 이 숫자는 1이 되고 다른 모든 경우에 0이 된다. 마찬가지로 직불 카드는 0.3, 신용 카드는 0.6이다.

기존 데이터를 새로운 스키마에 연결하기 위해, 이전 카테고리형 데이터를 이러한 표현으로 변환하여 학습 데이터에서 추정된 새 클래스의 사전 확률을 삽입할 수 있다. 반면 최신 데이터는 직불 카드로 지불된 것으로 알려진 거래에 대해 [0, 0, 1, 0]의 인코딩값을 갖는다.

정적 방법이 충분히 오래 실행되면 확률적 방법과 같은 효과를 거두게 되므로, 확률적 방법보다 정적 방법을 권장한다. 또한 이전 데이터의 모든 카드 결제가 정확히 동일한 값(4요소 배열 [0, 0.1, 0.3, 0.6])을 가지므로 구현하기가 훨씬 더 간단하다. 확률적 방법에서처럼 난수를 생성하는 스크립트를 작성하는 대신, 한 줄의 코드로 이전 데이터를 업데이트할 수 있다. 또한 계산적으로도 훨씬 저렴하다.

데이터 증식

최신 데이터의 사용을 극대화하려면 4.3절에서 설명했던 데이터 분할을 2개만 사용해야 한다. 이전 스키마에서 사용할 수 있는 예는 백만 개이지만, 새 스키마에서 사용할 수 있는 예는 5,000개뿐이라고 가정해보자. 학습, 평가 데이터셋을 어떻게 생성해야 할까?

먼저 평가 데이터셋을 살펴보자. ML 모델 학습의 목적은 보이지 않는 데이터를 예측하는 것임을 인식하는 것이 중요하다. 이번 예에서 보이지 않는 데이터는 새 스키마와 단독으로 일치하는 데이터다. 따라서 일반화 성능을 적절하게 평가하기 위해 새 데이터에서 충분한 수의 예제를 따로 설정해야 한다. 모델이 프로덕션에서 잘 수행될 것이라는 확신을 갖기 위해, 평가 데이터셋에 2,000개의 예제가 필요하다. 평가 데이터셋에는 최신 스키마와 일치하도록 브리지된 기존 예제가 포함되지 않는다.

평가 데이터셋에 1,000개의 예제가 필요한지 2,000개의 예제가 필요한지 어떻게 알 수 있을까? 이 수를 추정하려면 평가 데이터셋의 하위 집합에서(이전 스키마에서 학습된) 현재 프로덕션 모델의 평가 지표를 계산하고, 평가 지표가 일관성을 가지도록 하위 집합의 크기를 결정한다.

여러 하위 집합에 대한 평가 지표 계산은 다음과 같이 수행할 수 있다.[6]

```
for subset_size in range(100, 5000, 100):
    sizes.append(subset_size)
    # 하위 집합에서 25번 이상 평가를 실시하여, 평가 지표의 가변성을 계산
    scores = []
    for x in range(1, 25):
        indices = np.random.choice(N_eval,
                        size=subset_size, replace=False)
        scores.append(
```

---

6 전체 코드는 다음을 참고. *https://github.com/GoogleCloudPlatform/ml-design-patterns/blob/master/06_reproducibility/bridging_schema.ipynb*

```
        model.score(df_eval[indices],
                    df_old.loc[N_train+indices, 'tip'])
    )
score_mean.append(np.mean(scores))
score_stddev.append(np.std(scores))
```

위의 코드는 100, 200, ⋯ , 5,000의 평가 크기를 시험하고 있다. 각 하위 집합 크기에서 모델을 25번씩 평가하며, 각 평가에서 전체 평가 집합의 무작위로 샘플링된 서로 다른 하위 집합을 사용한다. 이것은 현재 프로덕션 모델(백만 개의 예제로 학습)의 평가 데이터셋이기 때문에, 여기에 있는 평가 데이터셋에는 수십만 개의 예제가 포함될 수 있다. 그런 다음 25개의 하위 집합에 대한 평가 지표의 표준편차를 계산하고, 이를 다른 평가 크기에서 반복하고, 이 표준편차를 평가 크기에 대한 그래프로 나타낼 수 있다. 결과 그래프는 [그림 6-3]과 같다.

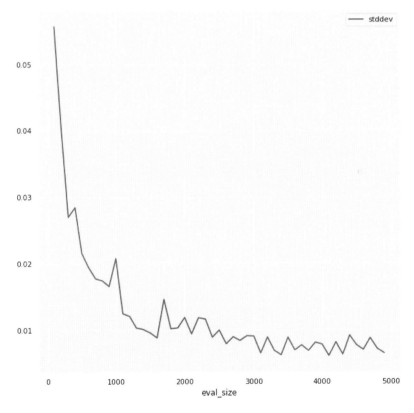

그림 6-3 다양한 크기의 하위 집합으로 프로덕션 모델을 평가하고, 하위 집합의 크기에 따라 평가 지표의 가변성을 추적하여 필요한 평가 예제의 수를 결정한다. 이 경우 약 2,000개 예제의 크기에서 표준편차가 안정되기 시작한다.

[그림 6-3]에서 평가 예제의 수는 최소 2,000개 이상이어야 하며, 이상적으로는 3,000개 이상이어야 한다. 이제부터 2,500개의 예제를 평가하기로 선택했다고 가정해보자.

학습 데이터셋에는 새 스키마와 일치하도록 브리지된 몇 가지 기존 예제로 보강된 나머지 2,500개의 새 예제(평가를 위해 2,500개를 빼놓은 후 사용할 수 있는 새 데이터의 양)가 포함된다. 얼마큼의 기존 예제가 필요한지는 어떻게 알 수 있을까? 사실 알 필요가 없다. 이것은 우리가 튜닝해야 할 하이퍼파라미터에 해당한다. 예를 들어 팁 문제에서 그리드 검색을 사용하면 [그림 6-4]에서 평가 지표가 20,000개 예제까지 급격히 감소한 다음 안정되기 시작한다는 것을 알 수 있다.[7]

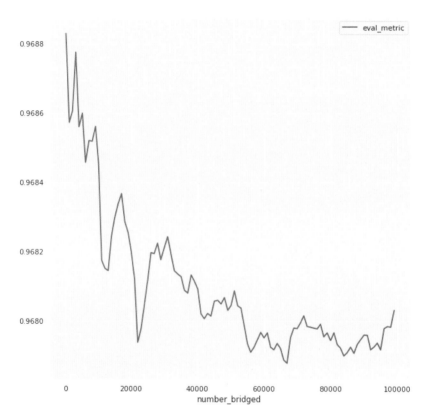

그림 6-4 하이퍼파라미터 튜닝을 수행하여 브리지에 연결할 기존 예제의 수를 결정한다. 이 경우 20,000개의 브리지 예제 이후 지표가 감소하는 것을 볼 수 있다.

---

7 자세한 내용은 다음을 참고. *https://github.com/GoogleCloudPlatform/ml-design-patterns/blob/master/06_reproducibility/ bridging_schema.ipynb*

최상의 결과를 얻으려면 제거할 수 있는 가장 적은 수의 기존 예제를 선택해야한다. 이상적으로는 시간이 지남에 따라 새로운 예제의 수도 증가하므로 따라 브리지된 예제에 점점 덜 의존하게 된다. 결국에는 기존 예제를 모두 제거할 수 있는 시점이 오게 된다.

이 문제에서 브리지가 이점을 가져다 준다는 점에 주목하자. 브리지된 예제를 사용하지 않으면 평가 지표가 더 나빠지기 때문이다. 그렇지 않은 경우 대치 방법(브리지에 사용하는 정적값을 선택하는 방법)을 검토해야 한다. 다음 절에서 대치 방법(캐스케이드)을 소개할 것이다.

> **WARNING**_ 브리지된 예제로 학습한 최신 모델의 성능을 평가 데이터셋으로 학습한 기존 모델과 비교하는 것은 매우 중요하다. 새로운 정보라고 해도 아직 충분한 가치가 없을 수 있기 때문이다.
>
> 브리지된 모델에 가치가 있는지 여부를 테스트하기 위해 평가 데이터셋을 사용할 것이므로, 학습 또는 하이퍼파라미터 튜닝 중에는 평가 데이터셋을 사용하지 않아야 한다. 따라서 조기 종료, 또는 체크포인트 선택과 같은 기술은 피해야 한다. 대신 정규화를 사용하여 과대적합을 제어하자. 학습 손실은 하이퍼파라미터 튜닝 지표 역할을 해야 한다. 2개의 분할만 사용하여 데이터를 보존하는 방법에 대한 자세한 내용은 4.3절의 체크포인트 디자인 패턴 설명을 참조하자.

6.3.3 트레이드오프와 대안

이제부터는 일반적으로 생각할 수 있지만 잘 작동하지 않는 접근법, 브리징에 대한 복잡한 대안, 그리고 유사한 문제에 대해 확장된 솔루션을 살펴보자.

유니언 스키마

단순히 이전 스키마와 새 스키마의 결합을 만들고 싶을 수도 있다. 예를 들어 지불 유형에 대한 스키마를 현금, 카드, 기프트 카드, 직불 카드, 신용 카드의 5개의 값으로 정의할 수 있다. 이것은 과거 데이터와 최신 데이터를 모두 유효하게 만들고 이와 같은 변경 사항을 처리하기 위해 데이터 웨어하우스에서 취하는 접근 방식이다. 이렇게 하면 이전 데이터와 새 데이터가 그대로 유지되고 변경되지 않는다.

그러나 이전 버전과 호환되는 스키마 통합 접근 방식은 머신러닝에 적합하지 않다.

예측 시에는 입력 공급자가 모두 업그레이드되었으므로, 결제 유형에 대한 값을 얻지 못한다.

사실상, 이러한 모든 학습 인스턴스는 소용이 없을 것이다. 재현성을 위해서는 이전 스키마를 최신 스키마로 연결해야 하며 두 스키마를 통합할 수 없다.

캐스케이드 기법

통계학에서 대치imputation는 누락된 데이터를 유효한 값으로 대체하는 데 사용할 수 있는 일련의 기술이다. 일반적인 대치 기술은 학습 데이터에서 NULL값을 해당 열의 평균값으로 바꾸는 것이다. 왜 하필 평균값으로 바꾸는 걸까? 더 이상의 정보가 없고 값이 정규분포를 따른다고 가정할 때, 가장 가능성이 높은 값이 평균값이기 때문이다.

사전 빈도를 할당하는 주요 솔루션에서 논의된 정적 방법도 대치 방법이다. 카테고리형 변수가 빈도 차트(학습 데이터에서 추정)에 따라 분포되어 있다고 가정하고 평균 원-핫 인코딩값(해당 빈도 분포를 따르는)을 '누락된' 카테고리형 변수에 대치한다.

몇 가지 예가 주어졌을 때 알려지지 않은 값을 추정하는 다른 방법은 없을까? 당연히 있다! 머신러닝이다. 여기서 할 수 있는 것은 일련의 모델을 학습시키는 것이다(3.4절 참조). 첫 번째 모델은 카드 유형을 예측하기 위해 머신러닝 모델을 학습하는 데 필요한 모든 새로운 예를 사용한다. 원래의 팁 모델에 5개의 입력이 있는 경우, 이 모델에는 4개의 입력이 있다. 다섯 번째 입력(결제 유형)은 이 모델의 라벨이 된다. 그런 다음 첫 번째 모델의 출력을 사용하여 두 번째 모델을 학습시킨다.

실제로, 캐스케이드 패턴은 충분한 새 데이터를 확보할 때까지의 일시적인 해결 방법에 불과하지만 너무 많은 복잡성을 추가한다. 정적 방법은 사실상 가장 간단한 머신러닝 모델로서 정보가 없는 입력이 있을 경우 얻을 수 있는 모델이다. 보통은 정적 방법을 사용하는 것이 좋으며, 정적 방법으로 충분하지 않은 경우에만 캐스케이드를 사용하는 것이 좋다.

새로운 특징 전달

브리징이 필요한 또 다른 상황은 입력 공급자가 입력 피드에 정보를 추가하는 경우다. 예를 들어 택시 요금 예에서 택시의 와이퍼가 켜져 있는지, 또는 차량이 움직이는지에 대한 데이터 수신을 시작할 수 있다. 이 데이터로부터 택시 여행이 시작될 때 비가 왔는지의 여부나 택시가 유휴 상태인 여행 시간의 비율 등에 대한 특징을 만들 수 있다.

즉시 사용할 만한 새로운 입력 특징이 있는 경우, 새 특징에 대한 값을 대치하여 이전 데이터 (이 새 특징을 넣을 위치)를 연결해야 한다. 대칫값으로 무엇을 넣을지에 대해서는 다음 가이드를 따른다.

- 특징이 숫자이고 정규분포를 따르는 경우, 특징의 평균값
- 특징이 숫자이고 치우쳐 있거나 이상값이 많은 경우, 특징의 중간값
- 특징이 카테고리형이고 정렬 가능한 경우, 특징의 중간값
- 특징이 카테고리형이고 정렬할 수 없는 경우, 특징의 최빈값
- 특징이 불리언인 경우, 특징이 참인 빈도

특징이 비가 오고 있는지의 여부인 경우, 이는 불리언이므로 학습 데이터셋에서 비가 2% 내릴 경우 대치된 값은 0.02와 같다. 특징이 유휴 시간(분)의 비율인 경우 중앙값을 사용할 수 있다. 캐스케이드 패턴의 접근 방식은 이러한 모든 경우에 대해 적용 가능하지만, 보통은 정적 대치만으로 충분하며 이쪽이 더 간단하다.

정밀도 개선 다루기

입력 공급자가 데이터 스트림의 정밀도를 높이면, 브리징 접근 방식을 따라서 고해상도 데이터로 구성된 학습 데이터셋을 만들고 일부 이전 데이터로 보강할 수 있다.

부동 소수점값의 경우, 최신 데이터의 정밀도와 일치하도록 이전 데이터를 명시적으로 연결할 필요가 없다. 왜 그럴까? 일부 데이터가 원래 소수점 한 자리(예: 3.5 또는 4.2)로 제공되었지만 이제는 소수점 두 자리(예: 3.48 또는 4.23)로 제공되는 경우를 생각해보자. 기존 데이터의 3.5가 최신 데이터의 [3.45, 3.55] 범위 내에 균일하게 분포된 값으로 구성되어 있다고 가정하면, 정적으로 대치된 값은 3.5가 된다. 이는 정확히 기존 데이터에 저장된 값이다.

카테고리형값의 경우(예: 기존 데이터가 위치를 주 또는 지방 코드로 저장하고 최신 데이터가 카운티 또는 지역 코드를 제공한 경우), 솔루션에서 설명한 대로 주 내 카운티의 빈도 분포를 사용하여 정적 대치를 수행할 수 있다.

6.4 디자인 패턴 24: 윈도 추론

윈도 추론windowed inference 디자인 패턴은 추론을 실행하기 위해 지속적인 인스턴스 시퀀스가 필요한 모델을 위한 것이다. 이 패턴은 모델 상태를 외부화하고, 스트림 분석 파이프라인에서 모델을 호출하여 작동한다. 이 패턴은 머신러닝 모델에 시간 간격에 따라 집계해야 하는 특징이 필요한 경우에도 유용하다. 상태를 스트림 파이프라인으로 외부화함으로써 동적, 시간 종속적인 방식으로 계산된 특징이 학습과 서빙 사이에 올바르게 반복될 수 있다. 이 디자인 패턴의 일부인 시간적 집계 특징은 학습 제공 편향을 피하는 방법이기도 하다.

6.4.1 문제

[그림 6-5]에서 2010년 5월 이틀 동안 달라스 포트 워스(DFW) 공항의 도착 지연을 살펴보자.[8]

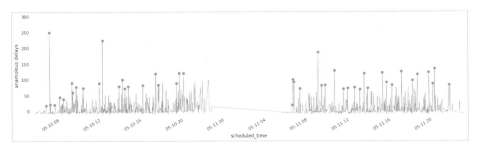

그림 6-5 2010년 5월 10~11일 DFW 공항 도착 지연. 비정상적인 도착 지연은 점으로 표시된다.

도착 지연은 상당한 변동성을 나타내지만, 그 중에도 비정상적으로 큰 도착 지연(점으로 표시됨)을 확인할 수 있다. '비정상적'의 정의는 상황에 따라 다르다. 이른 아침(플롯의 왼쪽 모서리)에는 대부분의 비행이 정시에 운행되므로 작은 스파이크조차도 변칙적으로 보인다. 반면 정오 이후에는(5월 10일 오후 12시 이후) 변동성이 포착되고 25분 지연은 매우 일반적이지만, 75분 지연은 여전히 흔치 않다.

특정 지연이 비정상적인지 여부는, 예를 들어 지난 2시간 동안 관찰된 도착 지연과 같은 시간

8　전체 코드는 다음을 참고. *https://github.com/GoogleCloudPlatform/ml-design-patterns/blob/master/06_reproducibility/ stateful_stream.ipynb*

적 맥락에 따라 다르다. 지연이 비정상적인지 확인하려면 먼저 시간을 기준으로 데이터 프레임을 정렬해야 한다([그림 6-5]의 그래프와 아래의 판다스 코드 참조).

```
df = df.sort_values(by='scheduled_time').set_index('scheduled_time')
```

그런 다음 2시간의 슬라이딩 윈도우에 이상 감지 함수를 적용해야 한다.

```
df['delay'].rolling('2h').apply(is_anomaly, raw=False)
```

이상 감지 함수 is_anomaly는 매우 정교하게 구현할 수 있다. 일단은 간단한 것부터 살펴보자. 다음은 극값을 버리고 2시간 동안 평균에서 표준편차의 4배 이상의 차이를 가지는 데이터 값을 이상값으로 판정하도록 구현한 코드다.

```
def is_anomaly(d):
    outcome = d[-1] # 마지막 항목

    # 최솟값, 최댓값, 현재 항목(마지막)을 버린다.
    xarr = d.drop(index=[d.idxmin(), d.idxmax(), d.index[-1]])
    prediction = xarr.mean()
    acceptable_deviation = 4 * xarr.std()
    return np.abs(outcome - prediction) > acceptable_deviation
```

이는 전체 데이터 프레임이 가까이에 있기 때문에 기록(학습) 데이터에서는 잘 작동한다. 물론 프로덕션 모델에 대한 추론을 실행할 때는 전체 데이터 프레임을 갖지 않는다. 프로덕션에서는 각 항공편이 도착할 때마다 항공편 도착 정보를 하나씩 받게 된다. 따라서 주어진 것은 그저 하나의 타임스탬프에 포함된 하나의 지연값이다.

```
2010-02-03 08:45:00,19.0
```

위의 비행(2월 3일 08:45)은 19분 늦었는데, 이는 비정상적인가? 일반적으로 비행에서 ML 추론을 수행하려면 해당 비행의 특징만 필요하다. 그러나 이 경우 모델에는 06:45에서 08:45 사이에 DFW 공항으로 가는 모든 항공편에 대한 정보가 필요하다.

```
2010-02-03 06:45:00,?
2010-02-03 06:?:00,?
...
2010-02-03 08:45:00,19.0
```

한 번에 하나의 비행을 추론할 수는 없다. 이전의 모든 비행에 대한 모델 정보를 어떻게든 제공해야 한다.

모델에 하나의 인스턴스가 아닌 일련의 인스턴스가 필요한 경우, 어떻게 추론할까?

6.4.2 솔루션

솔루션은 상태 저장 스트림 처리, 즉 시간에 따라 모델 상태를 추적하는 스트림 처리를 수행하는 것이다.

- 항공편 도착 데이터에 슬라이딩 윈도를 적용한다. 슬라이딩 윈도는 2시간 이상이지만 창이 닫히는 주기는 더 짧게, 이를테면 10분이 될 수도 있다. 이 경우 집계값은 2시간 동안 10분마다 계산된다.
- 내부 모델 상태(이 경우 비행 목록)는 새 비행이 도착할 때마다 비행 정보로 업데이트되어, 비행 데이터의 2시간 기록을 구축한다.
- 윈도가 닫힐 때마다(이 예에서는 10분) 시계열 ML 모델이 2시간 비행 목록을 학습한다. 그런 다음 이 모델을 사용하여 미래의 비행 지연과 그러한 예측의 신뢰 범위를 예측한다.
- 시계열 모델 파라미터는 상태 변수로 외부화된다. 자기 회귀 통합 이동 평균(ARIMA) 또는 장단기 기억(LSTM)과 같은 시계열 모델을 사용할 수 있으며, 이 경우 모델 파라미터는 ARIMA 모델 계수 또는 LSTM 모델 가중치가 된다. 코드를 이해하기 쉽게 유지하기 위해 0차 회귀 모델을 사용하므로 모델 파라미터는 평균 비행 지연과 2시간 동안의 비행 지연 분산이 된다.
- 항공편이 도착할 때, 외부화된 모델 상태를 사용해서 도착 지연이 비정상적인지 아닌지를 분류할 수 있다. 지난 2시간 동안의 전체 항공편 목록을 가질 필요는 없다.

스트리밍 파이프라인에 아파치 빔을 사용할 수 있다. 그러면 동일한 코드가 기록 데이터와 새로 도착하는 데이터 모두에서 작동하기 때문이다. 아파치 빔에서 슬라이딩 윈도는 다음과 같이 설정한다.[9]

---

9 전체 코드는 다음을 참고. *https://github.com/GoogleCloudPlatform/ml-design-patterns/blob/master/06_reproducibility/find_anomalies_model.py*

```
windowed = (data
        ¦ 'window' >> beam.WindowInto(
                beam.window.SlidingWindows(2 * 60 * 60, 10*60))
```

지난 2시간 동안 수집한 모든 비행 데이터를 결합하여 **ModelFn**이라는 함수에 전달하고 이를 통해 모델을 업데이트한다.

```
model_state = (windowed
        ¦ 'model' >> beam.transforms.CombineGlobally(ModelFn()))
```

ModelFn은 비행 정보로 내부 모델 상태를 업데이트한다. 여기에서 내부 모델 상태는 판다스 데이터프레임으로 구성되며, 이 데이터프레임은 윈도 내의 비행으로 업데이트된다.

```
class ModelFn(beam.CombineFn):
    def create_accumulator(self):
        return pd.DataFrame()

    def add_input(self, df, window):
        return df.append(window, ignore_index=True)
```

윈도가 닫힐 때마다 출력이 추출된다. 여기에서 출력(외부화된 모델 상태externalized model state)은 모델 파라미터로 구성된다.

```
    def extract_output(self, df):
        if len(df) < 1:
            return {}
        orig = df['delay'].values
        xarr = np.delete(orig, [np.argmin(orig), np.argmax(orig)])
        return {
            'prediction': np.mean(xarr),
            'acceptable_deviation': 4 * np.std(xarr)
        }
```

외부화된 모델 상태는 2시간 롤링 윈도를 기준으로 10분마다 업데이트된다.

윈도를 닫는 시간	예측	acceptable_deviation
2010–05–10T06:35:00	-2.8421052631578947	10.48412597725367
2010–05–10T06:45:00	-2.6818181818181817	12.083729926046008
2010–05–10T06:55:00	-2.9615384615384617	11.765962341537781

위에 표시된 모델 파라미터를 추출하는 코드는 판다스 사례의 코드와 유사하지만, 빔 파이프
라인 내에서 실행된다. 이를 통해 코드가 스트리밍에서 작동할 수 있지만 모델 상태는 슬라이
딩 윈도의 콘텍스트 내에서만 사용할 수 있다. 도착하는 모든 항공편에 대해 추론을 수행하려
면 모델 상태를 외부화해야 한다(모델 가중치를 스테이트리스 서빙 함수 패턴의 파일로 내보
내 이러한 가중치가 계산된 학습 프로그램의 콘텍스트에서 분리하는 방법과 유사하다).

```
model_external = beam.pvalue.AsSingleton(model_state)
```

이 외부화된 상태를 통해 해당 비행이 이상 비행인지 여부를 감지하는 데 사용할 수 있다.

```
def is_anomaly(flight, model_external_state):
    result = flight.copy()
    error = flight['delay'] - model_external_state['prediction']
    tolerance = model_external_state['acceptable_deviation']
    result['is_anomaly'] = np.abs(error) > tolerance
    return result
```

그러면 is_anomaly 함수가 슬라이딩 윈도의 마지막 창에 있는 모든 항목에 적용된다.

```
anomalies = (windowed
        | 'latest_slice' >> beam.FlatMap(is_latest_slice)
        | 'find_anomaly' >> beam.Map(is_anomaly, model_external))
```

6.4.3 트레이드오프와 대안

위에서 제안한 솔루션은 처리량이 많은 데이터 스트림의 경우 계산적으로 효율적이지만, ML
모델 파라미터를 온라인으로 업데이트할 수 있으면 그 효율성을 더 향상시킬 수도 있다. 이 패
턴은 순환 신경망과 같은 상태 저장 ML 모델 및 스테이트리스 모델에 상태 저장 입력 특징이

필요한 경우에도 적용할 수 있다.

계산량 줄이기

문제 절에서는 다음과 같은 판다스 코드를 사용했다.

```
dfw['delay'].rolling('2h').apply(is_anomaly, raw=False);
```

반면 솔루션 절에서 사용한 빔 코드는 다음과 같다.

```
windowed = (data
        | 'window' >> beam.WindowInto(
                beam.window.SlidingWindows(2 * 60 * 60, 10*60))
model_state = (windowed
        | 'model' >> beam.transforms.CombineGlobally(ModelFn()))
```

is_anomaly 함수가 호출되는 빈도와 모델 파라미터(평균 및 표준편차)를 계산해야 하는 빈도
로 인해 판다스의 롤링 윈도와 아파치 빔의 슬라이딩 윈도 간에 차이가 존재한다. 이에 대해서
는 아래에서 설명한다.

인스턴스당 대 시간 간격당

판다스 코드에서 is_anomaly 함수는 데이터셋의 모든 인스턴스에서 호출된다. 이상 감지 코
드는 모델 파라미터를 계산하고 윈도의 마지막 항목에 즉시 적용된다. 반면 빔 파이프라인에서
모델 상태는 모든 슬라이딩 윈도에서도 생성되지만, 이 경우 슬라이딩 윈도는 시간을 기반으로
한다. 따라서 모델 파라미터는 10분에 한 번만 계산된다.

이상 감지 자체는 모든 인스턴스에서 수행된다.

```
anomalies = (windowed
        | 'latest_slice' >> beam.FlatMap(is_latest_slice)
        | 'find_anomaly' >> beam.Map(is_anomaly, model_external))
```

이것은 계산 비용이 많이 드는 학습과 계산 비용이 저렴한 추론을 신중하게 구분한다. 계산 비

용이 많이 드는 부분은 10분에 한 번만 수행되며, 모든 인스턴스에 대해 이상 항목 분류를 수행할 수 있다.

대량의 데이터 스트림

데이터양은 계속 증가하고 있으며 데이터양 증가의 대부분은 실시간 데이터 때문이다. 결과적으로 이 패턴은 대량의 데이터 스트림, 즉 요소 수가 초당 수천 개의 항목을 넘는 스트림에 적용되어야 한다. 예를 들어 웹사이트의 클릭 스트림, 컴퓨터 및 웨어러블 장치, 자동차의 기계활동 스트림을 생각해보자.

스트리밍 파이프라인을 사용하는 솔루션은 모든 인스턴스에서 모델을 재학습시키지 않는다는 점에서 유리하다. 이는 6.4.1절에서 판다스 코드가 하는 일이다. 그러나 이 솔루션은 수신된 모든 레코드의 인메모리 데이터 프레임을 생성하여 이러한 이점을 상쇄시킨다. 초당 5,000개의 항목을 수신하면, 10분 동안의 메모리 내 데이터 프레임에 3백만 개의 레코드가 포함된다. 어느 시점에서든 유지해야 하는 슬라이딩 윈도가 12개(각각 2시간에 걸쳐 10분)이기 때문에 메모리 요구 사항이 상당할 수 있다.

윈도 끝에서 모델 파라미터를 계산하기 위해 수신된 모든 레코드를 저장하는 것은 문제가 될 수 있다. 대량의 데이터 스트림이 주어지면 각 요소로 모델 파라미터를 업데이트할 수 있어야 한다. 이를 위해 다음과 같이 **ModelFn**을 변경할 수 있다.[10]

```python
class OnlineModelFn(beam.CombineFn):
    ...
    def add_input(self, inmem_state, input_dict):
        (sum, sumsq, count) = inmem_state
        input = input_dict['delay']
        return (sum + input, sumsq + input*input, count + 1)

    def extract_output(self, inmem_state):
        (sum, sumsq, count) = inmem_state
        ...
            mean = sum / count
            variance = (sumsq / count) - mean*mean
            stddev = np.sqrt(variance) if variance > 0 else 0
```

----

10 전체 코드는 다음을 참고. *https://github.com/GoogleCloudPlatform/ml-design-patterns/blob/master/06_reproducibility/find_anomalies_model.py*

```
        return {
            'prediction': mean,
            'acceptable_deviation': 4 * stddev
        }
    ...
```

위 코드의 주요 차이점은, 메모리에 수신된 인스턴스의 전체 데이터 프레임이 담기는 것이 아니라 출력 모델 상태를 추출하는 데 필요한 3개의 부동 소수점 숫자(sum, sum², count)만 담긴다는 것이다. 한 번에 한 인스턴스씩 모델 파라미터를 업데이트하는 것을 온라인 업데이트라고 하며, 모델 학습에 전체 데이터셋에 대한 반복이 필요하지 않은 경우에만 수행할 수 있다. 따라서 위의 구현에서 분산은 ×2의 합계를 유지하여 계산되므로, 평균을 계산한 후 데이터를 두 번 통과할 필요가 없다.

스트리밍 SQL

스트리밍 데이터를 처리할 수 있는 고성능 SQL 데이터베이스로 인프라가 구성된 경우 집계 윈도를 사용하는 다른 방식으로 윈도 추론 디자인 패턴을 구현할 수 있다.[11]

먼저 빅쿼리에서 비행 데이터를 가져온다.

```
WITH data AS (
  SELECT
    PARSE_DATETIME('%Y-%m-%d-%H%M',
                   CONCAT(CAST(date AS STRING),
                   '-', FORMAT('%04d', arrival_schedule))
                   ) AS scheduled_arrival_time,
    arrival_delay
  FROM `bigquery-samples.airline_ontime_data.flights`
  WHERE arrival_airport = 'DFW' AND SUBSTR(date, 0, 7) = '2010-05'
),
```

그런 다음, 1초에서 2시간으로 지정된 기간 동안 모델 파라미터를 계산하여 model_state를 생성한다.

---

11 전체 코드는 다음을 참고. *https://github.com/GoogleCloudPlatform/ml-design-patterns/blob/master/06_reproducibility/find_anomalies_model.py*

```
model_state AS (
  SELECT
    scheduled_arrival_time,
    arrival_delay,
    AVG(arrival_delay) OVER (time_window) AS prediction,
    4*STDDEV(arrival_delay) OVER (time_window) AS acceptable_deviation
  FROM data
  WINDOW time_window AS
    (ORDER BY UNIX_SECONDS(TIMESTAMP(scheduled_arrival_time))
     RANGE BETWEEN 7200 PRECEDING AND 1 PRECEDING)
)
```

마지막으로 각 인스턴스에 이상 감지 알고리즘을 적용한다.

```
SELECT
  *,
  (ABS(arrival_delay - prediction) > acceptable_deviation) AS is_anomaly
FROM model_state
```

결과는 [표 6-1]과 같다. 이전의 모든 비행이 일찍 도착했음을 감안할 때, 54분의 도착 지연은 이상 현상으로 표시된다.

표 **6-1** 빅쿼리에서 비행 데이터가 이상인지 여부를 쿼리한 결과

scheduled_arrival_time	arrival_delay	prediction	acceptable_deviation	is_anomaly
2010-05-01T05:45:00	-18.0	-8.25	62.51399843235114	false
2010-05-01T06:00:00	-13.0	-10.2	56.878818553131005	false
2010-05-01T06:35:00	-1.0	-10.666	51.0790237442599	false
2010-05-01T06:45:00	-9.0	-9.28576	48.86521793473886	false
2010-05-01T07:00:00	**54.0**	-9.25	45.24220532707422	**true**

아파치 빔 솔루션과 달리, 분산 SQL의 효율성 덕에 10분 단위의 해상도 대신 각 인스턴스를 중심으로 2시간의 기간을 계산할 수 있다. 그러나 단점은 빅쿼리가 비교적 긴 지연 시간(초 단위)을 가지고 있어 실시간 제어 애플리케이션에 사용할 수 없다는 점이다.

시퀀스 모델

이전 인스턴스의 슬라이딩 윈도를 추론 함수에 전달하는 윈도 추론 패턴은 이상 감지 또는 시계열 모델 밖의 영역에서도 유용하게 쓰일 수 있다. 특히, 과거 상태가 필요한 시퀀스 모델과 같은 모든 모델 클래스에서 유용하다. 예를 들어 번역 모델은 번역을 수행하기 전에 단어의 맥락을 고려해야 하기 때문에 여러 개의 연속 단어를 확인해야 한다. 이를테면, 'left', 'Chicago', 'road'라는 단어는 'I left Chicago by road(나는 도로로 시카고를 떠났다)'라는 문장과 'turn left on Chicago road(시카고 도로에서 좌회전)'이라는 문장에서 서로 다르게 번역된다.

성능상의 이유로 번역 모델은 스테이트리스로 설정되며, 사용자가 콘텍스트를 제공해야 한다. 예를 들어 모델이 스테이트리스인 경우 모델의 인스턴스는 트래픽 증가에 따라 자동적으로 확장될 수 있으며, 더 빠른 번역을 위해 병렬로 호출될 수 있다. 예를 들어 셰익스피어의 햄릿에서 유명한 독백을 독일어로 번역할 때 중간의 굵게 표시된 단어를 선택하여 다음 단계를 따를 수 있다.

입력(양쪽에 4개 단어씩, 총 9개의 단어)	출력
The undiscovered country, from **whose** bourn No traveller returns	dessen
undiscovered country, from whose **bourn** No traveller returns, puzzles	Bourn
country, from whose bourn **No** traveller returns, puzzles the	Kein
from whose bourn No **traveller** returns, puzzles the will,	Reisender

따라서 클라이언트에는 스트리밍 파이프라인이 필요하다. 파이프라인은 입력의 영어 텍스트를 가져와 토큰화하고, 한 번에 9개의 토큰을 전송하고, 출력을 수집하여 독일어 문장과 단락으로 연결할 수 있다.

순환 신경망 및 LSTM과 같은 대부분의 시퀀스 모델에는 고성능 추론을 위한 스트리밍 파이프라인이 필요하다.

스테이트풀 특징

모델 자체가 스테이트리스인 경우에도 모델에 대한 입력 특징에 상태가 필요한 경우 윈도 추론 패턴을 쓸 수 있다. 예를 들어 도착 지연을 예측하기 위해 모델을 학습하고 모델에 대한 입력 중 하나가 출발 지연이라고 가정해보자. 지난 2시간 동안 해당 공항에서 출발하는 항공편의 평균 출발 지연을 모델에 대한 입력으로 포함시킬 수 있다.

학습 중에 SQL 윈도 함수를 사용하여 데이터셋을 생성할 수 있다.

```
WITH data AS (
  SELECT
    SAFE.PARSE_DATETIME('%Y-%m-%d-%H%M',
                CONCAT(CAST(date AS STRING), '-',
                FORMAT('%04d', departure_schedule))
                ) AS scheduled_depart_time,
    arrival_delay,
    departure_delay,
    departure_airport
  FROM `bigquery-samples.airline_ontime_data.flights`
  WHERE arrival_airport = 'DFW'
),

  SELECT
    * EXCEPT(scheduled_depart_time),
    EXTRACT(hour from scheduled_depart_time) AS hour_of_day,
    AVG(departure_delay) OVER (depart_time_window) AS avg_depart_delay
  FROM data
  WINDOW depart_time_window AS
    (PARTITION BY departure_airport ORDER BY
     UNIX_SECONDS(TIMESTAMP(scheduled_depart_time))
     RANGE BETWEEN 7200 PRECEDING AND 1 PRECEDING)
```

이제 학습 데이터셋에 또 다른 특징으로 평균 출발 지연이 포함된다.

Row	arrival_delay	departure_delay	departure_airport	hour_of_day	avg_depart_delay
1	−3.0	−7.0	LFT	8	**-4.0**
2	56.0	50.0	LFT	8	**41.0**
3	−14.0	−9.0	LFT	8	**5.0**
4	−3.0	0.0	LFT	8	**-2.0**

하지만 추론하는 동안 이 평균 출발 지연을 계산하여 모델에 제공하려면 스트리밍 파이프라인이 필요하다. 학습 제공 편향을 제한하려면 SQL을 스칼라, 파이썬 또는 자바로 변환하는 것보다는 스트리밍 파이프라인의 텀블링 윈도 함수에서 동일한 SQL을 사용하는 것이 좋다.

배치 예측 요청

모델이 스테이트리스인 경우에도 윈도 추론을 사용하는 또 다른 시나리오는, 모델이 클라우드에 배포되었지만 클라이언트가 장치 또는 온-프레미스에 포함된 경우다. 이러한 경우 클라우드에 배포된 모델에 추론 요청을 하나씩 보낸다면 네트워크 지연 시간이 엄청나게 길어질 수 있다. 이 상황에서 5.4절에서 소개했던 방법을 쓸 수 있다. 첫 번째 단계는 파이프라인을 사용하여 여러 요청을 수집하는 것이고, 두 번째 단계는 한 번의 일괄 처리로 서비스에 전송하는 방식이다.

이 방식은 지연 시간이 허용되는 상황에서만 적합하다. 5분 동안 입력 인스턴스를 수집하는 경우 클라이언트는 예측을 다시 가져오는 데 최대 5분까지 지연을 허용해야 한다.

6.5 디자인 패턴 25: 워크플로 파이프라인

워크플로 파이프라인workflow pipeline 디자인 패턴에서는 머신러닝 프로세스의 단계를 컨테이너화하고 조정하여 재현 가능한 엔드 투 엔드 파이프라인을 만들어 문제를 해결한다. 컨테이너화는 명시적으로 수행되거나 프로세스를 단순화하는 프레임워크를 사용하여 수행될 수 있다.

6.5.1 문제

개별 데이터 과학자는 단일 스크립트나 노트북을 통해 데이터 전처리, 학습, 모델 배포 단계를 처음부터 끝까지 실행할 수 있다(그림 6-6). 그러나 ML 프로세스의 각 단계는 더욱더 복잡해지고, 더욱더 많은 조직 내의 사람들이 코드에 기여하고 사용하기를 원하기 때문에 단일 노트북에서 이러한 단계를 실행한다면 확장할 수 없다.

그림 6-6 일반적인 엔드 투 엔드 ML 워크플로의 단계. 이는 모든 것을 포괄하는 것이 아니라 ML 개발 프로세스에서 가장 일반적인 단계를 의미한다.

기존 프로그래밍에서 모놀리식monolithic 애플리케이션은 모든 애플리케이션의 로직이 단일 프로그램에 의해 처리되는 애플리케이션을 의미한다. 모놀리식 환경에서 작은 기능을 테스트하려면 전체 프로그램을 실행해야 한다. 모놀리식 애플리케이션을 배포하거나 디버깅하는 경우에도 마찬가지다. 프로그램의 한 부분에 대한 작은 버그 수정을 배포하려면 전체 응용 프로그램을 배포해야 하므로 빠르게 다루기가 어려울 수 있다. 전체 코드베이스가 전부 연결되어 있으면 개별 개발자가 오류를 디버깅하고 애플리케이션의 다른 부분에서 독립적으로 작업하기가 어려워진다. 최근 몇 년 동안 모놀리식 앱은 개별 비즈니스 로직 단위로 격리된 마이크로 코드 패키지로 구축/배포되는 마이크로서비스 아키텍처microservice architecture(MSA)로 대체되었다. 마이크로서비스를 사용하면 대규모 애플리케이션이 더 작고 관리하기 쉬운 부분으로 분할되므로 개발자가 애플리케이션의 일부를 독립적으로 빌드, 디버깅, 배포할 수 있다.

이와 같은 모놀리식 대 마이크로서비스에 관한 논의는 ML 워크플로의 각 단계를 확장, 협업, 재현, 재사용할 수 있도록 좋은 비유를 제공한다. 누군가 스스로 ML 모델을 구축하는 경우에는 모놀리식 접근 방식으로 분석하는 것이 더 빠를 수 있다. 이는 또한 한 사람이 전체 프로세스(데이터 수집, 전처리, 모델 개발, 학습, 배포와 같은 각 부분)를 개발하고 유지 관리하기 때문에 보다 적극적으로 각 과정에 참여할 수 있다. 그러나 이 워크플로를 확장할 때 조직의 다른 사람이나 그룹이 다른 단계를 담당할 수 있다. ML 워크플로를 확장하려면 팀이 모델을 구축하여 데이터 이벤트 처리 단계와 독립적으로 작업 시도를 실행할 수 있는 방법이 필요하다. 또한 파이프라인의 각 단계에 대한 성능을 추적할 수 있어야 하며, 프로세스의 각 부분에서 생성된 결과 파일을 관리하는 것도 필요하다.

각 단계의 초기 개발이 완료되면 재학습과 같은 작업을 예약하거나 버킷에 새 학습 데이터를 추가하는 것과 같이 환경의 변화에 대한 응답으로 호출되는 이벤트 트리거 파이프라인 실행을 생성하려고 한다. 이러한 경우, 개별 단계에서 출력을 추적하고 오류를 추적할 수 있는 동시에 전체 워크플로를 한 번의 호출로 엔드 투 엔드로 실행할 수 있는 솔루션이 필요하다.

6.5.2 솔루션

머신러닝 프로세스 확장과 함께 발생하는 문제를 처리하기 위해 ML 워크플로의 각 단계를 별도의 컨테이너화된 서비스로 만들 수 있다. 컨테이너는 다른 환경에서 동일한 코드를 실행할 수 있고 실행 간에 일관된 동작을 볼 수 있음을 보장한다. 이러한 컨테이너화된 개별 단계는 함께 연결되어 REST API 호출로 실행할 수 있는 파이프라인을 만든다. 파이프라인은 컨테이너에서 실행되기 때문에 개발용 노트북, 온프레미스 인프라, 호스팅된 클라우드 서비스에서 실행할 수 있다. 이 파이프라인 워크플로를 통해 팀 구성원은 파이프라인 단계를 독립적으로 구축할 수 있다. 또한 컨테이너는 라이브러리 종속성 버전과 런타임 환경 간의 일관성을 보장하기 때문에 전체 파이프라인을 종단 간 실행하는 재현 가능한 방법을 제공한다. 또한 파이프라인 단계를 컨테이너화하면 개별 단계에서 서로 다른 런타임과 언어 버전을 사용할 수 있다.

온프레미스와 클라우드 환경에서 파이프라인을 만들기 위한 도구로 클라우드 AI 플랫폼 파이프라인Cloud AI Platform Pipeline (*https://oreil.ly/nJo1p*), 확장형 텐서플로(TFX, *https://oreil.ly/OznI3*), 쿠브플로 파이프라인Kubeflow Pipeline (KFP, *https://oreil.ly/BoegQ*), ML 플로Mlflow (*https://mlflow.org/*), 아파치 에어플로Apache Airflow (*https://oreil.ly/63_GG*) 등이 있다. 여기서는 워크플로 파이프라인 디자인 패턴을 보여주기 위해 TFX로 파이프라인을 정의하고, 구글 쿠버네티스 엔진Google Kubernetes Engine (GKE)을 기본 컨테이너 인프라로 사용하여 구글 클라우드에서 ML 파이프라인을 실행하기 위한 호스팅 서비스인 클라우드 AI 플랫폼 파이프라인에서 실행을 진행할 것이다.

TFX 파이프라인의 단계를 컴포넌트component라고 하며 사전 컴포넌트와 사용자 지정 가능한 컴포넌트를 모두 사용할 수 있다. 일반적으로 TFX 파이프라인의 첫 번째 컴포넌트는 외부에서 데이터를 수집하는 구성 요소다. 이를 사례 생성(ExampleGen, *https://oreil.ly/Sjx9F*) 컴포넌트라고 하며 여기에서 사례example는 ML 용어로 학습에 사용되는 라벨이 지정된 인스턴스를 나타낸다. 사례 생성 컴포넌트를 사용하면 CSV 파일, TFRecord, 빅쿼리, 커스텀 소스에서 데이터를 가져올 수 있다. 예를 들어 빅쿼리 사례 생성 컴포넌트를 사용하면 데이터를 가져올 쿼리를 지정하여 빅쿼리에 저장된 데이터를 파이프라인에 연결할 수 있다. 그런 다음 해당 데이터를 GCS 버킷에 TFRecord로 저장하여 다음 컴포넌트에서 사용할 수 있다. 이것이 사용자 지정 컴포넌트로, 쿼리를 통해 커스텀 설정이 가능하다. 이러한 사례 생성 컴포넌트는 [그림 6-6]에 요약된 ML 워크플로의 데이터 수집 단계를 다룬다.

다음 단계 워크플로는 데이터 검증이다. 데이터를 수집한 후에는 모델을 학습하기 전에 변환하거나 분석을 위해 다른 컴포넌트로 전달할 수 있다. 통계 생성(StatisticsGen, *https://oreil.ly/kX1QY*) 컴포넌트는 사례 생성 단계에서 수집된 데이터를 가져와 제공된 데이터에 대한 요약 통계를 생성한다. 스키마 생성(SchemaGen, *https://oreil.ly/QpBlu*) 컴포넌트는 수집된 데이터에서 추론한 스키마를 출력한다. 스키마 생성의 출력을 활용하여 사례 유효성 검증기(ExampleValidator, *https://oreil.ly/UD7Uh*)는 데이터셋에서 이상 감지를 수행하고 데이터 드리프트의 징후나 잠재적인 학습 훈련 편향을 확인한다. 트랜스폼 컴포넌트(Transform, *https://oreil.ly/xsJYT*)는 스키마 생성 컴포넌트의 출력값을 가져와 데이터 입력을 모델에 적합한 형식으로 변환하기 위해 특징 가공을 수행한다. 여기에는 자유 형식 텍스트 입력을 임베딩으로 변환하거나, 숫자 입력값을 정규화하는 것 등이 포함될 수 있다.

데이터를 모델에 공급할 준비가 되면 데이터를 트레이너(Trainer, *https://oreil.ly/XFtR_*) 컴포넌트에 전달할 수 있다. 트레이너 컴포넌트를 설정할 때 모델 코드를 정의하는 함수와 모델 학습 위치를 지정할 수 있다. 여기에서 클라우드 AI 플랫폼을 모델 학습 위치로 지정하도록 하자. 마지막으로 푸셔(Pusher, *https://oreil.ly/qP8GU*) 컴포넌트는 모델 배포를 처리한다. TFX에서는 다른 많은 사전 구축된 컴포넌트를 제공하고 있다. 여기에는 샘플 파이프라인에서 사용할 몇 가지만을 포함했다.

이 예에서는 빅쿼리의 NOAA 허리케인 데이터셋을 사용하여 허리케인의 SSHS 코드를 추론하는 모델을 빌드한다. 파이프라인 도구에 집중하기 위해 특징, 컴포넌트, 모델 코드를 비교적 짧게 유지하겠다. 파이프라인의 단계는 아래에 요약되어 있으며, [그림 6-6]에 요약된 워크플로를 따라 진행된다.

  1 데이터 수집: 쿼리를 실행하여 빅쿼리에서 허리케인 데이터를 가져온다.
  2 데이터 검증: 사례 유효성 검증기 컴포넌트를 사용하여 이상을 식별하고 데이터 드리프트를 확인한다.
  3 데이터 분석 및 전처리: 데이터에 대한 통계를 생성하고 스키마를 정의한다.
  4 모델 학습: AI 플랫폼에서 tf.keras 모델을 학습시킨다.
  5 모델 배포: 학습된 모델을 AI 예측 플랫폼에 배포한다.

파이프라인이 완료되면 한 번의 API 호출로 위에 설명된 전체 프로세스를 호출할 수 있다. 일반적인 TFX 파이프라인의 스캐폴딩scaffolding과 이를 AI 플랫폼에서 실행하기 위한 프로세스에 대해 설명하는 것으로 시작하겠다.

TFX 파이프라인 구축하기

우리는 이 절에서 tfx 명령줄 도구를 사용하여 파이프라인을 만들고 호출할 것이다. 파이프라인의 새로운 호출을 실행run이라고 하며, 이는 새 컴포넌트를 추가하는 것과 같이 파이프라인 자체에 대한 업데이트와는 다른 개념이다. TFX CLI로 둘 다 수행할 수 있으며, 파이프라인의 스캐폴딩을 단일 파이썬 스크립트로 정의할 수 있다.

- 파이프라인과 여기에 포함된 컴포넌트를 정의하는 tfx.orchestration.pipeline(*https://oreil.ly/62kf3*) 인스턴스.
- tfx 라이브러리의 kubeflow_dag_runner 인스턴스. 이를 사용하여 파이프라인을 만들고 실행한다. 쿠브플로 실행기 외에도, 아파치 빔으로 TFX 파이프라인을 실행하기 위한 API가 있다. 이를 사용하여 파이프라인을 로컬에서 실행할 수 있다.

파이프라인[12]에는 위에 정의된 5단계 혹은 컴포넌트가 있으며 다음을 통해 파이프라인을 정의할 수 있다.

```
pipeline.Pipeline(
    pipeline_name='huricane_prediction',
    pipeline_root='path/to/pipeline/code',
    components=[
        bigquery_gen, statistics_gen, schema_gen, train, model_pusher
    ]
)
```

TFX에서 제공하는 빅쿼리 예제 생성(BigQueryExampleGen) 컴포넌트를 사용하기 위해 데이터를 가져올 쿼리를 작성할 것이다. 이 컴포넌트를 한 줄의 코드로 정의할 수 있다. 여기서 query는 문자열 형태로 전달되며 빅쿼리 SQL 쿼리다.

```
bigquery_gen = BigQueryExampleGen(query=query)
```

파이프라인 사용의 또 다른 이점은 각 컴포넌트의 입력, 출력 아티팩트, 로그를 추적하는 도구를 제공한다는 것이다. 예를 들어 statistics_gen(*https://oreil.ly/wvq9n*) 컴포넌트의 출력은 [그림 6-7]에서 볼 수 있는 데이터 집합의 요약이다. statistics_gen은 TF 데이터 검증을 사용하여 데이터셋에 대한 요약 통계를 생성하는 TFX에서 사용할 수 있는 사전 컴포넌트다.

---

12 전체 코드는 다음을 참고. *https://github.com/GoogleCloudPlatform/ml-design-patterns/tree/master/06_reproducibility/workflow_pipeline*

그림 6-7 TFX 파이프라인의 statistics_gen 컴포넌트 출력 아티팩트

클라우드 AI 플랫폼에서 파이프라인 실행하기

클라우드 AI 플랫폼에서 TFX 파이프라인을 실행하면 인프라 하위 수준 정보를 관리할 수 있다. 파이프라인을 AI 플랫폼에 배포하기 위해 파이프라인 코드를 도커 컨테이너(*https://oreil.ly/rdXeb*)로 패키징하고, 구글 컨테이너 레지스트리^{Google Container Registry}(GCR, *https://oreil.ly/m5wqD*)에서 호스팅한다. 컨테이너화된 파이프라인 코드가 GCR로 푸시되면 TFX CLI를 사용하여 파이프라인을 생성한다.

```
tfx pipeline create  \
--pipeline-path=kubeflow_dag_runner.py \
--endpoint='your-pipelines-dashboard-url' \
--build-target-image='gcr.io/your-pipeline-container-url'
```

위 명령어에서 엔드포인트는 AI 플랫폼 파이프라인 대시보드 URL에 해당한다. 완료되면 방금 생성한 파이프라인을 대시보드에서 확인할 수 있다. 여기에서 **create** 명령어는 호출 가능한 파이프라인 리소스를 생성한다.

```
tfx run create --pipeline-name='your-pipeline-name' --endpoint='pipeline-url'
```

위 코드를 실행하면, 파이프라인 각 단계를 거치면서 실시간으로 업데이트되는 그래프를 볼 수 있으며, 파이프라인 대시보드를 통해 각 단계별 추가 조사를 실시하여 아티팩트, 메타데이터 등을 확인할 수 있다. [그림 6-8]에서 개별 단계에 대한 출력의 예를 확인할 수 있다.

GKE의 컨테이너화된 파이프라인에서 모델을 직접 학습할 수 있지만 TFX는 프로세스의 일부로 클라우드 AI 플랫폼에서의 학습을 사용하기 위한 유틸리티를 제공한다. TFX에는 학습된 모델을 AI 예측 플랫폼에 배포하기 위한 확장 도구도 있다. 우리는 파이프라인에서 이 두 가지 통합 프로세스를 모두 활용할 것이다. AI 플랫폼을 사용하면 효율적인 비용으로 GPU나 TPU와 같은 모델 학습을 위한 특수 하드웨어를 활용할 수 있다. 또한 학습 시간을 단축하는 동시에 학습 비용을 최소화할 수 있는 분산 학습을 사용할 수 있는 옵션도 제공한다. AI 플랫폼 콘솔 내에서 개별 학습 작업과 출력을 추적할 수 있다.

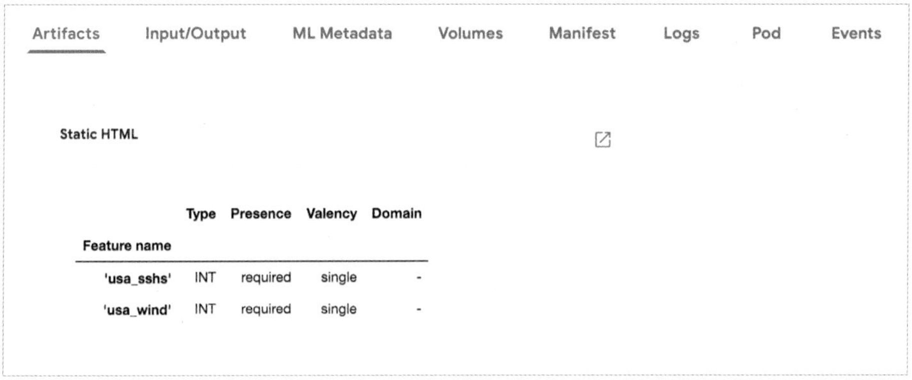

| Artifacts | Input/Output | ML Metadata | Volumes | Manifest | Logs | Pod | Events |

Static HTML

Feature name	Type	Presence	Valency	Domain
'usa_sshs'	INT	required	single	-
'usa_wind'	INT	required	single	-

그림 6-8 ML 파이프라인에 대한 schema_gen 컴포넌트 출력이다. 상단 메뉴 모음에는 각 개별 파이프라인 단계에 사용할 수 있는 데이터가 표시된다.

TIP TFX나 쿠브플로 파이프라인을 사용하여 파이프라인을 구축할 때의 한 가지 장점은 구글 클라우드에 종속되지 않는다는 것이다. MS 애저, ML 파이프라인, 아마존 세이지메이커, 심지어 온프레미스 환경에서 구글의 AI 플랫폼 파이프라인을 사용하여 여기에서 설명하는 것과 동일한 코드를 실행할 수 있다.

TFX에서 학습 단계를 구현하기 위해 Trainer 컴포넌트를 사용해 모델 학습 코드와 함께 모델 입력으로 사용할 학습 데이터에 대한 정보를 전달할 것이다. TFX는 AI 플랫폼에서 학습 단계를 실행하기 위한 확장 도구를 제공한다. 이는 `tfx.extensions.google_cloud_ai_platform.trainer`를 불러온 뒤, AI 플랫폼 학습 구성에 대한 세부 정보를 제공하여 사용할 수 있다. 여기에는 프로젝트 이름, 지역, 학습 코드가 있는 GCR 컨테이너의 위치가 포함된다.

마찬가지로 TFX에는 학습된 모델을 AI 예측 플랫폼에 배포하기 위한 Pusher 컴포넌트 (*https://oreil.ly/bJav0*)도 있다. Pusher 컴포넌트를 사용하기 위해서는 모델 예상 입력 데이터 형식, 모델 이름, 버전 등 세부 정보를 서빙 함수와 함께 AI 플랫폼에 알려줘야 한다. 이를 통해 데이터의 수집, 분석, 변환을 실행한 뒤, AI 플랫폼을 통해 모델의 학습과 배포를 진행하는 완전한 파이프라인을 갖게 된다.

6.5.3 작동 원리

ML 코드를 파이프라인으로 실행하지 않으면 다른 사람들이 우리의 작업을 안정적으로 재현하기 어려울 것이다. 전처리, 모델 개발, 학습, 서빙 코드를 가져와 라이브러리 종속성, 인증 등을 고려하면서 실행 환경과 동일한 환경을 복제해야 한다. 업스트림 컴포넌트의 출력을 기반으로 다운스트림 컴포넌트의 선택을 제어하는 로직이 있는 경우 해당 로직도 안정적으로 복제되어야 한다. 워크플로 파이프라인 디자인 패턴을 사용하면 다른 사용자의 환경이 온프레미스를 쓰든 클라우드를 쓰든 상관없이 전체 ML 워크플로를 실행하고 모니터링하는 동시에 개별 단계의 출력을 디버깅할 수 있다. 파이프라인의 각 단계를 컨테이너화하면 다른 사람들이 이를 구축하는데 사용한 환경과 파이프라인에 전체 워크플로를 모두 재현할 수 있다. 게다가, 준법 감시나 규제 준수 사항 등의 업무 지원을 위해 몇 달의 시간이 흐르더라도 동일한 환경을 재현할 수 있다. TFX와 AI 플랫폼을 통해 모든 파이프라인 실행에서 생성된 출력 아티팩트를 추적하기 위한 UI도 대시보드를 통해 제공한다. 이 내용은 6.7.3절에서 자세히 설명한다.

또한 각 파이프라인 컴포넌트가 자체 컨테이너에 있으면 서로 다른 팀 구성원이 파이프라인의 개별 부분을 병렬로 빌드하고 테스트할 수 있다. 이를 통해 개발 속도를 높이고 각 개발 단계가 뗄 수 없게 결합되어 있는 모놀리식 ML 프로세스와 관련된 위험을 최소화할 수 있다. 예를 들어 데이터 전처리 단계를 구축하는 데 필요한 패키지 종속성과 코드는 모델 배포와 크게 다를 수 있다. 이러한 단계를 파이프라인의 일부로 빌드하면 각 부분을 자체 종속성이 있는 별도의 컨테이너에 빌드하고, 완료되면 더 큰 파이프라인에 통합할 수 있다.

요약하면, 워크플로 파이프라인 패턴은 TFX와 같은 파이프라인 프레임워크와 함께 제공되는 사전 구축된 컴포넌트와 함께 유향 비순환 그래프directed acyclic graph(DAG)의 장점을 누릴 수 있다. 파이프라인이 DAG 형태로 실행되므로 개별 단계를 실행하거나 전체 파이프라인을 처음부터 끝까지 실행할 수 있다. 그리고 파이프라인의 각 단계에 대한 로깅 및 모니터링을 제공하고 파이프라인 실행의 각 단계별 아티팩트를 한 곳에서 추적할 수 있다. 사전 구축된 컴포넌트는 학습, 평가, 추론을 포함하여 ML 워크플로의 공통 컴포넌트에 대해 즉시 사용할 수 있는 독립 실행형 단계를 제공한다. 이러한 컴포넌트는 파이프라인을 실행하기로 선택한 모든 곳에서 개별 컨테이너로 실행된다.

6.5.4 트레이드오프와 대안

파이프라인 프레임워크 사용의 주요 대안은 각 단계와 관련된 노트북 및 출력을 추적하기 위한 임시 접근 방식을 사용하여 ML 워크플로의 단계를 실행하는 것이다. 물론 ML 워크플로의 여러 부분을 체계적인 파이프라인으로 변환하는 데 약간의 오버헤드가 있다. 이 절에서는 워크플로 파이프라인 디자인 패턴의 몇 가지 변형과 확장 형태를 다룬다. 구체적으로는, 컨테이너 수동 생성 방법, CI/CD(지속적 통합 및 배포) 도구로 파이프라인 자동화하기, 개발 환경에서 프로덕션 환경으로의 워크플로 이동 프로세스, 파이프라인을 구축하고 조정하기 위한 대체 도구, 메타데이터 추적을 위해 파이프라인을 사용하는 방법 등을 살펴볼 것이다.

사용자 지정 컴포넌트 생성

파이프라인을 구성하기 위해 미리 빌드하거나 사용자 지정 가능한 TFX 컴포넌트를 사용하는 대신, 컴포넌트로 사용할 자체 컨테이너를 정의하거나 파이썬 함수를 컴포넌트로 변환할 수 있다.

TFX에서 제공하는 컨테이너 기반 컴포넌트(*https://oreil.ly/5ryEn*)를 사용하려면 `create_container_component` 메서드를 사용해야 한다. 이를 통해 컴포넌트의 입/출력 데이터와 컨테이너의 엔트리포인트entry point 명령과 함께 기본 도커 이미지를 전달한다. 예를 들어 다음 컨테이너 기반 컴포넌트는 CLI 환경에서 bq를 호출하여 빅쿼리 데이터셋을 다운로드한다.

```
component = create_container_component(
    name='DownloadBQData',
    parameters={
        'dataset_name': string,
        'storage_location': string
    },
    image='google/cloud-sdk:278.0.0',
    ,
```

```
    command=[
        'bq', 'extract', '--compression=csv', '--field_delimiter=,',
        InputValuePlaceholder('dataset_name'),
        InputValuePlaceholder('storage_location'),
    ]
)
```

필요한 대부분의 종속성이 이미 갖춰져 있는 기본 이미지를 사용하는 것이 가장 좋다. 이 예제에서는 bq CLI 도구를 제공하는 구글 클라우드 SDK 이미지를 사용하고 있다.

@component 데커레이터를 사용하여 사용자 지정 파이썬 함수를 TFX 컴포넌트로 변환할 수 있다. 이를 설명하기 위해 파이프라인 전체에서 사용하는 클라우드 스토리지 버킷 생성을 통한 리소스 준비 단계가 있다고 가정하고 다음 코드를 살펴보자.

```
from google.cloud import storage
client = storage.Client(project="your-cloud-project")

@component
def CreateBucketComponent(
    bucket_name: Parameter[string] = 'your-bucket-name',
    ) -> OutputDict(bucket_info=string):
  client.create_bucket('gs://' + bucket_name)
  bucket_info = storage_client.get_bucket('gs://' + bucket_name)

  return {
    'bucket_info': bucket_info
  }
```

코드 실행을 통해 사용자 지정 함수의 변환이 끝난 다음, 이 컴포넌트를 파이프라인 정의에 추가할 수 있다.

```
create_bucket = CreateBucketComponent(
    bucket_name='my-bucket')
```

CI/CD와 파이프라인 통합

CLI나 API를 통한 프로그래밍 방식으로 파이프라인을 호출하거나 대시보드를 통해 호출하는 것 외에도 모델을 프로덕션 환경에 도입할 때 파이프라인 실행 자동화가 필요할 때가 있다. 예를 들어 일정량의 새 학습 데이터를 사용할 수 있을 때마다 파이프라인을 호출할 수 있다. 또는 파이프라인의 소스 코드가 변경될 때를 트리거로 감지하여 파이프라인을 실행할 수 있다. 이처럼 워크플로 파이프라인에 CI/CD를 추가하면 트리거 이벤트를 연결하여 파이프라인을 실행하는 데 도움이 된다.

새 데이터가 누적되었을 때 모델을 다시 학습시키려는 경우, 파이프라인을 실행하도록 트리거를 설정하는 데 사용할 수 있는 다양한 관리형 서비스가 있다. 관리형 스케줄링 서비스를 사용하여 일정에 따라 파이프라인을 호출할 수 있으며, 클라우드 펑션과 같은 서버리스 이벤트 기반 서비스를 사용하여 새 데이터가 스토리지 위치에 추가될 때 파이프라인을 호출할 수 있다. 펑션에서 새로운 파이프라인 실행을 생성하기 위한 조건(예: 재학습을 위해 추가된 새 데이터의 양에 대한 임곗값)을 지정할 수 있다. 충분한 새 학습 데이터를 사용할 수 있게 되면 [그림 6-9]에 설명된 대로 모델 재학습 및 재배포를 위한 파이프라인 실행을 인스턴스화할 수 있다.

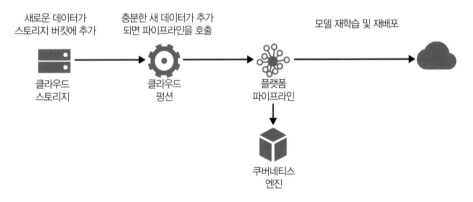

그림 6-9 클라우드 펑션을 사용하여 스토리지에 충분한 새 데이터가 추가되면 파이프라인을 호출하는 CI/CD 워크플로

소스 코드의 변경 사항을 기반으로 파이프라인을 트리거하려는 경우, 클라우드 빌드Cloud Build (*https://oreil.ly/kz8Aa*)와 같은 관리형 CI/CD 서비스가 도움이 될 수 있다. 클라우드 빌드가 코드를 실행할 때는 일련의 컨테이너화된 단계로 실행한다. 이러한 접근 방식은 파이프라인의 맥락에서 적절하다. 클라우드 빌드 파이프라인 코드가 있는 저장소의 깃허브 액션GitHub

^{Action} ($https://oreil.ly/G2Xwv$)이나, 깃랩 트리거^{GitLab Trigger} ($https://oreil.ly/m\_dYr$)에 연결할 수 있다. 코드가 커밋되면 클라우드 빌드는 새 코드를 기반으로 파이프라인과 연결된 컨테이너를 빌드하고 생성한다.

아파치 에어플로와 쿠브플로 파이프라인

TFX 외에도 아파치 에어플로($https://oreil.ly/rQlqK$) 및 쿠브플로 파이프라인(KFP, $https://oreil.ly/e\_7zJ$)은 모두 워크플로 파이프라인 디자인 패턴 구현을 위한 대체제다. TFX와 마찬가지로 에어플로와 KFP는 파이프라인 각 단계의 워크플로를 파이썬 스크립트에 정의된 DAG로 취급한다. 그런 다음 해당 스크립트를 사용하여 특정 인프라의 그래프 노드를 스케줄링하고 조정하는 API를 제공한다. 에어플로와 KFP는 모두 오픈소스이므로 온프레미스나 클라우드에서 실행할 수 있다.

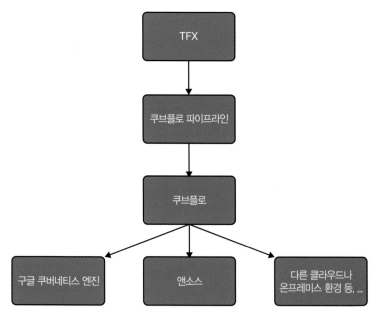

그림 6-10 TFX, 쿠브플로 파이프라인, 쿠브플로와 기본 인프라 간의 관계. TFX는 쿠브플로 파이프라인에서 가장 높은 수준에서 작동하며, 사전 구축된 컴포넌트는 일반적인 워크플로 단계에 대한 특정 접근 방식을 제공한다. 쿠브플로 파이프라인은 ML 파이프라인을 정의하고 조정하기 위한 API를 제공하여 각 단계가 구현되는 방식에 더 많은 유연성을 제공한다. TFX와 KFP는 모두 쿠버네티스에서 컨테이너 기반 ML 워크로드를 실행하기 위한 플랫폼인 쿠브플로에서 실행된다. 이 다이어그램의 모든 도구는 오픈소스이므로 파이프라인이 실행되는 기본 인프라 환경은 사용자에게 달려있다. 일부 옵션에는 GKE, 엔소스, 애저, AWS, 온프레미스 환경이 포함된다.

데이터 엔지니어링에 에어플로를 사용하는 것이 일반적이므로, 조직 차원의 데이터 ETL 작업도 고려해볼만 하다. 에어플로는 작업 실행을 위한 강력한 도구를 제공하긴 하지만, 범용 솔루션으로 구축되었으며 ML 작업 부하를 염두에 두고 설계되지 않았다. 반면 KFP는 ML용으로 특별히 설계되었으며 TFX보다 낮은 인프라 환경에서도 작동하므로 파이프라인 단계를 정의하는 방법에 더 많은 유연성을 제공한다. TFX는 오케스트레이션에 대한 자체 접근 방식을 구현하지만 KFP를 사용하면 API를 통해 파이프라인을 오케스트레이션하는 방법을 선택할 수 있다. TFX, KFP, 쿠브플로 간의 관계는 [그림 6-10]에 요약되어 있다.

개발 대 프로덕션 파이프라인

파이프라인이 호출되는 방식은 개발 환경에서 프로덕션 환경으로 이동할 때 자주 변경된다. 노트북에서 파이프라인을 빌드하고 프로토타입을 만들고 싶을 것이다. 주피터 노트북 셀을 실행하여 파이프라인 재호출, 오류 디버그, 코드 업데이트를 하는 방법을 살펴보자. 우선, 프로덕션 환경에 배포할 준비가 완료되면 컴포넌트 코드와 파이프라인 정의를 단일 스크립트로 이동시킬 수 있다. 스크립트에 정의된 파이프라인을 사용하면 실행 예약뿐만 아니라, 조직의 다른 사람들이 재현 가능한 방식으로 파이프라인을 더 쉽게 호출할 수 있다. 파이프라인을 프로덕션 환경에 옮겨오는데 사용할 수 있는 도구 중 하나는 케일Kale(*https://github.com/kubeflow-kale/kale*)이다. 케일은 주피터 노트북 코드를 가져와 쿠브플로 파이프라인 API를 사용하여 스크립트로 변환한다.

프로덕션 파이프라인은 ML 워크플로의 **오케스트레이션**orchestration도 허용한다. 오케스트레이션이란 파이프라인에 로직을 추가하여 실행될 단계와 해당 단계의 결과를 결정하는 것을 의미한다. 예를 들어 95% 이상의 정확도를 가진 모델만 프로덕션 환경에 배포하기로 결정할 수 있다. 또한 새로 사용 가능한 데이터가 파이프라인 실행을 트리거하여 업데이트된 모델을 학습할 수 있다. 이때, 평가 컴포넌트의 출력을 확인하는 로직을 추가할 수 있는데, 여기에서 정확도가 임곗값보다 높으면 배포 컴포넌트를 실행하고 그렇지 않은 경우 파이프라인 실행을 종료할 수 있다. 이 장의 앞부분에서 설명한 에어플로 및 쿠브플로 파이프라인은 모두 파이프라인 오케스트레이션을 위한 API를 제공한다.

ML 파이프라인에서의 계보 추적

파이프라인의 추가 기능 중 하나는 계보 추적lineage tracking이다. 이는 모델 메타데이터 및 아티팩트를 추적하는데 파이프라인을 사용하는 것이다. 파이프라인을 호출할 때마다 일련의 아티팩트가 생성된다. 이러한 아티팩트에는 데이터셋 요약, 내보낸 모델, 모델 평가 결과, 특정 파이프라인 호출에 대한 메타데이터 등이 포함될 수 있다. 계보 추적을 사용하면 다른 관련 모델 아티팩트와 함께 모델 버전 기록을 시각화할 수 있다. 예를 들어 AI 플랫폼 파이프라인에서는 파이프라인 대시 보드를 사용하여 모델 버전이 학습된 데이터를 데이터 스키마 및 날짜별로 분류하여 확인할 수 있다. [그림 6-11]은 AI 플랫폼에서 실행되는 TFX 파이프라인에 대한 계보 탐색기lineage explorer 대시 보드다. 이를 통해 특정 모델과 관련된 입력 및 출력 아티팩트를 추적할 수 있다.

그림 6-11 TFX 파이프라인에 대한 AI 플랫폼 파이프라인 대시보드의 계보 탐색기 결과 화면

파이프라인 실행 중에 생성된 아티팩트를 관리하기 위해 계보 추적을 사용할 때의 한 가지 이점은 클라우드 기반 환경이나 온프레미스 환경을 모두 지원한다는 것이다. 이는 학습 및 배포 모델과 모델 메타데이터의 저장 위치 선정에 유연성을 제공한다. 또한 계보 추적은 다른 파이프라인의 메타데이터 및 아티팩트와 비교할 수 있기 때문에 ML 파이프라인의 재현에 중요한 역할을 수행한다.

6.6 디자인 패턴 26: 특징 저장소

특징 저장소feature store 디자인 패턴은 모델 개발에서 특징 생성 프로세스를 분리하여 프로젝트 전체에서 특징의 관리 및 재사용을 단순화한다.

6.6.1 문제

특징 가공은 수많은 머신러닝 프로젝트의 성공 여부를 가를 정도로 중요하다. 그러나 동시에 모델 개발에서 가장 시간이 많이 걸리는 부분 중 하나이기도 하다. 일부 특징을 올바르게 계산하기 위해서는 상당한 도메인 지식이 필요하며 비즈니스 전략의 변경은 특징의 계산법에 영향을 미칠 수 있다. 이러한 특징이 일관된 방식으로 계산되도록 하려면 ML 엔지니어가 아닌 도메인 전문가가 특징을 제어하는 것이 좋다. 일부 입력 필드는 머신러닝에 더 적합하게 만들기 위해 다양한 데이터 표현(2장 참조)을 선택할 수 있다. ML 엔지니어나 데이터 과학자는 일반적으로 최종 모델에 사용할 기능을 결정하기 전에 여러 변환을 실험하여 어떤 것이 효과가 있는지를 결정한다. 많은 경우 ML 모델에 사용되는 데이터는 하나의 소스에서 가져온 것이 아니다. 일부 데이터는 데이터 웨어하우스에서 가져오고, 일부는 구조화되지 않은 데이터로 스토리지 버킷에 있으며, 일부는 스트리밍을 통해 실시간으로 수집된다. 데이터의 구조는 각 소스마다 다를 수 있으며, 각 입력은 모델에 공급되기 전에 고유한 특징 가공 단계를 거쳐야 한다. 이러한 개발은 종종 VM이나 개인용 컴퓨터에서 수행되기도 하므로, 모델이 복잡해질수록 모델이 빌드된 환경에 특징 생성 단계를 연결하는 데이터 파이프라인 역시나 더 복잡해지곤 한다.

ML 프로젝트에서 필요에 따라 특징을 생성하는 애드혹 접근 방식ad hoc approach은 일회성 모델 개발이나 학습에 한해 적합할 수 있다. 하지만 조직이 확장됨에 따라 이와 같은 특징 가공 방법은 실용성이 떨어지는 동시에 다음과 같은 심각한 문제를 야기한다.

- 애드혹 특징은 쉽게 재사용되지 못하며, 개별 사용자나 팀 내에서 반복해서 다시 생성되거나 생성된 파이프라인(또는 노트북)을 떠나지 못한다. 계산하기 복잡한 상위 수준 특징의 경우 특히 문제가 되는데, 일반적인 사유를 살펴보면 다음과 같다. 첫째, 사전 학습된 사용자나 카탈로그 항목 임베딩과 같은 비싼 프로세스를 통해 파생된다. 둘째, 비즈니스 우선 순위, 계약 가용성, 시장 세분화와 같은 업스트림 프로세스에서 특징이 수집된다. 셋째, 지난달 고객 주문 수와 같은 상위 수준 특징에 시간 경과에 따른 집계가 포함된다. 각각의 새 프로젝트에 대해 처음부터 동일한 특징을 만드는 데 시간과 노력이 낭비된다.
- 각 ML 프로젝트가 민감한 데이터의 특징을 다르게 계산하면 데이터 거버넌스 측면에서 문제가 생길 수 있다.

- 애드혹 특징은 팀이나 프로젝트 간에 쉽게 공유되지 않는다. 많은 조직에서 여러 팀이 동일한 원본 데이터를 사용하지만 별도의 팀이 특징을 다르게 정의할 수 있으며 특징 문서를 통해 쉽게 접근할 수 없다. 이는 팀 간의 효과적인 협업을 방해하여 작업이 고립되는 동시에, 불필요한 중복 작업으로 이어진다.
- 학습 및 서빙에 사용되는 애드혹 특징의 일관성을 보장하지 못한다(예: 학습 제공 편향). 학습은 일반적으로 오프라인으로 생성된 배치 특징과 함께 기록 데이터를 사용하여 수행한다. 그러나 서빙은 일반적으로 온라인으로 수행된다. 이러한 이유 때문에 학습용 특징 파이프라인과 프로덕션에서 사용되는 서빙 파이프라인(예: 다른 라이브러리, 전처리 코드, 언어)이 전혀 다른 경우, 학습 제공 편향의 위험이 있다.
- 특징을 프로덕션 환경에 사용하기가 어렵다. 다시 말해, 프로덕션 환경으로 이동 시 온라인 ML 모델 특징 서빙을 지원하면서, 오프라인 모델 학습을 위한 배치 특징 서빙도 지원하는 표준화된 프레임워크가 없다. 모델은 배치 프로세스에서 생성된 특징을 사용하여 오프라인에서 학습되지만 프로덕션 환경에 제공될 때 이러한 특징은 종종 짧은 지연 시간과 높은 처리량에 중점을 두고 생성된다. 특징 생성 및 저장을 위한 프레임워크는 이러한 두 시나리오를 모두 처리하는 데 유연하지 않다.

요컨대, 특징 가공에 대한 애드혹 접근 방식은 모델 개발 속도를 늦추고 중복된 노력과 비효율적 작업 흐름으로 이어진다. 더욱이 특징 생성이 학습과 추론 사이에서 일관적이지 않기 때문에, 우연히 모델 입력 파이프라인에 라벨 정보를 입력한다면 학습 제공 편향이나 데이터 유출의 위험성도 존재한다.

6.6.2 솔루션

이를 위한 솔루션은 프로젝트와 팀 간에 공유할 수 있는 특징 데이터셋을 저장하고 문서화하는 중앙집중형 공유 특징 저장소를 만드는 것이다. 특징 저장소는 특징 생성을 위한 데이터 엔지니어의 파이프라인과 특징을 사용하는 데이터 과학자의 워크플로 구축 모델 간의 인터페이스 역할을 한다(그림 6-12). 미리 계산된 특징을 보관할 수 있는 중앙 저장소가 있어 개발 시간을 단축하고 특징 검색도 지원한다. 또한 버전 관리, 문서화, 권한 통제 등 기본 소프트웨어 엔지니어링 원칙을 생성된 특징에 적용할 수 있다.

일반적인 특징 저장소는 두 가지 주요 디자인 특성에 의해 구축되며 다음과 같다. 첫째, 큰 특징 데이터셋을 빠르게 처리하기 위한 도구로써의 측면이다. 둘째, 특징을 어떤 목적으로 저장할지에 대한 측면이다. 이는 보다 구체적으로 짧은 지연 시간 액세스를 지원하는 방식(추론용)과 대규모 일괄 액세스(모델 학습용)를 지원하는 방식으로 나뉜다. 이외에도 다양한 특징셋의 문서화와 버전 관리를 단순화하는 메타데이터 계층과 특징 데이터 로드 및 검색을 관리하는 API가 있다.

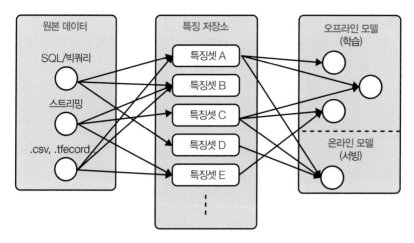

그림 6-12 특징 저장소는 원본 데이터 소스와 모델 학습 및 서빙 단계를 연결한다.

데이터나 ML 엔지니어의 일반적인 워크플로는 다음과 같다. 먼저, 원본 데이터(구조화된 데이터나 스트리밍 데이터)를 읽는다. 다음으로, 선호하는 데이터 처리 프레임워크를 사용하여 데이터에 다양한 변환을 적용하며, 이후에는 변환된 특징을 특징 저장소에 저장한다. 단일 ML 모델을 지원하기 위해 특징 파이프라인을 생성하는 대신, 특징 저장소 패턴은 모델 개발에서 특징 가공을 분리한다. 특히 아파치 빔, 플링크Flink, 스파크Spark와 같은 도구는 스트리밍 데이터 뿐만 아니라 배치 데이터 처리를 할 수 있기 때문에 특징 저장소를 구축할 때 자주 사용된다. 게다가 특징 데이터가 동일한 특징 생성 파이프라인에 의해 채워지기 때문에 학습 제공 편향의 발생률을 줄여준다.

특징이 생성된 후에는 학습 및 서빙을 위해 데이터 저장소에 보관된다. 특징 검색을 제공하기 위해 내부적으로 속도 최적화가 진행된다. 일부 온라인 애플리케이션을 지원하는 프로덕션 모델은 밀리초 이내에 실시간 예측을 생성해야만 하므로 짧은 지연 시간이 필수적이다. 그러나 학습의 경우 지연 시간이 길어도 문제가 되지 않는다. 대신 특징 레코드들을 학습을 위해 대량 배치 작업으로 가져오기 때문에 높은 처리량에 중점을 둔다. 특징 저장소는 온/오프라인 환경에 서로 다른 데이터 저장소를 사용하여 짧은 지연 시간과 높은 처리량을 요구하는 사례를 모두 해결한다. 예를 들어 특징 저장소는 온라인 특징 검색을 위한 데이터 저장소로 카산드라Cassandra나 레디스Redis를 사용하고 기록 데이터에서 대규모 배치 특징셋을 가져오는데 하이브Hive나 빅쿼리를 사용한다.

결국 일반적인 특징 저장소에는 수많은 원시 데이터 소스에서 생성된 특징이 포함된 다양한 특징셋이 저장된다. 메타데이터 계층은 특징셋을 문서화하고 팀 간의 손쉬운 특징 검색 및 협업을 위한 레지스트리를 제공하기 위해 기본으로 제공된다.

피스트

패턴 구현을 위해 구글 클라우드와 고젝Gojek (*https://oreil.ly/PszIn*)에서 개발한 머신러닝용 오픈소스 특징 저장소 피스트Feast (*https://github.com/feast-dev*)를 고려해보자. 이는 오프라인 모델 학습을 위해 빅쿼리를 사용하고 지연 시간이 짧은 온라인 서빙을 위해 레디스를 사용하는 구글 클라우드 서비스(*https://oreil.ly/ecJou*)를 기반으로 구축되었다(그림 6-13). 아파치 빔은 특징 생성에 사용되어 배치 및 스트림 모두에 대해 일관된 데이터 파이프라인을 제공한다.

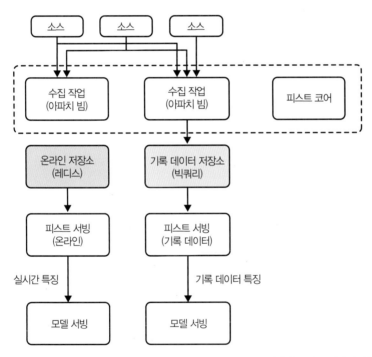

그림 6-13 피스트 특징 저장소의 고급 아키텍처다. 피스트는 구글 빅쿼리, 레디스, 아파치 빔을 기반으로 개발됐다.

이것이 실제로 어떻게 작동하는지 확인하기 위해 뉴욕시의 택시 탑승 정보가 포함된 공개 빅쿼리 데이터셋을 사용해보자. 테이블의 각 행에는 승차 타임스탬프, 승차 위도와 경도, 하차 위도와 경도, 승객 수, 택시 이용 비용이 포함된다. ML 모델의 목표는 이러한 특성을 사용하여 fare_amount로 표시된 택시 승차 비용을 예측하는 것이다.

이 모델은 원시 데이터에서 추가 특징을 가공하여 이점을 얻는다. 예를 들어 택시 탑승은 이동 거리와 소요 시간을 기준으로 하므로 픽업과 하차 사이의 거리를 미리 계산하는 것이 유용한 특징이다. 이 특징이 데이터셋에서 계산되면 나중에 사용할 수 있도록 특징셋 내에 저장해둘 수 있다.

피스트에 특징 데이터 추가하기

데이터는 FeatureSet을 사용하여 피스트에 저장되며, 여기에는 데이터 스키마 및 데이터 소스 정보가 포함된다. FeatureSet은 특징에 필요한 데이터의 출처, 수집 방법, 데이터 유형에 대한 몇 가지 기본 특성을 피스트가 알아내는 방법이다. 특징 그룹은 함께 수집 및 저장될 수 있으며, 특징셋은 효율적인 데이터의 저장소 및 논리적 네임스페이스^{namespace}를 제공한다.

특징셋이 등록되면 피스트는 아파치 빔 작업을 시작해 소스 데이터로 특징 저장소를 채운다. 특징셋은 온/오프라인 특징 저장소를 모두 생성하는데 사용되므로 개발자가 동일한 데이터로 모델을 학습하고 서빙할 수 있다. 피스트는 소스 데이터가 특징셋의 예상 스키마를 준수하는지도 확인한다. [그림 6-14]에 표시된 대로 피스트에는 특징 데이터를 수집하는 4단계가 있다.

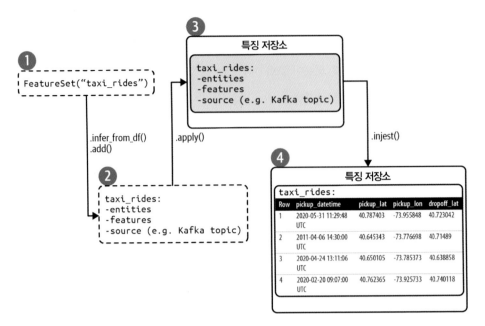

그림 6-14 피스트의 특징 데이터 수집 4단계: 특징셋 생성, 엔티티 및 특징 추가, 특징셋 등록, 특징 데이터 수집

4단계는 다음과 같다.[13]

1 FeatureSet 생성. 특징셋은 엔티티, 특징, 소스를 지정한다.

2 FeatureSet에 엔티티와 특징을 추가한다.

3 특징셋을 등록한다. 그러면 피스트 내에서 명명된 특징셋이 생성된다. 아직까지 특징셋에는 특징 데이터가 추가되지 않았다.

4 FeatureSet에 특징 데이터를 로드한다.

특징셋 생성하기

파이썬 SDK로 클라이언트를 설정하여 피스트 배포에 연결한다.

```python
from feast import Client, FeatureSet, Entity, ValueType

# 현재 피스트 배포에 연결
client = Client(core_url='localhost:6565')
```

---

13 이 예제에 대한 전체 코드는 다음을 참고. *https://github.com/GoogleCloudPlatform/ml-design-patterns/blob/master/06_reproducibility/feature_store.ipynb*

`client.list_feature_sets()` 명령으로 기존 특징셋을 출력하여 클라이언트가 연결되었는지 확인할 수 있다. 새 배포인 경우 빈 목록이 반환된다. 새 특징셋을 생성하려면 FeatureSet 클래스를 호출하고 특징셋의 이름을 지정한다.

```
# 특징셋 생성
taxi_fs = FeatureSet("taxi_rides")
```

특징과 엔티티를 특징셋에 추가하기

피스트 콘텍스트에서 FeatureSet은 엔티티와 특징으로 구성된다. 엔티티는 특징값을 조회하기 위한 키로 사용되며, 학습 및 서빙을 위한 데이터셋을 만들 때 서로 다른 그룹 간 특징을 결합하는 데 사용된다. 엔티티는 데이터셋에 있는 모든 관련 특징에 대한 식별자 역할을 하며, 이는 모델링이 가능하고 정보를 저장할 수 있는 객체로 구성된다. 차량 서비스나 음식 배달 서비스의 맥락에서 관련 엔티티는 `customer_id`, `order_id`, `driver_id`, `restaurant_id`, `taxi_id`일 수 있으며, 이탈 모델의 맥락에서 엔티티는 `customer_id`, `segment_id`가 될 수 있다.

이 단계에서 우리가 만든 `taxi_rides`라는 특징셋에는 아직 엔티티나 특징이 없다. 피스트 코어 클라이언트를 사용하여 [표 6–2]에 표시된 대로 원시 데이터를 입력한 뒤, 엔티티를 포함하는 판다스 데이터 프레임에서 이를 지정해보자.

표 6-2 택시 승차 데이터셋에는 뉴욕의 택시 승차 정보가 포함되어 있다. 엔티티는 각 여정의 택시 공급 업체에 대한 고유 식별자인 `taxi_id`이다.

Row	pickup_datetime	pickup_lat	pickup_lon	dropoff_lat	dropoff_lon	num_pass	taxi_id	fare_amt
1	2020–05–31 11:29:48 UTC	40.787403	–73.955848	40.723042	–73.993106	2	0	15.3
2	2011–04–06 14:30:00 UTC	40.645343	–73.776698	40.71489	–73.987242	2	0	45.0
3	2020–04–24 13:11:06 UTC	40.650105	–73.785373	40.638858	–73.9678	2	2	32.1

Row	pickup_datetime	pickup_lat	pickup_lon	dropoff_lat	dropoff_lon	num_pass	taxi_id	fare_amt
4	2020-02-20 09:07:00 UTC	40.762365	−73.925733	40.740118	−73.986487	2	1	21.3

특징셋 생성시 스트림 데이터 소스 정의하기

사용자는 특징셋을 생성할 때 스트리밍 데이터 소스를 정의할 수 있다. 특징셋이 데이터 소스에 등록되면 피스트는 자동으로 이 소스의 데이터로 저장소를 채우기 시작한다. 다음은 카프카Kafka 소스에서 스트리밍 데이터를 검색하기 위한 사용자 제공 소스가 있는 특징셋의 예제다.

```python
feature_set = FeatureSet(
    name="stream_feature",
    entities=[
        Entity("taxi_id", ValueType.INT64)
    ],
    features=[
        Feature("traffic_last_5min", ValueType.INT64)
    ],
    source=KafkaSource(
        brokers="mybroker:9092",
        topic="my_feature_topic"
    )
)
```

여기서 `pickup_datetime` 타임스탬프는 배치 특징을 검색하는 데 필요하며, 올바른 시간의 조인 작업을 보장하는데 사용되기 때문에 매우 중요하다. 유클리드 거리와 같은 추가 특징을 만들려면 데이터셋을 판다스 데이터 프레임에 로드하고 특징을 계산한다.

```python
# 데이터프레임으로 불러오기
taxi_df = pd.read_csv("taxi-train.csv")

# 유클리드 거리로 특징 가공
taxi_df['euclid_dist'] = taxi_df.apply(compute_dist, axis=1)
```

.add(...)로 특징셋에 엔티티와 특징을 추가할 수 있으며, .infer_fields_from_df (...)
메서드는 판다스 데이터 프레임에서 직접 FeatureSet에 대한 엔티티와 특징을 생성한다. 엔
티티를 나타내는 열 이름을 지정하기만 하면 FeatureSet의 특징에 대한 스키마 및 데이터 유
형이 데이터 프레임에서 유추된다.

```
# 판다스에서 특징셋의 특징들을 추론
    taxi_fs.infer_fields_from_df(taxi_df,
                entities=[Entity(name='taxi_id', dtype=ValueType.INT64)],
    replace_existing_features=True)
```

특징셋 등록하기

특징셋이 생성되면 client.apply(taxi_fs)를 사용하여 피스트에 등록할 수 있다. 특징셋
이 올바르게 등록되었는지 확인하거나 다른 특징셋의 내용을 탐색하기 위해 .get_feature_
set(...)을 사용할 수 있다.

```
print(client.get_feature_set("taxi_rides"))
```

그러면 taxi_rides 특징셋의 데이터 스키마가 포함된 JSON 객체가 반환된다.

```
{
  "spec": {
    "name": "taxi_rides",
    "entities": [
      {
        "name": "key",
        "valueType": "INT64"
      }
    ],
    "features": [
      {
        "name": "dropoff_lon",
        "valueType": "DOUBLE"
      },
      {
        "name": "pickup_lon",
```

```
            "valueType": "DOUBLE"
        },
        ...
    ...
    ],
    }
}
```

특징셋에 특징 데이터 수집

스키마가 올바르게 출력되었다면, .ingest(...)를 사용하여 데이터 프레임의 특징 데이터를
피스트에 수집할 수 있다. taxi_fs라고 하는 특징셋과, taxi_df라고 하는 특징 데이터를 채울
데이터 프레임을 지정하자.

```
# 특징셋을 위해 피스트에 특징 데이터 로드
client.ingest(taxi_fs, taxi_df)
```

해당 수집 단계의 진행 상황은 피스트 내의 taxi_rides 특징셋에 28,247개의 행을 수집했음
을 보여주는 화면이 출력된다.

```
100%|██████████|28247/28247 [00:02<00:00, 2771.19rows/s]
Ingestion complete!

Ingestion statistics:
Success: 28247/28247 rows ingested
```

이 단계에서 client.list_feature_sets()를 호출하면 방금 생성한 특징셋인 taxi_ride를
나열하고 [default/taxi_rides]를 반환한다. 여기서 default는 피스트 내에서 특징셋의 프
로젝트 범위를 나타낸다. 이는 프로젝트 액세스 권한 내에서 특정 특징셋 유지를 위한 특징셋
인스턴스화를 진행할 때 변경할 수 있다.

피스트에서 데이터 내려받기

특징셋에 특징이 제공되면 기록 데이터 특징이나 온라인 특징을 검색할 수 있다. 사용자 및 프로덕션 시스템은 피스트 서비스 데이터 액세스 계층을 통해 특징 데이터를 검색한다. 피스트는 온/오프라인 저장소 유형을 모두 지원하므로 [그림 6-15]에 표시된 것처럼 둘 다에 대해 피스트를 배포하는 것이 일반적이다. 동일한 특징 데이터가 두 특징 저장소에 모두 포함되어 학습과 서빙 간의 일관성을 보장한다.

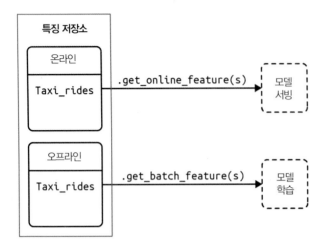

그림 6-15 특징 데이터는 모델 학습을 위해 오프라인 기록 특징으로 검색하거나 서빙을 통해 온라인 검색을 수행할 수 있다.

이러한 배포는 별도의 온라인 및 배치 클라이언트를 통해 액세스된다.

```
_feast_online_client = Client(serving_url='localhost:6566')
_feast_batch_client = Client(serving_url='localhost:6567',
                             core_url='localhost:6565')
```

배치 서빙

모델 학습을 위한 기록 특징historical feature 검색은 빅쿼리에서 지원되며 배치 서빙 클라이언트에서 .get_batch_features(...)를 사용하여 액세스된다. 이 경우 특징 데이터가 결합될 엔티티와 타임스탬프가 포함된 판다스 데이터 프레임을 피스트에 제공한다. 이를 통해 피스트는 요청된 특징을 기반으로 정확한 특정 시점에 데이터셋을 생성할 수 있다.

```
# 모든 엔티티와 타임스탬프의 엔티티 데이터프레임 생성
entity_df = pd.DataFrame(
    {
        "datetime": taxi_df.datetime,
        "taxi_id": taxi_df.taxi_id,
    }
)
```

기록 특징을 검색하기 위해, 특징셋의 특징은 콜론으로 구분된 특징셋 이름과 특징 이름으로 참조된다(예: taxi_rides:pickup_lat).

```
    FS_NAME = taxi_rides
model_features = ['pickup_lat',
                  'pickup_lon',
                  'dropoff_lat',
                  'dropoff_lon',
                  'num_pass',
                  'euclid_dist']
    label = 'fare_amt'

    features = model_features + [label]

# 피스트에서 학습 데이터셋 검색
dataset = _feast_batch_client.get_batch_features(
    feature_refs=[FS_NAME + ":" + feature for feature in features],
    entity_rows=entity_df).to_dataframe()
```

이제 데이터 프레임 데이터셋에는 특징 저장소에서 직접 가져온 모델의 모든 특징과 라벨이 포함된다.

온라인 서빙

온라인 서빙의 경우, 피스트는 모든 기록값historical value이 저장되는 기록 서빙historical serving과는 달리 최신 항목값만을 저장한다. 피스트를 통한 온라인 서빙은 지연 시간이 매우 짧도록 구축되었으며, 피스트는 레디스(*https://redis.io/*)에서 지원하는 gRPC API를 제공한다. 예를 들어 학습된 모델로 온라인 예측을 수행할 때 온라인 특징을 검색하기 위해 수집하려는 특징과 엔티티를 지정하는 .get_online_features(...)를 사용한다.

```
# 단일 taxi_id에 대한 온라인 특징 검색
online_features = _feast_online_client.get_online_features(
    feature_refs=["taxi_rides:pickup_lat",
                  "taxi_rides:pickup_lon",
                  "taxi_rides:dropoff_lat",
                  "taxi_rides:dropoff_lon",
                  "taxi_rides:num_pass",
```

```
                "taxi_rides:euclid_dist"],
    entity_rows=[
        GetOnlineFeaturesRequest.EntityRow(
            fields={
                "taxi_id": Value(
                    int64_val=5)
            }
        )
    ]
)
```

그러면 online_features가 각 항목에 제공된 엔티티의 최신 특징값이 포함된 맵 목록으로 저장된다. 여기서는 **taxi_id=5**이다.

```
field_values {
  fields {
    key: "taxi_id"
    value {
      int64_val: 5
    }
  }
  fields {
    key: "taxi_rides:dropoff_lat"
    value {
      double_val: 40.78923797607422
    }
  }
  fields {
    key: "taxi_rides:dropoff_lon"
    value {
      double_val: -73.96871948242188
    }
  ...
```

이 예에 대한 온라인 예측을 수행하기 위해 online_features에서 반환된 객체의 필드값을 predict_df라는 판다스 데이터 프레임으로 model.predict에 전달한다.

```
predict_df = pd.DataFrame.from_dict(online_features_dict)
model.predict(predict_df)
```

6.6.3 작동 원리

특징 저장소는 특징 가공을 특징 사용에서 분리하여, 특징 개발 및 생성이 모델 개발 중 특징 소비와 독립적으로 발생한다. 특징이 특징 저장소에 추가되면 학습 및 서빙에 즉시 사용할 수 있으며 단일 위치에 저장된다. 이렇게 하면 모델 학습 및 서빙 간의 일관성이 보장된다.

예를 들어 고객 대면 애플리케이션으로 제공되는 모델은 클라이언트로부터 10개의 입력값만을 수신할 수 있지만 이러한 10개의 입력은 모델로 전송되기 전에 특징 가공을 통해 더 많은 특징으로 변환되어야 한다. 이러한 가공된 특징은 특징 저장소 내에서 유지된다. 이 과정에서 특징을 검색하기 위한 파이프라인은 모델을 서빙할 때와 동일해야 한다. 특징 저장소는 이러한 일관성을 보장한다(그림 6-16).

피스트는 특징값을 특징셋에 쓰는 특징 수집 파이프라인을 위해 백엔드에 빔을 사용하고 온/오프라인 각각의 특징 검색에 레디스와 빅쿼리를 사용하여 이를 수행한다(그림 6-17). 다른 모든 특징 저장소가 그러하듯이 수집 파이프라인은 일부 데이터가 한 저장소에 있지만 다른 저장소에는 없을 수 있는 부분 실패나 경쟁 상태race condition도 처리한다.

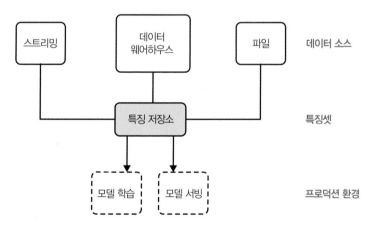

그림 6-16 특징 저장소는 모델 학습과 서빙 간에 특징 가공 파이프라인이 일관되게 유지시킨다.[14]

---

14 자세한 내용은 다음을 참고. https://docs.feast.dev/

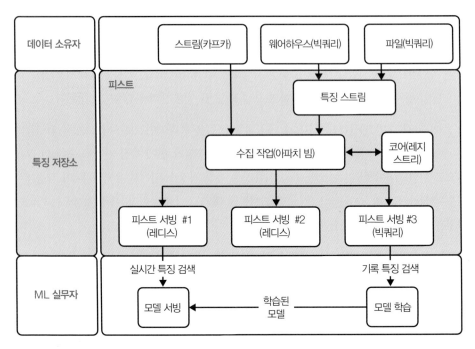

그림 6-17 피스트는 백엔드에서 특징 수집을 위해 빔을 사용하고 온/오프라인 특징 검색을 위해 레디스 및 빅쿼리를 사용한다.

서로 다른 시스템은 서로 다른 속도로 데이터를 생성할 수 있으며, 특징 저장소는 수집/검색 중에 이를 처리할 수 있을 만큼 유연하다(그림 6-18). 예를 들어 센서 데이터는 실시간으로 생성되어 매초마다 도착하고, 지난달 거래 요약을 보고하는 외부 시스템에서 생성되는 월별 파일이 있을 수 있다. 이들은 개별적으로 처리되어야 하고, 해당 결과는 특징 저장소로 수집되어야 한다. 동일한 토큰으로 특징 저장소에서 데이터를 검색하는 데 다른 시간 범위가 있을 수 있다. 예를 들어 사용자용 온라인 애플리케이션은 최신 특징을 사용하여 매우 짧은 대기 시간으로 작동할 수 있는 반면, 모델을 학습할 때의 특징은 더 큰 배치 크기로 오프라인을 통해 로드되지만 대기 시간은 더 길어진다.

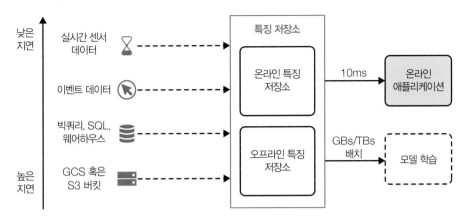

그림 6-18 특징 저장소 디자인 패턴은 학습 중 대규모 배치에 대해 확장성이 뛰어난 데이터와 온라인 애플리케이션 서빙을 위한 매우 짧은 지연 시간을 모두 처리할 수 있다.

일단, 테라바이트 규모의 데이터로 확장하고 밀리초 단위로 매우 짧은 지연 시간을 모두 처리할 수 있는 단일 데이터베이스는 현재로서는 없다. 특징 저장소는 별도의 온/오프라인 특징 저장소를 사용하여 이를 달성하고 서로 다른 두 시나리오에서 특징이 일관된 방식으로 처리되도록 한다.

마지막으로, 특징 저장소는 특징 데이터셋에 대한 버전 관리 저장소 역할을 하여 코드 및 모델 개발에 동일한 CI/CD 프로세스를 특징 가공에 적용할 수 있다. 즉, 새로운 ML 프로젝트는 처음부터 특징 가공을 수행하는 대신 카탈로그에서 특징을 선택하는 프로세스로 시작하여 조직이 새로운 특징을 생성하고 특징 저장소에 추가할 때 규모의 경제 효과를 얻을 수 있다. 이를 통해 특징을 재사용하는 새 모델을 더 쉽고 빠르게 구축할 수 있다.

6.6.4 트레이드오프와 대안

논의한 피스트 프레임워크는 구글 빅쿼리, 레디스, 아파치 빔을 기반으로 한다. 그러나 다른 도구 및 기술 스택에 의존하는 특징 저장소가 있다. 특징 저장소는 대규모 특징을 관리하는 데 권장되는 방법이지만, `tf.transform`은 학습 제공 편향 문제를 해결하는 대안책으로 사용할 수 있다(단, 특징 재사용은 불가능하다). 특징 저장소가 다른 소스의 데이터를 처리하는 방법과 다른 타이밍에 도달하는 여러 데이터와 같이 사용하는 방법 등, 아직 자세히 설명하지 않은 특징 저장소의 몇 가지 대안도 있다.

대안책 구현

우버Uber, 링크드인LinkedIn, 에어비앤비Airbnb, 넷플릭스Netflix, 컴캐스트Comcast와 같은 많은 대기업은 다양한 아키텍처와 도구 속에서 자체 버전의 특징 저장소를 호스팅한다. 우버의 미켈란젤로 팔레트Michelangelo Palette는 오프라인 특징 생성에 하이브를 사용하고 온라인 특징에 카산드라를 사용하여 스파크와 스칼라Scala를 기반으로 구축되었다. 홉스웍스Hopsworks는 피스트에 대한 또 다른 오픈소스 특징 저장소를 제공하며, 오프라인용 하이브 및 온라인 특징 액세스용 MySQL 클러스터와 함께 스파크 및 판다스를 사용하는 데이터 프레임을 중심으로 구축된다. 에어비앤비는 집라인Zipline이라는 프로덕션 ML 프레임워크의 일부로 자체 특징 저장소를 구축했다. 특징 가공 작업에는 스파크와 플링크를 사용하고 특징 저장소에는 하이브를 사용한다.

어떤 기술 스택을 사용하든 특징 저장소의 기본 컴포넌트는 동일하다.

- 스파크, 플링크, 빔과 같은 대규모 특징 가공 작업을 빠르게 처리하는 도구
- 하이브, 구글 클라우드 스토리지, 빅쿼리, 레디스, 빅테이블BigTable, 카산드라와 같이 생성된 특징셋을 수용하기 위한 스토리지 컴포넌트. 피스트에서 사용하는 조합(빅쿼리와 레디스)은 온/오프라인 (낮은 지연 시간) 특징 검색에 최적화되어 있다.
- 특징셋의 검색 및 공유를 단순화하기 위해 특징 버전 정보, 문서 및 특징 레지스트리를 기록하는 메타데이터 계층
- 특징 저장소에서 특징을 수집 및 검색하기 위한 API

트랜스폼 디자인 패턴

학습 및 추론 중에 특징 가공 코드가 동일하지 않으면 두 코드가 일관되지 않을 위험이 있다. 이로 인해 학습 제공 편향이 발생하고 특징이 동일하지 않을 수 있으므로 모델 예측을 신뢰하지 못할 수 있다. 특징 저장소는 특징 가공 작업이 온/오프라인 데이터베이스 모두에 특징 데이터를 기록하도록 하여 이 문제를 해결한다. 특징 저장소 자체는 특징 변환을 수행하지 않지만, 업스트림 특징 가공 단계를 모델 서빙과 분리하고 특정 시점의 정확성을 제공하는 방법을 사용한다.

이 장에서 설명하는 트랜스폼 디자인 패턴은 특징 변환을 분리하고 재현 가능한 상태로 유지하는 방법도 제공한다. 예를 들어 `tf.transform`을 사용하면 모델 학습과 프로덕션 환경에서 예측 제공에 정확히 동일한 코드를 사용해 데이터를 전처리할 수 있으므로 학습 제공 편향을 제거할 수 있다. 이를 통해 학습 및 특징 가공 서빙 파이프라인이 일관되게 유지된다.

그러나 특징 저장소는 `tf.transform`에 없는 특징도 재사용할 수 있는 추가 이점을 제공한다. `tf.transform` 파이프라인은 재현성을 보장하지만 특징은 해당 모델에 대해서만 생성 및 개발되며 다른 모델 및 파이프라인에서 쉽게 공유하거나 재사용할 수 없다.

반면에 `tf.transform`은 서빙 그래프의 일부이므로 서빙하는 동안 특징 생성이 가속화된 하드웨어에서 수행될 수 있다. 특징 저장소는 일반적으로 이와 같은 기능을 제공하지 않는다.

6.7 디자인 패턴 27: 모델 버전 관리

모델 버전 관리model versioning 디자인 패턴에서는 변경된 모델을 다른 REST 엔드포인트가 있는 마이크로서비스로 배포하여 이전 버전과의 호환성을 제공한다. 이는 이 장에서 설명하는 다른 많은 패턴에 필요한 전제 조건이다.

6.7.1 문제

데이터 드리프트에서 살펴본 것처럼 모델은 시간이 지남에 따라 성능이 저하될 수 있으며, 조직의 변화하는 목표와 학습 데이터와 관련된 환경을 반영하도록 정기적으로 업데이트해야 한다. 프로덕션 환경에 업데이트된 모델을 배포하면 모델이 새 데이터에서 작동하는 방식에 불가피하게 영향을 미치므로 문제가 발생할 수 있다. 기존 모델 사용자의 하위 호환성을 보장하면서 프로덕션 모델을 최신 상태로 유지하기 위한 접근 방식이 필요하다.

기존 모델에 대한 업데이트에는 정확도를 높이기 위해 모델의 아키텍처를 변경하거나 드리프트를 해결하기 위해 최신 데이터로 모델을 재학습하는 것이 포함될 수 있다. 이러한 유형 변경에는 다른 모델 출력 형식이 필요하지 않지만 사용자가 모델에서 얻는 예측 결과에 영향을 준다. 예를 들어 책의 소개글에서 책의 장르를 예측하고 예측된 장르를 사용하여 사용자에게 추천하는 모델을 구축한다고 가정해보자. 우리는 오래된 고전 서적의 데이터셋에서 초기 모델을 학습했지만, 이제는 학습에 사용할 수 있는 수천 권의 최신 서적에 대한 새로운 데이터에 액세스할 수 있다. 이 업데이트된 데이터셋에 대한 학습은 전체 모델 정확도를 향상시키지만 이전에 달성한 고전 서적 모델의 정확도를 약간 떨어뜨린다. 이를 처리하려면 사용자가 원하는 경우 이전 버전의 모델을 선택하기 위한 솔루션이 필요하다.

또는 모델의 최종 사용자가 모델이 특정 예측에 **어떻게** 도달하는지에 대한 추가 정보를 요구하기 시작할 수 있다. 의료 분야에서 의사는 예측된 라벨에만 의존하는 것이 아니라 모델이 질병의 존재를 예측하게 하는 엑스레이 영역을 확인해야 할 수 있다. 이 경우 배포된 모델의 응답을 이러한 강조 표시된 영역을 포함하도록 업데이트해야 한다. 이 프로세스는 설명 가능성explainability으로 알려져 있으며 7장에서 자세히 설명할 것이다.

더불어 모델에 업데이트를 배포할 때, 모델이 프로덕션 환경에서 어떻게 동작하는지를 추적하고 이전 이터레이션iteration과 비교할 수 있는 방법도 원할 수 있다. 이뿐만 아니라 일부 사용자만을 사용하여 새 모델을 테스트하는 방법을 원할 수도 있다. 데이터를 업데이트할 때마다 동시에 모델 변경, 성능 모니터링, 분할 테스트를 진행한다면, 프로덕션 환경의 단일 모델을 교체하여 해결하기가 어려울 것이다. 만일 단일 모델 교체를 진행하면 특정 모델 출력 형식에 의존하는 애플리케이션은 중단된다. 이를 처리하려면 기존 사용자를 해치지 않고 지속적으로 모델을 업데이트할 솔루션이 필요하다.

6.7.2 솔루션

모델에 대한 업데이트를 정상적으로 처리하려면 REST 엔드포인트가 다른 여러 모델 버전을 배포하자. 이렇게 하면 이전 버전과의 호환성이 보장된다. 한 번에 여러 버전의 모델을 배포하여 이전 버전에 의존하는 사용자는 여전히 서비스를 사용할 수 있다. 또한 버전 관리를 통해 버전 간 세분화된 성능 모니터링 및 분석 추적이 가능하다. 정확도와 사용 통계를 비교하고 이를 사용하여 특정 버전을 오프라인으로 전환할 시기를 결정할 수 있다. 소수의 사용자만을 대상으로 테스트하려는 모델 업데이트가 있는 경우, 모델 버전 관리 디자인 패턴을 사용하면 A/B 테스트를 수행할 수 있다.

또한 모델 버전 관리를 사용하면 배포된 모델의 각 버전이 마이크로서비스이므로 애플리케이션의 프런트엔드에서 모델 변경 사항을 분리할 수 있다. 새 버전에 대한 지원을 추가하기 위해 팀의 애플리케이션 개발자는 모델을 가리키는 API 엔드포인트의 이름만 변경하면 된다. 물론 새 모델 버전이 모델의 응답 형식을 변경하는 경우 이를 수용하기 위해 앱을 변경해야 하지만, 모델과 애플리케이션 코드는 여전히 분리되어 있다. 따라서 데이터 과학자나 ML 엔지니어는 프로덕션 앱 중단에 대해 걱정하지 않고 자체적으로 새 모델 버전을 배포하고 테스트할 수 있다.

모델 사용자의 유형

모델의 '최종 사용자'를 언급할 때 여기에는 두 그룹의 사람들이 포함된다. 조직 외부의 애플리케이션 개발자가 모델 API 엔드포인트를 사용할 수 있도록 만드는 경우, 이러한 개발자는 모델 사용자 유형 중 하나로 간주될 수 있다. 그들은 다른 사람들에게 예측을 서빙하기 위해 모델에 의존하는 애플리케이션을 구축하고 있다. 모델 버전 관리와 함께 제공되는 이전 버전과의 호환성은 이러한 사용자에게 가장 중요하다. 모델의 응답 형식이 변경되면 애플리케이션 개발자는 최신 응답 형식을 지원하도록 애플리케이션 코드를 업데이트할 때까지 이전 모델 버전을 사용할 수 있다.

다른 최종 사용자 그룹은 배포된 모델을 호출하는 애플리케이션을 사용하는 사람들을 말한다. 이미지에서 질병의 존재를 예측하기 위해 모델을 사용하는 의사, 구글 도서 추천 앱을 사용하는 사람, 우리가 구축한 수익 예측 모델의 결과를 분석하는 조직의 사업부 등이 될 수 있다. 이러한 사용자 그룹은 이전 버전과의 호환성 문제가 발생할 가능성이 적지만, 앱에서 새 특징을 사용할 시기를 선택할 수 있는 옵션을 원할 수 있다. 또한 사용자를 고유한 그룹(즉, 앱 사용에 따라)으로 나눌 수 있다면 사용자의 선호도에 따라 각 그룹에 다른 모델 버전을 제공할 수 있다.

관리형 서비스를 사용한 모델 버전 관리

버전 관리를 실습하기 위해 비행 지연을 예측하는 모델을 빌드하고 이 모델을 클라우드 AI 예측 플랫폼(*https://oreil.ly/-GAVQ*)에 배포해보자. 이전 장에서 텐서플로의 SavedModel을 살펴봤으므로 여기서는 XG부스트 모델을 사용한다.

모델을 학습한 후에는 모델을 내보내서 서빙할 준비를 할 수 있다.

```
model.save_model('model.bst')
```

이 모델을 AI 플랫폼에 배포하려면, 클라우드 스토리지 버킷에서 이 `model.bst`를 가리키는 모델 버전을 만들어야 한다.

AI 플랫폼에서 모델 리소스에는 여러 버전이 연결될 수 있다. gcloud CLI를 사용하여 새 버전을 만들기 위해 터미널에서 다음을 실행하자.

```
gcloud ai-platform versions create 'v1' \
  --model 'flight_delay_prediction' \
  --origin gs://your-gcs-bucket \
  --runtime-version=1.15 \
  --framework 'XGBoost' \
  --python-version=3.7
```

이 모델이 배포되면 이제 프로젝트에 연결된 HTTPS URL의 */models/ flight_delay_ predictions/versions/v1* 엔드포인트를 통해 액세스할 수 있다. 지금까지 배포한 유일한 버전이므로 기본값으로 간주된다. 즉, API 요청에 버전을 지정하지 않으면 예측 서비스가 v1을 사용한다. 이제 모델이 예상하는 형식(이 경우 임의로 지정한 공항 코드의 110개 요소로 이루어진 배열)으로 예제를 전송하여 배포된 모델에 대한 예측을 수행할 수 있다.[15] 모델은 주어진 비행이 30분 이상 지연될 가능성을 나타내는 0과 1 사이의 시그모이드 출력값을 반환한다.

배포된 모델에 예측 요청을 하기 위해 다음 gcloud 명령어를 사용한다. 여기서 *input.json*은 줄바꿈으로 구분된 예제가 포함된 파일이다.

```
gcloud ai-platform predict --model 'flight_delay_prediction'
  --version 'v1'
  --json-request 'input.json'
```

예측을 위해 5개의 예제를 전달하면, 다음과 같이 시그모이드 출력에 해당하는 5개의 요소로 구성된 배열을 얻을 수 있다.

```
[0.019, 0.998, 0.213, 0.002, 0.004]
```

이제 프로덕션에서 작동하는 모델이 있으므로 데이터 과학 팀이 모델을 XG부스트에서 텐서플로로 변경하기로 결정했다고 가정해보자. 그러면 정확도가 향상되고 텐서플로 생태계의 추가 도구에 액세스할 수 있다. 모델의 입력 및 출력 형식은 동일하지만 아키텍처와 내보낸 자산 형식이 변경될 것이다. 이제 *.bst* 파일 대신 모델이 텐서플로 SavedModel 형식이다. 이상적으로는 기본 모델 자산을 애플리케이션 프런트엔드와 분리하여 유지할 수 있다. 이를 통해 애플

---

15 전체 코드는 다음을 참고. *https://github.com/GoogleCloudPlatform/ml-design-patterns/blob/master/06_reproducibility/ model_versioning.ipynb*

리케이션 개발자는 최종 사용자가 모델과 상호작용하는 방식에 영향을 주지 않는 모델 형식을 변경하는 대신에 애플리케이션의 특징에 집중할 수 있다. 여기에서는 모델 버전 관리가 도움이 될 수 있다. 텐서플로 모델을 동일한 `flight_delay_prediction` 모델 리소스 아래에 두 번째 버전으로 배포해보자. 최종 사용자가 API 엔드포인트에서 버전 이름을 변경하기만 하면 성능 향상을 위해 새 버전으로 업그레이드할 수 있다.

두 번째 버전을 배포하기 위해 모델을 내보내고 이전에 사용한 버킷의 새 하위 디렉터리에 복사한다. 위와 동일한 배포 명령어를 사용하여 버전 이름을 v2로 바꾸고 새 모델의 클라우드 스토리지 위치로 지정해보자. [그림 6-19]에 표시된 대로 이제 클라우드 콘솔에서 배포된 두 버전을 모두 볼 수 있다.

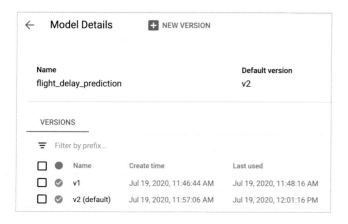

그림 6-19 클라우드 AI 플랫폼 콘솔에서 모델 및 버전을 관리하기 위한 대시 보드

사용자가 버전을 지정하지 않으면 v2에서 응답을 받을 수 있도록 v2를 새 기본 버전으로 설정했다. 모델의 입력 및 출력 형식이 동일하기 때문에 클라이언트는 변경 사항에 대해 걱정하지 않고 업그레이드할 수 있다.

> **TIP** 애저와 AWS 모두 유사한 모델 버전 관리 서비스를 사용할 수 있다. 애저에서 모델 배포 및 버전 관리는 애저 머신러닝(*https://oreil.ly/Q7NWh*)에서 사용할 수 있다. AWS에서는 이러한 서비스를 세이지메이커(*https://oreil.ly/r98Ve*)에서 사용할 수 있다.

모델의 새 버전을 ML 모델 엔드포인트로 배포하는 ML 엔지니어는 호출할 모델 버전을 결정하는 Apigee와 같은 API 게이트웨이를 사용할 수 있다. 여기에는 새 버전의 분할 테스트를 포함하여 다양한 이유가 있다. 분할 테스트의 경우 애플리케이션 사용자의 10%로 구성된 무작위 그룹을 대상으로 모델 업데이트를 테스트하여 앱에 대한 전반적인 참여에 미치는 영향을 추적할 수 있다. API 게이트웨이는 사용자의 ID나 IP 주소로 배포된 모델 버전 중 호출할 모델 버전을 결정한다.

여러 모델 버전이 배포된 AI 플랫폼을 사용하면 여러 버전에서 성능 모니터링 및 분석이 가능하다. 이를 통해 특정 버전에 대한 오류를 추적하고 트래픽을 모니터링하며, 이를 애플리케이션에서 수집하는 추가 데이터와 결합할 수 있다.

새로 사용 가능한 데이터를 처리하기 위한 버전 관리

모델 자체의 변경 사항을 처리하는 것 외에도 버전 관리를 사용하는 또 다른 경우는 새 학습 데이터를 사용하는 것이다. 새 데이터가 원래 모델을 학습하는 데 사용된 것과 동일한 스키마를 따른다고 가정하면 새로 학습된 각 버전에 대해 데이터가 수집된 **시기**를 추적하는 것이 중요하다. 이를 추적하는 한 가지 접근 방식은 모델 버전의 이름으로 각 학습 데이터셋의 타임스탬프 범위를 인코딩하는 것이다. 예를 들어 최신 버전의 모델이 2019년의 데이터로 학습된 경우 버전 이름을 v20190101_20191231로 지정할 수 있다.

이러한 접근 방식을 5.3절의 내용과 함께 사용하여 이전 모델 버전을 오프라인으로 전환할 시기나 학습 데이터를 얼마나 뒤로 보낼지를 결정할 수 있다. 이를테면, 지속적인 평가를 통해 지난 2년 동안의 데이터를 학습했을 때 모델이 가장 잘 수행되는지 여부를 확인할 수 있다. 이렇게 하면 제거하기로 결정한 버전과 최신 버전을 학습할 때 사용할 데이터의 양을 알 수 있다.

6.7.3 트레이드오프와 대안

단일 모델 버전을 유지하는 것보다 모델 버전 관리 디자인 패턴을 권장하지만, 위에 설명된 솔루션에 대한 몇 가지 구현 대안이 있다. 여기에서는 이 패턴을 위한 서버리스 및 오픈소스 도구와 여러 서비스 특징을 만드는 접근 방식을 살펴보겠다. 또한 버전 대신 완전히 새로운 모델 리소스를 만드는 시기에 대해서도 설명할 것이다.

다른 서버리스 버전 관리 도구

ML 모델 버전 관리를 위해 특별히 설계된 관리형 서비스를 사용했지만 다른 서버리스 제품에서도 비슷한 결과를 얻을 수 있다. 내부적으로 각 모델 버전은 REST 엔드포인트에 배포된 지정된 입력 및 출력 형식을 사용하는 스테이트리스 함수다. 따라서 클라우드 런(*https://oreil.ly/KERBV*)과 같은 서비스를 사용하여 각 버전을 별도의 컨테이너에 빌드하고 배포할 수 있다. 각 컨테이너에는 고유한 URL이 있으며 API 요청에 의해 호출될 수 있다. 이 접근 방식은 배포된 모델 환경을 구성하는 방법에 더 많은 유연성을 제공하여 모델 입력에 대한 서버 측 전처리와 같은 특징을 추가할 수 있다. 위의 비행기 연착 모델 예제에서 클라이언트가 카테고리형값을 원-핫 인코딩하도록 요구하지 않을 수 있다. 대신 클라이언트가 카테고리값을 문자열로 전달하고 컨테이너에서 전처리를 처리하도록 할 수 있다.

더 일반적인 서버리스 도구 대신 AI 예측 플랫폼과 같은 관리형 ML 서비스를 사용하는 이유는 무엇일까? AI 플랫폼은 ML 모델 배포를 위해 특별히 제작되었으므로 ML에 최적화된 GPU로 모델을 배포할 수 있도록 지원하며, 종속성 관리를 처리한다. 위의 XG부스트 모델을 배포할 때 올바른 XG부스트 버전이나 기타 라이브러리 종속성 설치에 대해 걱정할 필요가 없다.

텐서플로 서빙

모델 버전 관리에 클라우드 AI 플랫폼 또는 다른 클라우드 기반 서버리스 제품을 사용하는 대신 텐서플로 서빙과 같은 오픈소스 도구를 사용할 수 있다. 텐서플로 서빙을 구현하는데 권장되는 접근 방식은 최신 tensorflow/serving 도커 이미지를 통해 컨테이너를 사용하는 것이다. 도커를 사용하면 GPU를 포함하여 원하는 하드웨어를 사용하여 모델을 서빙할 수 있다. 텐서플로 서빙 API는 솔루션 절에서 논의된 것과 유사한 접근 방식에 따라 모델 버전 관리를 기본적으로 지원한다. 텐서플로 서빙 외에도 셀던Seldon(*https://oreil.ly/Cddpi*) 및 ML플로mlflow를 포함한 다른 오픈소스 모델 제공 옵션도 있다.

다중 서빙 함수

여러 버전을 배포하는 또 다른 대안은 내보낸 모델의 단일 버전에 대해 여러 서빙 함수를 정의하는 것이다. 5.1절에서는 학습된 모델을 프로덕션에 제공하기 위해 스테이트리스 함수로 내보내는 방법을 설명했다. 이것은 모델 입력에 클라이언트가 보낸 데이터를 모델이 예상하는 형식으로 변환하기 위해 전처리가 필요할 때 특히 유용하다.

다양한 최종 사용자 그룹의 요구 사항을 처리하기 위해 모델을 내보낼 때 다중 서빙 함수를 정의할 수 있다. 이러한 서빙 함수는 내보낸 모델 버전의 **일부**이며 이 모델은 단일 REST 엔드포인트에 배포된다. 텐서플로에서 서빙 함수는 모델에 필요한 입력 및 출력 형식을 정의하는 모델 서명을 사용하여 구현된다. `@tf.function` 데커레이터를 사용하여 다중 서빙 함수를 정의하고 각 함수에 입력 서명을 전달할 수 있다.

배포된 모델을 호출하는 애플리케이션 코드에서 클라이언트에서 보낸 데이터를 기반으로 사용할 서빙 함수를 결정한다. 예를 들어 다음과 같은 요청이 있다.

```
{"signature_name": "get_genre", "instances": ... }
```

해당 요청은 `get_genre`라는 서명으로 전송된다.

```
{"signature_name": "get_genre_with_explanation", "instances": ... }
```

이는 `get_genre_with_explanation`라는 서명으로 전송된다.

따라서 여러 서명을 배포하면 이전 버전과의 호환성 문제를 해결할 수 있다. 그러나 상당한 차이가 있다. 모델이 하나뿐이며 해당 모델이 배포되면 모든 서명이 동시에 업데이트된다. 하나의 장르만 제공하는 것에서 여러 장르를 제공하는 것으로 모델을 변경한 원래 예에서는 모델 아키텍처가 변경되었다. 다중 서명 접근 방식은 두 가지 다른 모델이 있으므로 해당 예제에서는 적합하지 않다. 다중 서명 솔루션은 다른 버전의 모델을 별도로 유지하고 시간이 지남에 따라 이전 버전을 사용하지 않으려는 경우에도 적합하지 않다.

앞으로 두 모델의 서명을 모두 유지하려면 여러 버전을 사용하는 것보다 다중 서명을 사용하는 것이 좋다. 단순히 베스트 답변을 원하는 일부 클라이언트와, 베스트 답변과 설명을 **모두** 원하는 클라이언트가 있는 시나리오를 생각해보자. 여기에서는 버전을 하나씩 업데이트하는 대신 모든 서명을 최신 모델로 업데이트하면, 모델을 재학습시키고 재배포할 때마다 추가적인 이점이 생긴다.

두 버전의 모델을 모두 유지해야 하는 시나리오는 무엇일까? 텍스트 분류 모델을 사용하면 원시 텍스트를 모델에 보내야 하는 일부 클라이언트와 예측을 얻기 전에 원시 텍스트를 행렬로 변환할 수 있는 클라이언트가 있을 수 있다. 클라이언트의 요청 데이터를 기반으로 모델 프레임워크는 사용할 서빙 함수를 결정할 수 있다. 텍스트 임베딩 행렬을 모델에 전달하는 것은 원시 텍스트를 전처리하는 것보다 비용이 저렴하므로 다중 서빙 함수가 서버 측 처리 시간을 줄일 수 있는 좋은 예다. 복잡해질 우려가 있지만 여러 모델 버전으로 여러 서빙 함수를 가질 수 있다는 점도 주목할 만하다.

새로운 모델 대 새로운 버전

때로는 다른 모델 버전을 생성할지 아니면 완전히 새로운 모델을 생성할지 결정하기가 쉽지 않을 수 있다. 모델의 예측 작업이 변경되면 새 모델을 만드는 것이 좋다. 새 예측 작업은 일반적으로 다른 모델 출력 형식을 생성하며, 이를 버전 관리를 통해 변경하면 기존 클라이언트가 손상될 수 있다. 새 버전을 사용할지 아니면 모델을 사용할지 확실하지 않은 경우, 기존 클라이언트를 업그레이드할지 여부를 생각할 수 있다. 대답이 '예'인 경우, 예측 작업을 변경하지 않고 모델을 개선했을 가능성이 있으며 새 버전을 만드는 것으로 충분하다. 사용자가 업데이트 여부를 결정해야 하는 방식으로 모델을 변경한 경우, 새 모델을 만들고 싶을 것이다.

실습을 위해 비행 예측 모델로 돌아가 예제를 살펴보자. 현재 모델은 지연을 30분 이상 늦음으로 정의했지만 최종 사용자는 지연의 정의에 대해 다른 의견을 가질 수 있다. 일부 사용자는 15분만 늦어도 지연으로 간주하는 반면, 다른 사용자는 비행기가 1시간 이상 늦을 경우만을 지연으로 생각할 수 있다. 사용자가 우리가 정한 기준을 사용하는 대신 지연에 대한 자신의 정의를 통합하기를 원한다고 가정해보자. 이 경우에는 3.1절의 내용을 사용하여 회귀 모델로 변경해야 한다. 모델의 입력 형식은 동일하지만 출력은 지연 예측을 나타내는 숫잣값이다.

모델 사용자가 이 응답을 분석하는 방식은 분명히 첫 번째 버전과 다를 것이다. 최신 회귀 모델을 사용하여 앱 개발자는 사용자가 항공편을 검색할 때 예상 지연을 표시하도록 선택할 수 있으며, 첫 번째 버전에서 '이 항공편은 일반적으로 30분 이상 지연된다'와 같은 내용으로 대체할 수 있다. 이 시나리오에서 가장 좋은 솔루션은 변경 사항을 반영하기 위해 `flight_model_regression`이라는 새 모델 **리소스**를 만드는 것이다. 이렇게 하면 앱 개발자가 사용할 항목을 선택할 수 있으며 새 버전을 배포하여 각 모델에 대한 성능 업데이트를 계속할 수 있다.

6.8 마치며

이 장에서는 재현성의 다양한 측면을 다루는 디자인 패턴에 중점을 뒀다. **트랜스폼** 디자인 패턴에서는 데이터 준비 종속성에 있어 이 패턴이 모델 학습과 모델 서빙 파이프라인 간의 재현성을 어떻게 보장하는지 살펴보았다. 이는 모델 입력을 모델 특징으로 변환하기 위해 적용된 변환을 명시적으로 수집하여 수행한다. **반복 가능 분할** 디자인 패턴은 학습, 검증, 테스트 데이터셋에 데이터가 분할되는 방식을 통해 데이터셋이 증가하더라도 학습에 사용된 예제가 평가나 테스트 데이터셋에 사용되지 않도록 한다.

브리지 스키마 디자인 패턴에서는 학습 데이터셋이 새로운 데이터와 다른 스키마를 가진 오래된 데이터가 혼재하는 상황일 때 재현성을 보장하는 방법을 살펴보았다. 이를 통해 학습을 위해 일관된 방식으로 서로 다른 스키마를 가진 2개의 데이터셋을 결합할 수 있었다. 다음으로, 특징이 시간에 따라 동적으로 계산될 때 학습과 서빙 사이에 올바르게 반복될 수 있도록 하는 **윈도 추론** 디자인 패턴에 대해 설명했다. 이 디자인 패턴은 머신러닝 모델에 시간 윈도에 따라 계산되는 특징이 필요한 경우 특히 유용하다.

워크플로 파이프라인 디자인 패턴은 머신러닝 워크플로의 단계를 컨테이너화하고 조정하여 재현 가능한 엔드 투 엔드 파이프라인을 만드는 문제를 해결한다. 이어서 **특징 저장소** 디자인 패턴을 사용하여 다양한 머신러닝 작업에서 특징의 재현성과 재사용성을 해결하는 방법을 살펴보았다. 마지막으로, 변경된 모델을 다른 REST 엔드포인트가 있는 마이크로서비스로 배포하여 이전 버전과의 호환성을 달성하는 **모델 버전 관리** 디자인 패턴을 살펴보았다.

다음 장에서는 책임 있는 AI를 구현하는 데 도움이 되는 디자인 패턴을 살펴보도록 하자.

## CHAPTER 7

책임 있는 AI

지금까지 데이터 및 엔지니어링 팀이 프로덕션 용도로 모델을 준비, 구축, 학습, 확장하는 데 도움을 주는 디자인 패턴을 알아보았다. 이러한 패턴은 주로 ML 모델 개발 프로세스에 직접 관련된 팀을 다룬다. 모델이 프로덕션 환경에 들어가면 그 영향은 모델을 구축한 팀을 훨씬 뛰어넘는다. 이 장에서는 조직 내부와 외부 모두에서 모델을 둘러싼 다른 이해관계자stakeholder를 설명한다. 이해관계자에는 모델의 비즈니스 목표를 결정하는 임원, 모델의 최종 사용자, 감사자, 규제 기관 등이 포함될 수 있다.

다음은 이 장에서 언급할 모델 이해관계자의 여러 그룹이다.

- **모델 빌더**
  ML 모델 구축에 직접 관여하는 데이터 과학자 및 ML 연구원

- **ML 엔지니어**
  ML 모델 배포에 직접 관여하는 MLOps 팀의 구성원

- **비즈니스 의사결정권자**
  ML 모델을 비즈니스 프로세스나 고객용 애플리케이션에 통합할지 여부를 결정하고 모델이 해당 목적에 적합한지 평가하는 자

- **ML 시스템의 최종 사용자**
  ML 모델의 예측을 활용하는 자. 모델 최종 사용자에는 고객, 직원, 직원이면서 고객인 경우 등 다양한 유형이 있다. 예를 들어 모델로부터 영화 추천을 받는 고객, 제품 파손 여부를 확인하기 위해 육안 검사 모델을 사용하는 공장 현장 직원, 환자 진단에 도움이 되는 모델을 사용하는 의사 등이 있다.

- **규제 및 규정 준수 기관**

  규제 준수 관점에서 모델이 의사결정을 내리는 방법에 대한 경영진 수준의 요약이 필요한 인력과 조직. 여기에는 재무감사자, 정부기관, 조직 내 거버넌스 팀이 포함된다.

이 장에서는 모델을 구축하는 팀과 조직 외부에서 제기되는 모델의 영향을 다루는 패턴을 살펴보겠다. **휴리스틱 벤치마크**^{heuristic benchmark} 디자인 패턴은 최종 사용자와 의사결정권자가 이해할 수 있는 맥락에서 모델의 성능을 보여준다. **설명 가능한 예측**^{explainable prediction} 패턴에서는 모델 예측 수행에 사용하는 신호를 이해하여 ML 시스템에 대한 신뢰를 향상시키는 접근 방식을 살펴볼 것이다. 이후에 **공정성 렌즈**^{fairness lens} 디자인 패턴을 통해 사용자와 예측 시나리오의 다양한 그룹에서 모델이 균등하게 작동하도록 하는 방법을 검토할 것이다.

종합하면 이 장의 패턴은 책임 있는 AI(*https://oreil.ly/MlJkM*)에 대해 다룬다. 이는 최근 연구가 활발히 이루어지고 있는 분야이며, AI 시스템에 공정성, 해석 가능성, 개인 정보 보호 및 보안을 구축하는 방법들과 연결된다. 보다 구체적인 권장 사례로는 프로젝트 개발 전반에 걸친 다양한 시나리오 사용자와의 협력, 데이터셋 및 모델의 한계 이해, ML 모델 배포 후 지속적인 시스템 모니터링 및 업데이트, 인간 중심의 설계 접근 방식을 채택하는 것 등이 포함된다. 책임 있는 AI 패턴은 이 장에서 논의하고 있는 세 가지 유형에 국한되지는 않는다. 이를테면, 이전 장들에서 소개한 패턴인 연속 평가, 반복 가능한 분할, 중립 클래스 등이 이러한 권장 사례를 구현하고 달성하는 방법을 제공한다.

7.1 디자인 패턴 28: 휴리스틱 벤치마크

휴리스틱 벤치마크^{heuristic benchmark} 디자인 패턴은 비즈니스 의사결정권자에게 모델의 성능을 설명하기 위해 ML 모델을 간단하고 직관적으로 이해하기 쉬운 지표와 비교한다.

7.1.1 문제

자전거 대여 회사가 예상 대여 기간을 사용하여 동적 가격 책정 솔루션을 구축한다고 가정해보자. 자전거 대여 기간을 예측하기 위해 ML 모델을 학습한 후, 테스트 데이터셋에서 모델을 평가하고 학습된 ML 모델의 평균 절대 편차^{mean absolute deviation}(MAE)가 1,200초임을 확인했다.

이 결과를 비즈니스 의사결정권자에게 제시할 때 "1,200초의 MAE가 좋은 건가요, 나쁜 건가요?"라는 질문을 받을 가능성이 높다. 이는 모델을 개발하고 이를 비즈니스 이해관계자에게 제시할 때마다 염두에 둬야 하는 부분이다. 또 다른 예시도 살펴보자. 제품 카탈로그의 항목에 대한 이미지 분류 모델을 학습하고 평균 정밀도(MAP)가 95%로 나왔다면, "95%의 MAP가 좋은 건가요, 나쁜 건가요?"라는 질문을 받을 것이다.

이러한 질문에 손사래를 치면서 문제마다 다르다고 대답하는 것은 좋지 않다. 물론 원론적으로 그 대답은 맞는 말일 수도 있다. 다만, 뉴욕시의 자전거 대여 문제에 대한 좋은 MAE는 무엇인지, 런던은 어떤지, 제품 카탈로그 이미지 분류 작업에 적합한 MAP는 무엇인지 생각해볼 여지가 있다.

모델 성능은 일반적으로 최종 사용자가 이해하기 어려운 딱딱한 숫자로 표현된다. 이와 같은 질문에 MAP, MAE 등에 대한 공식을 설명한다면 비즈니스 의사결정권자가 필요로 하는 직관적인 이해를 제공하지 못할 것이다.

7.1.2 솔루션

만일 해당 모델이 개발 중인 두 번째 ML 모델인 경우, 모델의 성능을 현재 운영 중인 버전과 비교하면 보다 쉽게 설명할 수 있다. 'MAE가 이제 30초 더 단축되었다'라든지 'MAP가 1% 더 높다'라고 말하기는 쉽기 때문이다. 이와 같은 설명 방법은 현재 프로덕션 워크플로에서 ML을 사용하지 않는 경우에도 쓸 수 있다. 이 작업이 이미 프로덕션 환경에서 수행되고 평가 지표가 수집되는 한, 새로 개발된 ML 모델의 성능을 현재 프로덕션 방법론과 비교할 수 있다.

그러나 현재 비교할 수 있는 별다른 방법론이 없고, 우리가 최초의 모델을 구축하고 있다면 어떨까? 이러한 경우 새로 개발된 ML 모델과 비교하기 위한 목적으로 간단한 벤치마크를 만들어 볼 수 있다. 이를 휴리스틱 벤치마크라고 한다.

좋은 휴리스틱 벤치마크는 직관적으로 이해하기 쉽고 상대적으로 계산하기 쉬워야 한다. 벤치마크에서 사용하는 알고리즘은 우리 자신을 보호하고 디버깅하기 위해 보다 간단하고 이해하기 쉬운 알고리즘을 찾아야 한다. 좋은 예로 상수, 경험 규칙, 기술 통계량(예: 평균, 중앙값, 최빈값 등)이 있다. 데이터셋에서 선형 회귀와 같은 단순한 머신러닝 모델을 학습시키고 이를 벤치마크로 사용하려는 유혹을 피해야 한다. 선형 회귀는 입력값으로 범주형 변수, 소수, 가공된 특징이 들어가는 순간부터 충분히 직관적이지 않을 수 있다.

표 7-1 시나리오별 휴리스틱 벤치마크[1]

시나리오	휴리스틱 벤치마크
비즈니스 팀이 특징과 특징 사이의 상호작용을 잘 이해하지 못하는 회귀 문제	학습 데이터에 대한 라벨값의 평균이나 중앙값을 사용한다. 만일, 이상치가 많은 경우 중앙값을 선택한다.
비즈니스 팀이 특징과 특징 사이의 상호작용을 잘 이해하지 못하는 이진 분류 문제	해당 문제가 양성/음성 간의 분류 문제라면, 전체 학습 데이터셋에서 양성이 차지하고 있는 비율을 제시한다.
비즈니스 팀이 특징과 특징 사이의 상호작용을 잘 이해하지 못하는 멀티라벨 분류 문제	학습 데이터 전반에 걸친 라벨값의 분포도를 활용하자.
하나의 매우 중요한 숫자형 특징이 있는 회귀 문제	선형 회귀 모델에서 직관적으로 가장 중요한 하나의 특징을 사용한다.
1~2개의 중요한 특징이 있는 회귀 문제 (여기에서 특징의 자료형은 숫자나 범주일 수 있지만, 직관적으로 이해하기 쉬워야 한다)	주요 특징을 행과 열에 위치시켜 표로 만들어 사용한다. 이때, 일반적으로 각 셀은 학습 데이터의 평균값으로 채워진 조회 테이블이다.
1~2개의 중요한 특징이 있는 분류 문제 (여기에서 특징의 자료형은 숫자나 범주일 수 있다)	목표가 단일 클래스를 예측하는 것이라면 각 셀의 라벨 최빈값을 계산한다(위의 시나리오처럼, 예측 범위가 해당 셀의 라벨 분포인 경우는 제외한다).
시계열 데이터에서 미래에 일어날 사건을 예측하는 회귀 문제	지속성, 선형 추세, 계절성을 고려한다. 연간 데이터의 경우 전년도 같은 요일, 주, 분기와 비교해보자.
현재 전문가가 해결하고 있는 분류 문제 (일반적으로 이미지, 비디오, 텍스트 작업이 많다. 고연봉 전문직이 수행하는 업무의 시나리오도 포함되기도 한다)	전문가의 실력
사전 유지 보수 작업	고정된 일정에 따라 유지 관리를 수행한다.
이상 감지	학습 데이터셋에서 99%의 정상 데이터를 벗어나는 추정치를 구한다(상위 1% 이상치).
추천 모델	고객의 최근 구매 상품의 카테고리에서 가장 인기 있는 항목을 추천한다.

---

1 예제 코드는 다음을 참고. https://oreil.ly/WoESU

작업 예제	예제 구현
스택 오버플로에서 답변하기까지 걸리는 시간 간격 예측	2,120초가 걸릴 것으로 예측하자. 2,120초는 전체 학습 데이터셋에서 첫번째 답변에 걸리는 중앙값이다.
스택 오버플로에서 정답으로 채택된 답변의 수정 여부 예측	모든 답변에 대한 예상 확률로 0.36을 예측값으로 설명하자. 0.36은 전체 채택 답변중 수정된 전체 비율을 의미한다.
스택 오버플로에서 답변을 받았다면, 어느 국가로부터 받았을지 예측	확률상 프랑스는 0.03%, 인도는 0.08% 등에서 답변 받을 것이라 설명하자. 이는 전체 답변 중 프랑스인과 인도인에 의해 작성된 부분을 의미한다.
고객의 탑승 위치와 하차 위치에 따른 택시 요금 예측. 여기에서 두 지점 사이의 거리는 직관적으로 중요한 특징으로 생각할 수 있다.	요금은 킬로미터당 $4.64라고 설명하자. 여기에서 $4.64는 전체 학습 데이터셋을 통해 계산된다.
자전거 대여 기간 예측. 여기서 두 가지 주요 특징은 어느 역에서 대여하는지와 출퇴근 시간대에 해당하는지의 여부다.	각 역마다의 평균 대여 시간을 출퇴근 혼잡 시간대에 해당할 때와 아닐 때를 나누어 테이블 조회를 실시한다.
스택 오버플로에서 질문을 했을 때, 하루 안에 답변을 받을 수 있을지 여부를 예측. 여기서 가장 중요한 특징은 기본 태그다.	각 태그마다 하루 내에 답변된 질문의 비율을 계산한다.
주간 판매량 예측	S_0을 이번주 매출이라고 했을 때, 다음주 매출 예측을 S_0로 하는 것 (이번주랑 다음주 매출이 같을 것이다.) (또는) S_{-1}을 지난주 매출이라고 했을 때, 다음주 매출을 $S_0 + (S_0 - S_{-1})$ 로 예측하는 것 (이번주에 더 팔린 만큼 다음주에도 팔릴 것이다.) (또는) 다음주 매출을 S_{1y} 라고 했을 때, 작년 해당주의 매출 S_{-1y} 로 예측 하는 것 (다음주도 작년 이맘때랑 비슷할 것이다.) 상대 가중치값이 직관적이지 않으므로 세 가지 옵션을 결합하려는 유혹을 피하도록 하자.
망막 스캔 데이터에서 안구 질환 감지	3명 이상의 의사가 각 이미지를 검사하도록 하고, 다수결로 예측 결과를 도출하자. 그다음 전문가 그룹 대비 ML 모델의 성능을 백분위수를 통해 확인할 수 있다.
자동차 예방 정비	고객에게 3개월에 한 번 정비를 위해 자동차 입고 요청을 보낸다. 여기에서 3개월은 마지막 서비스 날짜로부터 자동차 고장까지의 중앙값이다.
네트워크 트래픽 중 서비스 거부(DoS) 공격 식별	로그 데이터에서 분당 요청 수 중 99%를 벗어나는 지점을 찾는다. 1분 동안 요청 수가 해당 기준을 초과하면 DoS 공격으로 식별하고 플래그를 지정한다.
사용자에게 영화 추천	사용자가 방금 SF영화인 인셉션을 시청한 후 '좋아요'를 눌렀다면, 사용자가 아직 보지 않은 영화 중 가장 인기 있는 SF영화인 이카루스를 추천한다.

좋은 휴리스틱 벤치마크와 이를 사용할 수 있는 상황의 예는 [표 7-1]과 같다. 이러한 휴리스틱 벤치마크의 구현에 대한 예제 코드는 이 책의 깃허브에 있다.[2]

[표 7-1]의 대부분의 시나리오는 '중요 특징'을 참조한다. 이는 실무에 능통한 비즈니스 그룹 내에서도 널리 수용된다는 점에서 중요한 의미를 지닌다. 특히, 이러한 특징은 학습 데이터셋에서 특징 중요도feature importance 기법을 사용하여 확인된 특징이 아니다. 예를 들어보자. 택시 요금의 가장 중요한 결정 요소는 거리이며, 이동 거리가 길수록 더 많은 비용이 든다는 것을 택시 업계는 잘 알고 있다. 특징 중요도 기법의 결과로서의 '거리'가 아니라, 이것이 '거리'를 중요 특징으로 만드는 것이다.

7.1.3 트레이드오프와 대안

우리는 종종 휴리스틱 벤치마크가 모델 성능을 설명하는 주요 지표 이상으로 유용하다는 것을 알게 될 것이다. 어떤 경우에는 휴리스틱 벤치마크에 특별한 데이터 수집이 필요할 수도 있다. 결국에는 비교 자체에 맥락이 필요하기 때문에 휴리스틱 벤치마크가 불충분한 경우도 발생한다.

개발 검사

휴리스틱 벤치마크가 ML 모델의 성능을 설명하는 것 이상으로 유용한 경우가 많다. 심지어 개발 중 특정 모델 접근 방식의 문제를 진단하는 데도 도움이 될 수 있다.

예를 들어 대여 기간을 예측하는 모델을 구축 중이고 벤치마크는 역 이름과 출퇴근 시간 여부를 고려한 평균 대여 기간의 조회 테이블이라고 가정해보자.

----

2 전체 코드는 다음을 참고. *https://github.com/GoogleCloudPlatform/ml-design-patterns/blob/master/07_responsible_ai/heuristic_benchmark.ipynb*

```
CREATE TEMPORARY FUNCTION is_peak_hour(start_date TIMESTAMP) AS
    EXTRACT(DAYOFWEEK FROM start_date) BETWEEN 2 AND 6 -- weekday
    AND (
        EXTRACT(HOUR FROM start_date) BETWEEN 6 AND 10
        OR
        EXTRACT(HOUR FROM start_date) BETWEEN 15 AND 18)
;

SELECT
    start_station_name,
    is_peak_hour(start_date) AS is_peak,
    AVG(duration) AS predicted_duration,
FROM `bigquery-public-data.london_bicycles.cycle_hire`
GROUP BY 1, 2
```

모델을 개발할 때 ML 모델의 성능을 이 벤치마크와 비교하는 것이 좋다. 이를 위해 평가 데이터셋에서 여러 계층에 걸쳐 모델의 성능을 평가할 것이다. 여기에서 평가 데이터셋은 start_station_name과 is_peak로 계층화된다. 이렇게 하면 모델이 붐비는 시간대의 인기 있는 역을 과도하게 강조하거나 학습 데이터상에서 드물게 등장하는 역을 무시하고 있지는 않은지를 쉽게 진단할 수 있다. 이런 일이 발생하면 모델 복잡성을 높이거나 덜 인기 있는 역의 비중을 높이기 위해 데이터셋의 균형을 맞춰 실험을 진행할 수 있다.

전문가

우리는 전문가(인간)가 작업을 수행하는 안구 질환 진단과 같은 분류 문제에서 벤치마크에 전문가 패널이 포함되도록 권장했다. 3명 이상의 의사가 각 이미지를 검사하도록 함으로써 의사가 오류를 범하는 정도를 식별하고 모델의 오류율을 전문가의 오류율과 비교할 수 있다. 이러한 이미지 분류 문제의 경우 안구 질환에 대한 라벨이 사람의 라벨링을 통해 생성되기 때문에, 라벨링 단계가 자연스럽게 확장된다.

실제로 이미 정답 데이터가 있더라도 전문가를 사용하는 것이 때때로 유리할 수 있다. 예를 들어 사고 후 자동차 수리 비용을 예측하는 모델을 구축할 때, 과거 데이터를 통해 실제 수리 비용을 구할 수 있다. 때문에 우리는 일반적으로 이 문제에 대해 전문가를 사용하지는 않을 것이다. 왜냐하면 오랜 시간 누적된 정답 데이터셋에서 직접 사용할 수 있기 때문이다. 그렇지만 일단 보험 대리인을 통해 차량의 손상 추정치를 평가하도록 하고 모델의 추정치를 보험 대리인의 추정치와 비교한다면, 벤치마크를 활용한 의사소통에 도움이 될 수 있다.

전문가를 활용하는 것은 안구 질환이나 손상 비용 추정과 같이 구조화되지 않은 데이터에 국한될 필요가 없다. 예를 들어 이미 대출을 받은 사람이 1년 이내에 다시 대출을 받을지 여부를 예측하는 모델을 구축하는 경우, 데이터는 테이블 형식이 되고 과거 데이터에서 정답 데이터를 사용할 수 있다. 그러나 이 경우에도 원활한 의사소통의 목적의 일환으로, 고객의 대출 의사를 확인하도록 전문가에게 요청할 수 있다.

효용가치

비교할 운영 모델이나 뛰어난 휴리스틱 벤치마크가 있더라도 모델이 제공하는 개선의 영향을 설명해야 한다. MAE가 30초 더 낮거나 MAP가 1% 더 높다고 전달하는 것만으로는 충분하지 않을 수 있다. 곧바로 다음과 같은 질문을 받을 것이다. "1% 개선이 얼마나 좋은 건가요?", "간결한 규칙 기반의 시스템이 아닌 ML 모델을 프로덕션 환경에 적용하는 번거로움에 비해 얼마나 가치가 있나요?"

가능하다면 모델의 성능 향상을 모델의 효용가치로 변환해야 한다. 이는 금전적 가치일 수도 있지만 더 나은 검색 결과, 조기 질병 발견, 개선된 제조 효율성으로 인한 낭비 감소와 같은 다른 효용가치 지표로 변환될 수 있다. 이와 같은 효용가치 지표는 이 모델을 배포할지 여부를 결정하는 데 유용하다. 프로덕션 환경에 모델을 배포하거나 변경하면 필연적으로 안정성, 오류, 예산 측면에서 특정 비용이 발생하기 때문이다. 예를 들어 이미지 분류 모델을 사용하여 주문 양식을 미리 채우는 경우, 1%의 성능 향상이 하루 20건의 주문 포기를 예방하여 일정 금액의 가치가 있다고 계산할 수 있다. 이것이 SRE 팀에서 설정한 임곗값을 초과하는 경우 모델 배포를 진행한다.

자전거 대여 문제에서 이 모델을 사용하여 비즈니스에 미치는 영향을 측정할 수 있다. 예를 들어 동적 가격 솔루션에서 모델을 사용하여 자전거의 가용성 증가나 이익 증가를 계산할 수 있다.

7.2 디자인 패턴 29: 설명 가능한 예측

설명 가능한 예측explainable prediction 디자인 패턴은 모델이 특정 예측을 수행하는 방법과 이유에 대한 이해를 사용자에게 제공하여 ML 시스템에 대한 사용자 신뢰를 높인다. 결정 트리와 같은 모델은 설계상 해석이 가능하지만 딥러닝 아키텍처는 본질적으로 설명하기가 어렵다. 때문에 모든 모델에 대해 설명력 높은 특징 조합을 이해하고 이를 기반으로 예측을 해석할 수 있다면 유용하게 활용할 수 있다.

7.2.1 문제

머신러닝 모델을 평가하여 생산 준비가 되었는지 여부를 판단할 때 정확도, 정밀도, 재현율, 평균 제곱 오차와 같은 측정 항목은 이야기의 한 부분만 알려준다. 이는 모델의 예측이 실측값에 비해 얼마나 정확한지에 대한 데이터를 제공하지만 모델이 이러한 예측에 도달한 **이유**에 대한 통찰력은 제공하지 않는다. 때문에 많은 ML 시나리오에서 사용자 입장에서는 모델의 예측을 있는 그대로 받아들이기 어려울 수 있다.

이를 이해하기 위해 망막 이미지에서 당뇨망막병증diabetic retinopathy(DR)의 중증도를 예측하는 모델(*https://oreil.ly/5W-2n*)을 살펴보겠다. 모델은 소프트맥스 출력을 반환하여 개별 이미지가 DR의 심각도를 나타내는 5개 범주 중 1개에 속할 확률을 나타낸다. 범위는 1(DR 없음)에서 5(증식성 DR, 최악의 형태)다. 주어진 이미지에 대해 모델이 95% 신뢰도로 이미지에 증식성 DR이 포함되어 있는지 예측한다고 가정해보자. 이것은 높은 신뢰도의 정확한 결과처럼 보일 수 있지만, 의료 전문가가 환자 진단을 제공하기 위해 이 모델 출력에만 의존하는 경우에는 모델이 이 예측에 **어떻게** 도달했는지에 대한 설명이 없다. 모델이 이미지에서 DR을 나타내는 올바른 영역을 식별했을 수도 있지만, 모델의 예측이 질병의 징후가 없는 이미지의 픽셀을 기반으로 할 가능성도 있다. 예를 들어 데이터셋의 일부 이미지에 의사 메모나 주석 등이 포함될 수 있다. 모델은 이미지의 병든 망막 영역이 아니라, 예측을 위해 의사의 메모를 잘못 사용하고 있을 수도 있다. 이와 같은 상황에서는 예측이 이미지의 어느 영역에서 기인했는지 확인할 방법이 없으므로 의사가 모델을 신뢰하기 어렵다.

의료 영상은 한 가지 예시일 뿐이다. 모델의 의사결정 프로세스에 대한 통찰력 부족으로 인해 사용자 신뢰에 문제가 발생할 수 있는 많은 산업, 시나리오, 모델 유형이 있다. ML 모델을 사용하여 개인의 신용 점수나 기타 재정 상태 지표를 예측하는 경우 사람들은 특정 점수를 받은 이유를 알고 싶어할 것이다. 이러한 분류가 연체 때문인지, 신용 한도에 의한 건지, 짧은 신용 기록 때문인지 알 수가 없다. 우리가 모르는 사이에 모델은 인구 통계학적 데이터에만 의존하여 예측한 뒤, 모델에 편향된 판단 기준을 도입할 수도 있다.

모델 최종 사용자 외에도 특정 산업의 모델에는 감사나 추가 투명성이 요구된다. 이로 인해 ML 모델에 대한 규제 및 규정 준수 표준과 관련된 또 다른 이해관계자 그룹이 형성된다. 모델 감사와 관련된 이해관계자는 모델의 사용과 영향을 정당화하기 위해 모델이 예측에 어떻게 도달하는지에 대한 더 높은 수준의 요약이 필요할 것이다. 이 경우 정확도와 같은 측정 항목은 유용하지 않다. 모델이 예측을 수행하는 **이유**에 대한 통찰력이 없으면 사용하는 데 문제가 생길 수 있다.

끝으로, 데이터 과학자 및 ML 엔지니어로서 우리는 예측을 위해 의존하는 특징에 대한 이해 없이는 모델 품질 향상에 한계가 있다는 점을 말하고 싶다. 다시 말해, 모델이 우리가 기대하는 방식으로 작동하는지 확인할 수 있는 방법이 필요하다. 예를 들어 항공편 지연 여부를 예측하기 위해 테이블 형식 데이터에 대한 모델을 학습한다고 가정해보자. 이 모델은 20개의 특징을 학습했으나 내부적으로는 20개 특징 중 단 2개에만 의존하므로 나머지 기능을 제거한다면 시스템 성능을 크게 향상시킬 수 있다. 그러나 우리가 필요로 하는 정확도를 달성하기 위해서는 20개의 특징이 전부 필요할 수도 있다. 이처럼 실질적으로 모델이 무엇을 사용하고 있는지에 대한 자세한 정보가 없으면, 어떻게 모델을 개선해야 할지 알기가 어려워진다.

7.2.2 솔루션

알려지지 않은 ML 고유의 영역을 처리하려면 모델이 내부적으로 어떻게 작동하는지를 이해할 방법이 필요하다. ML 모델의 예측 수행 방법과 그 이유를 알아내는 것을 해석 가능성 또는 모델 이해라고도 부르며, 이를 통칭하여 설명 가능성이라 한다. 이 분야는 새롭고 빠르게 진화하는 연구 분야로 모델의 아키텍처 및 학습된 데이터 유형에 따라 다양한 형태를 취할 수 있다. 설명 가능성은 ML 모델의 편향된 기준을 드러내는 데에도 도움이 될 수 있다. 이는 공정성 렌즈 패턴을 논의할 때보다 자세히 다룬다. 여기서는 특징 기여도를 사용하여 심층 신경망을 설명하는 데 중점을 둘 것이다. 이를 이해하기 위해 먼저 아키텍처가 비교적 덜 복잡한 모델에 대한 설명 가능성을 살펴보겠다.

결정 트리와 같은 단순한 모델은 종종 설계에 의해 해석 가능하기 때문에 딥러닝 모델보다 설명하기 쉽다. 즉, 가중칫값은 모델이 예측을 수행하는 방법에 대한 직접적인 통찰력을 제공한다. 독립적인 숫자 입력 기능을 가진 선형 회귀 모델이 있는 경우 가중치를 해석할 수 있다. 예를 들어 자동차의 연비를 예측하는 선형 회귀 모델을 생각해보자. 사이킷런에서 다음을 사용하여 선형 회귀 모델의 학습된 계수를 얻을 수 있다.

```
model = LinearRegression().fit(x_train, y_train)
coefficients = model.coef_
```

모델의 각 특징에 대한 결과 계숫값은 [그림 7-1]에서 확인할 수 있다.

	학습된 계수
실린더 개수	-0.926610
배기량	0.037055
마력	-0.017953
무게	-0.007286
가속	0.164976
출시년도	0.723584
원산지_1	-1.779775
원산지_2	0.781041
원산지_3	0.998735

그림 7-1 자동차의 연비를 예측하는 선형 회귀 연료 효율 모델에서 학습된 계수다. 판다스의 get_dummies()를 사용하여 기존 범주형 특징을 불리언 자료형으로 변환했다.

계수는 각 특징과 모델의 결과와 예상 갤런당 마일(MPG, 연비)간의 관계를 보여준다. 예를 들어 우리가 도출한 계수를 통해 자동차의 실린더가 추가될 때마다 모델의 예측 MPG가 감소한다는 결론을 내릴 수 있다. 또한 신차가 출시됨에 따라('출시년도' 특징으로 표시) 연비가 더 높은 경우가 많다. 이처럼 우리는 심층 신경망에서 은닉층의 학습된 가중치를 통한 것보다, 모델의 특징과 계수의 출력 간의 관계로부터 훨씬 더 많은 것을 배울 수 있다. 이것이 위에 설명한 대로, 모델이 종종 **디자인에 의해 해석 가능하다**고 언급되는 이유다.

WARNING_ 선형 회귀나 결정 트리 모델에서 학습된 가중치에 중요한 의미를 할당하고 싶은 유혹이 생길 수 있으나, 매우 주의해야 한다. 앞서 도출한 결론은 정확하지만(즉, 실린더 수와 연료 효율 사이의 역관계) 계수의 크기가 (예: 범주형 원산지 특징, 실린더 수, 마력, 무게 등) 우리에게 더 중요하다는 결론을 내릴 수는 없다. 이유를 알아보자. 첫째, 각 특징은 서로 다른 단위로 표시된다. 실린더 1개는 1lbs와 동일하지 않다. 이 데이터셋의 자동차는 최대 8개 실린더를 가지고 있지만 무게는 3,000lbs가 넘는다. 또한 원산지는 더미값으로 표시되는 범주형 특징이므로 각 원산지값은 0이나 1만 될 수 있다. 둘째, 계수는 모델의 특징 간의 관계에 대해 알려주지 않는다. 더 많은 실린더는 더 많은 마력과 관련이 있는 경우가 많지만 학습된 가중치만으로는 결론을 내릴 수 없다.

모델이 더 복잡한 경우, 사후 설명 방법post hoc explainability method을 사용하여 모델의 특징과 출력 간의 관계를 추정한다. 일반적으로 사후 방법은 학습된 가중치와 같은 모델 내부에 의존하지 않고 분석을 수행하는데, 이는 현재 진행 중인 연구 분야로 ML 워크플로에 추가하기 위한 도구와 함께 제안된 다양한 방법이 존재한다. 지금부터 우리가 살펴볼 사후 설명 방법은 특징 기여도feature attribution다. 이 방법은 해당 특징이 출력에 기여한 정도를 나타내는 값을 각 특징에 할당한다. 이를 통해 이미지, 분류, 숫잣값 등 입력 데이터 유형에 상관없이 사용할 수 있다. 이러한 특징 기여도에는 두 가지 유형이 있다.

- **인스턴스 수준 특징 기여도**
  개별 예측에 대한 모델의 출력을 설명하는 특징 기여도. 예를 들어 신용 한도 승인 여부를 예측하는 모델에서 인스턴스 수준 특징 기여도instance-level feature attribution는 어떤 사람의 신청이 거부된 이유에 대한 통찰력을 제공한다. 이미지 모델에서 인스턴스 수준 기여도는 이미지에 고양이가 포함되어 있음을 예측하게 만든 픽셀을 강조 표시할 수 있다.

- **전역 특징 기여도**
  전역 특징 기여도global feature attribution는 모델이 전체적으로 어떻게 동작하는지에 대한 결론을 도출한다. 일반적으로 이는 테스트 데이터셋에서 인스턴스 수준 특징 기여도를 평균 내어 구한다. 비행 지연 여부를 예측하는 모델에서 전역 특징 기여도는 지연을 예측할 때 전반적으로 극심한 날씨가 가장 중요한 특징이라고 말할 수 있다.

우리가 추가적으로 살펴볼 두 가지 특징 기여도 기법을 [표 7-2]에 요약했다. 해당 기법들은 인스턴스 수준과 전역 설명 모두에 사용할 수 있는 접근 방식이다.

표 7-2 다양한 설명 기법에 대한 설명 및 연구 논문 링크

기법명	설명	논문 링크
샘플링 샤플리 기법	이 접근 방식은 샤플리값(Shapley Value)[a]의 개념을 기반으로 만들어졌으며, 특징값의 여러 조합에 대해 살펴보게 한다. 특징의 추가 및 제거가 예측에 미치는 영향을 계산하여 특징의 한계 기여도를 산출해 모델을 설명한다.	*https://oreil.ly/ubEjW*
통합 그레이디언트 기법(IG)	미리 정의한 베이스라인 모델을 사용하여, IG는 특정 입력값과 베이스라인 모델까지의 경로를 미분하여 계산한 뒤 그 값을 사용하여 모델을 설명한다.	*https://oreil.ly/sy8f8*

[a] 샤플리값은 1951년 샤플리의 논문(https://oreil.ly/xCrqU)에서 소개되었으며, 게임 이론을 기반으로 한다.

이러한 접근 방식을 처음부터 구현할 수도 있겠지만, 특징 기여도를 얻는 프로세스를 단순화한 도구들이 있다. 사용 가능한 오픈소스와 클라우드 기반 설명 도구를 통해 모델 디버깅, 개선, 요약에 보다 집중할 수 있다.

모델 베이스라인

이러한 도구를 사용하려면 먼저 특징 기여도가 있는 모델을 설명하는 데 적용되는 베이스라인baseline의 개념을 이해해야 한다. 다양한 설명 기법의 목표는 "왜 모델이 X를 예측했는가?"라는 질문에 답하는 것이다. 특징 기여도는 특징이 최종 출력에 얼마나 기여했는지를 나타내는 각 특징에 대한 숫잣값을 통해 이를 수행한다. 예를 들어 인구 통계 및 건강 데이터를 고려하여 환자에게 심장 질환이 있는지 예측하는 모델을 생각해보자. 테스트 데이터셋의 단일 예제에서 환자의 콜레스테롤 특징의 기여도가 0.4이고 혈압의 기여도가 −0.2라고 가정해보자. 맥락이 주어지지 않는다면 이러한 기여돗값은 그다지 의미가 없으며 곧바로 다음과 같이 질문하게 될 것이다. "무엇에 비해 0.4와 −0.2인가?" 이 질문에서 '무엇'에 해당하는 것이 모델의 베이스라인이다.

특징 기여돗값을 얻을 때마다 모델에 대해 사전 정의된 베이스라인 예측값을 참조한다. 베이스라인 예측은 정보가 **있을 수도 혹은 없을 수도** 있다. 일반적인 비정보성 베이스라인uninformative baseline의 경우 일부 학습 데이터셋의 평균 사례를 사용한다. 이미지 모델의 경우 단색이나 흑백 이미지일 수 있다. 텍스트 모델의 경우 모델의 임베딩 행렬에 대한 값으로 0이나 'the', 'is', 'and'와 같은 불용어를 사용할 수 있다. 숫자형 데이터를 다루는 모델에서는 개별 특징의 중앙값을 사용한다.

베이스라인 결정하기

베이스라인에 대해 생각하는 방식은 모델이 회귀 작업을 수행하는지 분류 작업을 수행하는지에 따라 다르다. 회귀 작업의 경우 모델에 **정확히 하나**의 숫자 베이스라인 예측값이 존재한다. 위에서 살펴보았던 자동차 연비를 예로 들면, 베이스라인 계산에 중앙값 접근 방식을 사용하기로 결정했다고 가정해보자. 데이터셋에 있는 8개 특징의 중앙값은 다음 배열이다.

```
[151.0, 93.5, 2803.5, 15.5, 76.0, 1.0, 0.0, 0.0]
```

이를 모델로 보낼 때 예상되는 연비는 22.9다. 따라서 이 모델에 대한 모든 예측에 대해 22.9MPG를 기준으로 예측값 비교를 수행한다.

이제 리프레이밍 패턴을 따라 회귀에서 분류 문제로 변경한다고 가정해보자. 이를 위해 연비에 대해 '낮음', '중간', '높음' 버킷을 정의했다고 하자. 이제 모델은 주어진 자동차가 각 클래스에 해당할 확률을 나타내는 소프트맥스 배열을 출력한다. 회귀 예시와 동일한 중앙값 베이스라인 입력을 사용하여 분류 모델은 이제 베이스라인 예측의 결과로 다음 배열을 반환한다.

```
[0.1, 0.7, 0.2]
```

이를 통해 이제 각 클래스에 대해 **다른** 베이스라인 예측값을 갖게된다. 테스트셋에서 새로운 예측을 진행해보자. 이 자동차의 연비가 '낮음'일 확률을 90%로 예측한다고 가정해보자.

```
[0.9, 0.06, 0.04]
```

결과적으로 특징 기여돗값은 모델이 '낮은' 클래스에 대한 기준 예측값인 0.1과 비교하여 0.9라고 예측한 이유를 설명해야 한다. 여기에 추가적으로, 동일한 자동차가 '중간' 연비 등급에 속할 확률이 6%라고 예측한 이유를 이해하기 위해 다른 클래스의 특징 기여돗값을 살펴볼 수도 있다.

[그림 7-2]는 자전거 운행시간을 예측하는 모델에 대한 인스턴스 수준의 특징 기여도를 보여준다. 이 모델의 비정보성 베이스라인은 13.6분의 이동 시간이며, 데이터셋의 각 특징에 대한 중앙값을 사용해 예측값을 구한다. 모델의 예측이 베이스라인 예측보다 작으면 대부분의 기여돗값이 음수일 것으로 예상해야 하며 그 반대의 경우도 같은 방식으로 계산한다. 이 예에서는

모델의 기준보다 짧은 10.71의 예측 운행 기간을 얻었으며 많은 기여돗값들이 음수인 이유를 설명한다. 여기에서 특징 기여도의 절댓값을 취하여 가장 중요한 특징을 결정할 수 있다. 이 예에서는 여정의 거리가 가장 중요한 특징으로, 모델의 예측 베이스라인에서 2.4분 감소했다. 또한 무결성 확인절차의 일종인 새너티 검사^{sanity check}를 위해 특징 기여돗값이 현재 예측과 베이스라인 예측 간의 차이에 대략적으로 합산되는지 확인해야 한다.

```
베이스라인 예측값 :   13.61
예측 이동시간  :   10.71

    이름            특징값              기여돗값
------------   ----------------   --------------------
distance         1395.51             -2.44478
start_hr           18               -1.29039
max_temp          20.7239            0.690506
temp              16.168             0.12629
dew_point          7.83396           0.0110318
prcp               0.03             -0.00134132
weekday            1                 0
wdsp               0                 0
rain_drizzle       0                 0
```

그림 7-2 자전거 이동 시간을 예측하는 모델의 단일 예에 대한 특징 기여돗값이다. 각 특징값의 중앙값을 사용하여 계산된 모델의 기준선은 13.6분이며 기여돗값은 각 특징이 예측에 얼마나 영향을 미쳤는지 보여준다.

반면에 정보성 베이스라인^{informative baseline}은 모델의 예측을 특정 시나리오와 비교한다. 사기 거래를 식별하는 모델에서 정보성 베이스라인은 "왜 이 거래가 사기로 표시되었습니까?"라는 질문에 답할 수 있다. 해당 베이스라인을 계산하기 위해 전체 학습 데이터셋에서 중앙값을 사용하는 대신, 정상 거래의 중앙값만을 사용한다. 이미지 모델에서 학습 이미지에는 흑백 픽셀이 상당 부분 포함되어 있을 수 있는데, 이를 베이스라인으로 사용하면 예측이 정확하지 않을 수 있다. 이 경우 다른 정보를 제공하는 기본 이미지를 만들어야 한다.

> **휴리스틱 벤치마크와 모델 베이스라인**
>
> 모델 베이스라인은 휴리스틱 벤치마크 디자인 패턴과 어떤 관련이 있을까? 휴리스틱 벤치마크는 종종 설명 가능성을 구현하기 전에 전체 범위에서 모델을 요약하는 시작점이 된다. 설명 가능성 구현을 위해 선택한 베이스라인 유형(정보성, 비정보성)과 이를 계산하는 방법은 우리에게 달려 있다. 휴리스틱 벤치마크 패턴에 설명된 기법들을 사용하여 설명 가능성 방법과 함께 사용할 모델의 베이스라인을 결정할 수도 있다.
>
> 휴리스틱 벤치마크와 모델 베이스라인은 모두 "왜 모델이 Y가 아닌 X를 수행했습니까?"라는 질문에 답할 수 있는 프레임워크를 제공한다. 휴리스틱 벤치마크는 모델 분석의 첫 번째 단계이며 베이스라인 계산을 위한 한 가지 가능한 접근 방식을 나타낸다. 이 절에서 베이스라인이라는 용어는 특히 설명 가능성 방법에서 사용되는 값을 의미한다.

SHAP

오픈소스 라이브러리 SHAP(*https://github.com/slundberg/shap*)는 다양한 유형의 모델에 대한 특징 기여도를 얻기 위한 파이썬 API를 제공하며 [표 7-2]에 소개된 샤플리값 개념을 기반으로 한다. 특징 기여돗값을 결정하기 위해 SHAP는 각 특징을 추가하거나 제거하는 것이 모델의 예측에 기여하는 정도를 계산하는데, 이때 특징값과 모델 출력의 다양한 조합을 고려하여 분석을 수행한다.

SHAP는 프레임워크에 구애받지 않으며 이미지, 텍스트, 테이블 형식 데이터에 대해 학습된 모델과 함께 작동한다. SHAP가 실제로 어떻게 작동하는지 확인하기 위해 이전에 참조한 연비 데이터셋을 사용해보자. 이번에는 케라스의 Sequential API를 사용하여 딥러닝 모델을 구축할 것이다.

```
model = tf.keras.Sequential([
    tf.keras.layers.Dense(16, input_shape=(len(x_train.iloc[0])),
    tf.keras.layers.Dense(16, activation='relu'),
    tf.keras.layers.Dense(1)
])
```

SHAP를 사용하려면 먼저 모델과 학습 데이터셋의 하위 예제 집합을 전달하여 `DeepExplainer` 객체를 만든다. 그런 다음 테스트셋에서 처음 10개의 예에 대한 기여돗값을 얻는다.

```
import shap
explainer = shap.DeepExplainer(model, x_train[:100])
attribution_values = explainer.shap_values(x_test.values[:10])
```

SHAP에는 도출된 기여돗값을 더 쉽게 이해할 수 있는 몇 가지 시각화 도구가 있다. SHAP의 `force_plot()` 메서드를 사용하여 테스트셋의 첫 번째 예에 대한 기여돗값을 시각화해보자.

```
shap.force_plot(
    explainer.expected_value[0],
    shap_values[0][0,:],
    x_test.iloc[0,:]
)
```

위 코드에서 `explainer.expected_value`는 모델의 베이스라인값이다. SHAP는 Explainer 객체를 만들 때 전달한 데이터셋(이 경우 `x_train[:100]`)에서 모델 출력의 평균을 베이스라인으로 계산하지만, 자체 베이스라인 값을 `force_plot`에 전달할 수도 있다. 이 예제의 실측 데이터는 갤런당 14마일이며 모델은 13.16을 예측했다. 따라서 우리의 설명은 특징 기여돗값을 사용하여 모델의 예측 결과인 13.16을 설명해야 한다. 이 경우 기여돗값은 모델의 베이스라인값인 24.16MPG를 기준으로 한다. 따라서 기여돗값은 모델의 기준과 이 예제의 예측 간의 차이인 약 11을 더해야 한다. 이때, 절댓값이 가장 높은 특징을 살펴보면 가장 중요한 특징을 식별할 수 있다. [그림 7-3]은 이 예제의 기여돗값에 대한 결과 플롯이다.

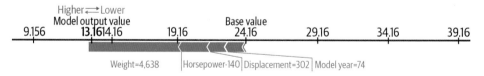

그림 7-3 연료 효율 예측 모델의 한 예에 대한 특징 기여돗값이다. 이 경우 자동차의 무게는 대략 6의 특징 기여돗값을 가진 MPG의 가장 중요한 지표이다(19.16-13.16=6). 모델의 예측이 기준선인 24.16보다 높으면 대부분 음의 기여돗값이 표시된다.

이 예에서 연비의 가장 중요한 지표는 무게로, 모델의 예측을 기준선에서 약 6MPG 낮추었다. 무게 다음으로는 마력, 배기량, 자동차의 연식 순으로 중요도가 높다. 다음을 사용하여 테스트 셋에서 처음 10개의 예에 대한 특징 기여돗값에 대한 요약(또는 전체 설명)을 얻을 수 있다.

```
shap.summary_plot(
    shap_values,
    feature_names=data.columns.tolist(),
    class_names=['MPG']
)
```

그 결과 [그림 7-4]와 같이 요약 플롯이 생성된다.

실제로는 더 큰 데이터셋과 더 많은 예제에서 전역 기여돗값을 계산하려고 할 것이다. 이 값을 사용하여 모델이 어떻게 동작하는지 조직 내/외부의 다른 이해관계자들에게 요약해 설명할 수 있다.

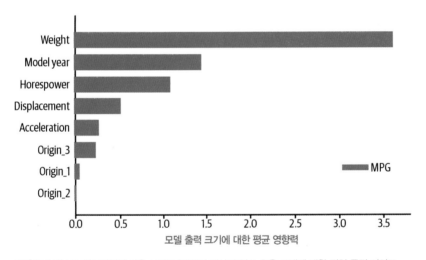

그림 7-4 테스트 데이터셋의 처음 10개 예제에서 계산된 연료 효율 모델에 대한 전역 특징 기여도

배포된 모델 설명

SHAP는 일반적으로 스크립트나 노트북 환경에서 사용되는 파이썬에서 기여도를 구하기 위한 직관적인 API를 제공한다. 이는 모델 개발 중에는 잘 작동한다. 그러나 모델 예측값 외에도 배

포된 모델에 대한 설명을 얻고자 하는 시나리오가 있을 수 있다. 이러한 경우에는 클라우드 기반 설명 도구가 최상의 선택지로 사용될 수 있다. 여기에서는 구글 클라우드의 설명 가능한 AI를 사용하여 배포된 모델에서 특징 기여도를 얻는 방법을 보여준다. 이 글을 쓰는 시점에서 설명 가능한 AI는 AutoML로 빌드된 커스텀 텐서플로 모델과 더불어 테이블 형식 데이터 모델과 함께 작동한다.

AI 플랫폼에 이미지 모델을 배포하여 설명할 수도 있지만, 테이블 형식이나 텍스트 데이터로 학습된 텐서플로 모델과 함께 설명 가능한 AI를 사용할 수도 있다. 먼저 ImageNet 데이터셋을 학습한 텐서플로 허브 모델을 배포한다. 설명을 도출하는 과정에 집중할 수 있도록 모델에 대한 전이 학습을 수행하지 않고 ImageNet의 기존 1,000개의 라벨 클래스를 사용한다.

```
model = tf.keras.Sequential([
    hub.KerasLayer(".../mobilenet_v2/classification/2",
                input_shape=(224,224,3)),
    tf.keras.layers.Softmax()
])
```

설명과 함께 모델을 AI 플랫폼에 배포하려면 먼저 설명 서비스에서 특징 기여도를 계산하는 데 사용할 메타데이터 파일을 만들어야 한다. 이 메타데이터는 JSON 파일로 제공되며 사용 기준과 설명하려는 모델에 대한 정보를 포함한다. 이 프로세스를 단순화하기 위해 설명 가능한 AI 플랫폼에서는 메타데이터를 생성하는 SDK를 제공하며 이는 다음 코드에서 확인할 수 있다.

```
from explainable_ai_sdk.metadata.tf.v2 import SavedModelMetadataBuilder

model_dir = 'path/to/savedmodel/dir'

model_builder = SavedModelMetadataBuilder(model_dir)
model_builder.set_image_metadata('input_tensor_name')
model_builder.save_metadata(model_dir)
```

이 코드는 모델 베이스라인을 지정하지 않았으므로 기본값을 사용한다(이미지 모델의 경우 흑백 이미지). 선택적으로 input_baselines 파라미터를 set_image_metadata에 추가하여 사용자 지정 베이스라인을 지정할 수 있다. 위의 save_metadata 메서드를 실행하면 모델 경로

에 *explanation_metadata.json* 파일이 생성된다.[3]

AI 플랫폼 노트북을 통해 이 SDK를 사용하는 경우, 모델을 클라우드에 배포하지 않고 노트북 인스턴스 내에서 로컬로 설명을 생성하는 옵션도 있다. `load_model_from_local_path` 메서드를 통해 이를 수행할 수 있다.

내보낸 모델과 스토리지 버킷의 *explanation_metadata.json* 파일을 통해 새 모델 버전을 만들 준비가 되었다. 모델을 생성할 때 설명 방식을 구체적으로 지정할 수 있다.

모델을 AI 플랫폼에 배포하기 위해 모델 경로를 클라우드 스토리지 버킷에 복사하고 구글 클라우드 명령행 인터페이스^{gcloud CLI}를 사용하여 모델 버전을 만들 수 있다. AI 플랫폼에는 선택할 수 있는 세 가지 설명 방법이 있다.

- **통합 그레이디언트**
  이는 IG 백서에 소개된 방법을 구현하고 이미지, 텍스트, 테이블 형식과 같은 미분 가능한 텐서플로 모델과 함께 작동한다. AI Platform에 배포된 이미지 모델의 경우 IG는 강조 표시된 픽셀이 있는 이미지를 반환하여 모델 예측을 신호한 지역을 나타낸다.

- **샘플링 샤플리**
  여기서는 샤플리의 논문(`https://oreil.ly/EAS8T`)을 기반으로, 오픈소스 SHAP 라이브러리와 유사한 접근 방식을 사용한다. AI 플랫폼에서 테이블이나 텍스트 형식 데이터를 학습한 텐서플로 모델과 함께 사용할 수 있다. IG는 미분 가능한 모델에서만 작동하기 때문에 AutoML 테이블은 샘플링 샤플리를 사용하여 모든 모델의 특징 기여도를 계산할 수 있다.

- **XRAI**
  XRAI 접근 방식(`https://oreil.ly/niGVQ`)은 IG를 기반으로 스무딩 기법을 적용하여 특정 영역의 기여도를 반환한다. XRAI는 AI 플랫폼에 배포된 이미지 모델에서만 작동한다.

gcloud 명령어에서는 기여돗값을 계산할 때 사용할 설명 방법뿐만 아니라 적분 단계나 경로의 수도 지정할 수 있다. `steps` 파라미터는 각 출력에 대해 샘플링된 특징 간 조합의 수를 나타내며, 일반적으로 이 숫자를 늘리면 설명 정확도가 향상된다.

```
!gcloud beta ai-platform versions create $VERSION_NAME \
--model $MODEL_NAME \
--origin $GCS_VERSION_LOCATION \
```

---

[3] 전체 코드는 다음을 참고. *https://github.com/GoogleCloudPlatform/ml-design-patterns/blob/master/07_stakeholder_management/explainability.ipynb*

```
--runtime-version 2.1 \
--framework TENSORFLOW \
--python-version 3.7 \
--machine-type n1-standard-4 \
--explanation-method xrai \
--num-integral-steps 25
```

모델이 배포되면 설명 가능한 AI SDK를 사용하여 모델에 대한 설명을 얻을 수 있다.

```
model = explainable_ai_sdk.load_model_from_ai_platform(
  GCP_PROJECT,
  MODEL_NAME,
  VERSION_NAME
)
request = model.explain([test_img])

# 픽셀 특징을 이미지 형태로 출력
request[0].visualize_attributions()
```

[그림 7-5]에서는 ImageNet 모델에 대해 설명 가능한 AI에서 반환된 IG값과 XRAI 설명을 비교할 수 있다. 강조 표시된 픽셀 영역은 모델의 '허스키' 예측에 가장 많이 기여한 픽셀을 보여준다.

일반적으로 IG는 의료, 공장, 실험실 환경에서 촬영한 것과 같은 '인공적인' 이미지에 권장되며, XRAI는 일반적으로 허스키와 같은 자연 환경에서 촬영한 이미지에 가장 적합하다. 인공적인 이미지에 IG가 선호되는 이유를 이해하기 위해 [그림 7-6]의 DR 이미지에 대한 IG 기여도를 참조하자. 이처럼 의료용 사례의 경우 세분화된 픽셀 수준에서 기여도를 확인하는 것이 도움이 된다. 반면에 개 이미지에서는 모델이 '허스키'를 예측하게 만든 정확한 픽셀을 아는 것이 상대적으로 덜 중요하며 XRAI는 중요한 영역에 대한 높은 수준의 요약을 제공한다.

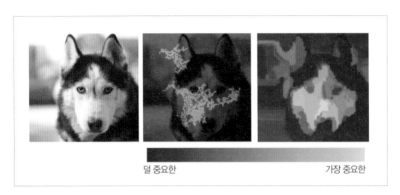

덜 중요한   가장 중요한

그림 7-5 AI Platform에 배포된 ImageNet 모델에 대해 Explainable AI에서 반환된 특징 기여도. 왼쪽은 원본 이미지. IG 속성은 중간에 표시되고 XRAI 속성은 오른쪽에 표시된다. 아래 키는 XRAI의 영역이 무엇에 해당하는지 보여준다. 중요한 영역일수록 밝은 색으로 나타난다.

예측 등급 + 히트맵

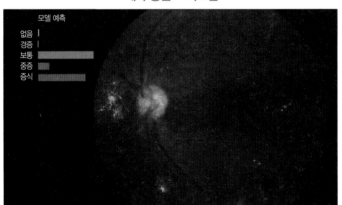

그림 7-6 2019년 로리 세이레스[Rory Sayres]와 동료들이 실시한 연구(https://oreil.ly/Xp_vp)의 일환으로, 여러 그룹의 안과 의사에게 세 가지 시나리오에서 안구 이미지의 DR 정도를 평가하도록 요청했다. 여기에서 세 가지 시나리오란, 모델 예측이 없는 이미지, 모델 예측이 있는 이미지, 모델 예측과 픽셀 기여도가 함께 표시된 이미지를 의미한다. 이를 통해 픽셀 기여도가 모델 예측의 신뢰도를 높이는 데 어떻게 도움이 되는지 확인할 수 있다.

> **TIP** 설명 가능한 AI는 테이블 형식 데이터의 모델 학습 및 배포를 위한 도구인 AutoML 테이블에서도 작동한다. AutoML 테이블은 데이터 전처리에서 가장 적합한 모델 선택까지 진행하므로 모델 코드를 작성할 필요가 없다는 장점을 가진다. AutoML 테이블에서 설명 가능한 AI를 통한 특징 기여도는 기본값으로 사용 설정되어 전역 및 인스턴스 수준의 설명을 모두 제공한다.

7.2.3 트레이드오프와 대안

설명은 모델이 결정을 내리는 방식에 대한 중요한 통찰력을 제공하지만, 이는 모델의 학습 데이터, 모델의 품질, 선택한 기준에 국한된다. 이 절에서는 특징 기여도에 대한 몇 가지 대안과 함께 설명 가능성의 몇 가지 제한 사항에 대해 설명할 것이다.

데이터 선택 편향

머신러닝의 오랜 격언으로 'garbage in, garbage out(안 좋은 데이터를 넣으면 안 좋은 모델이 나온다)'이 있다. 즉, 모델은 학습에 사용된 데이터만큼 우수하다. 이미지 모델을 학습하여 10개의 서로 다른 고양이 품종을 식별하면 10개의 고양이 품종만 알 수 있다. 모델에 '개' 이미지를 보여주면 할 수 있는 일은 학습된 10개의 '고양이' 카테고리 중 하나로 분류하는 것뿐이다. 심지어 해당 예측은 높은 신뢰도 점수를 기록할 수도 있다. 즉, 모델은 학습 데이터를 직접 표현한 것뿐이다.

모델을 학습하기 전에 데이터 불균형을 파악하지 못하는 경우, 특징 기여도와 같은 설명 가능성 방법을 사용하면 데이터 선택 편향을 파악할 수 있다. 예를 들어 이미지에 있는 배의 유형을 예측하는 모델을 만들고 있다고 가정해보자. 테스트셋의 이미지에 '카약'이라는 라벨을 올바르게 지정하고 특징 기여도를 사용하면 모델이 카약을 예측하기 위해 '배의 모양'이 아니라 '노' 이미지에 의존하고 있음을 발견할 수 있다. 이는 데이터셋의 각 클래스에 대한 학습 이미지의 변형이 충분하지 않을 수 있다는 신호다. 노의 유무에 관계없이 다른 각도에서 찍은 카약 이미지를 더 추가해야 할 것이다.

반사실적 분석과 사례 기반 설명

앞의 절에서 설명한 특징 기여도 외에도 ML 모델의 예측 결과를 설명하는 다양한 접근 방식이 있다. 이 영역은 빠르게 발전하고 있는 분야이고 많은 기법들이 있기 때문에, 이 절에서 모든 기법을 설명하지는 않을 것이다. 지금부터 반사실적 분석과 사례 기반 설명에 대해 살펴보도록 하자.

반사실적 분석은 인스턴스 수준에서 설명을 제공하는 기법으로, 유사한 특징들을 가지고 있으나 서로 다른 예측 결과를 낸 경우의 예제를 참조하는 것을 말한다. 이를 수행하는 한 가지 방법은 ML 모델의 출력을 평가하고 시각화하기 위한 오픈소스 도구인 What-If 도구(*https://*

oreil.ly/Vf3D-)를 사용하는 것이다. 이 장의 공정성 렌즈 디자인 패턴 절에서 What-If 도구에 대한 보다 자세한 내용을 살펴볼 수 있다. 여기서는 우선, 반사실적 분석 기능에 초점을 맞추어 살펴본다. What-If 도구에서 테스트셋의 데이터를 시각화할 때, 우리가 선택한 것과 가장 가까운 지점의 반례 데이터를 표시하는 옵션이 있다. 이렇게 하면 이 두 데이터 포인트에 대한 특징값과 모델 예측을 비교할 수 있으므로 모델이 가장 많이 사용하는 특징을 더 잘 이해할 수 있다. [그림 7-7]에서는 주택담보대출 애플리케이션 데이터셋의 두 데이터 지점에 대한 반례 비교를 볼 수 있다. 굵은 글씨로 표현된 부분을 통해 두 데이터 포인트 중 어디가 다른지 볼 수 있으며 하단에는 각각의 모델 출력을 볼 수 있다.

사례 기반 설명은 새로운 예제와 해당 예측값을 학습 데이터셋의 유사한 예제와 비교한다. 이러한 유형의 설명은 학습 데이터셋이 모델 동작에 어떤 영향을 미치는지 이해하는 데 특히 유용하다. 사례 기반 설명은 이미지나 텍스트 데이터에서 가장 잘 작동하며, 모델의 예측을 학습에 사용되는 데이터에 직접 매핑하기 때문에 특징 기여도나 반사실적 분석에 비해 더 직관적일 수 있다.

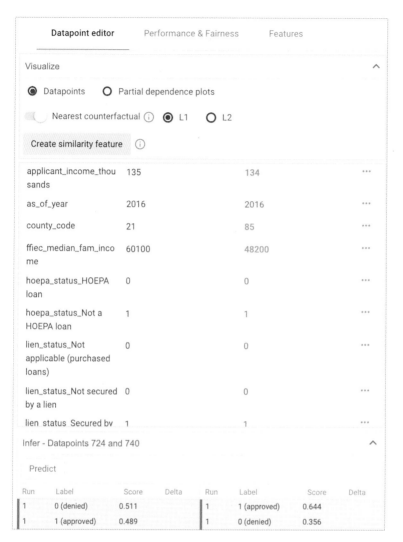

그림 7-7 미국 주택담보대출 신청 데이터셋의 두 데이터 포인트에 대한 What-If 도구의 반사실적 분석. 두 데이터 간의 차이는 굵게 표시된다. 이 데이터셋에 대한 자세한 내용은 이 장의 공정성 렌즈 패턴에 대한 토론에서 찾을 수 있다.

이 접근 방식을 더 잘 이해하기 위해 빨리 그리기 게임(*https://oreil.ly/-QsHl*)을 살펴보겠다. 이 게임은 플레이어에게 어떤 항목을 그리도록 요청하고, 수천개의 그림에 대해 학습된 심층 신경망을 사용하여 실시간으로 그림을 추측한다. 플레이어는 그림을 완성한 후 학습 데이터셋의 예제를 보고 신경망이 어떻게 예측에 도달했는지 확인할 수 있다. [그림 7-8]에서는 모델이 성공적으로 인식한 감자튀김 그림에 대한 사례 기반 설명을 볼 수 있다.

그림 7-8 빨리 그리기 게임의 사례 기반 설명 학습 데이터셋의 예제를 통해 모델이 주어진 그림의 '감자튀김'을 올바르게 예측한 방법을 보여준다.

설명의 한계점

설명 가능성은 모델을 이해하고 해석하는데 있어 상당한 도움이 되는 것은 사실이나, 모델의 설명을 과도하게 신뢰하거나 모델에 대한 완벽한 통찰력을 제공한다고 가정할 때는 주의해야 한다. 모든 형태의 설명은 학습 데이터, 모델, 선택한 베이스라인에 의해 생성된다. 즉, 학습 데이터셋이나 선택한 베이스라인에 문제가 있어 제대로 동작하지 않는 경우, 설명 품질 역시나 낮아질 것이다.

또한 설명이 식별할 수 있는 관계는 오직 주어진 데이터와 모델만을 대표하는 것이지 외부 환경까지 포괄하지는 못한다. 예를 들어 신용카드 이상거래를 식별하는 모델을 학습하고, 전역 수준의 특징 기여도로 거래 금액이 사기를 가장 잘 나타내는 특징임을 발견했다고 가정해보자. 그렇다고 그 이후로 금액이 '**항상**' 신용 카드 사기의 가장 큰 지표라고 결론을 내리는 것은 올바르지 않다. 이는 학습 데이터셋, 모델, 지정된 베이스라인값의 맥락 내에서만 해당된다.

설명은 ML 모델을 평가하는 데 사용되는 정확도, 오류, 기타 지표에 대한 중요한 별도의 추가 정보라고 생각할 수도 있다. 설명은 모델의 품질과 잠재적인 편향에 대한 유용한 정보를 제공하지만, 고품질 모델의 유일한 결정 요인이 되어서는 안된다. 설명은 데이터, 모델과 더불어 평가기준의 한 부분으로 사용하는 편이 좋으며, 이 장과 이전 장에서 설명한 다양한 패턴을 사용하는 것을 권장한다.

7.3 디자인 패턴 30: 공정성 렌즈

공정성 렌즈fairness lens 디자인 패턴은 모델 예측이 다양한 사용자 및 시나리오 그룹에 대해 공정한지 확인하기 위해 전처리 및 후처리 기술의 사용법을 제안한다. 머신러닝의 공정성은 지속적으로 발전되고 있는 연구 분야이며, 모델을 공정하게 만드는 하나의 포괄 솔루션이나 정의는 없다. 공정성 렌즈를 통해 데이터 수집에서 모델 배포에 이르기까지 전체 엔드 투 엔드 ML 워크플로를 평가하는 것은 성공적인 고품질 모델을 구축하는 데 필수적이다.

7.3.1 문제

기법의 이름에 '머신'이라는 단어가 있으면 ML 모델이 편향될 수 없다고 가정하기 쉽다. 그러나 모델이란 자고로 컴퓨터가 학습한 데이터 패턴의 결과물인데, 문제는 학습 데이터셋이 기계가 아닌 **인간**에 의해 생성되고 인간은 편견으로 가득차 있다는 것이다. 이러한 개별 인간의 고유한 편견은 피할 수 없지만 항상 나쁜 것만은 아니다. 예를 들어 금융 사기 탐지 모델을 교육하는 데 사용되는 데이터셋을 생각해보자. 이 데이터는 대부분의 경우 (사기가 상대적으로 드물기 때문에) 사기 사례가 거의 없어 불균형이 심할 수 있다. 모델은 원래 데이터셋의 통계적

속성을 반영하므로 자연적으로 발생하는 불균형이 반영될 수밖에 없다. 그렇다면 모델의 편향이 문제가 되는 것은 언제일까? 일반적으로 모델의 편향은 특정 그룹에 따라 사람들을 다르게 대할 때 **해로워진다**. 이를 문제성 편향problematic bias이라고 하는데, 이번 절 전체에서 중점적으로 다룬다. 이러한 유형의 편향이 고려되지 않으면 프로덕션 환경의 모델이 데이터에 있는 편견을 직접 반영하기 때문에 모델에 영향을 미칠 수 있다.

예상치 못한 상황에서도 문제성 편향은 존재한다. 예를 들어 다양한 유형의 의류와 액세서리를 식별하는 모델을 만들고 있다고 가정해보자. 우리는 학습 데이터셋을 위한 모든 신발 이미지를 수집하는 임무를 맡았다. 그래서 신발에 대해 생각할 때 가장 먼저 떠오르는 것들을 기록하기 시작했다. 어떤 신발을 적을 수 있을까? 운동화? 로퍼? 플립플롭스? 스틸레토힐? 만일, 이 문제를 푸는 사람이 연중 내내 따뜻한 기후인 나라에서 살고 있고 대부분의 사람들이 항상 샌들만 신는다고 가정해보자. 신발을 생각할 때 가장 먼저 떠오르는 것은 샌들일 것이다. 그에 따라 다양한 스트랩 유형, 밑창 두께, 색상 등 다양한 샌들 이미지 수집을 진행할 것이다. 이를 더 큰 규모의 의류 데이터셋에 제공하고 이미지 테스트셋에서 모델을 테스트하면 '신발' 라벨에서 95% 정확도에 도달한다. 모델은 당장은 성능이 좋아 보이지만 다른 지역의 사람들이 운동화 이미지로 모델을 테스트할 때는 문제가 발생할 것이다. 운동화를 신고 있는 이미지인데, '신발'이라는 라벨이 전혀 반환되지 않는 것이다.

이 신발 예제는 학습 데이터 분포의 편향을 보여준다. 지나치게 단순화된 것처럼 보일 수 있지만 이러한 유형의 편향은 프로덕션 환경에서 자주 발생한다. 데이터 분포 편향은 수집한 데이터가 모델을 사용할 전체 모집단을 정확하게 반영하지 못할 때 발생한다. 이는 데이터셋에 개인 정보가 포함되기 시작하면 더 심각해진다. 데이터셋에 연령, 인종, 성별, 종교, 성적 지향, 기타 정체성 특징을 동등하게 표현하지 못하면서 해당 유형의 문제성 편향이 드러날 수 있다.

심지어 데이터셋이 위에서 언급한 정체성 특징과 관련하여 균형을 이루는 것처럼 보이지만 이러한 그룹이 데이터에서 표현되는 방식에는 여전히 편향이 존재한다. 레스토랑 리뷰를 1(매우 부정적)에서 5(매우 긍정적)까지의 척도로 분류하기 위해 감성 분석 모델을 학습한다고 가정해보자. 데이터에서 다양한 유형의 레스토랑을 균형 있게 표현하기 위해 주의를 기울였다. 그러나 해산물 레스토랑에 대한 대부분의 리뷰는 긍정적인 반면, 채식 레스토랑에 대한 대부분의 리뷰는 부정적인 것으로 나타났다. 이와 같은 데이터 표현 편향은 모델에 의해 직접 표현된다. 여기에서 가장 큰 문제점은 채식 레스토랑에 대한 새로운 리뷰가 추가될 때마다 부정적인 것으로 분류될 가능성이 훨씬 높아지므로, 향후 누군가가 채식 레스토랑 중 하나를 방문할 가능성에 영향을 미칠 수 있다는 점이다. 초기에 보고된 데이터로 인해 사람들의 판단에 영향을 주었고(방문하기도 전에 이 레스토랑은 별점이 낮은 레스토랑이라고 판단하므로), 이로 인해 모델이 실제 세계를 정확하게 반영하지 않는다. 이러한 경우를 보고 편향reporting bias이라고 한다.

데이터 편향 문제를 다룰 때의 일반적인 오류는 데이터셋에서 편향 영역을 제거하면 문제가 해결될 것이라는 가정이다. 이를테면, 누군가 대출을 불이행할 가능성을 예측하는 모델을 구축하고 있다고 가정해보자. 모델이 서로 다른 인종의 사람들을 부당하게 대하는 경우, 인종을 데이터셋에서 특징에서 제거하여 문제를 단순하게 해결하겠다고 생각할 수 있다. 허나 이는 오산이다. 보다 뿌리 깊은 편견으로 인해 인종이나 성별과 같은 특징이 우편번호나 소득과 같은 다른 특징에 암시적으로 반영되는 경우가 많다는 것이다. 이를 암시적 편향implicit bias 또는 프록시 편향proxy bias이라고 한다. 인종, 성별과 같은 잠재적 편향이 있는 명백한 특징을 제거해버리면 모델에서 편향의 인스턴스를 식별하고 수정하기가 더 어려워지므로 그대로 둘 때보다 상황이 악화될 수 있다.

데이터를 수집하고 준비할 때 편향이 생길 수 있는 또 다른 영역으로는 데이터에 라벨을 지정하는 방식이 있다. 팀은 종종 대규모 데이터셋의 라벨링 작업을 외주를 통해 해결하지만, 라벨 지정자도 데이터셋이 편향되지 않도록 주의해서 작업을 해야 한다. 특히 라벨링이 주관적인 경우 더욱 그렇다. 이것을 실험자 편향experimenter bias이라고 한다. 예를 들어 감성 분석 모델을 구축하고 있으며 라벨링을 20명의 그룹에게 외주를 통해 진행했다고 가정해보자. 각 텍스트에 대해 1(매우 부정적)에서 5(매우 긍정적)까지의 등급으로 라벨을 지정한다고 했을 때, 이는 개인의 주관에 의존할 수밖에 없다. 실험자의 문화, 양육, 기타 여러 요인에 의해 영향을 받기 때문이다. 이 데이터를 사용하여 모델을 학습시키기 전에 20명의 인원들이 다양한 인구 특성을 반영하는지 확인해야 한다.

데이터 외에도 우리가 선택한 목적 함수에 의해 모델 학습 중에 편향이 발생할 수 있다. 예를 들어 전체 정확도 향상을 위해 모델을 최적화하는 경우에는 특정 그룹의 데이터에 대한 모델 성능을 정확하게 반영하지 못할 수도 있다. 이를테면 데이터셋이 원래부터 불균형했던 경우, 정확도를 유일한 측정 항목으로 사용하면 모델의 성능이 낮아지거나 소수 그룹의 데이터에 대해 불공정한 결정을 내리는 경우를 놓칠 수 있다.

이 책을 통해 우리는 ML이 생산성을 개선하고 비즈니스에 가치를 추가하며 이전에 수동이었던 작업을 자동화할 수 있음을 확인했다. 데이터 과학자와 ML 엔지니어로서 우리가 구축한 모델이 이를 사용하는 집단에 부정적인 영향을 미치지 않도록 해야 할 공동 책임이 있다.

7.3.2 솔루션

머신러닝에서 문제성 편향을 처리하려면 모델을 학습하기 전에 데이터에서 유해한 편향 영역을 식별하고 공정성 렌즈를 통해 학습된 모델을 평가하기 위한 솔루션이 필요하다. 공정성 렌즈 디자인 패턴은 모든 사용자 그룹을 동등하게 취급하는 데이터셋과 모델을 구축하기 위한 접근 방식을 제공한다. 많은 파이썬 노트북 환경에서 실행할 수 있는 데이터셋과 모델 평가를 위한 오픈소스 도구인 What-If 도구를 사용하여 실습해보자.

> **TIP** 이 절에 설명된 도구를 사용하기 전에 데이터셋과 예측 작업을 모두 분석하여 문제성 편향이 존재할 가능성을 확인하는 것이 좋다. 이를 위해서는 모델의 영향을 받는 사람과 해당 그룹이 어떻게 영향을 받는지를 자세히 살펴봐야 한다. 만일, 문제성 편향이 존재할 가능성이 있다면, 이번 절에 설명된 기술적 접근 방식을 통해 편향을 완화하기 위한 시도를 할 수 있다. 반면에 데이터셋의 편향이 특정 그룹의 사람들에게 악영향을 주지 않는 자연 발생 편향으로 판단되었다면, 3.6절을 통해 불균형한 데이터 처리 방법을 참고할 수 있다.

이 절에서는 미국 주택담보대출 신청의 공개 데이터셋(*https://oreil.ly/azFUV*)을 참조할 것이다. 미국의 대출 기관은 대출 유형, 신청자의 소득, 대출 처리 기관, 신청 상태와 같은 개별 신청에 대한 정보를 보고해야 한다. 공정성의 다양한 측면을 보여주기 위해 이 데이터셋에 대한 대출 신청 승인 모델을 학습할 것이다. 이 데이터셋은 ML 모델을 학습하기 위해 대출 기관에서 사용하지 않으므로 우리가 제기하는 공정성 위험은 가설일 뿐이다.

이 데이터셋의 하위 집합을 만들고 이를 이진 분류 문제로 전환하기 위해 몇 가지 전처리를 수행했다(대출의 승인 여부와 관계없이). [그림 7-9]에서 데이터셋을 미리 볼 수 있다.

as_of_year	agency_code	loan_type	property_type	loan_purpose	occupancy	loan_amt_thousands	preapproval	county_code	applicant_income_thousands	purchaser_type	hoepa_status	lien_status	population
2015	Consumer Financial Protection Bureau (CFPB)	Conventional (any loan other than FHA, VA, FSA...	One to four-family (other than manufactured ho...	Refinancing	1	110.0	Not applicable	119.0	55.0	Freddie Mac (FHLMC)	Not a HOEPA loan	Secured by a first lien	5930.0
2016	Department of Housing and Urban Development (HUD)	Conventional (any loan other than FHA, VA, FSA...	One to four-family (other than manufactured ho...	Home purchase	1	480.0	Not applicable	33.0	270.0	Loan was not originated or was not sold in cal...	Not a HOEPA loan	Secured by a first lien	4791.0
2016	Federal Deposit Insurance Corporation (FDIC)	Conventional (any loan other than FHA, VA, FSA...	One to four-family (other than manufactured ho...	Refinancing	2	240.0	Not applicable	59.0	96.0	Commercial bank, savings bank or savings assoc...	Not a HOEPA loan	Secured by a first lien	3439.0
2015	Office of the Comptroller of the Currency (OCC)	Conventional (any loan other than FHA, VA, FSA...	One to four-family (other than manufactured ho...	Refinancing	1	76.0	Not applicable	65.0	85.0	Loan was not originated or was not sold in cal...	Not a HOEPA loan	Secured by a subordinate lien	3952.0

그림 7-9 이 절 전체에서 참조한 미국 주택담보대출 신청 데이터셋의 일부

학습 전

ML 모델은 학습에 사용되는 데이터를 직접 나타내므로, 모델 구축 **전에** 철저한 데이터 분석을 진행해 데이터를 조정하면 상당한 규모의 편향을 완화할 수 있다. 이 단계에서는 7.3.1절에서 설명한 데이터 수집이나 데이터 표현 편향을 식별하는데 중점을 둔다. [표 7-3]에 데이터 유형에 따라 각 편향 유형에 대해 고려해야 할 몇 가지 질문을 정리했다.

표 7-3 다양한 유형의 데이터 편향에 대한 설명

	정의	분석시 고려 사항
데이터 분포 편향	데이터가 프로덕션 환경 및 가능한 모델 사용 그룹과 다른 분포를 나타내는 경우	• 데이터에 모든 인구 통계학적 부분(성별, 연령, 인종, 종교 등)이 균형 있게 고려되었는지 여부 • 데이터의 각 라벨에 대해 가능한 모든 변형에 대한 부분이 균형 있게 고려되었는지 여부(예: 문제 절에서 살펴본 신발과 샌들 예시)
데이터 표현 편향	데이터가 실제 사용 환경 측면에서는 균형이 잡혀 있으나, 분할한 데이터셋 간에 표현이 일정하지 않은 경우	• 분류 모델의 경우, 라벨이 관련 특징 간에 균형을 이루는지 여부. 예를 들어 신용 평가 모델을 위한 데이터셋에서 대출 상환 가능성이 낮은 것으로 표시된 사람들의 성별, 인종, 기타 정체성 특징에 대해 동일 비중으로 표현되어 있는지를 확인해야 한다. • 데이터에서 인구 통계학적 그룹 간에 차별적 편향이 있는지 여부. 이는 특히 감성이나 별점 예측 모델과 관련이 깊다. • 데이터 라벨 작업자에게 개인에 의한 편향이 있는지 여부

데이터를 검토하고 편향을 수정한 후에는 데이터를 학습, 테스트, 검증셋으로 분할할 때 이와 동일한 고려 사항을 검토해야 한다. 즉, 전체 데이터셋이 균형을 이루고 나면 학습, 테스트, 검증 분할이 동일한 균형을 유지하는 것이 중요하다. 신발 이미지 예시로 돌아가 10개 유형의 신발에 대해 다양한 이미지를 포함하도록 데이터셋을 개선했다고 가정해보자. 학습셋에는 테스트, 검증셋과 비슷한 각 신발 비율이 포함되어야 한다. 이렇게 해야 모델이 실제 시나리오를 반영하고 있는지 확인할 수 있다.

이와 같은 데이터셋 분석이 실제로 어떻게 보이는지 확인하기 위해 위에서 소개한 주택담보대출 데이터셋에서 What-If 도구를 사용해보자. 이를 통해 분할한 데이터셋의 현재 균형을 시각화할 수 있다. What-If 도구는 모델의 유무와 관계없이 작동하기 때문에 아직 모델을 빌드하지 않았다면, 데이터만 전달하여 What-If 도구의 위젯을 초기화할 수 있다.

```
config_builder = WitConfigBuilder(test_examples, column_names)
WitWidget(config_builder)
```

[그림 7-10]에서는 데이터셋에서 1,000개의 예제를 전달했을 때의 결과를 살펴볼 수 있다. 첫 번째 탭은 데이터에 대한 개요를 제공하고 개별 예제를 검사할 수 있는 '데이터 포인트 편집기'를 제공한다. 이 시각화에서 데이터 포인트는 모기지 신청 승인 여부에 관계없이 라벨값에 의해 색상이 지정된다. 개별 예시도 강조 표시할 수 있으며, 이와 관련된 특징값을 볼 수 있다.

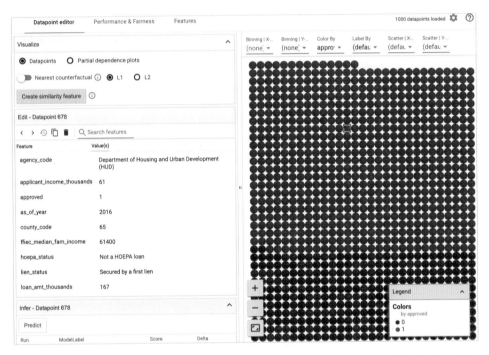

그림 7-10 What-If 도구의 '데이터 포인트 편집기'에서 데이터가 라벨 클래스별로 분할되는 방식을 확인하고 데이터셋의 개별 예제에 대한 특징을 검사할 수 있다.

데이터 포인트 편집기에서는 시각화를 사용자 지정하는 많은 옵션이 있으며 이렇게 하면 데이터가 분할되는 방식을 이해할 수 있다. **비닝|Y축**에서 agency_code 열을 선택하면 라벨별로 동일한 색상을 유지한다.[4] 이를 통해 각 대출 신청서를 처리하는 대행사의 비율이 얼마나 균형을 이루는지 차트를 통해 확인할 수 있다. [그림 7-11]을 살펴보자. 이러한 1,000개의 데이터 포인트가 데이터셋을 잘 표현하고 있다고 가정하면, [그림 7-11]에는 몇 가지의 잠재적인 편

------

4 옮긴이_ 비닝(binning)은 연속된 데이터나 고유값이 많은 범주형 데이터를 구간화하여 카디널리티를 줄이는 기법이다. 이산화(discretization)라고도 한다. 예를 들어 이미지 데이터에서 픽셀 비닝을 실시하면 근접한 픽셀들을 합쳐 해상도는 낮아지지만 데이터 노이즈가 줄어드므로 보다 선명한 이미지를 얻을 수 있다.

향 사례가 존재한다.

데이터 표현 편향

HUD 기관에 제출된 신청서의 경우, 데이터에 표시된 다른 기관보다 **미승인** 비율이 높다. 모델은 이를 학습하여 HUD를 통해 생성된 신청서에 대해서는 '미승인'을 더 자주 예측할 수 있다.

데이터 수집 편향

FRS, OCC, FDIC, NCUA에서 발생한 대출에 대한 데이터가 충분하지 않아 agency_code를 모델의 특징으로 정확하게 사용할 수 없다. 데이터셋의 각 기관에 대한 지원 비율이 실제 추세를 반영하는지 확인해야 한다. 예를 들어 비슷한 수의 대출 신청건이 FRS, HUD를 통해 제출되는 경우, 데이터셋은 각 기관에 대해 동일한 비율로 존재해야 한다.

그림 7-11 데이터셋의 agency_code 열로 비닝된 미국 주택담보대출 데이터셋의 하위 집합

위의 분석 과정을 다른 열에서 반복하고 이를 통해 데이터를 개선할 수 있다. What-If 도구에

는 이 외에도 사용자 지정 시각화를 만들기 위한 다양한 옵션이 있다.[5]

What-If 도구를 사용하여 데이터를 이해하는 또 다른 방법으로는 [그림 7-12]과 같이 특징탭을 사용하는 것이 있다. 특징탭에서는 데이터셋 각 열마다의 데이터 균형을 살펴볼 수 있다. 그래프상에서 데이터 추가, 제거, 예측 작업을 변경해야 하는 위치를 확인할 수 있는데, 예를 들어 loan_purpose 열의 경우, 3개의 범주 중 1개의 범주의 데이터가 모자란 것이 확인된다. 때문에 대출 목적을 예측하는 모델을 만들 때, 재융자나 주택 구매 대출(3개의 범주 중 2개)에 대해서만 예측하도록 제한할 수 있다.

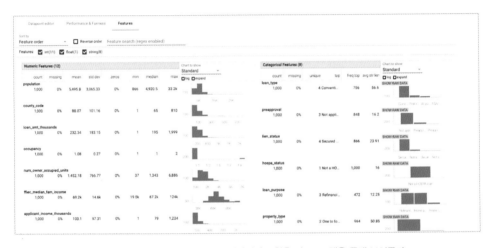

그림 7-12 What-If 도구의 특징탭은 각 열에 대한 데이터셋의 균형을 히스토그램을 통해 보여준다.

데이터셋과 예측 작업을 어느 정도 마무리하면 모델 최적화를 고려할 수 있다. 예를 들어 '대출 승인'에 대한 모델의 정확성에 가장 관심이 있다면, 모델 학습 중에 이진 분류 모델의 '대출 승인' 클래스의 AUC(또는 다른 지표)에 대해 최적화를 진행할 수 있다.

> **TIP** 데이터 수집 편향을 제거하기 위한 모든 작업을 수행했음에도 불구하고, 특정 클래스에 사용할 수 있는 데이터가 충분하지 않을 수도 있다. 이 경우 3.6절의 패턴을 참고하면 불균형 데이터를 처리하기 위한 모델 구축 방법을 알 수 있다.

---

5 자세한 코드는 다음을 참고. *https://github.com/GoogleCloudPlatform/ml-design-patterns/blob/master/07_responsible_ai/fairness.ipynb*).

> **다른 형태의 데이터 편향**
>
> 이 절에서는 테이블 형식의 데이터셋의 편향을 살펴보았으나, 이는 다른 유형의 데이터에서도 일반적으로 발생한다. 구글이 관리하는 기술 인큐베이터 회사인 직쏘Jigsaw에서 제공하는 일반 시민 댓글 데이터셋(https://oreil.ly/xaocx)을 살펴보자. 텍스트 데이터에서도 편향을 찾을 수 있는 좋은 예제로, 악성 댓글을 구분하기 위한 모델을 구축하는 데 사용된 데이터셋이다. 여기서는 0~1 사이의 범위에 따라 댓글에 악성 점수 라벨을 추가했다. 데이터셋의 각 댓글에는 종교, 인종, 성적 취향에 대한 언급과 같은 정체성 태그가 지정된다. 이로 인해 이 데이터를 사용하여 모델을 학습시키는 경우, 데이터 표현 편향을 확인하는 것이 중요하다. 즉, 댓글의 정체성 용어가 악성 댓글 판별에 영향을 주지 **않아야 하며** 모델을 학습하기 전에 이러한 편향을 고려해야 한다.
>
> 예시 댓글을 살펴보자. "민트 초코는 최고의 아이스크림 맛이다"에서 '민트 초코'를 '초코'로 바꾸더라도 댓글은 동일한 악성 점수(이상적으로는 0)로 라벨이 지정되어야 한다. 같은 맥락에서 "민트 초코는 최악이다. 이 맛이 마음에 든다면 멍청이다"와 같은 댓글에서 우리는 높은 악성 점수를 기대할 것이며 '민트 초코'를 다른 맛으로 바꾸더라도 악성 점수는 같아야 할 것이다. 이 예에서는 아이스크림을 사용했지만, 인간 중심의 데이터셋(반사실적 공정성이라고 알려진 개념)에서 특정 정체성과 관련된 용어 사용에 있어서는 더욱 주의가 필요하다.

학습 이후

엄격한 데이터 분석을 수행했더라도 학습된 모델에 편향된 판단 기준이 적용될 수 있다. 이는 모델의 아키텍처, 측정 항목 최적화, 학습 전에 식별되지 않은 데이터 편향의 결과로 발생할 수 있다. 이 문제를 해결하려면 공정성 관점에서 모델을 평가하고 전체 모델 정확도 이외의 측정 항목을 더 깊이 고려하는 것이 중요하다. 이와 같은 학습 후 분석post-training analysis의 목표는 모델 정확도와 모델의 예측이 서로 다른 그룹에 미치는 영향 간의 균형을 이해하는 것이다.

What-If 도구는 사후 분석을 위한 옵션 중 하나다. 학습된 모델에서 사용하는 방법을 알아보기 위해 주택담보대출 데이터셋 예제를 살펴보자. 이전 분석을 바탕으로 재융자나 주택 구매 목적의 대출만을 포함하도록 데이터셋을 수정했다. 이후 XG부스트 모델을 학습하여 애플리케이션 승인 여부를 예측했다. XG부스트를 사용하고 있기 때문에 파이썬의 판다스에 `get_dummies()` 메서드를 사용하여 모든 범주의 특징을 불리언 열로 변환했다.

지금부터 위의 What-If 도구 초기화 코드에 몇 가지 추가 작업을 수행할 것이다. 이번에는 라벨 열과 각 라벨의 이름을 지정하는 설정과 더불어 학습된 모델을 호출하는 함수를 전달할 것이다.

```python
def custom_fn(examples):
    df = pd.DataFrame(examples, columns=columns)
    preds = bst.predict_proba(df)
    return preds

config_builder = (WitConfigBuilder(test_examples, columns)
    .set_custom_predict_fn(custom_fn)
    .set_target_feature('mortgage_status')
    .set_label_vocab(['denied', 'approved']))
WitWidget(config_builder, height=800)
```

위의 코드를 통해 모델 도구와 관련된 작업은 잘 통과했다. [그림 7-13]을 살펴보자. y축에 표시된 모델의 예측 신뢰도에 따라 테스트 데이터 포인트가 표시되어 있음을 확인할 수 있다.

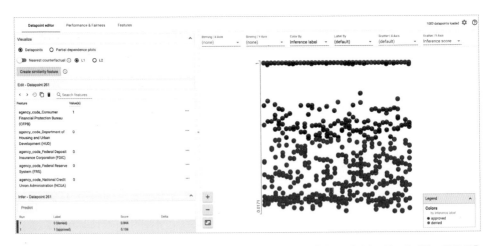

그림 7-13 이진 분류 모델을 위한 What-If 도구의 데이터 포인트 편집기. y축은 각 데이터 포인트에 대한 모델의 예측 결과이며 범위는 0(거부됨)에서 1(승인됨)까지다.

What-If 도구의 '성능 및 공정성Performance & Fairness' 탭을 사용하면 여러 데이터 조각에서 모델의 공정성을 평가할 수 있다. 모델의 특징 중 하나를 '슬라이스 기준Slice by' 메뉴에서 선택하면 이 특징의 다른 값에 대한 모델의 결과를 비교할 수 있다. [그림 7-14]에서 agency_code_HUD 특징(HUD에 의해 대출 신청이 접수되었는지 여부를 나타내는 불리언값으로 HUD가 아닌 대출의 경우 0, HUD 대출의 경우 1)을 슬라이스 기준으로 선택하여 데이터를 구분했다.

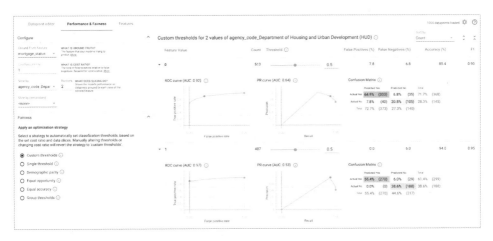

그림 7-14 What-If 도구의 성능 및 공정성 탭은 다양한 특징값에 대한 XG부스트 모델 성능을 보여준다.

성능 및 공정성 차트에서 다음을 확인할 수 있다.

- HUD의 대출에 대한 모델의 정확도는 85%에 비해 94%로 훨씬 높은 정확도를 보인다.
- 혼동 행렬에 따르면 비HUD 대출은 72%로 HUD 대출의 55%에 비해 더 높은 비율로 승인된다. 이는 이전 절에서 식별된 데이터 표현 편향 때문일 수 있다(모델이 데이터 편향을 증폭할 수 있는 방법을 보여주기 위해 의도적으로 변경한 데이터셋).

[그림 7-14]의 '최적화 전략optimization strategy'을 통해 데이터 편향 완화 조치를 진행할 수 있으며, 여기에는 모델의 분류 임곗값classification threshold(모델이 양성으로 분류하는 기준 임곗값) 변경이 포함된다. 해당 전략을 대출 승인 사례에 적용해 생각해보자. 여기에서 '대출 신청 승인'으로 표시해도 괜찮은 신뢰도의 임곗값은 얼마일까? 모델이 대출 신청 건에 대해 신뢰도를 60%로 판단했을 때에도 대출을 승인해야 할까? 아니면 모델이 98% 이상의 신뢰도를 기록했을 때만 대출을 승인해야 할까? 이 결정은 주로 모델의 맥락이나 예측 작업의 성격에 따라 달라진다. 이미지에 고양이가 포함되어 있는지 여부를 예측하는 경우에는 모델이 60%의 신뢰도만을 기록하더라도 '고양이'라는 라벨을 반환해도 문제가 없을 수 있다. 그러나 의료 이미지에 질병이 포함되어 있는지 여부를 예측하는 모델이라면 임곗값이 훨씬 더 높기를 원할 것이다.

What-If 도구는 다양한 최적화를 기반으로 임곗값을 선택하는 데 도움이 된다. 예를 들어 '인

구통계학적 요소demographic parity'를 기준으로 최적화하면, 모델이 HUD와 비HUD 대출에 대해 동일한 비율의 신청을 승인할 수 있다. 또는 기회 균등 공정성 지표equality of opportunity fairness metric 를 사용하면 테스트 데이터셋에서 HUD와 비HUD '대출 신청 승인' 정답 데이터 포인트에 의해 동일한 확률로 모델 예측을 수행한다.

모델의 예측 임곗값을 변경하는 것은 공정성 평가 지표에 따라 조치를 취하는 한 가지 방법일 뿐이다. 학습 데이터 리밸런싱, 특정 지표에 따른 최적화 진행을 위한 모델 재학습 등 다양한 접근 방식이 있다.

> **TIP** What-If 도구는 아키텍처, 프레임워크에 관계없이 모든 유형의 모델에 사용할 수 있다. 노트북이나 텐서보드TensorBoard(*https://oreil.ly/xWV4_*)에 로드된 모델, 텐서플로 서빙을 통해 제공되는 모델, 클라우드 AI 플랫폼에 배포된 모델에서도 작동한다. What-If 도구 팀은 LITLanguage Interpretability Tool(*https://oreil.ly/CZ60B*)라는 텍스트 기반 모델용 도구도 만들었다.

학습 후 평가에 대한 또 다른 중요한 고려 사항은 균형 잡힌 예제 데이터셋에서 모델을 테스트하는 것이다. 모델 구축 시 데이터 수집이나 표현 편향의 영향을 받을 수 있는 데이터가 확인되었다면, 테스트 데이터셋에서도 이러한 사례가 충분히 포함되어 있는지 확인해야 한다. 데이터를 분할한 후에는 **각** 데이터 분할에 대해 이 절의 '학습 전' 부분에서 사용한 것과 동일한 유형의 학습, 검증, 테스트 데이터를 사용한다.

이 분석에서 볼 수 있듯이 모델 공정성에 대해 정해진 답이나 평가 지표는 존재하지 않는다. 데이터 수집부터 배포한 모델에 이르기까지 ML 워크플로 전체에서 사용해야 하는 지속적이고 반복적인 프로세스다.

7.3.3 트레이드오프와 대안

이전 장에서 논의한 사전/사후 학습 기법 외에도 모델 공정성에 접근하는 방법은 많다. 여기에서는 공정한 모델을 달성하기 위한 몇 가지 대체 도구와 프로세스를 소개한다. ML 공정성은 빠르게 발전하는 연구 분야다. 이 절에 포함된 도구는 전체 목록을 제공하기 위한 것이 아니라 현재 모델 공정성을 개선하는 데 사용할 수 있는 몇 가지 기법과 도구다. 더불어 공정성 렌즈 디자인 패턴과 설명 가능한 예측 디자인 패턴이 서로 어떤 측면에서 함께 쓰이며 어떤 차이가 있는지에 대해서도 설명할 것이다.

공정성 지표

공정성 지표fairness-indicator(FI, *https://github.com/tensorflow/fairness-indicators*)는 학습 전에 데이터셋의 분포를 이해하고 공정성 측면의 모델 성능을 평가하는 데 도움이 되도록 설계된 오픈소스 도구 모음이다. FI에 포함된 도구는 텐서플로 데이터 검증Tensorflow data validation(TFDV) 및 텐서플로 모델 검증Tensorflow model validation(TFMA)이 있다. 공정성 지표는 TFX 파이프라인(자세한 내용은 6.5절 참조)이나 텐서보드를 통해 가장 자주 사용되는 컴포넌트 중 하나다. TFX에는 공정성 지표를 사용하는 사전 컴포넌트인 두 가지 도구가 있다.

- 데이터 분석, 드리프트 감지, 학습 제공 편향을 검사하는 TFDV의 예제 유효성 검증기example validator

- 평가 모듈evaluator은 TFMA의 라이브러리를 사용하여 데이터셋의 하위 집합 수준에서 모델을 평가한다. TFMA에서 생성된 대화형 시각화의 예는 [그림 7-15]에서 확인할 수 있다. 이는 데이터의 한 특징(높이)을 기준으로 가능한 각 범줏값에 대한 모델의 거짓 음성 비율을 비교한다.

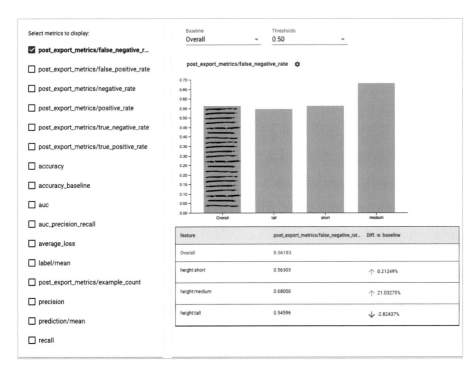

그림 7-15 여러 데이터 하위 집합에 대한 모델의 거짓 음성 비율 비교

공정성 표시기 파이썬 패키지(*https://oreil.ly/pYM1j*)를 통해 TFMA는 텐서플로뿐만 아니라 다른 모델에서도 작동하는 독립 실행형 도구로 사용될 수 있다.

데이터 평가 자동화

7.3.2절에서 논의한 공정성 평가 방법은 수동으로 진행하는 데이터 및 모델 분석에 중점을 두었다. 이러한 유형의 분석은 특히 모델 개발의 초기 단계에서 중요한데 모델의 운영, 유지 관리, 개선으로 초점을 전환함에 따라 공정성 평가를 자동화하는 방법이 필요하다. 공정성 평가를 자동화함에 따라 ML 프로세스 전체에 공정성 평가 절차가 통합되어 효율성을 개선할 수 있다. TFX와 같은 컴포넌트를 사용하는 동시에 5.3절과 6.5절을 참조한다면 이를 수행할 수 있다.

허용 및 금지 목록

데이터나 모델의 내재된 편향을 직접 수정할 방법을 찾을 수 없는 경우, 허용 및 금지 목록을 사용하여 프로덕션 모델 위에 규칙을 하드 코딩할 수 있다. 이는 모델이 반환하지 않기를 바라는 라벨이나 단어가 있는 분류나 생성 모델에 주로 적용된다. 예를 들어 '남성', '여성'과 같이 성별이 지정된 단어는 구글 클라우드 비전 API의 라벨 감지 기능에서 삭제되었다(*https://oreil.ly/WY2vp*). 성별은 외모만으로 결정할 수 없기 때문에 모델의 예측이 시각적 특징만을 기반으로 할 때 이러한 라벨을 반환은 불공정 편향을 강화했을 것이다. 대신 비전 API는 '사람'을 반환한다. 마찬가지로 지메일의 스마트 편지 쓰기 기능은 다음과 같은 문장에서 성별 관련 대명사 사용을 피한다(*https://oreil.ly/dtMhK*). "다음 주에 투자자를 만날 예정인데 당신은 __를 만나고 싶나요?"가 그 예시다. 빈칸에 '그/그녀'가 아니라 '투자자'를 사용했다.

이러한 허용 및 금지 목록은 ML 워크플로의 두 단계 중 하나에 적용할 수 있다.

데이터 수집

모델을 처음부터 학습시키거나, 전이 학습 디자인 패턴을 사용하여 자체 분류 계층을 추가할 때 모델을 학습하기 전의 데이터 수집 단계에서 모델의 라벨셋을 정의할 수 있다.

학습 후

예측을 위해 사전 학습된 모델에 의존하고 해당 모델의 동일한 라벨을 사용하는 경우 허용 및 금지 목록을 프로덕션에서 구현할 수 있다. 모델이 예측을 반환한 후 해당 라벨이 최종 사용자에게 표시되기 전이다. 이는 가능한 모든 모델 출력을 완전히 제어할 수 없는 텍스트 생성 모델에도 적용될 수 있다.

데이터 증식

앞서 논의한 데이터 분포 및 표현 솔루션 외에도 모델 편향을 최소화하는 또 다른 접근 방식은 데이터 증식을 수행하는 것이다. 이 접근 방식을 사용하면 잠재적인 편향 원인을 제거하기 위해 학습 전에 데이터가 변경된다. 특정 유형의 데이터 증식은 절제ablation라고 하며 특히 텍스트 모델에 적용할 수 있다. 예를 들어 텍스트 감성 분석 모델에서는 모델의 예측에 영향을 주지 않도록 텍스트에서 정체성 용어를 제거할 수 있다. 이 장의 앞부분에서 사용한 아이스크림 예를 기반으로 한 "민트 초코는 최고의 아이스크림 맛이다"라는 문장은 절제를 적용한 후 "___는 최고의 아이스크림 맛이다"가 된다. 그런 다음 데이터셋 전체에서 모델의 감성 예측에 영향을 주지 않으려는 다른 모든 단어를 동일한 단어로 바꾼다(여기서는 ___을 사용했지만 나머지 텍스트 데이터에서 등장하지 않는 텍스트라면 어떠한 것이든 사용 가능하다). 이와 같은 절제 기법은 많은 텍스트 모델에서 잘 작동하지만 7.3.1절에서 언급한 것처럼 테이블 형식 데이터셋에서 편향 영역을 제거할 때는 주의해야 한다.

또 다른 방식으로 새로운 데이터 생성을 포함하는 데이터 증식 기법이 있다. 구글 번역에서는 성 중립적 표현을 특정 성별과 관련된 표현으로 번역할 때 성별 편향을 최소화(*https://oreil.ly/3Rkdr*)하기 위해 이를 사용했다. 예를 들어 [그림 7-16]에서 볼 수 있듯이 성 중립적인 영어 문장 'We are doctors'는 스페인어로 번역될 때 특정 성별과 관련된 두 가지 결과를 산출한다. 스페인어에서 '우리'라는 단어는 여성성과 남성성을 모두 가질 수 있기 때문이다. 이렇듯 두 가지 표현형이 모두 가능한 경우, 번역 결과를 재작성하여 사용자에게 제시한다.

그림 7-16 한 언어(여기서는 영어로 'we'라는 단어)의 성별 중립적 단어를 성별을 특정하는 언어로 번역할 때, 구글 번역은 성별 편향을 최소화하기 위해 여러 개의 번역을 제공한다.

모델 카드

논문(*https://oreil.ly/OAIcs*)에서 처음 소개된 모델 카드는 모델의 기능과 한계를 보고하기 위한 프레임워크를 제공한다. 모델 카드의 목표는 모델이 의도한 방식으로 사용되는 경우에만 문제가 있는 편향을 완화하기 때문에, 모델을 사용해야 하거나 사용해서는 안 되는 시나리오에 대한 세부 정보를 제공하여 모델 투명성을 개선하는 것이다. 이러한 방식으로 모델 카드는 올바른 맥락에서 모델을 사용하는 것을 장려한다.

첫 번째로 출시된 모델 카드(*https://oreil.ly/OwiJY*)는 구글 클라우드 비전 API의 얼굴 및 객체 감지 기능에 대한 요약 및 공정성 측정 항목을 제공한다. 자체 ML 모델을 위한 모델 카드를 생성하기 위해 텐서플로는 독립 실행형 파이썬 라이브러리 및 TFX 파이프라인의 일부로 실행할 수 있는 모델 카드 도구^{Model Card Toolkit}(MCT, *https://github.com/tensorflow/model-card-toolkit*)를 제공한다. MCT는 내보낸 모델을 읽고 다양한 측면에서의 성능 및 공정성 지표가 있는 일련의 차트를 생성한다.

공정성 대 설명 가능성

ML의 공정성과 설명 가능성은 종종 함께 사용되며, 책임 있는 AI에서 비중 있게 다루고 있기 때문에 때때로 혼동되기도 한다. 공정성은 모델 수준에서 편향을 식별하고 제거하는 데 적용되며, 설명 가능성은 편향의 존재를 진단하는 **한 가지** 접근 방식이다. 예를 들어 설명 가능성의 경우 감성 분석에서 모델이 '최악(부정)', '놀라움(긍정)', '아님(부정)'과 같은 감성을 나타내는 단어가 아니라 정체성 용어에 의존하고 있음을 파악할 수 있다.

또한 설명 가능성은 모델이 특정 사기 거래를 표시하는 이유나 모델이 의료 이미지에서 '질병'을 예측하게 만드는 픽셀 등의 요인들을 밝히기 위해 공정성의 맥락 밖에서 사용될 수 있다. 따라서 설명 가능성은 모델 투명성을 향상시키는 방법이다. 때때로 투명성은 모델이 특정 그룹을 부당하게 대하는 영역을 드러낼 수 있지만, 모델의 의사결정 프로세스에 대한 더 높은 수준의 통찰력을 제공할 수도 있다.

7.4 마치며

피터 파커Peter Parker가 "큰 힘에는 큰 책임이 따른다"[6]고 말한 것이 머신러닝을 염두에 두고 한 말은 아니겠으나, 이 인용문은 확실히 머신러닝에 적용된다. 머신러닝은 산업을 혁신하고 생산성을 개선하며, 데이터에서 새로운 인사이트를 생성하는 힘이 있다. 이러한 잠재력으로 인해 모델이 다양한 이해관계자 그룹에 어떤 영향을 미치는지 이해하는 것이 특히 중요해졌다. 여기에서 모델 이해관계자는 모델 사용자, 규제 그룹, 데이터 과학 팀, 조직 내 비즈니스 팀 등 다양한 인구 통계학적 특징에 의해 구분된 특정 그룹을 의미한다.

이 장에 설명된 책임 있는 AI 패턴은 모든 ML 워크플로의 필수적인 부분이다. 모델이 생성한 예측을 더 잘 이해하고 모델이 프로덕션 환경으로 배포되기 전에 잠재적인 부정적 행동을 포착하는데 도움이 될 수 있다. 이를 위해 우리는 **휴리스틱 벤치마크** 디자인 패턴부터 시작하여 모델 평가를 위한 초기 지표를 식별하는 방법을 살펴보았다. 이와 같은 벤치마크 지표는 후속 모델 버전의 개선점을 이해하고 비즈니스 의사결정권자를 위한 모델 동작을 요약하기 위한 비교 지점으로 유용하다. **설명 가능한 예측** 디자인 패턴에서 모델의 예측을 진행하는 데 가장 중요한 특징이 무엇인지 확인하기 위해 특징 기여도를 사용하는 방법을 시연했다. 특징 기여도는 설명 가능성 방법의 한 유형으로, 단일 입력값이나 테스트 입력 그룹에 대한 예측을 평가하는 데 사용할 수 있다. 마지막으로, **공정성 렌즈** 디자인 패턴을 통해 모델의 예측이 모든 사용자 그룹을 공정하며 편파적이지 않은 방식으로 처리하도록 보장하는 도구와 측정 항목을 제시했다.

---

6 옮긴이_ 영화 〈스파이더맨〉의 대사다.

## CHAPTER 8

연결 패턴

우리는 머신러닝 모델과 파이프라인을 설계, 학습, 배포할 때 반복되는 문제에 대한 머신러닝 디자인 패턴 카탈로그를 만들었다. 8장에서는 지금까지 배운 패턴들을 쉽고 빠르게 참조할 수 있도록 정리한다. 이 책의 디자인 패턴은 일반적인 머신러닝 워크플로를 기준으로 정리되었기 때문에, 머신러닝 프로젝트를 어떻게 진행하는지를 기억한다면 자연스럽게 내용을 떠올릴 수 있다. 먼저, 입력 표현과 모델 선택에 대해 배웠으며, 이후에 일반적인 모델 학습 루프를 어떻게 수정할지 알아보았다. 또한 추론을 보다 탄력성 있게 만드는 패턴에 대해 논의했다. 마지막으로, 어떻게 책임 있는 AI를 구현할지에 대한 패턴도 살펴보았다.

이는 요리책을 구성할 때 에피타이저, 수프, 디저트에 대한 별도의 장을 마련한 것과 같다. 이런 요리책을 보며 각 개별 메뉴를 만드는 것은 쉽겠지만, 어떤 수프와 디저트가 어울릴지 선택하는 것은 어려울 수 있다. 따라서 이 장에서는 각 패턴들이 어떻게 연관되어 상호작용하는지도 함께 설명할 것이다. 그 후, 일반적인 범주에 속하는 머신러닝 작업을 위한 '코스 요리 계획'을 살펴볼 것이다.

8.1 패턴 참조

그동안 다양한 디자인 패턴과 이를 사용하여 머신러닝에서 발생하는 일반적인 문제를 해결하는 방법에 대해 논의했다. 다음은 이에 대한 요약이다.

장	디자인 패턴	풀고자 하는 문제	솔루션
데이터 표현	특징 해시	불완전한 어휘, 카디널리티로 인한 모델 크기, 콜드 스타트와 같은 카테고리 특징과 관련된 문제가 발생할 경우	카테고리 특징에 결정적이고 이식 가능한 문자열 해시를 적용한다. 이를 통해 데이터 표현상의 충돌을 버킷 수준에서 제어할 수 있다.
	임베딩	밀착도를 유지한 채, 높은 카디널리티를 지닌 특징을 다뤄야 할 경우	학습 문제와 관련된 정보를 유지한 채 높은 카디널리티 데이터를 저차원 공간에 매핑하는 데이터 표현 방법을 익힌다.
	특징 교차	모델 복잡성이 부족하여 특징 관계를 학습하기 어려운 경우	입력값의 조합을 명시적인 별도의 특징으로 만든다. 이를 통해 모델이 특징 간의 관계를 더 빠르게 학습할 수 있다.
	멀티모달 입력	여러 잠재적인 데이터 표현 방법 중 어떤 것을 선택할지 모르는 경우	가능한 모든 데이터 표현을 연결하여 사용한다.
문제 표현	리프레이밍	수치 예측, 순서가 있는 범주형 특징, 예측 범위 제한하기, 멀티 태스크 학습 등에 신뢰도를 포함한 여러 문제가 발생한 경우	기계 학습 문제의 출력 표현을 변경한다. 예를 들어 회귀 분석을 분류 문제로 바꾸거나 분류 문제를 회귀 분석 문제로 바꿔볼 수 있다.
	멀티라벨	학습 데이터에 둘 이상의 라벨을 할당할 수 있는 경우	멀티-핫 배열을 사용하여 라벨을 인코딩하고 k개의 시그모이드 함수를 출력 계층에서 사용한다.
	앙상블	학습 데이터의 크기가 중소 규모일 때 발생하는 편향-분산 트레이드오프	여러 머신러닝 모델을 결합하고 결과를 집계하여 예측을 수행한다.
	캐스케이드	머신러닝 문제가 일련의 연속된 ML 문제로 분리될 때, 유지 보수나 드리프트 문제가 발생할 경우	ML 시스템을 학습, 평가, 예측을 위한 일종의 통합 워크플로로 취급한다.
	중립 클래스	본질적으로 구분하기 어려운 임의성을 띄는 라벨을 지니는 경우	현재 라벨과는 분리된 별도의 추가 라벨을 도입한다. 예를 들어 '예'와 '아니오'로 구성된 라벨에 '아마도'를 추가할 수 있다.
	리밸런싱	심하게 불균형된 데이터로 모델을 만들어야 하는 경우	상황에 따라 다운샘플링, 업샘플링, 가중 손실 함수를 사용한다.
학습 모델 수정	유용한 과대적합	물리 기반 모델이나 동적 시스템에 머신러닝을 적용해야 하는 경우	의도적으로 과대적합을 진행하기 위해, 학습 데이터셋에 일반화를 위한 조치를 하지 않는다.
	체크포인트	긴 시간 동안 수행되던 학습 작업이 기계 고장 등으로 중단될 가능성이 있는 경우	모델의 전체 상태를 주기적으로 저장한다. 이를 통해 처음부터 학습을 다시 시작하는 대신, 중간 지점에서부터 다시 학습을 재개할 수 있다.
	전이 학습	정교한 머신러닝 모델을 학습하는 데 필요한 데이터가 부족할 경우	유사한 모델의 가중치를 사용하여 현재 모델에 고정 계층으로 추가한 뒤 학습을 진행한다.
	분산 전략	대규모 신경망을 학습하는 데 시간이 너무 오래 걸리는 경우	캐싱, 하드웨어 가속, 병렬화 등의 방법으로 학습 루프를 여러 작업자(워커)에 걸쳐 진행한다.
	하이퍼파라미터 튜닝	머신러닝 모델의 최적 하이퍼파라미터를 결정해야 하는 경우	학습 과정에 최적화 기법을 추가하여 최적 하이퍼파라미터를 찾는다.
탄력성	스테이트리스 서빙 함수	프로덕션 ML 시스템에서 반드시 초당 수천에서 수백만 개의 요청을 동기식으로 처리해야 할 경우	머신러닝 모델을 스테이트리스 함수로 내보내고 이를 여러 클라이언트들과 확장 가능한 방식으로 공유한다.

장	디자인 패턴	풀고자 하는 문제	솔루션
	배치 서빙	한 번에 하나씩 요청을 처리하도록 설계된 엔드포인트를 사용하여 대용량 데이터에 대한 모델 예측을 수행해야 할 경우	분산 데이터 처리 소프트웨어 인프라를 사용하여 여러 인스턴스에서 비동기적으로 추론을 수행한다.
	연속 모델 평가	배포된 모델이 데이터 드리프트, 개념 드리프트, 데이터 파이프라인 변경 등으로 인해 시간이 지남에 따라 성능이 저하되는 경우	지속적으로 모델 예측 상황과 성능을 모니터링하여 배포된 모델이 더 이상 목적에 적합하지 않은 경우를 감지한다.
	2단계 예측	에지 환경이나 분산 환경에서도 크고 복잡한 모델의 성능의 유지가 필요한 경우	사용 사례를 두 단계로 나누고 간단한 경우에 대해서만 에지 환경에서 처리한다.
	키 기반 예측	대규모 예측 작업을 진행할 때, 어떤 결괏값이 어떤 입력값에 해당하는지 알기 어려운 경우	모델 예측에 클라이언트 지원 키를 통과시키도록 허용한다. 이를 통해 어떤 입력값에 어떤 결괏값이 해당되는지를 알 수 있다.
재현성	트랜스폼	입력값을 모델에 사용하기 위해선 특징 변환이 반드시 필요하며, 해당 프로세스가 모델 학습과 서빙 과정에서 일관성 있게 유지되어야 하는 경우	모델 입력값의 특징 변환을 명시적으로 수집 및 저장한다.
	반복 가능 분할	데이터 분할시 프로그래밍 언어나 임의의 랜덤 시드값에 관계없이 가볍고 반복 가능한 방법이 필요한 경우	행들의 상관관계를 파악할 수 있는 열을 식별한 뒤, 팜 핑거프린트 해싱 알고리즘을 적용하여 학습, 검증, 테스트 데이터셋으로 분할한다.
	브리지 스키마	새로운 데이터로 인한 데이터 스키마의 변경이 새 데이터뿐만 아니라 이전 데이터까지도 재학습에 사용하기 어려운 경우	새롭고 더 나은 데이터의 스키마에 맞추어 이전 데이터를 조정한다.
	윈도 추론	일부 모델이 추론을 실행하기 위해 지속적인 인스턴스 시퀀스를 요구하거나, 학습 제공 편향을 방지할 수 있도록 특징을 특정 시간대에 맞춰 집계해야 하는 경우	모델 상태를 외부화한 뒤, 스트림 데이터 분석 파이프라인에서 모델을 호출한다. 이때 동적 시간 종속 방식으로 계산된 특징을 반복되는 학습과 서빙 단계에서 올바르게 사용한다.
	워크플로 파이프라인	ML 워크플로를 확장할 때, 파이프라인의 각 단계에 대해 성능 추적 및 독립적 실행이 필요한 경우	ML 워크플로의 각 단계를 단일 REST API 호출로 실행할 수 있도록 만든다. 이때, 파이프라인을 만들기 위해 별도의 컨테이너화된 서비스를 구성한다.
	특징 저장소	특징 가공에 대한 임시 접근 방식으로 인한 모델 개발 속도 저하, 팀 간 중복 작업, 작업 흐름 비효율 등이 발생하는 경우	프로젝트와 팀 간에 공유할 수 있는 중앙화된 특징 저장소를 만든다. 여기에는 머신러닝 모델에 사용되는 특징 데이터셋과 문서화 자료가 포함된다.
	모델 버전 관리	성능 모니터링이나 분할 테스트 모델 변경을 수행할 때, 하나의 모델을 프로덕션 환경에서 운영하거나 기존의 유저에게 영향을 주지 않으면서 모델을 업데이트해야 하는 경우	변경된 모델을 다른 REST 엔드포인트를 사용하여 마이크로서비스로 배포한다. 이를 통해 배포한 모델에 대한 하위 호환성을 유지할 수 있다.

장	디자인 패턴	풀고자 하는 문제	솔루션
책임 있는 AI	휴리스틱 벤 치마크	모델의 복잡한 평가 지표로 인해 비즈니 스 의사결정권자가 필요한 직관을 제공 하지 못하는 경우	머신러닝 모델을 간단하고 이해하기 쉬운 직관적 인 방식의 지표와 함께 비교한다.
	설명 가능한 예측	디버깅, 규제, 규정 준수 표준 등을 위해 모델이 특정 예측을 하는 이유를 알아야 하는 경우	모델 설명 가능성을 추가하는 기법을 통해 예측을 수행하는 방법과 이유를 이해하고 ML 시스템에 대한 사용자 신뢰를 개선한다.
	공정성 렌즈	편향된 기계 학습 모델로 인해 모든 사용 자를 동등하게 취급하지 못하고 일부 모 집단에 부정적인 영향을 주는 경우	학습 전에 데이터셋의 편향을 식별하는 도구로 공 정성 렌즈를 사용한다. 이를 통해 모델의 예측이 다양한 사용자 그룹과 시나리오에 걸쳐 어느 정도 공평한지 확인할 수 있다.

8.2 패턴 상호작용

사실, 디자인 패턴이 완벽하게 독립적일 수는 없다. 대부분 직/간접적으로 서로 밀접하게 관련
되어 있고, 때로는 서로를 보완한다. [그림 8-1]의 상호작용 다이어그램은 서로 다른 디자인
패턴 간의 종속성과 일부 관계를 요약한 것이다. 이를 통해 연관된 패턴을 통합하기 위한 방법
을 생각해볼 수 있다.

여기서는 패턴 연관성과 더불어 전체 솔루션을 개발할 때 함께 사용할 수 있는 방법을 살펴본
다. 예를 들어 범주형 특징으로 작업할 때 특징 해시 디자인 패턴은 임베딩 디자인 패턴과 결
합될 수 있다. 이 두 패턴은 함께 작동하여 텍스트 작업과 같은 높은 카디널리티 모델 입력을
처리한다. 이는 텐서플로에서 categorical_column_with_hash_bucket 특징 열을 임베딩
(embedding) 특징 열로 래핑하여 희소한 범주형 텍스트 입력을 조밀한 표현으로 변환해 처리
하는 것으로 확인할 수 있다.

```python
import tensorflow.feature_column as fc
keywords = fc.categorical_column_with_hash_bucket("keywords",
    hash_bucket_size=10K)
keywords_embedded = fc.embedding_column(keywords, num_buckets=16)
```

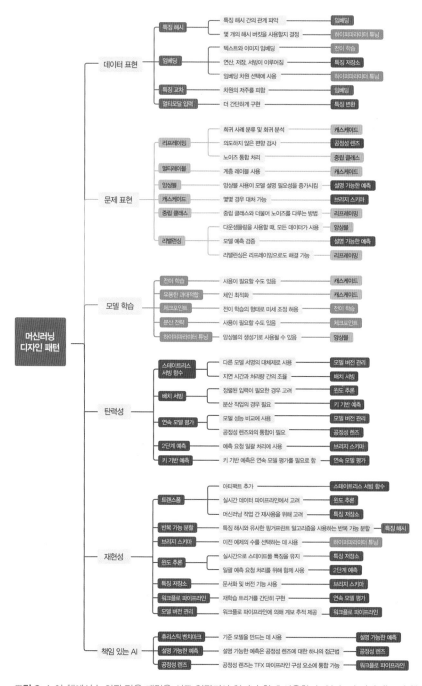

그림 8-1 이 책에서 논의된 많은 패턴은 서로 연관되어 있거나 함께 사용할 수 있다. 이 이미지는 이 책의 깃허브에서도 확인할 수 있다.

우리는 임베딩에 특징 교차 디자인 패턴을 사용할 때 이 기법이 권장된다는 것을 배웠다. 또한 팜 핑거프린트 해싱 알고리즘을 데이터 분할에 사용할 수 있으므로 반복 가능한 분할 디자인 패턴과 특징 해시는 함께 사용될 수 있다. 또한 특징 해시나 임베딩 디자인 패턴 사용 시, 일반적으로 하이퍼파라미터 튜닝 패턴을 사용하여 최적의 해시 버킷 수나 임베딩 차원을 결정하게 된다.

실제로 하이퍼파라미터 튜닝 패턴은 머신러닝 워크플로의 공통 부분이며 종종 다른 패턴과 함께 사용된다. 예를 들어 파라미터 튜닝을 사용하여 브리지 스키마 패턴에서 사용할 이전 예제의 수를 결정할 수 있다. 또한 파라미터 튜닝을 사용할 때 가상 에폭 및 분산 학습을 사용하여 모델 체크포인트를 설정하는 것도 중요하다. 이어서, 체크포인트 디자인 패턴에서는 이전 모델의 체크포인트가 미세 조정 중에 자주 사용되기 때문에 자연스럽게 전이 학습과 연결된다.

임베딩은 머신러닝 전반에 걸쳐 나타나므로 다른 패턴과 상호작용하는 방법도 다양하다. 아마 그중 가장 주목할만한 것은 전이 학습일 것이다. 사전 학습된 모델의 중간 계층에서 생성된 결괏값은 본질적으로 학습된 특징 임베딩을 의미하기 때문이다. 우리는 분류 모델에 중립 클래스 디자인 패턴을 어떻게 통합하는지도 살펴보았다. 이는 리프레이밍 패턴을 사용하거나 자연스럽게 통합을 진행해, 학습된 특징 임베딩을 향상시킨다. 또한, 이러한 임베딩이 모델의 특징으로 사용되는 경우에는 쉽게 접근하고 버전을 만들 수 있도록 특징 저장소 패턴을 사용하는 것이 좋다. 전이 학습의 경우에는 사전 학습된 모델 출력을 캐스케이드 패턴의 초기 출력으로 볼 수 있다.

우리는 2개의 다른 디자인 패턴인 리프레이밍과 캐스케이드를 어떻게 결합하여 리밸런싱 패턴에 어떻게 접근할 수 있는지도 살펴보았다. 이를테면, 리프레이밍을 통해 불균형한 데이터셋을 '정상값'과 '이상값'의 분류로 나타낼 수 있다. 그런 다음 해당 모델의 출력은 데이터 분포에 대한 예측에 최적화된 회귀 모델로 전달된다. 불균형한 데이터를 다룰 때 모델이 예측을 위해 올바른 신호를 선택했는지를 확인하는 것이 특히 중요하기 때문에, 이러한 패턴은 설명 가능한 예측 패턴으로 이어질 가능성이 높다. 실제로 여러 모델에 캐스케이드를 포함하는 솔루션을 구축할 때는 설명 가능한 예측 패턴을 고려하는 것이 좋다. 모델의 설명 가능성을 제한할 수 있기 때문이다. 모델 설명 가능성의 절충은 앙상블 및 멀티모달 입력 패턴에서 다시 나타난다. 이러한 기법들도 때로는 설명 가능성을 낮출 수 있다.

캐스케이드 디자인 패턴은 브리지 스키마 패턴을 사용할 때도 유용하며, 보조 스키마의 누락된 값을 대치하는 예비 모델을 사용할 때는 대체 패턴으로도 사용할 수 있다. 이후, 두 패턴을 결합하면 특징 저장소 패턴을 통해 결과 특징셋을 저장할 수 있다. 특징 저장소 패턴의 다재다능함을 살펴볼 수 있는 다른 예시들을 살펴보자. 예를 들어 특징 저장소는 윈도 추론 패턴을 통해 실시간으로 생성되는 모델 특징을 유지하고 활용하는 편리한 방법으로도 사용할 수 있다. 특징 저장소는 리프레이밍 패턴에서 발생할 수 있는 다양한 데이터셋을 관리하는 것과 함께 작동하며, 트랜스폼 패턴을 사용할 때 생성되는 특징의 재사용 가능한 버전을 제공한다. 특징 저장소 패턴에 설명된 특징의 버전 관리 기능은 모델 버전 관리 디자인 패턴에서도 제 역할을 수행한다.

반면에 모델 버전 관리 패턴은 스테이트리스 서빙 함수 및 연속 모델 평가 패턴과 밀접한 관련이 있다. 연속 모델 평가에서는 시간이 지남에 따라 모델의 성능이 어떻게 저하되었는지를 평가할 때 다른 모델 버전을 사용할 수 있다. 마찬가지로, 서빙 함수의 각기 다른 모델 서명은 모델 버전을 만드는 쉬운 방법을 제공한다. 스테이트리스 서빙 함수 패턴을 통한 모델 버전화 접근 방식은 2개의 다른 모델 버전이 2개의 다른 모델 출력 표현에 대해 자체 REST API 엔드포인트를 제공할 수 있는 리프레이밍 패턴에 다시 연결할 수 있다.

우리는 또한 연속 모델 평가 패턴을 사용할 때, 워크플로 파이프라인 패턴에 제시된 솔루션을 탐색하는 것의 장점에 대해 논의했다. 두 가지 모두 재학습 파이프라인을 시작하는 트리거를 설정하고 다양한 모델 버전에 대한 계보 추적을 유지한다. 또한 연속 모델 평가는 모델 예측 출력에 정답 데이터를 쉽게 결합할 수 있는 메커니즘을 제공하기 때문에 키 기반 예측 패턴과 밀접하게 연결되어 있다. 같은 맥락에서 키 기반 예측 패턴도 배치 서빙 패턴과 얽혀 있으며, 배치 서빙 패턴은 종종 스테이트리스 서빙 함수 패턴과 함께 사용된다. 이를 통해 대규모 예측 작업을 수행하고, 결과적으로 모델 학습과 서빙 간의 일관성을 유지하기 위해 트랜스폼 패턴에도 의존한다.

8.3 ML 프로젝트 내의 패턴

머신러닝 시스템을 사용하면 조직 내 팀이 대규모 머신러닝 솔루션을 구축, 배포, 유지 관리할 수 있다. 데이터 관리부터 모델 학습, 성능 평가, 모델 배포, 예측 서빙, 성능 모니터링에 이르기까지 ML 수명 주기의 모든 단계를 자동화하고 가속화할 수 있는 플랫폼을 제공한다. 이 책에서 논의한 패턴들은 모든 머신러닝 프로젝트에서 나타난다. 이 절에서는 ML 수명 주기의 단계별 패턴 사용에 대해 설명할 것이다.

8.3.1 ML 수명 주기

머신러닝 솔루션을 구축하는 것은 비즈니스 목표를 명확하게 이해하는 것에서부터 시작하여 궁극적으로 해당 목표에 도움이 되는 머신러닝 모델을 프로덕션 환경에 포함시키는 순환 프로세스다. ML 수명 주기를 요약하면 [그림 8-2]와 같으며, 이는 ML이 비즈니스에 가치를 제공할 수 있도록 유용한 로드맵을 제공한다. 각 단계는 어느 하나 중요하지 않은 것이 없으며, 이러한 단계 중 하나라도 제대로 완료하지 못하면 잘못된 통찰력을 얻거나 가치가 없는 모델을 생성하게 될 것이다.

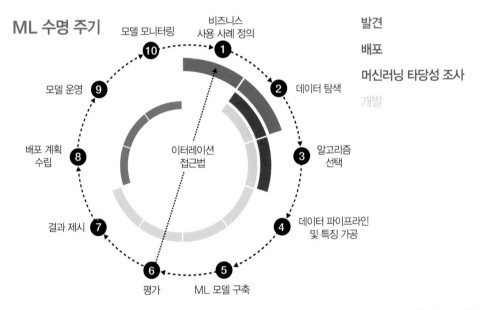

그림 8-2 ML 수명 주기는 비즈니스 사용 사례를 정의하는 것으로 시작하여 궁극적으로 해당 목표에 도움이 되는 머신러닝 모델을 프로덕션 환경에 포함시키는 것으로 이끈다.

ML 수명 주기는 [그림 8-2]에 표시된 것처럼 발견, 개발, 배포의 세 단계로 구성되며, 각 단계별로 일련의 순서가 존재한다. 허나 각 단계는 반복적으로 진행되며, 모델의 결과와 이를 해석하는 통찰력에 따라 이전 단계를 다시 검토할 수 있다.

발견

머신러닝은 문제를 해결하는 도구로 존재한다. ML 프로젝트의 발견 단계는 비즈니스 사례를 정의하는 것으로 시작된다([그림 8-2]의 1단계). 이는 비즈니스 리더와 ML 실무자가 문제의 세부 사항을 조정하고 ML이 목표를 달성하기 위해 할 수 있는 것과 할 수 없는 것에 대한 이해를 조율해나가는 중요한 시간이다.

ML 수명 주기의 각 단계에서 비즈니스 가치를 파악하는 것이 중요하다. 다양한 단계에 걸쳐 수많은 선택과 결정을 내려야 하며 정해진 답이 없는 경우도 종종 생기게 된다. 이로 인해 비즈니스 목표를 지원하기 위해 모델을 사용하는 방법에 따라 최선의 선택이 결정되곤 한다. 이를테면, 연구 프로젝트에서의 실행 가능한 목표는 벤치마크 데이터셋에서 0.1% 더 높은 정확도를 얻는 것이지만, 실무 업계에서는 허용되지 않는다. 프로덕션 환경에 구축된 모델의 경우, 고객 유지 개선, 비즈니스 프로세스 최적화, 고객 참여 증가, 이탈률 감소와 같이 비즈니스와 더 밀접하게 관련된 요소에 의해 성공이 좌우된다. 추론 속도, 모델 크기, 모델 해석 가능성과 같은 비즈니스 사례와 관련된 간접적인 요소도 있을 수 있다. 모든 머신러닝 프로젝트는 비즈니스 기회에 대한 철저한 이해와 더불어, 현재 비즈니스 운영에 눈에 띄는 개선을 이뤄내는 방법으로 시작해야 한다.

성공적인 발견 단계를 위해서는 ML 접근 방식의 실행 가능성을 평가하기 위해 비즈니스 도메인 전문가와 머신러닝 전문가 간의 협업이 필요하다. 비즈니스와 데이터를 이해하는 사람이 기술 문제 및 엔지니어링을 이해하는 팀과 협업하는 것이 프로젝트의 성공 여부를 가를 만큼 중요하다. 이를테면, 개발 리소스에 대한 전체 투자가 조직의 가치를 능가하는 경우, 이는 적절한 솔루션이 아닐 수 있다. 또한 결과적으로 이탈 예측을 단 0.1%만 개선하는 모델이라면, 이는 프로덕션 환경에서의 기술 오버헤드 및 리소스 비용이 모델의 이점을 넘어설 수도 있다(물론, 고객 기반이 10억 명이라면 0.1%는 여전히 100만 명의 고객을 의미하므로 이점이 비용을 상쇄할 수 있다).

발견 단계에서는 비즈니스 목표와 작업 범위를 개략적으로 설명하는 것이 중요하다. 이는 자연스럽게 성공을 측정하거나 정의하는 데 사용할 지표를 결정하는 것으로 이어지는데, 이때의 '성공'은 조직이나 그룹에 따라 다를 수 있다. 1.4절의 여러 목표에 대한 논의를 참조하도록 하자. ML 프로젝트를 시작할 때 잘 정의된 측정 항목과 핵심 성과 지표key performance indicator (KPI)를 만들면 모든 사람이 공통적인 목표를 위해 노력하게 만들 수 있다. 가장 이상적인 상황은 이미 이러한 기준과 절차가 마련되어 있는 것이다. 이를테면, 이미 프로덕션 환경에 배포된 모델일 수도 있고, 현재 사용 중인 규칙 기반의 휴리스틱 모델일 수도 있다. 머신러닝은 모든 문제에 대한 답이 아니며 때로는 규칙 기반 휴리스틱 모델을 이기기가 어려운 경우도 있다. 우리는 개발을 위한 개발을 하면 안 된다. 기본 모델은 아무리 간단하더라도 설계 결정을 내리는 데 도움이 되며, 각 설계 선택으로 평가 지표상 성능 변화가 어떻게 이뤄지고 있는지 이해하는 데 도움이 된다. 또한 7장에서 우리는 휴리스틱 벤치마크의 역할과 더불어 비즈니스 이해관계자와 소통할 때 자주 나타나는 책임 있는 AI와 관련된 주제에 대해서도 논의했다.

물론 이러한 논의는 데이터의 맥락에서도 이루어져야 한다. 비즈니스 심층 분석은 데이터 탐색 심층 분석과 함께 진행되어야 한다([그림 8-2]의 2단계). 만일 제대로 된 데이터가 없다면, 제대로 된 프로젝트도 없다. 반대로 데이터가 존재하지만 데이터 프라이버시상의 이유로 사용할 수 없거나 모델에 필요한 관련 정보를 제거해야 할 수도 있다. 어쨌든 프로젝트의 실행 가능성과 성공 가능성은 모두 데이터에 달려 있다. 따라서 조직 내 데이터 관리자가 이러한 논의에 일찌감치 참여하는 것은 매우 중요하다.

사실상 데이터가 모든 프로세스에 영향을 주기 때문에 사용 가능한 데이터의 품질이 어느 정도인지 이해하는 것이 매우 중요하다. 다음과 같은 질문을 던져보자. 주요 특징의 분포는 어떠합니까? 얼마나 많은 결측값이 있습니까? 누락된 값은 어떻게 처리합니까? 이상치가 있습니까? 높은 상관관계가 있는 데이터가 있습니까? 입력 데이터에는 어떤 특징들이 있으며 그 중 특징 가공이 필요한 건 무엇입니까? 많은 머신러닝 모델에는 학습을 위해 방대한 데이터셋이 필요한데, 데이터가 충분합니까? 데이터셋을 어떻게 증가시킬 수 있습니까? 데이터셋에 편향은 없습니까? 이는 중요한 질문이며, 여기에서부터 데이터를 이해하는 첫걸음을 시작했다고 할 수 있다. 질문을 통해 프로젝트를 진행하기 전에 더 많은 데이터나 특정 시나리오의 데이터를 수집해야 하는지를 의사결정할 수 있다.

데이터 탐색은 충분한 품질의 데이터가 존재하는지 여부에 대한 질문에 답하는 핵심 단계다. 이 단계에서는 단순 대화나 회의만으로는 질문에 답할 수 없다. 데이터를 손수 다뤄가며 실험을 진행해야만 이와 같은 질문에 대한 실마리를 찾을 수 있을 것이다. 이런 맥락에서 시각화는 중요한 역할을 한다. 밀도 플롯과 히스토그램은 다양한 입력값의 분포를 이해하는 데 도움이 되며, 박스 플롯은 이상치를 식별하는 데 사용된다. 산점도는 이변량 관계를 발견하고 설명하는 데 유용하며, 백분위수는 숫자 데이터의 범위를 식별하는 데 도움이 된다. 이 외에도 평균,

중앙값, 표준편차를 통해 중심 경향성을 설명할 수 있다. 이와 같은 기법을 활용하여 어떤 특징이 모델에 도움이 될지 결정하고 추가적으로 필요한 데이터 변환에 대해 이해할 수 있다.

발견 단계에서 몇 가지 모델링 실험을 수행하여 실제로 '노이즈에 신호가 있는지' 확인하는 것이 도움이 된다. 이 시점에서 머신러닝 타당성 조사([그림 8-2]의 3단계)를 수행하는 것이 유용할 것이다. 목표는 일반적인 문제 해결을 위한 데이터의 실행 가능성을 평가하는 것이므로 몇 주에 걸친 짧은 기술 스프린트sprint로 진행한다. 타당성 조사를 통해 머신러닝에 필요한 다양한 선택지와 더불어 알고리즘을 실험한 뒤, 어떤 특징 가공 단계가 가장 유익한지 배울 수 있다. 발견 단계의 타당성 조사는 휴리스틱 벤치마크를 생성할 수 있는 좋은 지점이기도 하다(7장 참조).

개발

주요 평가 지표와 비즈니스 KPI에 동의하면, 머신러닝 수명 주기의 개발 단계가 시작된다. ML 모델 개발에 대한 구체적인 내용은 다른 많은 머신러닝 리소스에서도 자세히 다루므로, 여기서는 주요 컴포넌트들을 살펴보도록 하자.

개발 단계에서는 모델에 공급될 데이터 입력을 처리하기 위해 데이터 파이프라인과 특징 가공([그림 8-2]의 4단계)을 구축하는 것으로부터 시작한다. 실제 애플리케이션에서 수집된 데이터에는 누락된 값, 잘못된 예제, 중복 데이터 등 많은 문제가 있을 수 있다. 이러한 데이터 입력을 모델에서 사용할 수 있도록 전처리하려면 데이터 파이프라인이 필요하다. 특징 가공은 원시 입력 데이터를 모델의 학습 목표와 가까워지게 하고, 특징을 학습을 위해 모델에 제공할 수 있는 형식으로 변환하는 프로세스다. 특징 가공의 구체적인 예시로는 입력 데이터의 버킷화, 데이터 형변환, 텍스트의 토큰화, 형태소 분석, 범주형 특징 생성, 원-핫 인코딩, 입력 해싱, 특징 교차, 특징 임베딩 생성 등이 있다. 이 책의 2장에서는 데이터 표현 디자인 패턴에 대해 설명하고 있으며, ML 수명 주기를 검토하는 현 단계에서 발생할 수 있는 다양한 데이터 이슈를 다룬다. 5장과 6장에서는 데이터 파이프라인 구축에 도움이 되는 ML 시스템의 탄력성, 재현성과 관련된 디자인 패턴을 살펴볼 수 있다.

이 단계에는 문제에 대한 라벨을 가공하고 문제 표현 방법과 관련된 디자인을 결정하는 것이 포함될 수도 있다. 다양한 예시를 살펴보자. 먼저, 시계열 문제의 경우 특징 윈도를 만들고 지연 시간이나 라벨 간격 크기를 실험할 수 있다. 다음으로, 회귀 문제를 분류로 리프레이밍하고 라벨 표현을 완전히 변경하는 등의 시도도 가능하다. 이에 더하여, 출력 클래스의 분포가 단일 클래스에 의해 과도하게 표시되는 경우, 리프레이밍 디자인 패턴을 사용해야 할 수도 있다. 이 책의 3장에서 문제 표현에 초점을 맞춘 다양한 문제와 관련된 기타 중요한 디자인 패턴을 다루고 있으니 참조하도록 하자.

개발 단계의 다음 단계([그림 8-2]의 5단계)는 ML 모델 구축이다. 이 단계에서 파이프라인의 ML 워크플로 모범 사례를 준수하는 것이 중요한데, 이는 6.5절을 참조하면 보다 자세히 살펴볼 수 있다. 여기에는 모델 개발이 시작되기 전에 학습, 검증, 테스트셋에 대해 반복 가능한 분할 생성이 포함되며, 데이터 유출 없이 설계할 수 있는 패턴에 대해 이야기하고 있다. 다음으로, 검증셋에 대한 성능을 평가하고 예측의 품질을 조사하기 위해 다양한 모델 알고리즘이나 조합을 학습할 수 있다. 이후에는 하이퍼파라미터 튜닝, 정규화 기법, 에지 환경에서의 구현 등을 고려한다. 일반적인 ML 모델 학습 과정은 4장 시작 부분에 자세히 설명되어 있으며, 여기서는 특정 목표를 달성하기 위한 학습 루프를 변경하는 데 유용한 디자인 패턴도 다룬다.

ML 수명 주기의 많은 단계는 반복적인데, 특히 모델 개발 단계에서 나타난다. 여러 번의 실험을 한 후에 데이터, 비즈니스 목표, KPI 등을 재검토해야 할 수도 있다. 이를테면 데이터에 대한 새로운 통찰력이 모델 개발 단계에서 수집되는 경우가 많은데, 이는 가능/불가능에 대한 추가 정보를 제공한다. 이로 인해 모델 개발 단계나 사용자 지정 모델을 개발할 때 오랜 시간을 보내는 것은 드문 일이 아니다. 6장에서는 이와 같은 반복적인 모델 개발 단계에서 발생하는 문제를 해결하는 재현성 디자인 패턴을 다루고 있다.

모델을 개발하는 동안 새로운 조정이나 접근 방식은 발견 단계에서 설정된 평가 지표에 의해 측정된다. 따라서 발견 단계를 성공적으로 실행하는 것이 중요하며, 때때로 해당 단계에서 내린 결정에 대한 조정이 필요하다. 궁극적으로 모델 개발은 최종 평가 단계([그림 8-2]의 6단계)로 마무리되는데, 이 시점에서 모델 개발이 종료되고 사전에 설정한 평가 지표에 의해 모델 성능이 평가된다.

개발 단계의 마무리 작업으로 분석 결과의 해석과([그림 8-2]의 7단계) 비즈니스 이해관계자와 규제 그룹에 제공하는 것이 남아 있다. 이와 같은 높은 수준에서의 평가는 개발 단계의 가치를 경영진에게 전달하는 데 중요하며 필요하다. 이 단계는 조직 내 이해관계자에게 제공될 초기 보고서의 숫자와 시각화 자료를 만드는데 중점을 두게 된다. 이를 위해 7장에서는 책임 있는 AI와 더불어 이해관계자에 도움이 될 수 있는 디자인 패턴에 대해 설명한다. 일반적으로 이 단계는 머신러닝 모델의 수명 주기, 프로덕션 환경에서의 사용이나 배포 등의 최종 단계에서 추가 리소스 투입 여부를 결정짓는 핵심 지점이다.

배포

모델 개발이 성공적으로 완료되고 좋은 결과가 나타날 것으로 생각되면, 다음 단계는 모델의 프로덕션 환경에서의 사용에 초점을 맞추게 된다. 이를 위해 먼저, 배포 계획을 실시한다([그림 8-2]의 8단계).

머신러닝 모델을 학습하려면 상당한 양의 작업이 필요하지만, 그 노력의 가치를 완전히 인정받으려면 모델이 비즈니스를 지원하는 프로덕션 환경에서 실행되어야 한다. 이 목표를 달성하는 데에는 몇 가지 접근 방식이 있으며, 배포 형태는 사용 사례나 조직에 따라 달라질 수 있다. 대화형 대시보드, 정적 노트북 파일, 재사용 가능한 라이브러리, 웹 서비스 엔드포인트 등 다양한 형태를 취할 수 있다.

모델을 프로덕션 환경에서 사용하기 위한 다양한 고려 사항과 디자인 결정이 있다. 이전과 마찬가지로 발견 단계에서 내린 많은 결정들에 의해 이 단계를 진행할 수 있는데, 다음과 같은 질문을 통해 결정들을 점검해볼 수 있다. 모델 재학습은 어떻게 관리해야 할까? 입력 데이터를 실시간 데이터로 받아야 할까? 새로운 배치 작업을 통해 학습을 수행해야 할까, 아니면 실시간으로 학습을 수행해야 할까? 모델 추론은 어떻게 진행될까? 주 1회 빈도로 배치 추론 작업을 계획해야 할까, 아니면 실시간 추론을 지원해야 할까? 고려해야 할 특별한 처리량이 있거나 지연 시간에 문제가 생기지는 않을까? 급증하는 워크로드를 처리해야 하는 상황이 자주 발생할까? 짧은 대기 시간이 우선시될까? 네트워크 연결이 문제가 될까? 이와 같은 이슈들을 잘 다루기 위해 5장에서는 ML 모델 운영에 관한 몇 가지 디자인 패턴을 다루고 있다.

지금까지 살펴본 것들은 매우 중요한 고려 사항이며, 이 최종 단계는 많은 비즈니스에서 가장 큰 장애물로 여겨지곤 한다. 조직의 여러 부분 간의 강력한 조정과 더불어 다양한 기술 컴포넌트 간의 통합이 필요할 수 있기 때문이다. 즉, ML 모델을 프로덕션 환경에서 사용하는 것은 필연적으로 새로운 프로세스를 기존 시스템에 도입하는 것으로 이어진다. 이 과정에서 어려움이 발생하곤 한다. 여기에는 단일 접근 방식만을 지원하기 위해 개발된 레거시 시스템을 다루는 것에서부터 조직 내에서 기존에 익숙하게 사용하고 있는 복잡한 변경 제어나 생산 프로세스까지가 포함될 수 있다. 게다가 기존 시스템에서는 머신러닝 모델에서 오는 예측 결과를 처리하거나 지원하는 업무 매커니즘 자체가 없는 경우가 많으므로, 새로운 애플리케이션과 워크플로 개발이 필요하기도 하다. 이와 같은 과제를 예상하여 대비하는 것은 매우 중요하다. 때문에, 단순 ML 모델뿐만 아니라 프로세스 측면까지 포괄하기 위한 솔루션을 빠르고 쉽게 개발하려면 비즈니스 운영 측면에서 상당한 투자가 필요하다.

배포 단계의 다음 단계는 모델을 운영하는 것이다([그림 8-2]의 9단계). 이 분야는 일반적으로 MLOps라고 하며, 프로덕션 환경에서의 머신러닝 모델 자동화, 모니터링, 테스트, 유지, 관리 측면을 다룬다. 이는 조직 내에서 머신러닝 주도형 애플리케이션의 수를 늘리려는 모든 회사에 꼭 필요한 컴포넌트다.

운영 모델의 주요 특징 중 하나는 자동화된 워크플로 파이프라인으로, ML 수명 주기의 개발 단계는 여러 단계에 걸친 프로세스로 구성된다. 이러한 단계를 자동화하는 파이프라인을 구축하면 보다 효율적인 워크플로와 반복 가능한 프로세스를 통해 향후 모델 개발을 개선할 수 있고, 발생하는 문제를 빠르게 해결할 수 있다. 오늘날 쿠브플로 등의 오픈소스 도구가 이러한 기능을 제공하며, 구글의 TFX나 우버의 미켈란젤로^{Michelangelo}처럼 많은 대형 소프트웨어 회사가 자체적인 엔드 투 엔드 ML 플랫폼을 개발했다.

성공적인 운영 환경은 소프트웨어 개발자에게 친숙한 모범 사례인 지속적 통합 및 배포(CI/CD)의 컴포넌트를 통합한다. 이러한 CI/CD 프로세스는 코드 개발 내에서 안정성, 재현성, 속도, 보안, 버전 제어에 중점을 두고 진행된다. ML/AI 워크플로와는 몇 가지 눈에 띄는 차이가 있지만, 동일하게 고려해야 할 사항들이 많아 유용하다. 예를 들어 모델을 개발하는 데 사용되는 코드 외에도 데이터 정리, 버전 관리, 데이터 파이프라인 조정 등에 CI/CD 원칙을 적용하면 많은 이점을 누릴 수 있다.

배포 단계에서 고려해야 할 마지막 단계는 모델을 모니터링하고 유지하는 것이다. 모델이 운영되고 프로덕션 환경에서 사용된 이후로는 모델의 성능을 모니터링해야 한다. 시간이 지남에 따라 데이터 분포가 변경되어 모델 업데이트가 필요한 상황이 올 수 있다. 이를 모델 부실화(그림 8-3)라고 하며, 이는 고객 행동 변화에서 환경 변화에 이르기까지 여러 가지 이유로 발생할 수 있다. 때문에 데이터 수집에서 ML 모델에 이르기까지 예측 품질과 성능에 기여하는 모든 컴포넌트를 효율적으로 모니터링할 수 있는 메커니즘을 마련하는 것이 매우 중요하다. 이 책의 5.3절에서 성능 모니터링에 대한 자세한 내용을 살펴볼 수 있다.

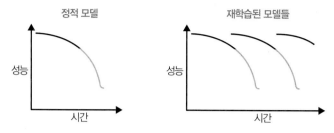

그림 8-3 모델 부실화는 여러 가지 이유로 발생할 수 있다. 주기적으로 모델을 재학습하면 시간이 지남에 따라 성능을 개선하는 데 도움이 될 수 있다.

예를 들어 개발 단계에서 사용된 분포와 비교하기 위해 특징값의 분포를 모니터링하는 것이 중요하다. 또한 일부 데이터 드리프트로 인해 라벨 분포의 불균형이나 드리프트가 발생할 수 있으므로 라벨값의 분포를 모니터링하는 것도 중요하다. 때때로 머신러닝 모델은 외부 소스에서 수집된 데이터에 의존한다. 이를테면, 타사 트래픽 API를 사용하여 자동차 픽업 대기 시간을 예측하거나, 날씨 API의 데이터를 통해 비행 지연 예측 모델에 대한 입력으로 사용할 수 있다. 이러한 API는 우리 팀에서 관리하지 않는다. 해당 API 호출이 실패하거나 출력 형식이 크게 변경되면 프로덕션 모델에 영향을 준다. 이 경우 이러한 업스트림 데이터 소스의 변경 사항을 확인하기 위해 모니터링을 설정하는 것이 중요하다. 마지막으로 예측 분포를 모니터링하고, 가능하면 프로덕션 환경에서 예측의 품질을 측정하도록 시스템을 설정하는 것이 중요하다.

모니터링 단계가 완료되면 비즈니스 사용 사례를 다시 검토하고 머신러닝 모델이 비즈니스 성과에 어떤 영향을 미쳤는지 객관적으로 정확하게 평가하는 것이 좋다. 아마도 이것은 새로운 통찰력과 새로운 ML 프로젝트의 시작으로 이어질 것이며 수명 주기가 다시 시작될 것이다.

8.3.2 AI 준비

우리는 머신러닝 솔루션을 구축하는 여러 조직이 AI 준비 단계에 있음을 확인했다. 구글 클라우드에서 발행한 백서(`https://oreil.ly/5GljC`)에 따르면 AI를 비즈니스에 통합하는 기업의 성숙도는 일반적으로 전술, 전략, 혁신의 세 단계로 구분된다. 먼저, 전술 단계에서는 수동 개발을 통해 머신러닝 모델을 구현한다. 이후, 전략 단계에서 모델 구축에 파이프라인을 사용하여 체계화한다. 끝으로, 혁신 단계에서는 완전자동화까지 이어진다.

전술 단계: 수동 개발

AI 준비의 전술 단계는 단기 프로젝트에 중점을 두고 AI의 잠재력을 모색하기 시작한 조직에서 흔히 나타난다. 여기서의 AI/ML 사용 사례는 개념 증명이나 프로토타입처럼 일부 사례에 국한된다. 때문에 비즈니스 목표에 대한 직접적인 연결이 항상 명확하게 드러나지는 않는다. 이 단계에서 조직은 고급 분석 작업의 가능성을 인식하지만 실행은 주로 개별 기여자에 의해 주도되거나 전적으로 파트너에게 아웃소싱된다. 이 단계에서 보통 조직 내의 고품질 데이터셋에 접근하는 것은 어려울 수 있다.

일반적으로 이 단계에서는 솔루션을 지속적으로 확장하는 프로세스가 없으며 사용되는 ML 도구(그림 8-4)는 임시로 개발된다. 데이터는 오프라인이나 격리된 데이터 저장소에 보관되며 데이터 탐색 및 분석을 위해 수동으로 액세스해야 한다. ML 개발 주기의 다양한 단계를 자동화할 수 있는 도구가 없으며 워크플로의 반복 가능한 프로세스를 개발하는 데 거의 주의를 기울이지 않는다. 이로 인해 조직 구성원 내에서 자산을 공유하기가 어렵고 개발 전용 하드웨어조차 없는 경우가 허다하다.

이 단계에서 MLOps의 범위는 학습된 모델의 저장소로 제한되며, 최종 모델은 보통 API 기반 솔루션으로 배포된다. 여기에서 테스트 환경과 프로덕션 환경 사이에는 차이가 거의 없다.

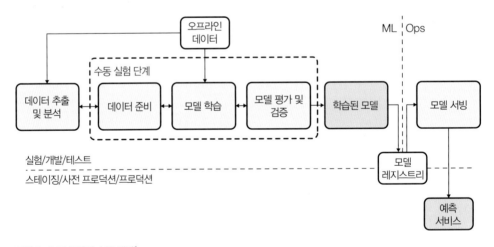

그림 8-4 AI 모델의 수동 개발[1]

---

1 구글 클라우드 문서(*https://oreil.ly/aC1HP*)에서 가져온 그림이다.

전략 단계: 파이프라인 활용

전략 단계에 있는 조직은 AI를 비즈니스 우선 순위 및 목표와 일치시켰으며, ML은 비즈니스에 있어 핵심 가속 엔진으로 간주된다. 따라서 숙련된 팀과 전략적 파트너가 실행하는 ML 프로젝트에 대해 고위 경영진이 후원이나 전용 예산을 할당한다. 따라서 팀에는 개발에 필요한 자산들이 쉽게 공유되며, 즉시 사용 가능한 모델과 커스텀 모델을 모두 활용하는 ML 시스템을 개발할 수 있는 인프라가 마련되어 있다. 따라서 개발 환경과 프로덕션 환경 사이에 분명한 차이가 있다.

전략 단계의 팀은 일반적으로 설명 및 예측 분석에 대한 전문 지식과 데이터 자체를 다루는 기술을 이미 보유하고 있다. 데이터는 엔터프라이즈 데이터 웨어하우스에 저장되며, 중앙집중식 데이터 및 ML 자산 관리를 위한 통합 모델이 존재한다. ML 모델의 개발은 개별 기여자에 의해서가 아니라 오케스트레이션된 실험의 일환으로 진행된다. 이와 같은 파이프라인에 대한 ML 자산과 소스 코드는 중앙집중식 저장소에 저장되며 조직 구성원 간에 쉽게 공유된다.

ML 모델 개발을 위한 데이터 파이프라인은 수집과 처리를 위해 완전관리형 서버리스 데이터 서비스를 활용하여 자동화되며 이는 예약된 작업으로 실행되거나 이벤트 기반으로 진행된다. 또한 학습, 평가, 배치 예측을 위한 ML 워크플로는 자동화된 파이프라인에 의해 관리되므로, 데이터 검증과 준비 작업에서부터 모델 학습 및 검증에 이르기까지 ML 수명 주기의 각 작업은 성능 모니터링 트리거에 의해 [그림 8-5]와 같이 실행된다. 이렇게 학습된 모델은 중앙집중식 모델 레지스트리에 저장되며, 사전에 정해둔 모델 유효성 검사 지표에 따라 자동으로 배포될 수 있다.

로깅, 성능 모니터링, 알림이 있는 프로덕션 환경에 배포 및 유지되는 여러 ML 시스템이 있을 수 있다. ML 시스템은 추론을 위해 실시간 데이터를 처리할 수 있는 모델 API를 활용하며, 이와 동시에 자동화된 ML 파이프라인에 공급되는 데이터를 수집하여 모델 업데이트를 진행한다.

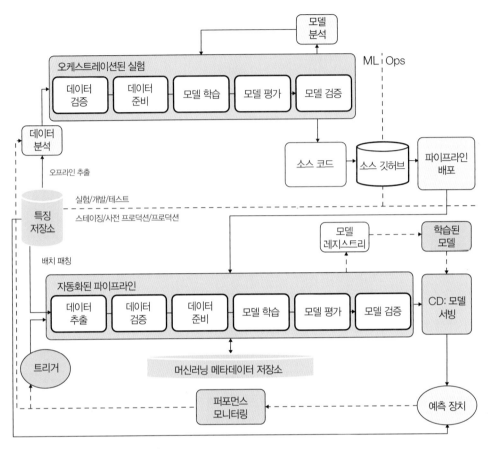

그림 8-5 AI 개발의 파이프라인 단계[2]

혁신 단계: 완전자동화

혁신 단계에 있는 조직은 AI를 적극적으로 사용하여 조직의 혁신을 촉진하며 민첩성을 지원하는 동시에, 실험과 학습이 진행되는 문화를 육성한다. 전략적 파트너십은 사내 기술 리소스를 혁신하거나, 함께 만들어내거나, 이를 보강하는 데 사용된다. 5, 6장의 재현성 패턴과 탄력성 패턴은 보통 AI 혁신 단계에서 많이 사용되는 편이다.

이 단계에서는 제품별 AI 팀이 더 광범위한 제품 팀에 포함되고 고급 분석 팀의 지원을 받는 것이 일반적이다. 이러한 방식으로 ML 전문 지식은 조직 내의 다양한 비즈니스 라인에 확산된다.

---

2   구글 클라우드 문서(*https://oreil.ly/sMNo7*)에서 가져온 그림이다.

ML 프로젝트를 가속화하기 위한 표준 도구와 라이브러리는 물론, 확립된 공통 패턴과 모범 사례는 조직 내 여러 그룹 간에 쉽게 공유된다.

데이터셋은 모든 팀이 액세스할 수 있는 플랫폼에 저장되므로 데이터셋과 ML 자산을 쉽게 검색, 공유, 재사용할 수 있다. 표준화된 ML 특징 저장소가 있으며 조직 전체가 협업을 권장한다. 완전자동화를 위한 조직은 모델의 구축에서 배포까지 조직의 모든 사람이 액세스할 수 있는 통합 플랫폼을 운영한다. 이 플랫폼은 배치와 온라인 데이터 수집 및 처리를 위한 확장 가능한 서버리스 컴퓨팅으로 지원된다. GPU나 TPU와 같은 전문화된 ML 가속기는 필요할 때마다 제공되며, 엔드 투 엔드 데이터와 ML 파이프라인에 대해 오케스트레이션된 실험 또한 진행할 수 있다.

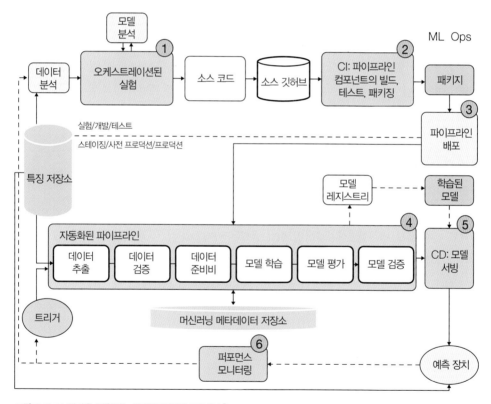

그림 8-6 AI 개발을 지원하는 완전자동화된 프로세스[3]

---

3   구글 클라우드 문서(*https://oreil.ly/VX31C*)에서 가져온 그림이다.

이 단계에서 개발 및 프로덕션 환경은 파이프라인 단계(그림 8-6)와 유사하지만, ML 워크플로의 각 작업마다 CI/CD의 통합을 진행했다. 이와 같은 CI/CD 모범 사례는 ML 모델은 물론 데이터 파이프라인, 오케스트레이션을 생성하기 위한 코드의 안정성, 재현성과 버전 관리에 중점을 둔다. 이를 통해 다양한 파이프라인 컴포넌트의 빌드, 테스트, 패키징이 가능하다. 모델 버전 관리는 필요한 ML 메타데이터 및 아티팩트를 저장하는 ML 모델 레지스트리에 의해 유지된다.

8.4 사용 사례와 데이터 유형에 따른 일반적인 패턴

이 책에서 설명하는 많은 디자인 패턴은 모든 머신러닝 개발 주기에서 사용된다. 이들은 프로덕션 환경에서의 사용 사례와 무관하게 사용된다. 예를 들어 하이퍼파라미터 튜닝, 휴리스틱 벤치마크, 반복 가능한 분할, 모델 버전 관리, 분산 학습, 워크플로 파이프라인, 체크포인트 등이 여기에 속한다. 반면에, 다른 디자인 패턴은 특정 시나리오에 특히 유용하다. 이 절에서는 널리 사용되는 머신러닝 사용 사례와 여기에 일반적으로 사용되는 디자인 패턴을 함께 살펴볼 것이다.

8.4.1 자연어 이해

자연어 이해natural language understanding(NLU)는 텍스트와 언어의 의미를 이해하도록 기계를 학습시키는 데 초점을 맞춘 AI 분야다. NLU는 아마존의 알렉사Alexa, 애플의 시리Siri, 구글의 어시스턴트와 같은 음성 에이전트에서 "이번 주말 날씨는 어때?"와 같은 문장을 이해하는 데 사용된다. NLU에 속하는 많은 사례가 있으며 텍스트 분류(이메일 필터링), 엔티티 추출, 질문 응답, 음성 인식, 텍스트 요약, 감정 분석과 같은 많은 프로세스에 적용할 수 있다.

- 임베딩
- 특징 해시
- 중립 클래스
- 멀티모달 입력
- 전이 학습
- 2단계 예측
- 캐스케이드
- 윈도 추론

8.4.2 컴퓨터 비전

컴퓨터 비전은 이미지, 비디오, 아이콘, 픽셀 등 다양한 시각적 입력을 이해하도록 기계를 학습시키는 AI 분야다. 컴퓨터 비전 모델은 MRI를 사용하여 폐암을 감지하는 것부터 자율주행차에 이르기까지, 인간의 시각에 의존하는 모든 작업의 자동화를 목표로 한다. 컴퓨터 비전의 일부 고전적 응용 프로그램은 이미지 분류, 비디오 동작 분석, 이미지 분할, 이미지 노이즈 제거 등이 있다.

- 리프레이밍
- 중립 클래스
- 멀티모달 입력
- 전이 학습
- 임베딩
- 멀티라벨
- 캐스케이드
- 2단계 예측

8.4.3 예측 분석

예측 모델링은 과거 데이터를 사용하여 패턴을 찾고 미래에 특정 이벤트가 발생할 가능성을 결정한다. 예측 모델은 다양한 산업 분야에서 찾을 수 있는데, 예를 들어 기업은 예측 모델을 사용하여 수익을 더 정확하게 예측하거나 제품에 대한 향후 수요를 예측할 수 있다. 의학에서는 예측 모델을 사용하여 환자가 만성 질환을 앓을 위험을 평가하거나 환자가 예정된 약속에 나타나지 않을 경우를 예측할 수 있다. 또 다른 예로 에너지 예측, 고객 이탈 예측, 재무 모델링, 날씨 예측, 예측 유지 보수 등이 있다.

- 특징 저장소
- 특징 교차
- 임베딩
- 앙상블
- 트랜스폼
- 리프레이밍
- 캐스케이드

- 멀티라벨
- 중립 클래스
- 윈도 추론
- 배치 서빙

IoT 분석은 또한 예측 분석에 포함되는 광범위한 범주다. IoT 모델은 IoT 장치라고 하는 인터넷 연결 센서에서 수집한 데이터에 의존한다. 매일 2TB 이상의 데이터를 수집하는 수천 개의 센서가 있는 상업용 항공기를 생각해보자. IoT 센서 장치 데이터의 머신러닝은 장비 고장이 발생하기 전에 경고하는 예측 모델을 제공할 수 있다.

- **특징 저장소**
- 트랜스폼
- 리프레이밍
- 특징 해시
- 캐스케이드
- 중립 클래스
- 2단계 예측
- 스테이트리스 서빙 함수
- 윈도 추론

8.4.4 추천 시스템

추천 시스템은 비즈니스에서 가장 널리 사용되는 머신러닝 애플리케이션 중 하나이며 사용자와 항목이 상호작용할 때마다 발생한다. 추천 시스템은 과거 사용자들의 활동에서 유사한 특징을 포착하고 새롭게 주어진 사용자와 가장 관련성이 높은 항목을 추천한다. 유튜브가 시청 기록을 기반으로 시청할 일련의 동영상을 추천하거나 아마존이 장바구니에 있는 항목을 기반으로 구매를 추천하는 방법을 생각해보자. 추천 시스템은 특히 제품 추천, 개인화되고 역동적인 마케팅, 스트리밍 비디오, 음악 플랫폼 등 많은 비즈니스에서 널리 사용된다.

- 임베딩
- 앙상블
- 멀티라벨
- 전이 학습

- 특징 저장소
- 특징 해시
- 리프레이밍
- 트랜스폼
- 윈도 추론
- 2단계 예측
- 중립 클래스
- 멀티모달 입력
- 배치 서빙

8.4.5 사기 및 이상 탐지

많은 금융 기관에서 사기 감지 머신러닝을 통해 고객 계좌를 안전하게 보호한다. 이러한 머신러닝 모델은 데이터에서 학습된 특징이나 패턴을 기반으로 사기성으로 보이는 트랜잭션에 플래그를 지정하도록 학습된다.

더 광범위한 이상 감지는 데이터셋에서 비정상 동작이나 이상치를 찾는 기술이다. 이상치는 정상 패턴에서 벗어나 진행되는 급등이나 하락, 장기적인 비정상 추세를 의미한다. 이상 탐지는 머신러닝의 다양한 사용 사례를 통해 나타나며 특정 사용 사례와 함께 사용될 수도 있다. 이를테면, 이미지 기반으로 비정상적인 기차 트랙을 식별하는 머신러닝 모델을 생각해보자.

- 리밸런싱
- 특징 교차
- 임베딩
- 앙상블
- 2단계 예측
- 트랜스폼
- 특징 저장소
- 캐스케이드
- 중립 클래스
- 리프레이밍

INDEX

INDEX

 영문

INDEX